鷲田清一

sho yu ron

washida kiyokazu

所有論

講談社

目次

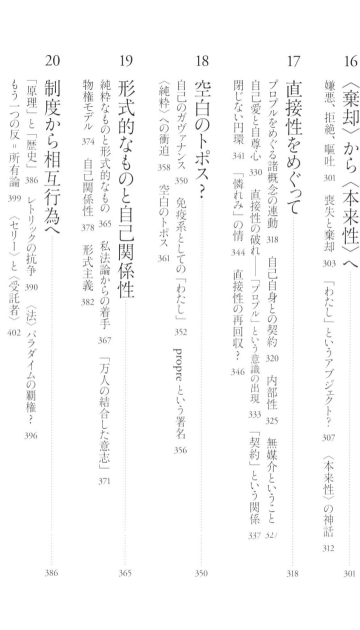

装幀　水戸部功

所有論

なくてはならないものは、けっして
所有することのできないものだけなのだと。
（長田弘『世界はうつくしいと』から）

1 だれのもの？

Simply, for you……

井上陽水《いのうえようすい》の代表曲の一つに「最後のニュース」がある。一九八九年に始まったＴＢＳテレビのニュース番組「筑紫《ちくし》哲也《てつや》NEWS23」のエンディングに流された曲だ。その歌はこう始まる――

闇に沈む月の裏の顔をあばき
青い砂や石をどこへ運び去ったの
忘れられぬ人が銃で撃たれ倒れ
みんな泣いたあとで誰を忘れ去ったの

飛行船が赤く空に燃え上がって
のどかだった空はあれが最後だったの
地球上に人があふれだして

海の先の先へこぼれ落ちてしまうの
今　あなたに Good-Night
ただ　あなたに Good-Bye

最後の二行は、この曲で三度くり返されるキー・フレーズである。ロバート・キャンベルはこの曲を英訳するにあたり、最終行の「ただ　あなたに Good-Bye」を、次のように訳した。

Just for you, goodbye.

これを井上は違うと言った。「「ただあなたに」ではなくて、かける言葉はいろいろあるかもしれないけれど、「グッバイ。ただこの言葉ぐらいかな」みたいなニュアンスですかね」と。虚をつかれたキャンベルは、「いろいろな人がいる中でひとりじゃなくて、いろいろなことがここで本当は言えるし、言わないといけないかもしれないんだけれど。でも、「今　そっとグッドバイ」という。そっちだな」とあらためて思ったという。そして訳をこう書きなおした――

Simply, for you, goodbye.

以上は、ロバート・キャンベルが『井上陽水英訳詞集』のなかで披瀝《ひれき》しているエピソードで[*1]、キャンベルは「聴き手に対するさりげない気遣いというか絶妙な距離感に深くうなずくしかありませんでした」と、その話を閉じる。

　これよりしばらく《所有》について論じようというときに、このような逸話から始めるのはきっと不審におもわれるだろう。わたしにはしかしその最後のフレーズの、「ただあなたに」ではなく「ただ　あなたに」と、そっと置かれたこの一字分の空白が、《所有》について考えるときに大きな意味をもちそうな予感がある。右のキャンベルの言葉をなぞっていいかえれば、だれかに対する「さりげない気遣いというか絶妙な距離」を空けることによってしか、現代社会における《所有権》という観念の強迫から逃れえないという思いがある。

　《所有権》は、歴史のある段階で、個人の（場合によっては組織や団体の）自由と独立と安全とをぎりぎりのところで護る権利として措定されたはずなのに、現代社会ではそれが過剰なまでに強迫的にはたらきだして、逆にそれがその自由と独立と安全にとって足枷《あしかせ》や縛りや桎梏《しっこく》として立ちはだかる、そのような場面が増えている。マンションの建て替えや空き家の処分の難航、著作権の厳格さからくる制作や表現の困難、家族の孤立、地域生活におけるおおらかさの消失、「自己責任」という名の他者の切り捨てから、人工中絶や安楽死の問題、さらに故国からの脱出やはるか離島の領有権をめぐる攻防まで、《所有権》という観念は、寄りあいや助けあいや譲りあいの場を、あるいは自他のグレイ・ゾーンやコモンな空間を、いよいよ狭め、消し去らんばかりである。

《所有〔権〕》を英語ではプロパティ（property）もしくはオーナーシップ（ownership）という。

このproperとownは、そもそもがきわめて多面的な意味の広がりをもつ語である。properは「じぶんの」「固有の」「独自の」という意味とともに、「ふさわしい」「適切な」「礼儀正しい」「体裁のいい」「ほんとうの」といった意味ももつ。ownも形容詞としては「じぶん自身の」「独特な」を、動詞としては「わがものとする」「認める」を意味するが、さらに（おなじく古英語āganに由来する）oweは「わがものとする」とともに「借りがある」「負うている」「おかげである」を意味しもする。properには「所有」や「固有」のみならず、よかれと、適切だと、人びとによって認められているという含みがしかとある。その含みが前面に出ているのがproperly（適切に、当然のこととして）である。おなじように、oweも「所有」（わがものとする）とともに、借りがある（be in debt）、恩恵にあずかる（be obliged）といった対他関係にも言い及ぶものである。そしてoweはさらに、これまた先の古英語āganに由来するought（べし）にもつながる。川本隆史《かわもとたかし》はownという語のこうした含みにふれて、「《所有》（own）と《債務を負う・恩恵を被る》（owe）、《当為》（ought）との間にあった語源的つながり」に着目し、そこから「身体・能力の所有（own）が社会への責務関係（owe）から切断されたところで、近代に特異な「自己所有権」の主張がかろうじて成り立っている」と問題を敷衍《ふえん》している。*2 ここで「社会への責務関係から切断された」ところに想定される「自己所有権」（self-ownership）といわれているのは、主体の自己同一的な存立を、他者との関係においてというよりはむしろ、家や財産、調度品から人脈やキャリア、はては性別や国籍まで、他者から侵されてはならないじぶんの所有（財であるからには買えるもの）とすることでまるで一つの閉鎖系のように了解するときに、根拠としてもちだされる「権利」のことであろう。

川本がオーナーシップについて問題にしていることは、そのままプロパティについてもいえる。ある物をめぐる所有〔権〕は、本来他人に譲渡可能なものとしてある。ある物がだれに帰属するか、それが係争の種となるのは、物をめぐる所有〔権〕が譲渡可能なものだからである。が、その所有〔権〕を意味するpropertyは、同時にまた人それぞれの掛け替えのなさ、つまりは「固有性」を意味する語でもある。譲渡可能な所有〔権〕を意味するpropertyがなぜ、人それぞれの固有なあり方、つまりは譲渡不可能な存在についてもいわれるのか。そこに〈市民〉という近代的な存在様式のその特異さがある。人びとが自己を〈市民〉として意識してゆくプロセスは、人びとが自己を「所有の主体」、すなわち何ものかをわたしだけに帰属するものとしてもつ主体として規定してゆくプロセスと切り離せない。そしてのちの議論を先取りしていえば、この「わたし」に固有なもの、つまりわたしだけのものは、逆説的にも、「〈わたしだけにとって〉(pour-moi-seulement)ということの否定」[*3]を媒介にしてしか存続しえないということが、《所有》を考えるときに外せない重要なポイントの一つなのである。

「ただあなたに」と「ただ　あなたに」のあいだの差異、"Just for you"と"Simply, for you"の差異（コンマの位置もふくめて）から話を始めたのも、それがこうした文脈において羅針盤のような意味をもつだろうとの予感があるからである。

近代という時代において、《所有》（＝私的所有）という問題が〈わたし〉というものの存立に深くかかわるものとなった。ロックやルソーが改めて立ち上げた所有論は、ヘーゲルやプルードン、マルクスやエンゲルスとともに、十九世紀においてピークに至る——一方に「私的所有」は市民の自由と権利の不可欠な条件であるとする考えがあり、その対極には「私的所有」こそその自由と権利を破壊するものだとする考えがあるというかたちで——。だがその潮も二十世紀に入って急速に退いてゆく。十九世紀にアクメーに達した幸福論が、二十世紀に入って（不幸論は別としても）その姿をひそめてしまったことと符牒を合わせるかのように。その診断はここですぐには下せないものの、[*4]二十世紀も暮れ方になって「レンタル」という生活様式がほぼ定着し、さらに世紀を跨いで「シェア」という感覚が人びとのあいだに広がりつつあるときに——「シェア」という語は「〔わが〕占有率」から「〔他者との〕共用」へと反転した——、《所有》をいまいちど、しかもこれまでとは別の仕方で主題化する必要がある。[*5]

それにしても《所有》はなぜ、「わたしだけのもの」へといわば強迫的に緊縮してゆくことになったのか。いやそもそも《所有》という観念は近代になって、なぜ、〈わたし〉という一箇の主体を基点もしくは蝶番《ちょうつがい》として起動することになったのか。そしてそれが現在、なぜ〈市民〉の自由な生存の桎梏としても立ち現われるようになっているのか。それを超えるには《所有》の問題系をどのような地平へと転位させればいいのか。

〈帰属〉という主題

世界はただ「ある」のではない。それは「何かとしてある」。いいかえると、世界のいかなる事象もつねに何かとしてとして現われている。実在として受けとられる事象のみならず、虚想や沈黙もまたそれぞれに「虚想」「沈黙」として現われている。〈として〉は何かしらの意味においてということである。このような世界の現われの意味による媒介は、現象学の流れをくむ解釈学的哲学によって「〈として〉構造」（Als-Struktur）とよばれてきた。これとは別に、世界はあるものを〈地〉とし、そこから特定のものを〈図〉として浮き立たせるという仕方で、おのれを分節しつつ現われてくるという言い方もなされる。

世界はしかし、「何か」として現われるだけではなく、同時に「だれかのもの」として現われる。わたしたちがこの世界で出会うものはいずれも特定の「だれかのもの」である。

「だれかのもの」とは、だれかの所有物だということ、特定のだれかに「帰属」するものだということである。領海・領空から各人の身体まで、現象的にはおそらくそうである。とはいえ、「何かとしてある」というのが、世界の現われを制約している条件としていわれるのに対し、「だれかのものとしてある」というのは、決められたもの、つまり歴史的な制度のなかでいわれるものである。文化人類学の知見が示すように、「だれかのものとしてある」という意識がきわめて希薄な文化というものもめずらしくはない。ただ《所有（権）》という、あくまで権利の視点から見るならば、《所有（権）》のまなざしから外されるものは、ほとんど例外的にしかありえないといえるだろう。そのとき重要なのは、《所有》がつねに（対立や抗争、合意や妥協もふくめて）係争の案件として浮上してくることだ。

そのいくつかの場面をまずはざっくりと描きだしてみよう。

たとえば飛行機から見る地上の光景。機体の窓からのぞくのは、地図で思い描いていたのとは少しく異なる風景だ。地図にあった国境もなければ、領海や領空を区切る線もないし、市町村の境界などもどこにもない。地図から字と線をきれいさっぱり取り除いた風景が、地図の彩色とはやや違ったかたちで一面に広がる。が、いったん着陸態勢に入ると、それにつれて地図の記号とは異なる別の線がしだいに浮き立ってくる。曲がりくねった線路や道路が目につきだし、次にはとんどが矩形の敷地や建物の輪郭がくっきりと見えてくる。

そして地上に降り立つ。するとこんどは、じぶんの背丈よりははるかに高いさまざまな建造物が折り重なるように林立している様が、いやでも目に入ってくる。そしてそのいずれもが、許可なく入ることを禁じられている。他人の家に許可なく入れば不法侵入になるし、そこが都心であれば、通行許可証や入館許可証の提示が求められる建物も想像をはるかに超えて多い。ここからは許可なく入ってはいけないという無言の強迫を、ときにミリ単位で感じざるをえない。なんと緻密な区画、なんと厳重な禁止！　窮屈といえばこんなに窮屈な風景はない。

視線をもっと近くに寄せてみると、〈わたし〉の身体を取り巻く環境にも、さらにはほかならぬ身体という環境にも、この区画、この禁止は厳格に設定されている。この場合にきわだつのは、感覚的にはこれまで挙げた境界よりもはるかに高いその強度である。

敷地内に家族以外の人がうろついていると、とっさの警戒心とともに、それが近所の人であっても、領分が侵されているという拒絶感がまず立ち上がる。おなじように、ふだんわたしが座る席に別の人が先に座っていたとき、そこはじぶんが専有できるものではないのに、つい

「ちぇっ」と舌打ちする。

わたしの筆記具を他人が勝手に使うとき、わたしの服を他人が許しも得ずに身につけるときも、目撃するやとっさにこうした不快感に襲われる。逆もおなじで、他人が使ったそのナイフやフォークでは食べられない。そう、わたしの「私物」も他人の「私物」もそれぞれの〈わたし〉の延長であるがゆえに、それぞれに動揺を禁じえない。

見知らぬ人にからだにふれられると、あるいは服のなかに手を入れられると、恐怖とおぞましさにからだが凍りつく。これをわたしは自身への侵襲として感受する。おなじ吐いた痰でも、汚れた下着でも、それがわたしのものであるか他人のそれであるかによって、嫌悪の度合いは画然と異なる。そう、わたしの身体はほとんど〈わたし〉そのものである。

だがその身体も、わたしのモノとされるかぎりで、売却されたり貸与されたりする。つまり、労働力を一定時間提供することで賃金を得る、身体のサーヴィスをおなじく一定時間提供することで料金を得るといったケースである。これはいうなら〈交換〉の行為である。あるいは、臓器や細胞の提供、代理母。有償でないばあいにかぎれば、これらは〈贈与〉の行為である。医学の進化とともに可能となったこの贈与のありようは、現代、「生命倫理」の懸案事項の一つともなっている。

こうしてわたしたちのもっとも近く、つまりは各人の身体とそのごく周辺にまで視線を戻してくると、侵されているのが、じぶんの身体というよりじぶん自身であると受けとめられているのがわかる。そこには記号で示される線はなくても、じぶんのものか別の人のものかという、きわめて強度の高い境界線が精密に引かれている。ものの帰属、すなわちだれのものかという意味での《所有》は、権利というより、ほとんど消しようもなく明確な存在感覚として感受されている。鞏固であるというより以上に、強迫的に。

それにしても、〈帰属〉という事態はこれまでなぜ、《所有》のことがらとして主題化されてきたのか。《所有》とはいったいどういう類の観念なのか。それはどういう案件《ザッヘ》として係争へと持ち込まれてきたのか。

《所有》という観念は、つねに二重の相貌をもって現われてきた。

それは、一方で、法的な権利として普遍的に措定されるとともに、他方で、共同的な慣習として歴史的に維持されてきた。それはまた、社会的な約束にもとづくアイデアルな擬制態であるとともに、個々人の身体的存在の深層にまで浸透しているリアルな感覚もしくは感受性でもある。それはさらに、一人ひとりの〈わたし〉というものを成り立たせるある根源的な事態であるとともに、おなじ〈自己〉の基底を制約し、ときに蝕む契機でもある。いいかえるとそれは、個人の自由の根拠とされつつも、まさにその自由を損ないもする。市民的秩序の礎となるとともに、それを焼失へと誘う発火点ともなる……。

《所有》という観念ないし案件は、このように、法と慣習のあいだ、理念と感覚のあいだ、〈個〉の内部と外部、自由と不自由、秩序の構築と破壊のあいだを跨ぐもの、もしくはそれらをたえず反転させるものとしてある。

《所有》という案件はまた、社会的な生活をかたちづくるあらゆる象面に浮上する。領海・領空をふくめた国境線上に、（遠隔地であれ居住地であれ）土地の区画に。さらに至近距離でいえば、家屋や日用品、食材や衣装、さらにおのれの身体、ときに臓器や細胞をすらめぐって。そしてそのそれぞれの場面で《所有》という観念が、ときに根拠として、ときに桎梏として現われてくる……。なんとも強烈で執拗で、しかもしかと捉えがたい観念であり、案件なのである。

「存在」と「所有」？

《所有》はしばしば、何ものかの所持、もしくは保有として、「存在」に対置されてきた。すぐに思いつくところでは、ガブリエル・マルセルの著作『存在と所有』[*6]であれ、山内得立《やまうちとくりゅう》の『實存と所有』[*7]であれ、さらにエーリッヒ・フロムの『もつか、あるか？』（邦訳タイトルは『生きるということ』[*8]）であれ、しばしば「存在」と「所有」、もしくは「ある」と「もつ」という二項対立的な問題設定のなかで主題化されてきた。けれども〈帰属〉の問題を《所有》の問題のなかに見るというこのスライドは、ほんとうに自明のことなのか。むしろ《所有》が「存在」に対置されることによって、《所有》という事態の理解にあらかじめバイアスがかかっていはしまいか。それは《所有》をめぐる議論が、何かあるもの（場合によっては人）との対象的な関係を軸として編まれてゆくというふうに、議論の方向性やそれを定位すべき水準をあらかじめ設置することへの誘因になりかねないからである。

「存在」と「所有」、すなわち「ある」と「もつ」の対置の問題性について、まずは言語学の視点から考察するエミール・バンヴェニストの論攷「《be》動詞と《have》動詞の言語機能*9」を見ておこう。

バンヴェニストによれば、(助動詞としての機能を別にしていえば) être という動詞が構文として叙述的 (prédicatif) に用いられるのに対し、avoir という動詞は他動詞的に用いられているようにみえるが、これは「錯覚」で、avoir は他動詞的な構文をとりつつも、じつは擬似他動詞なのである。avoir は一般の他動詞のように対象にはたらきかけ、この様態を変様させるような他動詞的な関係はもっておらず、むしろそれは状態動詞 (verbe d'état) とでも呼びうるものである。avoir にあたる語彙素は世界でも稀で、印欧諸語においても「遅れて、のちに獲得されたもの」であって、むしろ動詞 avoir の文法上の目的語であるものを主辞にして、être à (「……には(……が) ある」) というふうに述べられてきたという。溯ってラテン語でも同様に、《habeo「わたしは……をもつ」》型に対して《mihi est「わたしには……がある」》型が「規準的」表現としてあり、たとえば habeo aliquid (「わたしは何かをもつ」) は mihi est aliquid (「わたしには何かがある」) の「二次的な変異体」にすぎないとされる。

しかし事はもう少しこみ入っていて、ラテン語の mihi est はフランス語の être à とそのままおなじではない。その消息をバンヴェニストはこう語る。

ラテン語では、est mihi は、habeo と同じ関係を示し、後者は、前者の変形にすぎない。est mihi liber「私には本がある」が habeo librum で置き換えられたのである。ところがフランス語では、二つの異なる関係が述べられている。avoir は、所有の関係を表わし（j'ai un livre「私は本をもっている」）、être à は、所属の関係を表わす（ce livre est à moi「この本は私のものである」）。二つの関係のちがいが、構文の差によって明らかにされている。être à はつねに、限定された主辞を要求する。un livre est à moi は不可能であって、ce livre...「この本は…」でなければならない。逆に avoir は、つねに無限定の目的辞を要求する。j'ai ce livre「私がその本をもっている」はあり得るとしても、用いられる機会はきわめて少なく、j'ai un livre「私は一冊の本をもっている」でなければならない。というわけで、ラテン語 est mihi は、フランス語の j'ai に対応するのであって、est à moi に対応するのではないのである。*10

ただ、ラテン語で est mihi と habeo とがたんなる裏返しの関係だということがなかなかに見えにくいのは、avoir/have が能動態の構文をとるからであって、じっさい、habeo は（自動詞でも他動詞でもなく）状態動詞としてあり、だからたとえば sic habet「以上のごとし」や bene habet「うまく行く」といわれもする。

　これが意味するところはしかし、〈帰属〉と《所有》がたがいに裏返しの関係にあるということではない。ここは注意を要するところで、バンヴェニストはこう書いている――

avoir は être-à を逆にしたものにほかならない。mihi est pecunia「私には財産がある」をう言い換えることで、habeo pecuniam「私は財産をもっている」となるのである。mihi est で示される所有関係では、所有されるものが主語として置かれ、所有者は、与格という周辺的な格によってしか指示されない。この格は、所有者を、その人において《……に（属して）ある》ことが実現されるその人として指示するのである。構文が habeo pecuniam となっても、この関係は、《他動詞的》とはなりえない。こんどは《ego 私》が主辞として置かれるが、かといってそれは、一つの過程の動作主というわけではない。それは一つの状態の在り場所であって、統辞構成が過程の言表を模しているにすぎないのである。[*11]

ここでの議論は単純ではない。先にバンヴェニストが avoir を「状態動詞」としてとらえるべきだとしていたことにふれたが、それは物ではなく人の「主観的な心情」を示すときにきわだって明確である。たとえば、「腹がすいている」(avoir faim)、「寒い」(avoir froid)、「熱がある」(avoir la fièvre) がそうであり、さらに「ほしい」(avoir envie) や「息子が病気でいる」(avoir un fils malade) というのもある。「これらのどの用法においても《have》動詞は、客体を指向しているのではなく、主体だけを指向している」とバンヴェニストはいう。

このことは avoir/have が受動態へと切り換えられないところにも現われているのだが、《所有》ということでいえば、Ce domaine a été possédé par X. ; il est maintenant possédé par l'État「この地所は、X に所有されたが、現在は、国に所有されている」とは言えないように、より他動詞的な posséder ですら受動態への切り換えはできないのだと、バンヴェニストはいう。そして posséder が受動態を受け入れられないのは、それが「目的辞に影響するのではなく、主辞にかかわる」動詞だからであると。じっさい、この posséder も原義を超えて「支配する、従わせる、服属させる」へと逸れていってはじめて、たとえば il est possédé du démon「彼は悪魔にとりつかれている」とか il est possédé par la jalousie「彼は嫉妬心のとりことなっている」といった言い回しが可能になる。*12

以上の議論のなかで《所有》論の文脈で注意しておくべきことは、一つは、ラテン語では est mihi という〈帰属〉を表わす語が入れ替え可能なのはあくまで（状態動詞である）habeo であって、être à とではないということ。そしてこのことは、近代語としての être à が、ラテン語 habeo の（状態動詞としてあるかぎりの）意味含蓄から離れ、他動詞的な能動性をより濃くした avoir との等置へと逸れてゆく過程を示唆していることである。

いま一つ注意すべきことは、入れ替え可能な対としてのラテン語の est mihi/habeo においては、「わたし」というものが、動作主体としてではなく、「一つの状態の在り場所」としてあるとされたことである。このことは、habeo が（avoir とは違って）、être à において ego が与格という「周辺的」な格によって指示されることに呼応して、むしろ主辞（たとえば主観的な心情）により強くかかわることにもうかがわれる。

いずれの点においても、言語学の視点から、「存在」（ある）と「所有」（もつ）を概念対として立てることの問題性が浮き彫りにされている。そしてこれをわたしたちの議論につなぐと、〈帰属〉の問題、たとえば Ceci est à moi（「これはわたしのものだ」）といわれるときの《être à》、これを《avoir》（もつ）というかぎりの《所有》の問題と等置することの危うさということになる。これをさらにいいかえると、〈帰属〉の問題を核とする所有〔権〕《プロパティ》論は（「ある」に対置されるかぎりの）「もつ」の問題圏へと収容しえないということになる。

「有」という視点から

おなじような問題性はしばしば、「ある」という概念のほうからも指摘されてきた。「存在」という語の意味と、ドイツ語でいうところのSein（フランス語のêtre、英語のbe）という語の意味とは相覆うものではない、というか、「存在」の概念はむしろSeinから「引き離」されるべきだというのが、よく知られた和辻哲郎《わつじてつろう》の主張である。Seinが存在賓辞「がある」であると同時に繋辞《コプラ》「である」でもあるという二義性から、「思惟と有との連関」という構図を出《しゅっ》来《たい》させ、真にあるといえるもの、つまりは実在と、ロゴス、本質、実体、根拠、現象、関係などといった「存在論《オントロギー》」的な思考を紡ぎだしてきた経緯をおもえば、そのSeinに「存在」という訳をあたえることはあまりに無謀だと、和辻はいう[13]。「存在」がSeinにあたるのは、二義のうちの存在賓辞としての「有る」のみであるが、そこにも語義としては大きなずれがある。

　そもそも「がある」という意味でのSeinに訳としてあてられてきたのは、漢語の「有」であるが、この「有」には、「がある」とともに「もつ」という意味がある。つまり「有《あ》る」（Sein/être/be）と「有《も》つ」（Haben/avoir/have）である。「有」がそうであれば、「所有」も「有る所のもの」と同時に「有たるるもの」にもかかわることになる。そのかぎりで「有」は、繫辞としての機能はもたないが、バンヴェニストが論じていたêtreとは異なって、avoirの意味を併せもつ。その意味では、バンヴェニストが指摘した裏返し可能なラテン語のest mihiとhabeoの関係により近いといえる。

ちなみに、「有」が「有る」と「有つ」の意味を併せもつことについては、まるでこれに呼応するような指摘が、ハイデガーによって古代ギリシャ語のουσια（ウーシア）をめぐってなされている。[*14] 彼によれば、ousiaはアリストテレスが「実体」という「哲学用語」（後代のsubstantia）として規定した語であるが、この語は「ある」の現在分詞から派生した名詞で、元来は所有物や財、資産を意味しており、アリストテレスの時代にあっても元のこの意味を保っていたことに注意する必要がある。ousiaは事物のかたちでわたしたちの「目の前にある」って(vorhanden)かつ「利用可能」(verfügbar)な資産を意味していたというのである。一般の古代ギリシャ人にとってはそれらこそが第一義的に「有るもの」(Seiendes)だったと。ハイデガーのこの指摘が興味深いのは、一つには、いうまでもなく日本語の「有」にみられる「存在」と「所有」の切り離しがたさということに対応するからである。

が、いま一つ看過できないのは、このverfügbarという意味契機が、西欧近代において《所有》概念とほぼ等置されるようになるからである。ドイツ語のverfügbarは、フランス語でdisponible、英語ではdisposableにあたる。いずれも「意のままにできる・してよい」という意味である。近代の《所有〔権〕》概念（英語であればプロパティ）にあっては、この「可処分」

ないしは「自由処分可能性」(disposability)という意味が前面に出てくる。いってみれば「これはわたしのものである。だからこれをどうこうしようとわたしの勝手である」という理屈である。ここからも「有る」が「有つ」、具体的には、所持したり、保有したり、思うままに用いたりといった《所有》という意味契機を包含している事情がうかがえるのである。ただし、「～はわたしのものである」という意味での《所有》(帰属)の概念が「意のままにできること・してよいこと」という意味を第一義的に押し出すようになる経緯については、近代の所有権論をしかとサーヴェイする必要があるため、さしあたってはその議論を先に送っておく。

ただもう一つ細かいことをつけ加えておけば、ハイデガーはousiaを「存在するものの存在」(Sein des Seiendes)とし、さらにその「存在」を「持続する現存性」(die ständige Anwesenheit)と規定しているのだが、このständigは日本語の(他動詞「持つ」とは異なる自動詞の「存続する・存在を保つ」という意味での)「もつ」にほぼほぼ対応する。日本語の「もつ」には所有・所持のみならず、「保たれる」「効能を維持している」という意味もある。そしてこの「もつ」は《所有》の概念を突きつめていった先に意外に本質的な意味をもつだろうことも、ここで付言しておきたい。

議論が少し迂回してしまったが、和辻の「有」論に話を戻すと、和辻は続けて、「金があるとは人間が金を有つのであり、従って金は所有物である。有つという人間のかかわり方にもとづいてのみ金が有るのである」という[*15]。「有為」「有意」「有志」「有罪」「有利」「有徳」などもそうで、「がある」ことの根底には「人間が有つ」ということがあるのであって、そうすると「人間

「がある」とは「人間が人間自身を有つ」ことを意味していることになる。和辻は「一切の「がある」は人間が有つことを根柢とし、そうしてかく物を有つ人間があることは人間が己れ自身を有つことにほかならぬ」とすれば、人間におけるこの自己「保持」を表わす言葉こそ「存在」だったのだとし、この「存在」の意を次のように説く。

「存じております」という日常的表現にあるように、「存」とは「あることを心に保持する」ということ、しかもそれを「自覚的」に心に留め置くことである。現象学的にいえば、この保持は一つの「主体的作用」であり、翻って「所存」はその「志向対象」である。「存」はこのように「忘失」に対する「把持」であり、「亡失」に対する「生存」でもあって、そのかぎりで「時間的性格」をもつ。いいかえると、「有つことは失うことを含み、把持は忘失を含む」。「存」はいつ「亡」に転じるやもしれないという、生成の構造をもつ。

これに対して「在」は、「にあり」、つまり「ある場所にあること」という空間的な性格を帯びる。「在宅」が「宅《うち》にいる」ことであるように、「在郷」「在宿」「在世」もそれぞれに特定の「社会的な場所」にいることを意味する。どこか「に在る」というのは、その場所「にいる」ということ。つまり「存」が「亡」や「失」に対置されるのに対して、「在」は「去」に対置されているというわけである。

ガブリエル・マルセルの *Être et Avoir*、山内得立の『實存と所有』、エーリッヒ・フロムの *To Have or to Be?*、そのいずれもが「所有」の概念と「存在」の概念とを組みで、つまり二項対立的に設定したうえで《所有》を論じているということは先にも述べたが、そして以下の行論も彼らの論述に負うところは少なからずあるが、それでもこうした問題構制には無理がある。《所有〔権〕》の問題は第一義的には〈帰属〉の問題である。右の三冊は、それを、あるものを対象として「もつ」という文脈で、しかもそれを「ある」との対置という枠を設定したうえで、《所有》を論じてゆく。が、たとえそうした他動詞的な《所有》のありようの批判にこそ（ときに同時代の社会への批判として）取り組んでいるにしても、そのことによって《所有》という問題の圏域が少なからず狭められてしまうことは、《所有》論としては致命的であるようにおもわれる。

2 所有と固有

法と慣習

物であれ人であれ、あるものの帰属をめぐる《所有》という問題系は、「もつ」の問題系とは合致しないということを、まずは確認した。ほんらい、何らかの対象をめぐる人と人との関係である《所有》を「もつ」こととして主題化したばあいに、《所有》の問題を、持つ主体と持たれるモノとの対象的関係へと引き寄せて考える、つまりあらかじめ問題を狭める、さらには錯視させもすることとの危うさ、というのがさしあたっての理由であった。

帰属という意味での《所有》をめぐっては、さしあたっていくつかの連動する概念を挙げることができる。《所有》の問題がなぜこうした概念と連動するのか、しなければならないのか、については、以下、いくつかの代表的な所有論を検討するなかでその必然性と理由について詳述することになろうが、《所有》概念が現代社会の構図のなかであてがわれてきた位置価を確定するために、そしてさらには、《所有〔権〕》の概念にかかるもろもろのバイアスをあらかじめ斥け、概念としてのその可動空間をできるかぎり広く劃定しておくためにも、いましばし、それらの概念群と絡まり、連動するその模様をざっくりと見ておきたい。

そのようなバイアスはまず、《所有〔権〕》という、問題となっていることがらの表示にあたって括弧を挿し込まなければならないような類のものである点に、すでに現われている。「所有〔権〕」は英語のpropertyの訳語である。つまりpropertyは所有という事態、もしくは関係と、何ものかをじぶんのものとして所有する権利とをともに表わす語である――propertyにはさらに所有の対象である所有物（財産・資産）という意味も含まれるが、この点が問題をさらに錯綜させる点については、のちに本章の後半でふれる――。

世界に「何かとして」あるものはことごとく「だれかのもの」としてあるということは現代の社会に特有の現象だとしても、それだけでは現代に特有の《所有》の様態を説明することにはならない。いいかえると、近代の（私的）所有権という概念を成り立たせている構造をとらえるには、近代の所有権概念の内的な論理構制に踏み込まねばならないが、もう一方で、それをいきなり「所有権」という法的概念に約《つづ》めてしまえば、近代的な《所有》の問題領域をあらかじめ狭めてしまい、結果として《所有》という現象を見誤ることになる。

《所有》は、一方で、歴史的な慣習もしくは制度としてきわめて多様なかたちで成り立ってきたのだが、他方、近代社会においては、「所有権」という、それぞれの歴史的慣習を超えた「普遍的」な法的権利としてその実効性を主張されてもきた。

慣習としての「所有」と権利としての「所有」。もちろん慣習も権利も、ある種の「掟」として社会的に承認され、そのうえで規範的に機能してきた点はおなじであるが、その規範性の性質は異なる。そして現代では後者の「所有権」をめぐる係争が社会的事象に細部にまで浸透してゆくことで、すでにあった慣習としてのそれを駆逐しつつあるように見える。

そのことを明瞭に物語る卑近な例を一つ、挙げておこう。

戸建ての建築物の建て替えに際し、敷地の境界をめぐってしばしば係争の種になる事例がある。家が建て込む都市では、昔から、両家の屋根を互い違いに重ねあわせるという習いがある。家の大屋根をそれぞれに隣家の敷地へとわずかにはみ出させ、段違いに重ねあわせるのである。瓦の重なりに似ているところから覆瓦状配列《アンブリカシオン》と呼ばれることがあるが、屋根が重なりあいつつ上下にわずかずつ段違いに連なるさまは、家並みに独特のリズムを与えて美しい。それは人びとが集合して生き延びてゆくうえでの知恵といえようが、そこにはもともと、家と家のわずかな境に雨水が垂れ落ち、地盤が緩むのを防ぐという実利があった。よく似た習いは道路上にもあって、家の前の道に水を撒くときに隣の家の前まで少しはみ出て撒いておくという習いとも通じるものである。

ところがこういう習いも、隣りあう一方が家屋を建て替える段になると、一気に問題が噴出する。わたしの住む地域でも、戸建ての家であればかつてはあたりまえのように隣家とそうした屋根の重ねをしていた。長屋ともなると屋根は一続きであった。ところがしばらく前から何軒もの建て替えが続き、思いがけない騒動が起こった。民法第二〇七条と第二三四条により、敷地内の建造物が道路や隣の敷地に越境することは許されない。だから家屋の改修や建て替えの申請の際にはこれへの適合が厳しく求められる。ということはその際には当然、隣家からの越境部分についてその撤去を求めることができるということである。ただし、「伝統的建造物群保存地区」等の指定を受けている地域では適用の除外は認められている。が、それ以外の地区では、建て替えに際して土地所有者の多くは敷地をできるだけ有効に使おうとして、土地の境界のぎりぎりまで建築することが多く、そうなると隣家の屋根の越境部分は切除せざるをえず、さらにこれに付随して、隣家と接していた壁も一部むき出しになるので、その補修も必要になる。これを慣例で、建て替えをする隣家が支払うということにされる場合が多いとはいえ、そうした合意が整わず、法的な係争になる場合は、建て替え工事をする側に責があるかどうかで、支払者が決まる。工事する側に非がなければ、工事を始めたのが隣家であっても、私有地内の損傷ということでその所有者が支払うことになる。工事を始める事由はなくてもである。そこから争いが生まれてしまうのだ。

「（私的）所有権」という縛りが、人びとが長年にわたって積み上げてきた「良き習い」を潰えさせつつあるとでもいえばいいのだろうか、法律が慣習を押しのける、そういう光景がここにはある。法律のこの過剰が、社会学の術語を借りれば、「システムによる生活世界の植民地化」というかたちでここに起こっている。そういう判断がはたして妥当かどうか、これから検証してゆかねばならないが、それにしても「（私的）所有権」の過剰適用がこうした慣習を萎えさせ、それとあいまって、民衆がそれぞれに〈私〉に閉じこもってゆくのを目撃するのは、なんともさみしいことではある。じじつ、わたしの住んでいる地域でもこの二十年ほどのあいだに家並みは大きく変わった。屋根を隣家と重ねている家はもはやない。

このさみしい光景。事情は異なるが、じつはマンションの建て替えに際しても、あるいは人口減少のあおりを受けた地方での空き家の処分をめぐっても、よく見かけるものである。分譲マンションについていえば、大規模な修繕や建て替えに際しての住民間の合意や負担の配分をめぐる係争であり、亡くなった親族の持ち家、あるいは遠隔地にあって老朽化した不在所有の家などいわゆる空き家についていえば、解体に関する相続権者や所有者の同意、さらには（自治体が行政代執行した場合の）費用負担をめぐる係争である。これらにおいては、その措置をめぐって所有権の処理だけが問題となるわけではない。建て替えや解体への所有者の動機づけ、建物の資産価値、資産管理の方式、地域の治安、さらに税制や、戦後の都市行政における持ち家政策などが複雑に絡みあっている。[*1]〈所有〉をめぐる法的な権利としての所有権の問題としては、事は片づかないのである。

「意のままにできる」ということ——関係の反転

こうした問題の背景には、《所有〔権〕》という法的権利が過剰なまでに社会を覆うようになってきたという歴史的な事情がある。それぞれの係争において《所有〔権〕》の過剰な適用がいわば問題解決の桎梏になっているのは、おそらく《所有〔権〕》の概念が、近代の所有論がまるで自明のように等置してきたように、それが〈可処分権〉という概念とじかに連結しているからであろう。〈可処分権〉とは、「意のままにしてよい」ということである。おのれの意志で自由に処分できること。これが《所有〔権〕》と連結されたことから、「これはわたしのものだから、それをどうこうしようとわたしの勝手だ」という、あの聞きなれた理屈が生まれたのである。

　わたしがそれを思いどおりにしてよいという意味での〈可処分〉を、英仏独語で言い表わせば、disposable（もしくは at one's disposal）/disponible/verfügbar となる。ジョン・ロック以降の西欧近代の所有論は、一貫してこの〈可処分〉ということを《所有〔権〕》の概念に内蔵させてきた。

　たとえばフランスのいわゆる「一七九三年憲法」の冒頭に掲げられた権利宣言（第一六条）では、「所有権は、自己の財産や所得、ならびに自己の労働と勤勉の成果を、思うがままに享受し(jouir)、処分する(disposer de)権利である」と記されている。おなじく「ナポレオン法典」の第五四四条でもこの定義は引き継がれ、「所有権とは、法律ならびに規則によって禁じられた使用でないかぎりで、もっとも絶対的な仕方で物を享受し、処分する権利である」と記される。[*2]

　だが、あるものの存在が特定のだれかに帰属するということと、おなじそれを意のままにできる、もしくはしてよいということとは、同一次元のことがらではない。一方が帰属の権利にかかわるとすれば、他方は実際の使用や処分にかかわる。あるものをだれがどう使用するのか、どう処分するのか、はたまただれにどのように譲渡したり贈与したりするのかという問題は、そもそもそれがだれに帰属するのかという問題とは別である。

《所有》をめぐる係争も、そのほとんどが《所有〔権〕》と〈可処分権〉とのこうした連結に由来するといえる。《所有〔権〕》を基礎づける根拠の一つとしてよく挙げられるのは、所有の主体とされる者の〈自己所有〉という事態であり、「だから所有者はそれを意のままにしてよい」と続く議論である。が、この「だから」の根拠はかならずしも自明ではない。ここで〈自己所有〉の核をなす事態は「自己の身体の所有」ということであろうが、しかしこれについてはかつてガブリエル・マルセルが、まさに〈可処分〉という概念そのものを問い糾《ただ》すかたちで、次のように正面から異を唱えたことも忘れるわけにはいかない。マルセルは書いていた、「わたしが事物を意のままにすることを可能にしてくれるその当のものが、現実にはわたしの意のままにならない」のだと。ちなみにこの一文は次のような脈絡でいわれている（〔　〕内は引用者による補足）——

> 身体性は、存在〔あること〕と所有〔もつこと〕との境界ゾーンである。あらゆる所有は、何らかのかたちで、わたしの身体と関連づけて定義される。この場合にわたしの身体とは、絶対的な所有であることとそのことによって、いかなる意味でも所有ではありえなくなるものである。所有とは、何ものかをじぶんの意のままにできる（pouvoir disposer de）ということ、何ものかに力を及ぼしうる（posséder une puissance sur）ということである。このように何ものかを意のままにできるということ、あるいはここで行使される力には、あきらかに、つねに有機体が干渉している。ここでいう有機体とは、まさにそのような干渉によって、「わたしはそれを意のままにできる」と言えなくさせるようなものである。そして、わたしが事物を意のままにすることを可能にしてくれるその当のものが、現実にはわたしの意のままにならないという点、まさにこの点に、不随意性〔indisponibilité＝意のままにならな

いこと」の形而上学的な神秘が、おそらくは本質的なかたちで見てとれるのであろう。[*3]

ひとはみずからの身体を駆使してさまざまなものを「思いどおりになる」よう操作し、変形してきた。そのことで「自然の主」（デカルト）になろうとしてきた。けれどもそういう操作という行為の媒体である身体という存在が、よりによってじぶんの意のままにならないということ。このこともまた、病気一つ取り上げるまでもなく人びとが日常よく経験してきたことである。ここにも《所有》の両義的な構造がしかと映しだされている。ここでわたしたちが突き当たるのは、あらゆる《所有》の媒体である「わたしの身体」をわたしは所有するのではないという事態である。

そしてこれにはもう一つ、どうしてもつけ加えておかねばならないことがある。ひとは何ものかを、たとえば道具として、手段として思いのまま使っている過程で、その使っているものに似てくる、より正確にいえば、知らず知らずにそれがそなえる構造に逆規定されることになるということである。所有している者が所有されるものに所有され返す、そういう関係の反転が《所有》にはつきものだということである。たとえばヘーゲルの次のような指摘がその一つである――

所有において私の意志が一つの外面的な物件のなかへおのれを置き入れるということのうちには、私の意志はその物件のうちに反映されるとちょうど同じほど、その物件において捉えられ、必然性のもとに置かれるということがふくまれている。*4

このような意味でも、「意のままにできる」ことは、意のままにしたはずのものに逆襲される。つまり意のままになるどころか、逆に意のままにしたつもりのものに意のままにされてしまう。守銭奴というのはその典型であろう。貨幣を手段としてあまたのものを意のままにする者は、逆に貨幣によって金縛りになる。多くを持つ者にかぎってその蓄えの目減りに過剰に反応する。財に恵まれている者より財に乏しい者のほうがかえって気前《リベラル》がいいというのは、ひとがよく目撃することである。あるいは嫉妬。ある人をわがものとしようとすればするほど、その人のふるまいや言葉、表情の一つ一つの変化に振り回されることになるというのも、おなじようにありふれた光景である。そして何とも皮肉なことであるが、おのれが所有し、意のままにしているものによって逆におのれが規定されるという事態を拒絶して、ひとはもはや所有関係の反転が起こらないような所有関係、つまりは絶対的な所有を夢見る。あるいはもう一つの手、「意のままにできる」ということの裏切りにうんざりして、ついに所有関係そのものからの脱落を試みる。絶対的所有の裏返し、つまりは絶対的な非所有を夢見るのである。暴君のすさまじい濫費から、アッシジのフランチェスコや世捨て人まで、歴史をたどってもそういう例には事欠かない。ひとは自由への夢を所有による自由へと転位させることで、逆にじぶんをひどく不自由にしてしまう。《所有》を表わす別の語、possession は、所持や占有を意味するが、一方で、「憑依」、つまり何ものかに「取り憑かれる」(possessed) ことを同時に意味することもここで思い出しておきたい。

「所有する主体」としての「個人」——意味の反転

この反転の構造は、《所有》がそのような現象形態をしめすというよりも、むしろ「所有する主体」を規定しているもろもろの概念装置にすでに深く刻印されているものである。

それにしても、近代社会になって、「自由な主体」はなぜ「所有する主体」として規定されることになったのか。

近代の市民社会を構成する「自由で独立した主体」であるということは、何よりも、さまざまの偶然性もしくは予測不可能性に左右される不安定な世界のなかで確実に身を保つために必要なものを、身のまわりに取り集め、それらを工作し、操作し、それらをレギュラーで安定的な環境世界へと改変してゆく算段ができているということであり、またそのように設えなおされた環境世界、つまりはテリトリーを、それを強奪もしくは侵害・横領する「強権」から護ることができるということである。十七世紀の二人の思想家、デカルトはまず前者を「自然の主にして所有者」(maîtres et possesseurs de la nature) と呼び (『方法序説』第六部)、ついでロックがさらに一歩踏み込んで、「自己の主」(Master of Himself) にして「所有者」(Proprietor) と規定した。ロックとともに、「自由と独立」をそなえた自己決定可能な主体としてのありようは「所有する主体」のうちに求められたのである。その高らかな宣言の一つが、ロックの次のような一文である。——「自然の諸物は共有物として与えられているが、人間は (彼自身の主であり、また、自分の身体［自分の身柄《パーソン》］およびその活動や労働の所有者であることによって）自らのうちに所有権の偉大な基礎をもっていた」[*5]（ここでロックのいうpersonは文脈によって「人格」とも「身体」ともとれる意味の広がりをもつ概念であるが、体や肉から社会的な境遇や地位、縁戚までをも含む日本語の「身」に近いと考え、引用にあたってはとりあえず「身柄」と補足しておいた）。こういうかたちでの個人それぞれの身柄を「法」の下で保護するものとしてロックは市民社会《シヴィル・ソサエティ》を構想していた。

自由が他者からの拘束や暴力を免れることにある以上、そうした自由は法がないところでは不可能である［……］。しかし、自由とは、普通に言われるように、誰でもが自分の欲するところをなす自由ではない（なぜならば、もし人が、他人の気まぐれによって支配されるのであれば、誰も自由ではありえないからである）。そうではなくて、自由とは、ある人がそれに服する法の許す範囲内で、自分の身体［身柄］、行為、所有物（possessions）、そしてその全固有権《プロパティ》［所有権］を自らが好むままに処分し、処理し、しかも、その際に、他人の恣意的な意志に服従することなく、自分自身の意志に自由に従うことにあるのである。[*6]

こうした市民社会像において想定されているのが、かの自由で独立した個人、つまり、もろもろの事物の所有者であるとともに、最終的には自己自身をだれにも譲れないものとしてある「所有する主体」である。ところが、あらためて驚かざるをえないのだが、こうした「所有する主体」の定立と連動しているもろもろの概念規定——たとえば個人としての自己同一性、主体性、私秘性――は、それぞれの意味を裏切り、意味を反転させるような契機を内蔵している。*7

たとえば「個人」(individual)。個人性ないしは個別性として語りだされるこの「個」という規定がすでに「分割できない」というかたちでその否定の契機(in-)を内蔵している。「個」はそれ以外の何ものにも還元も細分化もできない不可分の同一的な存在としてある。分割＝不能なこの個人はしかし、孤立した単独の存在として他の「個」から分離された存在でもある。じっさい、そのような理路を封じ込めるかのように、「個人」の概念はさまざまのレトリックやテクノロジーを駆使するなかで彫琢されていった。たとえば「わたし」を語りつつ生産するような「自伝的人間」の形成――いわゆるビルドゥングスロマン〔教養小説〕の語り口――、個人の特性を外部から記述・記録するためのコード群(観相学から指紋・虹彩認証、さらには遺伝子の検査まで)、あるいは個人のふるまい(身体の使用)を制度的に囲い込む「規律＝訓練的」な手法、帰責可能な法的「人格」の理念などである。これらはつねに一定のレトリカルな水準において発動され、編制されてきた。いわゆる正常性《ノーマリティ》の形成であり、諸個人を規格《ノーム》に適合した存在とすべく検閲し、逸脱を測定し、調整しつつある「等質的な社会体」――それはいってみればたがいに鏡像の関係にある〈分身〉たちの共同体である――に帰属するものとして個別化(individualization)されてきた。フーコーはこの個別化の方式にふれて、「個人というものは、社会の《観念論上の》表象の虚構的な原子であるにちがいないが、しかしそれは《規律・訓練》と名づけられる、権力の例の種別的な技術論《テクノロジー》によって造りだされる一つの現実でもある」*8と言い、そしてそういう個人のありようを「独房としての個人性」と呼んだ。

あるいは、人格的「統一」(unity) という概念。これは個人の多様な経験を、単一的で独自的 (unique) な個々の〈わたし〉のそれとして統合 (unite) してゆくプロセスを意味しているが、しかし〈わたし〉の存在のこの独自的な統一 (unity) は同時に、社会を構成する等質的で互換的な単位 (unit) として回収されるものでもある。

あるいは、「主体」(subject) という概念。これは「主体」を意味すると同時に、「従属している」というまさに没主体的な状態をも意味する。周知のように、フーコーは『監視と処罰』(邦題は『監獄の誕生』)のなかで、この二義性を「主体化=隷属化」(assujettissement) という概念によってきわだたせ、いましがたふれた近代社会におけるいわゆる「正常化=規格化」の過程を摘出するためのキー概念としたのであった。

そして個人の存在の「私秘性」(privacy) という概念。「所有する主体」の自己所有との関連でいえば、主体は自己以外のさまざまな対象を所有しようとするが、その所有する自己そのものとの関係は、他者の介在も干渉もない内在的な関係として想定される。その内在的な関係はその意味で私秘的な性格、そしてときに秘匿されるべきものという性格を帯びる。これは〈わたし〉の内部空間 (interior もしくは inside)、つまりは内面性ともいうべきものであって、ルソーが「告白」というかたちで覆い(ヴェールやカバー)を剝がし (dévoiler/découvrir)、あるがままに白日の下に曝そうとしたものは、その典型の一つである。ルソーがこの内部領域を「一つながりの感情」(la chaîne des sentiments) とか「わたしという存在の連続」(la succession de mon être) とか、ずばり「わたしの内部」(mon intérieur) と言いかえてもいることからあきらかなように、それは私秘性の充溢するものとして表象されている。現代でも「プライヴァシーの保護」という表現にも見られるように、充溢という含意は強い。が、privacyは、元来は「欠如」(privatio)であり、privateとはdeprived(奪われた)という意味でもある。(ここから、では何を奪われているのかが問題になるが、それについてはのちに改めて取り上げる。)

そしてこうした意味の両義性、ないしは意味の反転がさらにきわだって認められるのが、プロパティの語根ともいうべきproperなのである。

〈固有〉の呪い?

前章で、ざっくりと指摘したことだが、プロパティという語は、「所有」のみならず、より限定されて「所有権」を、さらにはその対象となる「所有物」、「財産」、「資産」等をも意味する。プロパティはしかしもう一方で、物の場合なら「特性」、人の場合なら「自己固有性」とでも訳すべきなのであろうが、要するに何ものかに固有の性質(特質や特性)を意味しもする。

フランス語のpropre/propriétéとドイツ語のeigen/Eigentumも英語のこのproper/propertyと同様に、「所有」の意味と「固有」の意味を併せもつ。ただし前者の二つは、properよりも意味の分節が多彩であり、かつproperには含まれない語義、そして類語をもつ。つまり「所有」という意味の裾野がproperよりも広い。そこで、右にこれまで述べたような「個人性」と連動する概念群と「プロパティ」のそれとのいわば隠れた共犯的(?)関係を浮き彫りにするためにも、以下では propre と eigen を軸に見ておきたいとおもう。

関連する名詞をより多義的に派生させているドイツ語の eigen のほうを先に見ておくと、eigen を名詞化する場合に、「所有」と「所有権」を意味する Eigentum のほかに、Eigenschaft（特性）、Eigenheit（固有性）、Eigentlichkeit（本来性）、Eigentümlichkeit（独自性）などというふうにその意味が細かく分節されている。

なかでも「本来性」（Eigentlichkeit）は、しばしば秘教的ともいえる響きにまでエスカレートすること、eigentlich（本来的）ということがときに「真」（echt）や「純粋」（rein）の意味まで帯びて、その反対語 uneigentlich（非本来的）が、取るに足りないこと、どうでもいいこと、散漫なこと、さもしいこと、偶然的なことといった含みを強くもつようになるというのは、アドルノのよく知られた指摘である。この Eigentlichkeit こそ、ドイツの思想的・政治的なイデオロギーのなかで隠然とはたらいてきた「隠語《ジャルゴン》」（あるいは「呪文」のようなもの）なのであって、それはほとんど「真理」の代名詞にすらなるというのである。*9

一方で、フランス語の propre は、日常、「清潔な」（英訳だと neat ないしは clean）という意味でもよく口にされる語である。そして、「所有」や「所有権」「所有物」を意味する propriété とは別に、そこから派生した名詞として propreté（清潔）がある。「隠語」とまではいえないにしても、フランス語の propre にも不純なものの混入を斥ける意味合いが含まれているといえる。不純なものの排除、それは「所有する主体」の〈自己所有〉の体制、つまり「わたし」や「われわれ」という存在領域の閉鎖性、自己内在性の維持という意味で、他者性の排除というプロパティのもう一つの規定にも深くつながりゆくものである。

　いずれにせよ「固有」を意味するeigenにもpropreにも、他者に譲渡できない（inaliénable）という意味が濃い影を落としている。異物に触れたり汚染されたりしていないというこの「固有」＝清潔は、「所有する主体」の自己自身との内在的な関係という考えとあいまって、《所有〔権〕《プロパティ》》という、譲渡不可能なものを排他的に保有する権利が、生活物資から貨幣、さらには主体の社会的属性まで、譲渡可能なものの排他的占有によって支えられるという構図をなしてきた。そしてその問題領域は、《所有》という心性の起源を、〈排除〉や〈禁忌〉の風習とともに、民衆の習俗のなかに探る歴史社会学や文化人類学の研究、さらには一箇の生命体としての、さらには輻輳する「アイデンティティ」の交点としての、自己同一的な存在の保持をめぐる〈無意識〉の葛藤についての精神医学的な探究などとも深く交叉している。

　くわえて最後にもう一つ、eigenとpropreをめぐる別の問題領域についても言及しておきたい。eigenとpropreを動詞化すると、それぞれaneignen、(s')approprierとなる。それを名詞化したものがAneignungとappropriationである。いずれも「わがものとすること」であることから「占有」「横領」の意味でも用いられる。が、さらに、日本語でも何かある技や知を「会得する」ことが「わがものとする」といわれるように、Aneignungとappropriationもまた「理解」や「同化」といった意味を併せもつ。そしてわれわれの世界理解の構造を標《しる》すものとしてそれに着目したのが、ハンス＝ゲオルク・ガーダマーからポール・リクールにいたるいわゆる解釈学的哲学である。たしかに、他なるもの、異質なものの存在を自己に理解可能なものにするという意味で「理解」に「同化」という面が認められるのだが、それが他なるものをみずからに理解可能なものへと没収し、収容する「横領」——自己に理解可能なものの領域の拡大——へと、それと気づかれることなく転位してしまうことを警《いまし》め、われわれの「理解」の構造を再定位するために、彼らはこれを論じたのであった。たとえば過去のテクストを理解する過程では、他なるものの「同化」ではなく、むしろ歴史的に限定された理解の地平を他なるものへと開いてゆく「地平の融合」こそがその「理解」の本質をなす。そう考えたのはガーダマーだったが、リクールはさらに一歩踏み込んで、「理解」とは「地平の融合」のような相互主観的ないしは対話的な「出会い」のことではなく、むしろ別の新たな地平へと向けて超出してゆく動き、つまりは理解する主体の「所有権剝奪」の過程であるとした。彼はいう——

> すっかりできあがった主体がテキストに、あらかじめ用意された自己了解の先決条件《ア・プリオリ》を投企するというのではなく、解釈は主体に対して、主体が拡大される新しい世界内存在を主体に差しだすことによって、自己《ソワ》を了解する新しい能力を賦与するのだ、と言うべきである。とすると、同化（appropriation）は占有（une prise de possession）としてあらわれることはもはやなくなり、同化はむしろ、貪欲で自己愛的な自我《モア》の放棄（désappropriation）の契機を含意している。[*10]

つまり「同化」（アプロプリアシオン）は「所有権剝奪」（デザプロプリアシオン）のプロセスに

ほかならないというのである。そこで起こるのは、「同化」という名の他なるものの併合などではさらさらなく、むしろ排他的な自己の廃棄だというわけである。併合とは自己に固有な領域のうちに他なるものを回収することである。それに対してここで起こるのはむしろ地平の相互越境だとリクールは考えている――ガーダマーならそれを「循環」と言い、メルロ＝ポンティならそれを「可逆性」と言うだろう――。そしてここで〈自〉の内部への〈他〉の併合に対置されるべきは、〈自〉に対する〈他〉の還元不能な存在であるにしても、しかし〈他〉を〈自〉の外部として純粋化してはならない――それは逆転した〈純粋性〉の思考でしかない――。

越境とは侵犯（transgression）でもある。そして侵犯は何よりも併合せんとする主体自身を攻撃対象とする。だから、「理解」とは主体の「所有権剝奪」のプロセスだとしたリクールのさらにその先にあるべきは、むしろ同化や併合としてはたらきだす「理解」の組み立てとその限界を劃定（dé-limiter）しつつ、その限界がレトリカルな仮構にすぎず、それとして破綻していることを曝くことで、限界を解体（délimiter）してゆく、そうした思考でなければならないだろう。これまで「所有する主体」としての近代的「個人」を規定するに不可欠のいくつかの概念がいずれもその意味を否定するような意味契機へと反転するような構造をもつことを指摘してきたが、それはその「個人」を劃定する諸概念の組み立て群を内破させるものでもある。それがたんに《所有》の近代的な制度のみならず、おなじく思考の制度にまで及ぶのである。そのことをこのアプロプリアシオンの概念もまた標している。

そこであらためて《所有〔権〕《プロパティ》》の問題に戻るなら、プロパティという語が、譲渡可能性ということを本質的に含む「所有」という意味と、本来、譲渡不可能なものの存在を言い当てるはずの「固有」という意味とを併せもつというこの矛盾から、わたしたちは「所有」も「固有」も概念としてみずからの足下を突き崩すような意味契機を含んでいると考えざるをえないだろう。これをいいかえると、アドルノが「隠語」として取りだした〈本来性《アイゲントリッヒカイト》〉の概念も、じつは《所有〔権〕《プロパティ》》という概念に含まれた非固有性という意味契機に深く侵蝕されているということである。そしてここに、《所有〔権〕《プロパティ》》という概念の過剰適用をめぐり発生しているさまざまの葛藤や桎梏の起因するところがあるようにおもわれる。課題はしたがって、それ自身のうちに矛盾する意味の二契機を内蔵している《所有〔権〕《プロパティ》》の概念の組み立てと、そのレトリカルな構成にもとづくその制度化の過程を浮き彫りにすることにある。《所有〔権〕《プロパティ》》の概念が社会生活のなかに深く浸潤してゆくなかで起こったさまざまの広範な問題を突きとめるには、まずはそのような問題の次元にまで溯るほかないとおもう。

3 ロックの問題提示

ロックの『統治二論』

《所有〔権〕《プロパティ》》の概念が社会生活の表面を覆ってゆくなかで起こったことは何か。その問題を、ジョン・ロックの所有権論からひもといてゆきたい。

ロックが『統治二論』で提示した統治論は長らく、個人主義と自由主義、ときに立憲主義や「基本的人権」といった近代政治思想の水源と位置づけられてきた。いいかえると、個人の自由と権利、さらにそれを保全する「市民社会」(civil society)――「政治社会」(political society)ともいわれる――のあり方、そしてそれを制限する権力への確とした抵抗の原理、つまりは今日でいう民主主義的な統治という政治原理の祖型を提示したといわれてきた。じっさい、市民社会における「統治」《ガヴァメント》を論じたロックの『統治二論』は、英国の名誉革命の理念を下支えするものともいわれ、またのちのアメリカの独立宣言やフランスの人権宣言の礎をなしたとされてきた。ロックにおいて、「所有権」が市民の有する諸権利の核に据えられていることが含蓄するところはかならずしも現代の「基本的人権」のそれと相覆うわけではないにしても、いわゆる「抵抗権」をもふくめ、個人の生命と安全と自由とを社会の圧制や専制から保護することの正当性をめぐる思想の原点にあるものだということには、おそらく異論はなかろう。

しかしそれと並行して、もう一つの見方、つまり『統治二論』に代表されるロックの思考を、あらゆるものが商品として流通し、交換される資本主義的な市場社会を基礎づける議論の嚆矢《こうし》ととらえるような解釈も、これまた連綿となされてきた。たとえば、労働を譲渡可能な商品とみなし、「賃労働」という資本主義的な労働形態を正当化する理論だという解釈であり、さらには、土地を売買可能な商業資本とみなし、さらに富の無制限な所有と蓄積とを、ひいては富の偏在を、合理的なこととして正当化する途を開いたという解釈、要は市場社会に道徳的基礎を与えようとしたという解釈である。

ロックの個人主義、自由主義的思考を現代の新自由主義にまで彫琢してゆこうとする解釈の途もあれば、もう一方では逆に、ロックの所有権論を資本主義的な市場論理への批判のうちへと取り込んでゆこうとする解釈の途もある。ロックの所有権論、ひいてはその統治理論はこのように大きく引き裂かれ、それこそ正反対の方向に揺さぶられてきた。

ロックは何人《なんびと》にも劣らず、かつたいていの人より以上に、不幸にも彼の政治思想の中に現代の自由民主主義的諸仮定が読み込まれてきたという目にあっている。彼の仕事がこうした扱いを招くのは、それが現代の自由民主主義者によって欲せられるような事柄のほとんどすべてを含んでいる観があるからである。*1

カナダの政治学者、C・B・マクファーソンはこう書き、その例として「合意による統治、多数者支配《ルール》、少数者の権利、個人の道徳的至上性、個人的所有の神聖性」を挙げている。そして、そういう現代的な観点から問題をいわば溯って読み込む論評がロックの理論が抱え込むさまざまの矛盾を仔細に検討することなく行き渡ってきたのは、ロックの時代が未だ「自由主義的伝統のほぼ揺籃期」にあたり、その論の組み立ての不完全さには目をつむるほかないとされてきたからだという。そのうえで「しかし」とつづけ、「ロックの政治理論をこのように扱うことは、その意義の多くを見失うことになる」という。ロックの立論の強みや弱み、さらにはその意味さえも、のちの視点からする「遡及的な読み込み」をやめないかぎりはあきらかにしえない。なかでも、同時代のイングランド社会についての彼自身の理解によって、彼の理論のなかにいわば暗黙のまま持ち込まれていた諸前提、それらを綿密な資料研究をつうじて思想史的に正確により分けてゆく作業を避けるわけにはいかないとするのである。（ロックの政治理論を「所有的個人主義」としてとらえるマクファーソンのその言説じたいが、まさに現代的視点から遡及してなされる読み込みだとする別の論者もいるのだが、それについてはいまは措く。）

じっさい、（これものちに改めてふれることになるが）それこそいちゃもんすれすれの外在的批評すら向けられる一方で、その対極には、一九四七年についに公開を見たロック関連の膨大な資料、いわゆる「ラヴレイス・コレクション」の仔細な読み込みにもとづいたロック像の再構築の試みもずいぶんと蓄積されてきていると聞く。*2 それは同時に、ロック解釈に向けられた現代的視点から漏れるもの、あるいは現代の所有権論よりもいっそう豊かな意味をもつ立論をそこに再発掘しようという試みでもある。さらに、（ここではついヘーゲルのあの言葉、「だれでももともとその時代の息子であるが、哲学もまた、その時代を思想のうちにとらえたものである」*3 を思い出さずにはおれないのだが）ロックの『統治二論』という政治理論の書が、一六四九年のいわゆるピューリタン革命から王政復古を経て、一六八八年の名誉革命へとなだれ込んでゆくなかでの、イングランドにおける王党派と議会派とによる内乱のまさにその渦中で草されたこと、名誉革命直後のきわめて不安定な政情のなかで筆者の名を秘匿したまま公表されたこと、そして内容的には、王党派のロバート・フィルマーの王権神授説を批判の主たる標的としていたことなど、多肢的な歴史的脈絡も、その一語一語の解釈にあたっては十全に考慮されなくてはならない。これらのことをもふくめ、ロックの思想をめぐって、政治思想史という文脈での（現代の視点からする）歴史的位置づけと、彼の思想全体の内在的で整合的な再解釈の試みとのあいだには、放置できない齟齬や対立がきわめて錯綜したかたちで見いだされるのであって、まことに一筋縄ではゆかない。

その隘路のなかで本書が試みるのは次のような方途である。右に言及したマクファーソンの警告を十分に斟酌したうえで、それにもかかわらず、現代社会に深く浸透している《所有》と《所有権》の概念の淵源をロックの所有権論にさぐり、その後の幾多の社会思想がそこに何を読み込んだかを突きとめること、しかもそれにあたっては、ロックの思考が蠢いていたその歴史的な地平をよくかんがみたうえでなされてきたロック思想の内在的ともいえる再解釈の試みの数々を参照しつつ、現代に流通している《所有〔権〕《プロパティ》》の概念からこぼれ落ちているものをあらためて確認し、現代の所有〔権〕《プロパティ》論の死角にあるとおもわれる〈所有〉についてのよりディープで広汎なイメージを再生させるための手立てとしたいとおもうのである。

　ロックの所有〔権〕《プロパティ》論、それはとりもなおさず彼の統治論でもあるのだが、一見すればたしかにコンパクトに整理され、定式化されたものである。しかしそのようにシンプルな体裁で提示されたものであるだけに、よけいその細部の詰めのところで解釈が錯綜してきた。そこで、ロックの所有権論をめぐりこれまでくり広げられてきた夥しい議論の展開する地平、もしくはそれらの矛先が収斂してくる議論の磁場というべきものを大きくとらえておくためにも、まずはロックの所有権論の骨格とでもいうべきものを先に確かめておく必要がある。

　ちなみに、《所有》という問題をめぐりわたしがその議論をロックから始める理由はいま一つあって、それは、前章で見た「所有する主体」としての「パーソン」という概念の骨格をなす諸規定が、顕在しているか潜在するにとどまるかは別として、すべてここに出揃っていることである。いいかえると、所有の対象となるものとの関係、だれかある人の《所有〔権〕》を認め、それへの同意がもとめられる他者たちとの関係、そしてその「だれ」、つまりは所有する主体それ自身との関係というトリアーデが、何はともあれここに構築されているということである。ということで、詳《つまび》らかな議論にはのちにあらためて取り組むとして、まずは、ロック所有権論の思想史的な意義を論ずるに際してもそれへの異論を展開するに際しても、ともに議論の要諦をそこに見る共通の箇所、つまりはロックの所有権論の核となる箇所を押さえておきたい。

ロックの所有権論の骨格

ロックの所有〔権〕論は、『統治二論』の後篇「政治的統治について」の第二七節で、いわばそれを集約するかたちで、以下のように定式化される。

> たとえ、大地と、すべての下級の被造物とが万人の共有物であるとしても、人は誰でも、自分自身の身柄（person）に対する固有権《プロパティ》［所有権］をもつ（every Man has a Property in his own Person）。これについては、本人以外の誰もいかなる権利をももたない。彼の身体（Body）の労働と手の働き（Work）とは、彼に固有のもの（properly his）であると言ってよい。従って、自然が供給し、自然が残しておいたものから彼が取りだすものは何であれ、彼はそれに自分の労働を混合し（hath mixed）、それに彼自身のものである何ものか（something that is his own）を加えたのであって、そのことにより、それを彼自身の所有物（Property）とするのである。*4

この文言は、前章でも引いた次のような高らかな宣言とも響きあうものである。すなわち、「自然の諸物は共有物として与えられている（given in common）が、人間は（彼自身の主であり、また、自分の身柄およびその活動や労働の所有者であることによって）自らのうちに所有権の偉大な基礎をもっていた」[*5]（第四四節）というものである。

ただし、これには、二つの重要な条件がつく。ロックその人の言葉でいえば、「〔労働という〕手段によってわれわれに所有権を与える同じ自然法が、同時に、その所有権に制限を課している」。のちにロバート・ノージックが「ロック的但し書き」（the Lockean proviso）と名づけた留保条件である。

一つは、右に引いた第二七節の記述につづけて記されている部分である。

> それは、自然が設定した状態から彼によって取りだされたものであるから、それには、彼の労働によって、他人の共有権を排除する何かが賦与されたことになる。というのは、この労働は労働した人間の疑いえない所有物（Property）であって、少なくとも、共有物として他人にも十分な善きものが残されている場合には（at least where there is enough, and as good left in common for others）、ひとたび労働が付け加えられたものに対する権利を、彼以外の誰ももつことはできないからである。

いま一つは、第三一節の記述である。

> 人は誰でも、腐敗する前に、自分の生活の便益（advantage）のために利用しうる限りのものについては自らの労働によって所有権を定めてもよい。しかし、それを越えるものはすべ

て彼の分け前(share)以上のものであり、他者に属する。腐敗させたり、破壊したりするために神が人間に向けて創造したものは何もない。*6

そのうえで最後にもう一箇所、いわば所有権論の要となるようなかたちで、所有権の保全が〈自由〉の根幹をなすことについて述べる箇所(第五七節)も引いておく。

> 自由(Liberty)とは、ある人がそれに服する法の許す範囲内で、自分の身柄(Person)、活動(Actions)、占有物(Possessions)、そしてその全所有権《プロパティ》(Property)を自らが好むままに処分(dispose)し、処理し、しかも、その際に、他人の恣意的な意志に服従することなく、自分自身の意志に自由に(freely)従うことにあるのである。*7

この四つの引用文に集約されたロックの所有権論を手短にパラフレーズすれば、おおよそ以下のようになる。

ある事物がだれに所属するかは、それをだれが作りだしたかによって決まる。つまり事物は、神によって共有のものとして与えられたものからそれを取りだした者、もしくは作りだした者のものである。なぜなら、そこに持ち込まれたような「労働」をなす身体は、その身体を用いたその人のもの、その人に固有のものだからだというのが、第一番目の引用の骨子である。つまり、人が自身の身柄《パーソン》に対して有する所有権《プロパティ》にあらゆるものの所有の根拠があるというのである。人は生まれながらにして、みずからの身柄《パーソン》に対し、じぶんだけの、つまりは他者を排除できる所有権《プロパティ》を有しており（have a Property in his own Person）――自身の身柄《パーソン》のうちに、もしくは自身の身柄《パーソン》というかたちで、とも訳しうる――、その身柄《パーソン》のものとしてなされる労働によって、その労働の所産であるものにも所有権は拡張されてゆくという考えである。

ただし、これは無制限に認められるものではなく――貨幣の導入によってそうした無制限の所有もいずれ可能になるのだが、そのような議論のさらなる展開についてはいま少し先で検討する――、それには厳格な制限、要は留保条件が、二つ付せられる。一つは他人に十分なものが残されていること、いま一つは労働によってみずからの所有物となったものを朽ちさせないこと――破壊（destroy）したり浪費（waste）したり腐敗（spoil）させたりしないこと――である。前者は、つねに他者の「便宜」を考慮すべし――他者のプロパティを侵害（harm ないしは injure）すべからず――ということであり、後者は、共有のものとして神から与えられたものから生存の最大限の便益を引きだすべしという〈神慮〉にかなう努力をすべきだということである。

ここに挙げた四つの論点の背景をなすのは、おおよそ次のような思考のモティーフである。

第一に、〈自己保存〉、つまり各人が自己の存在を維持することが、人にとっての究極の懸案である。そのためにはその生存を可能にするもの、つまりはプロパティが、じぶんのものとして手許になければならない。それらをみずからに固有のものとして保持する権利を、自然状態（社会の統治権力という人為的な体制が設定される以前の状態）に求めなければならない。つまり、各人は自分の生命を保全する権利をもつという公準である。

第二に、この所有権《プロパティ》——所有の対象ではなく、その権利をとくに明示しようというとき、マクファーソンはproperty rightsと記す——の根拠は各人のうちにあるとする。それは労働、つまり各人がみずから投下した労苦がその人のものであって、他者からの承認を俟つまでもなく成り立つとする。所有権《プロパティ》こそが、個人が生まれながらにして自由であるという事態を裏打ちしているというのだ。要するに、労働は労働するその人自身のものであるという公準である。

第三に、しかし、そうした排他的な所有権《プロパティ》はたとえ自然状態にあってもたがいに衝突しうる。が、自然状態にあってはそうした対立や抗争を調停すべき共通の裁定者は存在しないがゆえに、各人の所有権《プロパティ》をしかと保全するためには、（プロパティを保全する権能と並んで与えられている）他者からの自然法に反する侵害を処罰する権能を共同社会《コミュニティ》に委譲して、「市民社会」を構築する必要がある。つまり、所有権《プロパティ》の保全は最終的に「市民社会」の存立を要請するものである。それは、所有権《プロパティ》をまぎれもない自然法のうえに基礎づけつつ、しかもそれを確と保全するためにはその自然法による制限を除去して、自然状態から脱出しなければならないという、逆説的ともいえる要請であった。

とまどいとおどろき

それにしても、ロックのこのような所有権論を前にして、わたしたちの思いはひどく引き裂かれる。いやむしろ、途方に暮れざるをえないと言ったほうがいいかもしれない。

途方に暮れるというのは、ロックの所有権論の最初の前提である「共有のもの」、つまり未だだれの所有物でもないものが、この現代を生きるわたしたちにはまるで存在しないからである。本書の第一章でも確認したように、あらゆる事物、あらゆる場所はだれかのものとしてあるというのが現代社会の常態である。共有のものどころか、無所有、非所有のものすら、どこにも見当たらない、そのような《所有〔権〕》が充満しているのが、現在の光景である。ロックが所有権を根拠づけるにあたって強く付したあの留保条件、「少なくとも、共有物として他人にも十分な善きものが残されている場合」というのは、現代ではほぼ意味をなさないのである。

しかしもう一方で、ロックの所有権論に、それとはまるで反対の印象をわたしたちは抱く。所有権をめぐる現代の議論に、それが未だ深く浸透しているのを認めざるをえないからである。

ロックの所有〔権〕論は、所有論の歴史的帰趨を論じるなかで、これまで〈労働所有論〉として位置づけられてきた。いわゆる〈合意所有論〉――コンヴェンショナリズムともいわれる――に対置するかたちにおいてである。図式的な言い方をすれば、所有という事態（property ないしは possession）を、〈労働所有論〉が、所有する主体としての個人と所有される客体としての事物との関係の問題として取り扱うのに対して、〈合意所有論〉は、事物をめぐる個人と個人の関係の問題としてそれを取り扱う。そしてそれぞれにおいて所有権の根拠として提示されるのが、「労働」であり「合意」なのである。西欧近代の所有論史はこの二つの所有理論を軸として展開してきたというのであるが――ロックの所有権論における、先に見たような留保条件の一つ、他者による暗黙の同意への要請、あるいは他者の所有権を侵害してはならないという配慮の要請にもかんがみれば、ロックの所有権論は〈合意所有論〉を構成しているさまざまな契機をすでにある部分、それも不可欠なかたちで含み込んでいたと考えられる――、いうところの〈労働所有論〉は、いわゆる資本主義的な所有形態を正当化しようとする議論においても、反対に、そのような所有形態に対するコミュニズム的な立場からする批判のうちでも、ともに論拠として効いているという、考えようによっては奇妙な事態がある。

ロックが提示したところの、労働は労働する者自身のものであるがゆえに事物はそれを作りだした者のものであるという考え方。それは皮肉にも、資本主義的な所有論とそれを批判するコミュニズム的な所有論の双方で、それぞれ論拠をなしてきたものである。たとえば資本主義的な生産理論において、賃労働という労働形式の正当化がまさにこの〈労働所有論〉によってなされた。労働力は労働者一人ひとりのもの、つまり彼らに固有のものであるとするなら、それをだれか生産手段を所有する者に譲渡し、労賃と引き換えに貸与する権限もそれぞれの労働者その人にあるはずだからだ。が、もう一方で、たとえばマルクスの労働理論において、資本主義的な生産様式における労働がつねに「疎外された労働」という形態をとるのは、本来各人のものである労働が資本家に売り渡されるからだとされる。そこでは、労働による生産物、すなわち労働者自身の本質を外部へと対象化したものが（労働がもはや彼自身のものではないがゆえに）彼自身に所属しないという、いわゆる「疎外」（Entfremdung）という事態が発生するとされる。「疎外」とは、とりもなおさず、各人に固有（proper）のものとしての労働が、その固有性＝所有権（property）を剥奪されているという事態にほかならないからである。

このように、ロックの所有権論は、資本主義的な労働形態の正当化にも、それを厳しく批判する議論のなかにも、ともに深く浸透していた。

パーソンとは何か／だれか？

とまどいとおどろきは、右に挙げたロック所有権論の骨格の、その立論についてのみならず、そこで提示される平易ともいえる概念そのものにも及んでしまう。立論のその入口のところで一旦停止せざるをえないのである。

ロックの所有権論のエッセンスを一段落に凝縮したといえる第二七節の表現から見てゆく。第二七節は、前半で所有権の根拠について簡潔に述べられ、後半はわたしたちが二つの「留保条件」としたもののうち第一のものについて述べられる。前半の最初の部分は三つの文からなる。それをいまいちど引くが、まずは最初の三文から。

たとえ、大地と、すべての下級の被造物とが万人の共有物であるとしても、人は誰でも、自分自身の身柄に対する固有権《プロパティ》［所有権］*8をもつ。これについては、本人以外の誰もいかなる権利をもたない。彼の身体（Body）の労働と手の働き（Work）とは、彼に固有のもの(properly his）であると言ってよい。［Though the Earth, and all inferior Creatures be common to all Men, yet every Man has a *Property* in his own *Person*. This no Body has any Right to but himself. The *Labour* of his Body, and the *Work* of his Hands, we may say, are properly his.〕

ある意味では単純なテーゼである。が、そこに列挙された語の意味を考えだすや一挙に目もくらむような疑問が付随して出てくる。commonについては共有もしくは分有されている（あるいは、されるべき）という様態をさすのか、だれのもの（占有物）でもないという無所有をさすのか、という問題があるが、その疑問はさておき、問題は次の“every Man has a *Property* in his own *Person*”ならびにその二文あとの“properly his”という表現である。Man（以下、適宜「人」とも「人《マン》」とも表記することにする）とPersonの区別であり、またそれらと文末に出てくるhimselfとの関係であり、さらに「所有権をもつ」といわれるときの「所有権」を「もつ」ことの意味である。これらの問題は「所有する主体」とは何かという、本論全体にかかわる問題にじかに絡んでいる。

Personの訳語についてはこれまでどの邦訳者も苦労してきたようで、文脈に応じて「人格」と「身体」というふうに、そしてときには「一身」とも（本論ではその語の多義性にかんがみとりあえず「身柄」としている）訳し分けてきた。しかしManが「Personに対する所有権をもつ」とされている以上——ここで“has a Property in his own Person”という言い回しの“in”はなかなか微妙なところで、「彼自身の身柄に対する所有権をもつ」とふつうは読むのだが、あえて逐語的に「彼自身の身柄のうちに所有権をもつ」と読めなくはない。第一七三節で「人が財貨だけではなく、身柄についてももっている所有権」(Property which Men have in their Persons as well as Goods) と記されるときも、同様のことがいえる——、Man と Person は「もつ」側と「もたれる」側とにそれぞれ配されていると見てよい。そうなると Man と Person は別ものだということになる。だからこそ“in *his* own *Person*”（斜体は引用者による）なのである。ちなみに、所有権の本質についてほぼ同様の表現をしている第四四節ではこう書かれている——

> 自然の諸物は共有物として与えられているが、人間は（彼自身の主であり、また自分の身体およびその活動や労働の所有者であることによって）自らのうちに所有権の偉大な基礎をもっていた [though the things of Nature are given in common, yet Man (by being Master of himself and *Proprietor of his own Person*, and *the Actions or Labour of it*) had still in himself *the great Foundation of Property*]

第二七節では Man が「彼自身の身柄に対する所有権（Property in his own Person）」を「もつ」とされていたが、第四四節ではあきらかに Man が「彼自身のうちに」こんどは「所有権の基礎をもつ」とされる。Man が有しているのが「所有権」なのか、それとも「所有権の基礎」なのかということも、曖昧といえば曖昧である。

もしも「彼自身の〔身柄の〕うちに」ということであれば、self（自己）はまさに Man 当人のことをさすわけであるから、Person は Man の self ではないことになる。Person は Man の

「自己」ではないのである。そうすると、やはりPersonはManが「もつ」もの、Manが具えているBodyとおなじくManに「もたれる」ものとなる。ここでややこしいのは、his Bodyといわれるときの所有格をどう解するかということである。まさに対象、つまりはじぶん以外のものとしてBodyをもつ（所有している）のか、あるいはManそのものがBodyとしてあるのかという、わたしたちが本書の第1章で見たあの〈もつ〉と〈ある〉の問題がここにも現われ出ていることである。

　これと関係してもう一つ、パーソンについてどうしても着目しておかなければならない表現がある。それは“the Person sold”、つまり「売られた身柄《パーソン》」という表現である。所有権を論じる第五章の直前、「隷属状態」にふれた章の第二四節で述べられているものである。人は「じぶん自身を売る」ことがあるというのである。ここではパーソンは「人」自身がおのれを売るという局面について書かれているが、しかもその売られるおのれをパーソンと表記している。それにしても「売られる」パーソンとは何か。それこそ主体が差し出す身柄（まさに主体が所有する「身体」という意味での）のことか、それとも社会的に分有され、かつじぶん自身についても承認されている法的人格のようなものなのだろうか。（ここで思い起こしておきたいのは、personのラテン語源personaが元来は演劇で役者が装着する「仮面」のことであり、またその動詞形personoが「仮面」越しに聞こえてくること（per = through; sono = sound）を意味したことである。）

　それにしても、よくよく、所有権が帰せられるパーソンとは、あるいは所有権の基礎があるとされるパーソンとは何であるのか。「人格」という個人的主体でもあると同時にその主体によって所有される対象でもあり、さらにまた主体のもつ（あるいは、主体に具わる）身体でもありつつ、ひょっとすれば法的人格のようなものであるかもしれないパーソンとは。

　そしてもしもパーソンがなにがしかの法的人格のようなものとすれば、ここでもう一つ、properly his といわれるときの「〔だれかに〕固有な」ということの意味も問題になってくる。proper はこれまで「固有の」と訳すことにしてきたが、properly his という表現にあっては his のほうに固有、つまりじぶんのものという意味がより強く担わされているから、properly はむしろ「当然のこととして」とか「適切に」という意味に近いかもしれない。名詞でいえば、property ではなく propriety（適切さ、妥当性）に相応する意味である。そのうえで、何ものかが「当然のこととして彼のもの〔彼に固有のもの〕である」といわれるときに、その所有権の帰属先は、もはや個別の私的な存在としての「わたし」のものというよりも、「人」としてのかぎりの法的人格のものだということにもなりうる。「人」はロックでは「神の作品」ともいわれるが、そうすると所有権もまたそういう「作品」にふさわしく《プロパリー》ある「人」にのみ認められる権利だとの解釈も成り立つことになる。その場合にはしかし、ロックの所有権論を組み立てている諸概念の、あらためての総ざらいということが必要になってこよう。問題はいよいよ一筋縄ではゆかなくなってくる。

《所有》とはどういう事態であるのか。その事態にあって所有権を「もつ」者とはいったいだれを、あるいはどういう存在をいうのか。そもそもこの「もつ」は《所有》とどう違うのか。また、「人」とは、「人格」（身柄）とは、「自己」とは何を意味するのか、そしてなにより「所有する主体」としてのこの〈わたし〉の存立は、《所有》という事態と、それこそそれなしでは〈わたし〉が成り立たないような仕方でつながっているのか。この問いは、このあとにもしばらくつづけるロック解釈を超えて、いわば通奏低音のように本書の議論のなかで響きつづけるはずである。

連動するいくつかの問題

「所有〔権・物〕《プロパティ》」といわれるときのその実質的な内容、これについても不明なところがある。「生命、健康、自由、あるいは占有物」と並べられる箇所（たとえば第六節）もあれば、それと対照的に、「資産（Estates）と占有物（Possessions）」とのみ記されている箇所（たとえば第一九三節）もある。そのほかにも「彼自身の身柄およびその活動や労働」（第四四節）──「活動《アクションズ》」のかわりに「身体《ボディ》」が入ることもある（第二七節）──、くわえて「生命、自由、資産」（第八七節）ともあったりして、一定しない。少なくとも言及されているかぎりでは、いわゆる事物や財貨、資産のみならず、生命、身体、健康、身柄、自由と多岐にわたることがらが含まれている。ただ、それらすべてが同列というわけでもなくて、「生命」と「身柄」とはそのあり方について明確に区別されており、先の「売られた身柄」に対し、「生命」については、「誰も、自分のうちにもっていないもの、すなわち、自分自身の生命に対する権力を、同意によって他人に譲り渡すことはできない」（no Man can, by agreement, pass over to another that which he hath not in himself, a Power over his own Life）（第二四節）とされる（ここでのPowerが行使できる／できないというのは身柄の何たるかを考察するときに重要な論点の一つとなるものであって、これについては追って詳しく見る）。

人としての生存の前提となる「生命」と生存のよき状態としての「健康」、さらにそうした生存に不可欠な物財としての「資産」や「占有物」、そして懸案になっている「身柄」、そして個人のそういう生存の維持を可能にする「自由」という具合に、プロパティの概念はある意味、ひじょうに豊かな含意をもつ。ロックのプロパティは、物神崇拝、貨幣崇拝とはむしろ強い対照をなすものであるらしい。そしてそこからは、あらためてふたたび、あの「所有する主体」への問いが浮上してくる。物財のみならず、生命や身体、ときには自由をすら対象として所有する、その主体は何かという問いである。それはまた、あくまでプロパティとは別の、プロパティに従属していない（not subjected）、世界に能動的にかかわりゆく自律的な主体なのだろうかという問いでもある。

あとは、この段階では要点を記すだけにしたいが、第一の引用文の後半部分にあった労働の「混合」をめぐる問題である。何ものかにじぶんの労働を「混合《ミックス》」した者は、まさに彼自身のものである「労働」をそれに「混合」した、つまり「それに彼自身のものである何ものか（something that is his own）」を加えたのであるから、彼自身のプロパティになるという立論である。これも採集や農耕、製作といった労働であればすっと受け入れられるが、それは右に見たあの、ロックが想定しているプロパティの内容からすればプロパティのごく一部を構成するにすぎないもので、現代では流通産業のなかで入手する商品や土地所有（とくに不在所有）などを思い浮かべると、それこそ牧歌的ともいえる単純な議論でしかないとおもわざるをえない。この商業取引や不在所有などにみられる所有権をどう理解するかは、第四五節以下の「貨幣の導入」と呼ばれる議論を俟たねばならない。そしてこの問題は、そもそも「労働」は何を産みだすのか、「労働」を介さずになされる所有形態にまでプロパティを拡張することを是認する論理はどういうものかという問題につながってゆく。これにくわえてさらに、「労働」は一方で所有権の根拠となるものとして位置づけられながら、その一方で、それもまた所有物の一つとされ、売買取引されるもの（商品）の一つになっている。つまり「労働」がじぶんのものではないというのは、現代ではむしろありふれた光景となっている。ここのところをどう考えるのかという問題もある。

次に、第二、第三の引用のなかで示されている、あの二つの留保条件、いわゆる「ロック的但し書き」である。「他人にも十分な善きものが残されている」こと、つまりたがいに侵害しあわないという、他者との「暗黙の同意」を前提とすることと、消費せずに無益に放置し、朽ちさせることのないよう深く配慮すること。この二つである。ともに、別の人たちが享受しうるであろう所有とその権利を侵害しないという条件だと考えられる。ロックが《所有〔権〕》を、単純に、所有する主体と所有される対象との二項関係で考えていたわけではないことを、これらは示している。いいかえると、《所有〔権〕》という事態が問われるのは、あくまで他の所有者たちとのあいだに成り立つ間主体的な場においてなのである。そしてその場が「所有する主体」たちの共同社会、つまりは「市民社会」(civil society) もしくは「政治社会」(political society) なのである。

最後は、「自由」の問題。いうまでもなくそれは、「恣意的な権力」による、あるいは他者からの「危害と暴力」、「侵害や攻撃」を被ることがないことである。そして「人」にとって「自由」が確保されねばならないのは、《所有〔権〕》が各人の生存の権利をしるすものであり、かつその根拠は各人のうちにあって、それを具えるのに他者の同意や許可は必要ない以上、《所有〔権〕》の保全を保証するものとして「自由」がもっとも重要な条件となるからである。これを裏返していうと、《所有〔権〕》が保全されている状態こそ「自由」の現実態であるといえる。

これ以外にも、引用した四つの文章からは、さらに別の問いが派生してくる。パーソンがいるから労働が可能となるのか、それともパーソンとその具体的な内実としてのプロパティのほうが労働のなかで生成すると考えるのか(この後者の意味であってこそ、ロックの所有権論はすぐれて《労働所有論》だといえるとおもわれるのだが)。いやそもそも《所有〔権〕》はパーソンの延長であるのか、逆にパーソンのほうを《所有〔権〕》の延長と考えるべきなのか。[*9] あるいはまた、《所有〔権〕》はどのような意味で、あるいは根拠によって、ある特定の「人」のものなのか。いいかえると、《所有〔権〕》はつねに「私的所有権」、つまり排他性を内蔵した私秘的 (private) なかたちをとらざるをえないのか。

4　所有と労働

所有の権利を根拠づけるもの？

たとえば工作がそうであるように、わたしがじぶんの手足を使い、さまざまな工夫をこらし、労力を費やして作ったものは、〈わたしのもの〉だ。これは日常の感覚としてごくふつうのものだとおもう。

けれどもわたしには、もっと別なかたちで〈わたしのもの〉になったものがある。というか、それらのほうがはるかに多い。この鉛筆や食器は買ってきたものだし、このクルマも他人から購入して〈わたしのもの〉となった。人によっては日頃使ってもいないし、使うつもりもないが、資産として持っているものもある。相続して〈わたしのもの〉になったものもある。じつは物だけではない。この身体はわたしが作ったものではないけれども否定しようもなく〈わたしのもの〉だし、この人も、この家族も、この職務も、このキャリアも、〈わたしのもの〉だと言いもする。

それらが〈わたしのもの〉である根拠として、ロックは〈わたしの〉労働の介在を挙げた。それらはわたしの労働によってそこにある、しかもその労働はわたしの所有物《プロパティ》であるわたしの身柄《パーソン》（この場合には「身体」という含意に強く傾く）によるものであるから、それらは〈わたしのもの〉であるとした。もちろんここでいう労働は、（次に見るようにロックがまずもって挙げる）製作や狩猟採集行動に限られるものではない。右の例でいえば、買うこと、世話をすること（養育や介護）、業務に励むことなど、およそ無数の努力や活動がそれにあたる。しかしそれでもなお、労働が何ものかを所有する権利一般の源泉であるというのはほんとうだろうか。

くどいようだが、いまいちど、ロックが『統治二論』後篇の第二七節で提示したあの文言を掲げる。

> たとえ、大地と、すべての下級の被造物とが万人の共有物であるとしても、人は誰でも、自分自身の身柄に対する所有権をもつ（every Man has a Property in his own Person）。これについては、本人以外の誰もいかなる権利をももたない。彼の身体の労働と手の働きとは、彼に固有のものであると言ってよい。従って、自然が供給し、自然が残しておいたものから彼が取りだす（remove）ものは何であれ、彼はそれに自分の労働を混合し、それに彼自身のものである何ものかを加えた（hath mixed his Labour with, and joined to it something that is his own）のであって、そのことにより、それを彼自身の所有物とするのである。それは、自然が設定した状態から彼によって取りだされたものであるから、それには、彼の労働によって、他人の共有権を排除する何かが賦与されたことになる。*1

ここでわたしたちを困惑させるのは、「労働を混合する」という言い回しもそうであるが、さらにロックがその例として挙げている場面である。ロックは続く第二八節でこう述べる——

> 樫の木の下で拾ったどんぐりや、森のなかで木から集めたリンゴで自分の生命を養う者は、たしかにそれらを自分のものとして専有した (appropriated them to himself) のである。それらの食物が彼のものであることは誰も否定できない。それでは尋ねるが、それらはいつから彼のものとなり始めたのだろうか。それらを消化したときか。それとも、それらを食べたときか。あるいは、それらを煮たときか。または、それらを家にもち帰ったときか。それとも、それらを拾ったときか。もし、最初に採集したときにそれらが彼のものとなったのでなければ、それ以外の何によってもそれらが彼のものとなりえないことはあきらかである。つまり、〔採集するという〕労働が、それらと共有物とを別ったのである。労働が、万物の共通の母である自然がなした以上の何ものかをそれらに付加し、そのようにして、それらは彼の私的権利 (his private right) 〔の対象〕となったのである。では、彼は、どんぐりやリンゴを自分のものにすることについて全人類の同意を得なかったのだから、自らが専有するそれらに対するいかなる権利ももたないなどと言う者がいるであろうか。*2

所有権の基礎を語ったあとにすぐこういう議論になるのかと、ふたたびわたしたちはとまどってしまう。先のとまどいはこうだった――人が、共有のものとして与えられている自然からその労働によって「取りだした」ものは、「少なくとも、共有物として他人にも十分な善きものが残されている場合には」（第二七節）、そのものに関して所有という排他的な権利が認められるという、いわゆる「ロック的但し書き」の第一のものを目にしたとき、まだだれのものでもない無主のものなどどこにもないというのが現代に生きるわたしたちの実感だからであった。

右の引用を読んだうえでのこのたびのとまどいは、次の二つの論点をめぐるものである。一つは、所有権を根拠づける労働の例としてまっさきに挙げられるのが採集行為であるということである。日ごとわたしたちがなしている労働のほとんどはこれとは別の形態をとっていて、採集という労働は現代ではむしろごく少数のもの、しかもその大半は趣味としてなされているではないかというとまどいである。いま一つは、採集されたものがじぶんのものになるのに他者の「同意」は必要ないという、これはロックの所有権論のもっとも基本的なモティーフにかかわるものである。

二つのとまどいは、テクストを仔細に読めばすぐに解消しうると、ここでロックを擁護することはそう難しくはないようにおもえる。第一の論点についていえば、ロックは後続する節で、果実のみならずパンやワイン、織物や衣料品、もろもろの日用品の製作、さらには牧畜、耕作、栽培、そしてそれらの運搬などについても言及している。それらはたしかに「身体の労働と手の働き」によってなされる労働であるし、その意味では（ロックは例に挙げていないが）養育、教育、看護、介護といったいわゆる対人サーヴィスなども、現代の文脈からすればおなじように「身体の労働と手の働き」によってなされる労働だといえるだろう。その意味で、ロックの労働像が採集行為に代表されるものだとは考えにくい。*3

第二の論点については、この第二八節ではこうも述べられていた。「共有物《コモン》のある部分を取り、それを自然が置いたままの状態から取り去ることによって所有権が生じるということは、契約によって共有のままになっているわれわれの入会地（Commons）を見ればわかることであって、そうでなければ、入会地は何の役にも立たない。しかも、その場合、どの部分を取るかについて、すべての入会権者（Commoners）の明示的な同意を必要とするわけではない」。所有権の根拠は、政治社会の成立に先立つ「自然状態」のうちに据えられるとするロックのモティーフをもろに表わす文章だが、ここで「自然状態」における所有関係に他者は介在しないなどとは一言もいわれていないことに注意を払うべきだろう（いやそもそもロックが挙げている採集や農耕、開墾や製作にあっても、それらは対自然関係というよりも、それぞれが職業としてなされているわりで、そのかぎりで社会的でないはずはない）。「自然状態」における「所有」の始動においても、他者という存在の顧慮はしかとなされているのであって、それがほかならぬあの二つの「但し書き」だったのである。一つは（右ですでに引いた）「少なくとも、共有物として他人にも十分な善きものが残されている場合には」という「但し書き」であり、いま一つは「腐敗する前に、自分の生活の便益のために利用しうる限りのものについては」（第三一節）であり、自身の便益を越えるものはじぶんの「分け前」にあらず、「他者に属する」というものである。この二点は、所有権の根拠づけの補足的条件ではなくて、まさにその必須の条件として書きつけられたものであった。つまり、所有権は市民社会における「明示的な契約《コンパクト》」に拠るのではなく、その根拠はむしろ「自然法」のうちにあるというのが、ロックの元来の主張なのである。ロックは人間の「自然状態」について述べた節で、高らかにこう掲げていた――

すべての人間が自然にはどんな状態にあるか〔……〕。それは、人それぞれが、他人の許可を求めたり、他人の意志に依存したりすることなく、自然法の範囲内で、自分の行動を律し、自らが適当と思うままに自分の所有物や自分の身柄を処理することができる完全に自由な状態である。[*4]

「労働」という概念

とはいえやはり、第二七節において所有権の根拠として引かれる「労働」は、概念としては内容に乏しいといわざるをえない。

人は、共有のものとして人に与えられているなかから、それらのうちのいずれかに「身体の労働と手の働き」を「混合」(mix)し、それらに「彼自身のものである何ものか」を「加える」(join)ことによって、その何ものかを「彼に固有のもの」、つまりは彼の「所有物」にするのだと、ロックは記していた。つまり、「彼の労働によって、他人の共有権を排除する(exclude)何かが賦与された」と。じぶんに固有のものとしての身体がなす労働を混ぜ合わせる(mix)もしくは加えるʼ（join, add）ことによって生みだされたものは、それもまたその人に固有のものであるというわけである。

労働のこうした混合ないしは付加については、すでに見たような採集や耕作、製作の例が引かれるものの、その内実について詳しい分析はない。混合もしくは付加とは具体的にどういう事態なのか（事物の変形・加工、あるいは事物の存在様態に及ぼす変化？）、混合もしくは付加されるものとは何か（労働力？）。いや、そもそも（他の人ではなくて）当該の人物がその作業をなす権利はどこから来ているのか。またその労働を混合ないしは付加したことで、なぜその事物がその人のものになるのか。つまりは、労働を混合ないしは付加したという事実は、どのような根拠があって、その人による当該事物の所有を正当化することにつながるのか。そのいずれもが判然としない。いってみれば、議論が少なすぎるのである。

だからこそ、それにはこれまで、揶揄とも見えかねない批判が幾度も向けられてきた。現代におけるその代表として、たとえばロバート・ノージックに次のような論評がある。*5 ノージックは、（身体の労働という）わたしの所有であるものをわたしの所有でないものと混合することが、わたしの所有物でないものを手に入れることになり、逆に、わたしの所有物を失うことにならないのはなぜか、と問う。そして「一缶のトマトジュース」の例をもちだす。トマトジュースの缶を開けてジュースをわたしが海に流した場合、その分子は海全体に平均的に流れだしてゆく（そのとき仮にトマトジュースの分子に放射性元素を加えておけば、その広がりはチェックできる）。そうすると缶ジュースを海に流した人は海全体をじぶんのものとして所有することになるのか、それともそれは、ジュースのたんなる浪費にすぎないのか、いったいどちらなのかというのである。それ以外にも、ある土地をフェンスで囲った場合、囲った人に帰属するのはフェンスの直下の土地か、それによって囲われた全体か（囲われた全体といっても柵の向こう側かこちら側かはかならずしも明瞭でないが）。あるいは流木にピンクのエナメル・スプレーをかけてそれを台無しにしてしまった場合はどうか。逆にポップなオブジェとして芸術的価値が発生した場合はどうか……。これらがいずれも不明だというのだ。[*6]

もっと極端な例としては、ある物に「わたしのもの」というラベルを付ける「労働」というのもありうるかもしれない。これは下川潔《しもかわきよし》が挙げている例で、「ネームプレートを結合したり、蔵書印を押したり、座席にバッグを置いてみたり、土地に柵を立てる」など、「権利を主張するための慣習的な意志表示の方法」である。が、あきらかにネームプレートを付けるという「労働」によって所有物になるということではなく、あくまで「社会的慣習」にもとづく主張であるにすぎず、ロックがこの箇所でなすべきはむしろ、「（社会的慣習に含まれている根拠を明示して）この排他的な結合がなぜ正当であるかを示す」ことであるという。[*7] そして、よく知られたデイヴィッド・ヒュームの指摘、「自分の労働を何らかの対象に結合すると言えるのは、ただ比喩的な意味においてでしかない。適切な言い方をすれば、私たちは自分の労働によってその対象に変更(alteration)を加えるだけである」[*8]を引いて、「ロックの「結合」のレトリックは、この正当化の問題を比喩的に回避してしまう」とする。

しかし、ほんとうに比喩的な表現でしかないのかどうかは、一考を要するところである。というのも、詭弁ではなしに、この「混合」について仔細に、そして具体的に書かないことにはそれなりの理由がありそうにおもわれるからである。

ここに一本の補助線を引いてみよう。ヒュームはここで「混合」とは比喩的な表現にすぎず、その実質はある事物に「変更を加える」ことにすぎないと言っていた。ヒュームにその意図があったとはおもわれないが、「変更を加える」、つまり、あるものを別のものにしてしまうということを make an alteration と記していることは興味深い。alter は変更する、別のものに変えるということで、ラテン語の動詞 altero に由来し、さらにその alter は「別の」という意味で、英語の other にあたる。そしてこの alter の代わりに「他の」を意味する alius（英語の alien にあたる）を入れると、alteration ではなく alienation（疎外、譲渡）となる。alienation とは、他なるものになること、つまりは固有《プロパティ》なるものの喪失、何かがもはやじぶんのものでなくなることである。マルクスが「疎外された労働」というときも、労働は人間がじぶんの本質を「外化」（Entäußerung）し、生産物へ「対象化」（Vergegenständlichung）することであるが、生産手段を自身のものとしては持たない労働者にはみずからの労働による生産物もじぶんのものとはならない。つまり自己の本質としての労働がそこではじぶんのではないもの、つまり他なるものへと「疎外」されている。そのことを Entfremdung と表わした。ここで fremd は、先の alius/alien にあたるドイツ語である。要するに「疎外」とは Entäußerung（外化）が Entfremdung（他化）へと変位するという事態である。

ここから示唆されるのは、ロックのいう労働の「混合」もまた——たとえそれがヒュームのいう「変更」にすぎないとしても——自己の「他化」であっても、たんなる自己の「拡張」ではないということである。混合するというのは、主体がみずからの労働力を、素材としての事物に投入するということではない。人が事物を前にして混合するのはあくまでじぶんのもの《プロパティ》としての労働そのものであって、それが事物の特性《プロパティ》やその様態と応答しあいつつ、事物のありようを、そしてそれをつうじて所有物《プロパティ》としての自己の身柄を、ひいては自己自身のありようを、変容してゆくということであろう。「混合」はまた、じぶん以外の事物（ときにはもちろん他者）に依存せずには生きてゆけないという、人間という存在の足りなさ（非充足性、非自存性）によって迫られる不可避の活動であるともいえる。その、じぶん以外の事物とのかかわりをどう編み、繕い、安定したものにしてゆくのかということが、人にはもっとも重大な問題としてある。つまり、何をじぶんの所有物《プロパティ》として生みだしてゆくかという、身柄《パーソン》のそのゆくえにかかっているということである。そうでなければ所有権《プロパティ》論がなぜ身柄《パーソン》論となるのか理解できなくなる。

勤勉（industry）

人には生きてゆくうえで、どうしてもなくてはならないものがある。いいかえると、その生存を維持し、展開させるうえで、どうしても外せないものがある。ロックのいうように、それは大気であり、食物であり、住まいであり、そして何より生命であり、健康であり、自由と安全であろう。さらに人によっては家族であり、ときに音楽でもあろう。ロックが所有を認めたもの、つまりはプロパティのその内容に（前章で指摘したような）揺れ幅があるのも、人が何をもってじぶんのものとするかがきわめて多肢的であるからであろう。

が、もう一つ、見逃せない理由がある。それは所有権の基礎が人間の「自然状態」のなかにあるとするロックの所有権論のモティーフに深くかかわるものである。

> 人間に対して、神は世界を共有物として与えた。しかし、神は、世界を人間の利益になるように、また、そこから生活の最大限の便益を引きだすことができるように与えたのだから、神の意図が、世界をいつまでも共有物で未開拓のままにしておこうということにあったとは到底考えられない。神が世界を与えたのは、あくまでも勤勉で理性的な（Industrious and Rational）人間の利用に供するためであり（労働がそれに対する彼の権原となるべきであった）、断じて、喧嘩好きで争いを好む人間の気まぐれや貪欲さのためではなかった。*9
>
> （第三四節）

> 人間に世界を共有物として与えた神は、また、彼らに、世界を生活の最大の利益と便宜とになるように利用するための理性をも与えた。*10
>
> （第二六節）

世界は人間にただたんに（共有のものとして）与えられているのではなく、むしろ「人間の利益（benefit）になるように、また、そこから生活の最大限の便益（Conveniencies）を引きだすことができるように」、さらにいいかえるならば、「生活の最大の利益（advantage）と便宜（convenience）とになるように」与えられているのだから、その意図にかんがみて人は「勤勉で理性的」であれというのである。「怠惰で無分別」（lazy and inconsiderate）であってはならないと。

このように記す背景には、自然状態についてのロックの次のような考えがある。「すべての人間が自然にはどんな状態にあるか〔……〕。それは、人それぞれが、他人の許可を求めたり、他人の意志に依存したりすることなく（without asking leave, or depending upon the Will of any other Man）、自然法の範囲内で（within the bounds of the Law of Nature）、自分の行動を律し、自らが適当と思うままに自分の所有物や自分の身柄を処理することができる完全に自由な状態である」[*11]。そういう「完全に自由な状態」のなかで、人はそれぞれに、その生の最大の便宜を活かすべく、「勤勉で理性的」にふるまわなくてはならないというのである。そのふるまいの一つ、労働もまたそのような方向づけを有している。いわばその質がいつも問い糺されるわけである。一つは、「所有」が可能である前提としての「完全に自由な状態」を創出し、維持することにたえず努めること、一つは、みずからのふるまいが、そして労働が「勤勉で理性的」なものであるかを点検すること。じっさい、とくにこの後者の問い糺しをめぐっては、「貪欲」（covetousness）や「浪費」や「怠惰」、さらには事物を腐敗させたり壊したり、使用もせずに朽ち果てさせたりといったふるまいを警める言葉がその著述にはちりばめられている。そしてそれらはことごとく、「勤勉」〔勤労〕を「権力の抑圧や党派の偏狭さに抗して保護し奨励しよう」とする「賢明さ」につながる。「所有」においてはまさに生のそういう質、あるいは方向づけが重要なのであって、労働もまたそのような方向づけのなかでなされるものであるということが、いいかえると、それじたいが一つの探究のプロセスであることが、労働のあるべき内容をロックがあらかじめ仔細に規定することがなかった理由として考えられる。

しかし、これは、その後のロック解釈にかんがみればなかなかに危うい論点でもあった。ロックの所有権論から、いうところの「自然法」の枠を外してしまえば、「勤勉《インダストリー》」の奨めはそのまま「勤労《インダストリー》」の奨めへと変位してしまうからである。あのマックス・ヴェーバーが指摘したような資本主義のエートスとして、それはロックにおける「勤勉」の要請とは別の理路へと入り込むことになる。ロックにおいて「所有」が人のいわば一つの探究の過程、自己変容の過程であって、それはかならずしも、ということは第一義的には、自己拡張の過程ではないことは先に見たが、「所有」のその過程――レオ・シュトラウスの言葉を借りれば「動態的」[*12]なプロセスとしてのありよう――が、《所有》の増大・拡張という、別の過程の原点へと読み換えられてゆくのである。

プロパティの保全からプロパティの貯蔵と拡大へ。この途では、あの勤勉と合理性は、能率性と累進的な拡大へと収斂してゆく。そして「勤労度の差」(different degrees of industry)によって財産の偏在が生じることになる。ロックが後続する部分で述べていること、たとえば、もろもろの事物の「価値の相違」は労働が生みだすこと(第四〇節)、勤労の程度がもろもろの財の割合の差を生むこと(第四八節)、その価値の差が財産の不平等をもたらすこと(第五〇節)、財を腐敗させたり消滅させたりしないための交換、それを促進するために、耐久性の高い貨幣が導入されたこと（第四六節以下）が、そのような軸線の上で読まれることになる。このような文脈でロックの主張を解すれば、個人の所有権が政治社会に先行して、「自然状態」のうちですでに成り立つというロックの議論が、所有の権利は個人が社会のなかで不必要な拘束を受けることなく、自由に財産追求をおこなうことを正当化してくれるものだと受けとめられても不思議はない。この点について、レオ・シュトラウスは次のように解釈している。つまり、「ロックの時代の大半の人びとが、富の無制限の獲得は不当あるいは道徳的な不正であるという旧来の見解に執着していた」のに対して、ロックにおいては「市民社会は、諸個人がみずからの生産的－獲得的（productive-acquisitive）な活動を妨害されることなく遂行できるための条件を作りだすにすぎない」というのである。[*13]

やや角度は異なるが、C・B・マクファーソンの解釈もまた、ロックにおける「労働」の概念の歴史的意義にふれながら、おなじような指摘をおこなう。

人の労働は彼自身のものであるというロックの主張――これはロックの所有（property）の教説の本質的な新しさであった――は〔……〕ブルジョア的領有（appropriation〔専有〕）に道徳的な基礎づけを与える。ロックが明示的に認知していた二つの最初の制限が除去されるならば、所有の全理論は、不平等な所有に対する自然権ばかりでなく、無制限な個人的領有に対する自然権をも正当化するものである。人の労働は彼自身の所有であるという主張がこの正当化の根拠である。なぜなら、人の労働は彼自身のものであると主張することは、ただたんに賃金契約で譲渡すべきものは彼の労働であると語ることであるだけではない。それはまた、彼の労働およびその生産力は、彼がそれに対して市民社会になんのおかげをもこうむってはいないあるものである、と語ることでもある。もし領有を正当化し、価値を創り出すものが労働、つまり人の絶対的所有であるとするならば、領有の個人的権利は社会のいかなる道徳的要求にも優先する。所有と労働とは社会的機能であり、また財産の所有権(ownership)は社会的義務を含むとした伝統的見解は、それによって掘りくずされる。要するに、ロックは〔……〕無制限な資本主義的領有がこれまで負わされてきた道徳的無資格をぬぐい消した。[14]

おもえば凄まじい途の別れ方である。「自然法」という規範を背景にするかしないかで、ロックの立論がこうも違って解釈されるのだ。ロックが所有権の根拠づけとして提示した議論、すなわち労働の「混合」は、そもそもが対象の変容であるとともに、身体をとおして対象にかかわる自己自身の変容の過程でもあると解釈しうると、先にわたしは述べた。ところが、右にあげた論者たちは、ロックのなかに財産の偏在や富の無限な蓄積を是認するような、いわば資本主義的な社会の秩序をこそ根拠づける論理を見てとった。が、それを彼らは「貨幣使用の暗黙の同意」を導入した段階以降のロックの立論に見ており、「「労働による所有」の理論それ自体が、プロパティの譲渡性と収奪性を正当化する論理を含んでいた次第を見ぬくこと」ができていないとさらに鋭く突《つ》く研究者もいる。[15] その田中正司《たなかしょうじ》によるこうした指摘は、本論での労働の「混合」という事態ははたして所有権を根拠づけるものたりうるかを問うているわたしにとっても、のっぴきならない問題提起としてある。ただ、わたしとしてはその問題提起に押されつつも、ロックの立論（とその破綻？）をもう少し別の角度から検証してみたいとおもう。

生存の糧

現代生活のさまざまな局面は、これまでになかったほどに、《所有》の強迫観念に隅々にまで浸透されていて、そのことによって世界の、社会の、そして自己自身の把握も歪んできているのではないか、そのことでわたしたちはさまざまな塞ぎに窒息しそうになっているのではないか。そのような視点から本論を始めたのであった。が、完全封鎖というわけではなくて、《所有》による覆いがほころびる、そのような裂け目では、《所有》に侵食され、放逐されたさまざまな存在が、まるで忍びのように、身を退きながら、身を潜めながら、ちらちら姿を現わす。

生命というのが、その一つかもしれない。医学から生命科学へ、生命へのわたしたちのまなざしは、きわめてミクロな現象をのぞき込むまでになっている。が、その解析の刃で切れば切るほど、刃はこぼれるし、謎もまた別の謎として繰り延べられてゆく。

その生命について、ロックは所有権論のなかで、ある意味、特異な位置づけをしている。それがはっきりと述べられているのは、次の箇所である。

人間は自分自身の生命に対する権力をもっていないのだから、契約によって、あるいは自分自身の同意によって、自分を他人の奴隷にすることはできないし、また、他人が思いのままに彼の生命を奪いうるような絶対的で恣意的な権力に身を委ねることもできないからである。誰しも、自分がもっている以上の権力を他人に与えることはできず、従って、自らの生命を奪うことのできない者が、自分の生命に対する権力を他人に与えることなどできるはずはない。[*16]　（第二三節）

誰も、自分のうちにもっていないもの、すなわち、自分自身の生命に対する権力を、同意によって他人に譲り渡すことはできない[*17]　（第二四節）

身柄は譲渡できるが生命は譲渡できないというロックの主張、そこに重要な意味があると考えるのは、一ノ《いちの》瀬《せ》正樹《まさき》である。右で引いた文章から、「他人の奴隷にすることはできない」じぶん自身というのは、ずばり生命のことであって、それは「各人が所有権を持っているところの人格」とはカテゴリーを異にする、つまり「人格《パーソン》」〔身柄〕は、各人が所有権をもちえない「生命」とは区別されるというのである。もちろん、すでに見たように、ロックはあきらかに「生命」を、人格〔身柄〕とともに所有物《プロパティ》の一つに数え入れていたのだが、その場合、生命に対する所有権とは、生命を「享受したり利用したりする権利」のことであって、「自己の生命や身体を破壊し消滅させてしまう権利」はそこでは断じて認められないというのである。

そういう意味では、「所有」の場面に現われながらも「所有」という関係のなかに収容しきれない「生命」とは、それを生きる〈わたし〉にとって、いったいどのような存在なのだろうか。人が人として生きるうえでなくてはならないもの、それなくしては〈わたし〉の生存が成り立たないもの。それに「人」（＝各人の〈わたし〉）はどのようにかかわるのだろうか。しかもロックの場合、それ、つまり生命あるものとして生き存《なが》らえること——「自己保存」（self-preservation）——は、何よりも「神の欲する」ところなのである。

所有の対象となしうるが、所有しきれないもの。そういう「生命」と〈わたし〉とのかかわりを考えるときに、意外におもわれるかもしれないが、二十世紀フランスの哲学者、エマニュエル・レヴィナスの『全体性と無限』（一九六一年）における「労働」についての議論[*18]を、ここに補助線として挿し込むことで、ロックがその所有権論で見据えようとしてきたものがより鮮明になる。というのも、ロックもレヴィナスも、もろもろの事物が「対象」として明確な輪郭をもって現われてくるに先だって、人はそれらをじかに「享受」している——「享受する」とはロックではenjoyであり、レヴィナスではjouirであり、ともに「楽しむ」「満喫している」「恵まれている」ということを含意している——、そのような生の基盤ともいえる次元にまなざしを据えることから論を起こしているからである。

いうまでもなく、それぞれの論はたがいに正反対のヴェクトルを描いている。ロックは《所有〔権〕》という関係を確立しようとしているが、レヴィナスは《所有》という関係を越えるものへとまなざしを向ける。またおなじ《所有》といっても、ロックは所有権（property）の根拠を問うのに対して、レヴィナスは権利としての所有（property）を問うより先に、まずは占有（possession）という関係を解き明かそうとする。とはいえ、それぞれの立論には並行的ともいえる構図がたしかに見受けられる。すなわち、ロックにおいてもレヴィナスにおいても、他者との明示的な「同意」が成り立つ以前のある《所有》関係――ロックでは専有（appropriation）、レヴィナスでは占有（possession）――にまずは視点が置かれること。そういう《所有》関係において「依存」という事態に光が当てられること。つまり「身を養って」くれるもの、生きものとしての生存になくてはならないものとして、「糧《かて》」が問題となっていること。そしてその「糧」との関係のなかで、すでに他者との関係に先立つある種の〈内部性〉が見いだされること。そしてもう一つ、そういう《所有》関係において「手」というものの存在に光が当てられていること。さしあたっては以上のような点が、両者に並行的に見いだされる。

以下では、このような生の基盤ともいうべき次元への両者のまなざしを交叉させ、それらの立論の構造の相似性もしくは共有点と、両者の議論が決定的に袂を分かってゆく地点とを探ることで、ロック自身の記述ではきわめて過少であるとおもわれた、所有権論における「労働」概念の位置づけについて、より明確な理解を得たいとおもう。それをつうじてはじめて、ロックの所有権論における「労働」の支持体ともいうべき「身体」概念の位置もより鮮明に浮き彫りになってくるはずである。

5 糧と労働

「労働」の記述

《所有》を論じるにあたり、本書がこれまでも、そしてこれからもしばし、ジョン・ロックの所有権論を約めて記述している一節に執拗にこだわるのはなぜか。なかでも「労働」についてのあまりに簡素な記述にことさら拘泥するのはなぜか。

それは一に、所有の権利が発生するその原初的《プライモーディアル》な位相を確定したいがためである。いいかえると、「これは～のものである」という、事物の〈帰属〉をめぐって、ロックがなぜその根拠を「政治社会」における市民たちの「明示的な合意」――実定的＝措定的（positive）な法秩序――にではなく、それに先だつ自然的（natural）な法秩序のうちに求めたのか、その理由をはっきりさせたいからである。

〈帰属〉ということは、どう考えたところで、人びとのあいだ、自他のあいだで発生する問題である。そのかぎりで、ロックのいう「政治社会」における「明示的な合意」のことがらであるはずだ。もっといえば〈約束〉や〈契約〉の問題であるはずだ。にもかかわらずロックは、あえて

「自然状態」に、それも他者が顕在的にはかかわってこない、個人と事物とのもっとも基礎的な関係の場面にまで遡って、そこに問題を挿し込む。なぜそうした変則的な議論の構制をとったのか。さらにいえば、〈帰属〉ということの根拠をロックはなぜ（他者の存在をとりあえずは括弧に入れた）「わたし」と事物との一人称的な関係のうちに求めたのか。他者を介在させない、あるいは他者との協働に何も負うところのない、そのような対象との関係というものがはたしてありうるのか。あえてそういう設定から出発する途を選んだのはいったいなぜなのか。

このあと繙いてゆくように、これはじつは想像される以上に錯綜した問題である。

たしかに市民の私権のコアをなす所有権を、他者や集団、もしくは権力による恣意的な侵害から保護するというモティーフがあったからだとは、すぐに思いつくことだ。そういうモティーフ、そしてそれが求める立論の枠組みが、記述にそうしたいびつを強いているのはいうまでもない。しかし、所有権がその根拠を置くとされる「自然状態」がたんなる理論的な要請、いや端的にいって虚構だとすぐに決めつけることにも、同時に慎重であらざるをえない。

というのも、この所有権をめぐる章節は、自由や人権、さらには市民の抵抗権など、社会の統治原理の最終的な基礎を確定しようとするものだからである。自然法が、自然状態のなかに根を張りつつそれ自身を超えて実定的な統治原理へとみずからを展開してゆく、その転轍点ともいうべき場面だからである。否定的《ネガティヴ》かつ実定的《ポジティヴ》という二重性がそこにあるからである。いいかえると、仮構された自然状態でもなければ、共同体のなかにいわば自生的に発生してくる秩序でもなくて、統治原理の公理ともいうべき基礎命題として提示されているからである。つまりは近代的な統治原理の根拠がそこに懸かっている。だからこの場面での議論の構造を問い糾したいのだ。このプロセス（過程／審廷）は、じつは労働の支持体であり、「わたし」の生存の現実態でもある身体が内蔵する両義性にこそあると考えられるのだが、それについて語る前に検討しておくべきいくつかの事項がある。

労働と所有権の結びつきについて、ロックはこう書いていた——

「自然が供給し、自然が残しておいたものから彼が取りだすものは何であれ、彼はそれに自分の労働を混合し、それに彼自身のものである何ものかを加えた（hath mixed his Labour with, and joined to it something that is his own）のであって、そのことにより、それを彼自身の所有物《プロパティ》とするのである[*1]」。

それにしても、労働過程をめぐるロックの叙述はなぜこうも簡素なのか。労働について、その構造としては、事物への労働の「混合」ならびに「付加」として語られるだけである。ここでは、労働とともに加えられる「何ものか」とは何か、またその「何ものか」の結合および付加が、その事物を「彼のもの」となす理由は何か、この二つについても具体的には述べられない。そして続くいくつかの節で、採集や捕獲、耕作や栽培、飼育や製作といった労働の具体的な態様が、しかもその過程の詳らかな記述もなしに断片的に例示されるだけである。

しかし、製作はいうにおよばず、狩猟であれ採集であれ、それらは仲間や家族との協働によらねばそもそも成り立たないはずのものである。ましてや共同社会のような組織された集団においては、分業のしくみ、職業のかたちをとって、社会的な役割として人は労働するものである。いやそもそも、いのちの養いの発端、授乳にしても、呑ませるという間人間的ないとなみとしてあったはずだ。

また労働というのはふつう、使用においても製作においても、事物との対話としてなされるものである。竿を使って釣りをするときには竿の材質の加減がものをいうはずだし、樹を伐り、削るときにも、斧や鉋《かんな》の刃先の具合（道具は他の職人が作ったものであろう）や樹の性質、そして腕の力の入れ具合にうまくバランスがとれてはじめて滑らかな作業となる。野生動物を狩るときには、獲物との駆け引き、猟犬との連携がそこにはかならずある。そして何より他者たちとの協力。それらは労働の単純な「付加」とはとてもいえない。それらは事物への人の働きかけにはすぐに還元できない複雑な過程である。この過程は、労働する者の側からの事物への介入というよりも、他者、事物をふくむ複雑な連関のなかにある。それを「混合」や「付加」と言い切るのはあまりに貧相な抽象であるといわざるをえない。

にもかかわらず、ロックはそのような過程をあくまで、労働する者とその働きかけを受ける事物とのあいだの関係——他の主体をいったん括弧に入れた、主体と対象との関係——という設定のなかで規定しようとしているように見える。そこに立論上のどのような事情もしくは経緯があったのか。

さしあたって考えられる理由はこうである。ロックが自然状態における労働過程の記述のうちで、すでに「所有」の問題を権利の問題として起動させていたことにあるのではないかということ。いまわたしたちが参照している『統治二論』の主眼は、労働過程の分析ではなくて、新興中産階級というべき「市民」の権利の基礎を論じるところにある。個人の存在にあって断じて侵されてはならないものを標《しめ》し、それを保護し擁護するための論を立てるということである。個人の存在を侵すもの、生命を脅かすもの、それについては、『統治二論』では「不正な暴行や殺害」、「混乱と無秩序」、「敵意と破壊」、「専制的な権力」や「簒奪《さんだつ》」「圧政」「暴政」などが挙げられている。いうなれば政治的・宗教的迫害への抵抗の拠点として、所有権論は構案されたのであった。『寛容についての書簡』での表現を用いていえば、[*2]「宗教のためと称して」、あるいは「慈愛の原理に発し、人々の魂への愛から出たこと」として「他の人々を迫害し拷問し毀傷し殺戮している人たち」、「人々の財産を奪い、体刑を加えることによって不具にし、不潔な牢獄で苦しめ飢えさせ、ついにはその生命さえ失わせる」人たちへの抗議が強く意図されているということである。

『統治二論』のモティーフは、つまるところ、所有権の源泉への問いにあったのであって、それが労働の問題と切り離せないものであっても、労働の過程そのものを仔細に記述することに精を尽くすことは第一義的な課題ではなかったということであろう。そしてまさしくここに、人と環境とのこの原生的な場面における《所有》という関係を、所有権（property）の問題としてではなく、あくまで占有（possession）の問題として記述しようとしたエマニュエル・レヴィナスの議論を、ロック所有論のより立ち入った理解のための補助線として参照することの意味があるとおもわれる。

糧と享受

生命を授けられたものとしての人間が、その生命を保持するためになくてはならないもの、つまりは「糧」(nourishment) を、人はみずからの「労働」によって手に入れる。その「労働」をロックは、自然から供されたものに人がみずからの「労働」を「混合する」(mix)、「加える」(join)、「付加する」(add) こととして記述していた。字面だけをとりあげれば、まるで労働する人が事物へと一方的に働きかけるかのように、である。そして、事物に「労働」を「混合」もしくは「付加」したという事実は、ただちにその事物の所有を権利づけるものではないことを、わたしたちは指摘してきた。「労働」がそれなしでは存在しなかったような「価値」を生みだす、あるいはすでに在るものとの価値の差異を生じさせるからだとか、あるいは労働による産物が労働する者の努力や辛苦の結果としてあるからだとか、さらにはその労働が神の創造の意図にかなうものであるからだとか、これまでロックの研究者たちは考えうるさまざまの正当化を試みてきたようだが、[*3] しかし、一ノ瀬正樹のいうように、そのような試みは「労働の混合によって何らかの相違がもたらされ、その相違の媒介によって所有権が根拠づけられるという、そうした議論の構造に共通にのっとって」いるかぎりは無効であろう。[*4] かといってしかし、労働がじぶんのプロパティだからそれによって生みだされたものも「じぶんのもの」だというロックの論理も、それだけではやはり根拠としては不十分なままにとどまるとおもわれる。

さて、レヴィナスもまた労働を論じるに際して、ロックとおなじように、生命の維持にとってもっとも基本的な場面、身の養い、もしくは「糧」についての議論から始めている。ただ、『統治二論』のロックも『全体性と無限』のレヴィナスもともに《所有》の問題を、この人と「糧」とのかかわりという場面にからめて論じるにしても、それぞれの「労働」ならびに「所有」の概念には、現段階で指摘しておくべきとおもわれる二つの決定的な相違がある。「労働」については、一方がそれを「混合」ならびに「付加」としてとらえるのに対し、他方は「享受」と「依存」という面から見る。また、おなじ「所有」といっても、一方は自然法という秩序を支持体とし、それを「所有権」(property) として問題にし、その主張と実行も大半は appropriation という語で表わすのに対して、他方は「所有」というありようを非規範的に「占有」(possession) として論じる。[*5]

その二点を念頭に置いたうえで、あらためてレヴィナスの占有論を繙くと、レヴィナスのそれはなかなかに印象的な文章から始まる。──「私たちは「おいしいスープ」、大気、光、風景、労働、観念、睡眠、等々によって生きている」。[*6]

ここで「〜によって生きる」(vivre de) とは、何かを「糧にして生きる」ということである。大気や光、水から食糧やねぐらまで、人はそれなしにはじぶんの存在もまたありえないようなものに浸され、包まれ、支えられて生きている。生とはそれじたいが一つの非充足態であって、じぶんではないものに与《あずか》り、それらをみずからに同化し、消尽《コンソメ》することで成り立つ。それが、いのちあるものが「身を養う」(se nourrir) ことのもっとも原初的なかたちである。そこで糧となるものをレヴィナスは「始原的なもの」（l'élément〔元基〕）と呼び、それらはいのちあるものにとって存在の「栄養」であり、また「環境《ミリュー》〔媒質〕」だという。ここで「環境〔媒質〕」は、対立項の隔たりを架橋するいわゆる「媒体」（médiation）でも「媒介項」（intermédiaires）でもなくて、いのちあるものを浸し、包み込んでいる培養地のようなものだといえる。それにいのちあるものは浴している。生とはその意味で「享受」（jouissance）である（ロックもenjoyといっている）。「始原的なもの」、そしてそれへのわたしたちのかかわりについてレヴィナスの述べているところを、二ヵ所引いてみる——

> 環境とは、共通の、占有されえない基底あるいは領域なのであって、本質的にいって「だれにも」ぞくしてはいない。つまりは大地であり海であり、光であり、あるいは都市である。いっさいの関係と占有は占有不可能なもののただなかに位置している。占有不可能なものが、内含され包括されることなく、包括し内含するのである。この占有不可能なものを、始原的なものと呼ぶことにしよう。*7

> 私を支える大地のかたすみは、たんに私の対象なのではない。それは、対象についての私の経験をも支えているからである。踏みかためられた場所は私に抵抗するのではなく、私を支えている。このように「支えられている」（tenu）ことによる、私の場所との関係は、思考と労働とに先だっている。身体、定位（position）、じぶんを支えているということがら（le

fait de se tenir）が、私自身との最初の関係、私に対する私の一致を素描するものなのであって、それは観念論的な表象とは似ても似つかないものなのである*8。

ここにわたしたちの行論と深くかかわる問題がいくつか語りだされている。

一つは、「享受」が、主体と対象との関係に先行する関係だということである。「始原的なもの」は、「基体（support〔支持体〕）を欠いた純粋な質」としてあって、そこではまだ何かある「もの」として現われてはいない。ここでは対象の「何」も、対象（Gegen-stand）としてのそれに「対して」あるところの人称的な主体も、未だ存在しない。そしてその「始原的なもの」にわたしたちがかかわるのは、「もの」に志向的にかかわる知覚や思考や実践活動以前の「感受性」（sensibilité）というかたちにおいてだと、レヴィナスはいう。わたしたちはそういう始原的な環境のなかで、「だれ」としてでもなく、呼吸し、見、聞き、歩き回る。葉の緑、夕日の赤さにまなざしを泳がせ、何かを食べて満たされ、他の生き物の動きにときに怯え、ときにうきうきともする。

次に、この「始原的なもの」が「だれのものでもない」ということ。もっと強くいえば、「占有不可能なもの」（le non-possédable）であること。

したがって第三に、そういう環境のなかで「〔何かを摂取しつつ〕身を養い」（s'alimenter/se nourrir）つつ、そこに住みつくということは、「他なるもの」（じぶんのものにはなりえないもの）に依存して存在するということである。「〜によって生きる」という表現にしめされているような生のこの不充足（non-suffisance）は、わたしがわたしでないもの（non-moi）のうちにとどまっているということであり、「わたし」が享受しているものはあくまで「他なるもの」であって、自己自身ではないということである。したがって、環境のうちで身を保つ（se tenir）ということ、すなわち「享受の自存性」（indépendance〔非依存〕）は、じつは「他なるものへの依存（dépendance）によって養」われている。[*9]

そして最後にもう一つ。それは、わたしたちがこの「始原的なもの」（ここでは大地の比喩で語られている）に浸され、包まれ、支えられて、そこで「身を保つ」（se tenir）、そこに「身を据える」（se poser）ということである。そこに滞留するのみならず、そこに住みつくこと、そこで身を支えることを開始するということである。これはわたしたちにおける自存性の芽といってもいいだろう。「身を養う」であれ、「身を保つ・支える」であれ、「身を据える」であれ、いわゆる再帰動詞のかたちをとっているが、それらはやがて「わたし」という同一的存在へと体制化してゆく途の始点となるような、そして世界への働きかけとしての「労働」を始動させることになる、ある自発性の芽である。この芽はレヴィナスにおいて「分離」（séparation）の過程として語りだされる。

分離と依存

人は自身が占有しえないものによって、日々身を養っている。レヴィナスはここで、だれのものでもない無主の環境から取りだした事物は、人の労働を「混合」ないしは「付加」したものであるかぎりでその人のものであるという、ロックが記述した「労働」といういとなみに先行するような環境とのかかわりの場面を描いていた。ロックの記述になかったのは、一つは対象化以前の事物との交わりであり、一つは生が占有不能なものによって養われているということであり、一つは生の根源的な依存性であり、一つはそのなかに萌《きざ》す自発性の発芽であった。

　しかしこの、依存のなかの自存とはどういうことか。

　何かを糧にして生きるということ、生存が「〜によって生きる」(vivre de) であるということは、何かを当てにしているということである。それが依存である。依存はその意味で、イニシアティヴが向こうにあること、手綱をもつのがじぶんではないということだ。その意味で依存は不安定なものである。その支えはいつ外されるやもしれず、したがっていついのちが絶たれるやもしれない。嬰児のいのちはその支えが外されればすぐに絶たれる。依存は、いつ途切れるかもしれぬ、いつ断ち切られるやもしれぬ、細い線のようなものである。享受における自足のなかでの「感受性」の悦ばしき震えは、いつみずからが消去されるやもしれないという怯えの震えでもあるのだ。

　ただ、依存があくまで他のものに拠ることである以上、それは吸引され、そこに消え入ってしまうことではない。依存が依存であるのは、依存への反対動向、つまりは自存への動向があるかぎりのことである。享受は隷属ではなく、あくまで、与ること、エンジョイすることなのである。レヴィナスはこういっている。——「生がこのようにそれ自身は生ではないものに依存しているにせよ、そのような依存は結局のところ、その依存を無化《アニュレ》［破棄］する裏面をともなっている」[*10]と。それが右の二つ目の引用にあった「身を支える」(se tenir) であり、「定位」(position) である。

レヴィナスは「身を保つ・支える」ことを「定立」(position) と呼びかえていた。「定立」〔＝措定〕とは se poser、みずからを置くこと、あるいはみずからを据えるべき、そしてそこに休らう (se reposer) ことのできる「ここ」という位置《ポジション》を見いだすことである。それは一種の求心性とはいえようが、しかしそれはあくまで環境においてであって――「世界」はまだない――、客観的な空間の一地点を占めるということではない。おぼろげな、そしてみすぼらしくもある生の地平とでもいうべき環境のなかで、足がかりとなるような場所に身を置くこと、そこに根づくことである。「私がそこにおいて身を支える」(je m'y tiens) とは「どこかにとどまること」(demeurer quelque part) である。たとえそれが未だ「わが家」のような安らぎの場所ですらないとはいえ、享受の充溢のなかに挿し込まれた裂け目――「非場所《ユートピア》」――でしかないとはいえ、それでもこの場所から離れられない。そこに根づくほかない。そのかぎりにおいて生はどこまでも「土着的」(autochtone) である。

このことをレヴィナスは「分離」(séparation) とも呼んでいる。「分離されている」(être séparé) というのは、依存という、あの消滅と離散に晒された不安定な混沌への身構えでもある。生が「ここ」へといわば求心化してくるというのは、環境のなかで環境への没入からみずからを剝がし、隔てて、そこに「内部性」を拓き、そこへとおのれを引き込ませることである。動物が糧や物を集め、巣に引き込むように、人はみずからの許（chez soi〔わが家〕）にあろうとする。が、それにもまして重要なのは、それが同時に、他の「ここ」とも隔てられてあるということだ。「内部性」は円環のように内に閉じたものではない。生がまるで大地に穿たれた窪みのようにそちこちに散らばったままにあるということ。「内部性」は生の孤絶でもあるのだ。そしてこの両面における「分離」が、次に労働と占有を始動させることになる。

労働と占有

これまで見てきたように、享受はじぶんではないものへの依存であるから、人は糧として何かが与えられることの不確かさに、不安定性に、つまりは環境の毀れやすさにたえず脅かされている。飢餓や被災はその最たるものであろう。そのように脆い生を保全するために、糧のより確実で安定した享受をなすために、享受は労働と占有に「援助をもとめる」と、レヴィナスはいう。労働によって享受を見込みうる安定したものに変容させようとする。占有によって将来のために糧を備蓄しようとする。その意味で労働は享受を早め、占有は享受を遅らせるといえるかもしれない。いずれにせよ生は環境とのかかわりのなかに「時間」のすきまをこじ開け、そこに労働と占有といういとなみを挿し込む。

労働によって、始原的なものの未規定的な未来が、無期限に統御される。あるいは中断されることになる。さまざまなものをつかむこと、家財という存在、つまり屋内へと運搬可能なものをとりあつかうことによって、労働は、存在が私たちを支配していることを告げていた、予見不能な未来を自由に処分することになるのである。労働によって担保されるのはこの未来である。占有されることで、存在からその変化がのぞき去られる。占有はその本質からして持続的なものであって、占有が持続するのはたんにたましいの一状態としてだけではない。占有することで肯定されるのは、時間に対して、だれのものでもないものに対して、つまり未来に対して占有がふるう権能である。占有が定立するのは労働の産物であり、労働の産物はしかも時間のうちで永続的でありつづけるものとして、すなわち実体として定立されるのである。*11

重要なことが二つ、いわれている。それまで襲われるばかりであった不意の未来、それを労働と占有とが「意のままにしうる」ものに変えるということ。いま一つは、労働と占有とによって「始原的なもの」の環境にあって基体をもたない「質」であったものが永続的な「もの」(chose)として出現してくるということ。糧は同一的な「もの」――「持ちもの」(avoir)――として、しかも意のままに自由処分(disposition)の可能なものになる。

まず、労働を考察するに際して、レヴィナスは(ロックとおなじように)手に着目する。それはたとえば摑み、剝がし、砕き、こねる、そして持ち運ぶ。手は、「掌握(prise)、把捉(saisi)の器官」である。そしてそれによって環境から引き剝がし、引き抜き(arracher)――ロックではremoveといわれた――、そして取り集められたものが「もの」である。労働はこのように「手」のはたらきに象徴される。

ものの輪郭がしるしづけるのは、そのものを切りはなし、他のものを動かすことなくその位置を変え、持ちはこぶことができるという可能性である。ものは、かくして可動的なもの（meuble）〔動産、家具〕である。ものと人間の身体のあいだには、なにかの釣りあいがたもたれている。それは、ものを手に従属させるような釣りあいである。ものはつまり、たんに享受にだけ従属しているわけではない。手によって、始原的なものの質が享受へともたらされると同時に、将来の享受のためにその質が掌握され保存される。じぶんが獲得したものを始原的なものから引き剝がすことで、手はひとつの世界をえがきとる。かたちをもつ限定された諸存在、言い換えれば固体をえがきとることで、世界をえがき出す。かたちのないものにかたちを与えることは固体にすることであり、把持可能なもの、存在者の出現、つまりさまざまな質をになうもの〔基体〕の出現である。[*12]

労働が、つづいて占有が、「もの」を出現させる。「もの」の実体性は労働と占有に負う、占有とともに対象的な存在が立ち現われるというのだ。

労働にもとづいて遂行される占有は、享受における占有をいわば冪化《べきか》したもの、あるいは高次化したものといえる。享受における占有については、こう述べられていた。――「享受することによる占有は、享受と一体化してしまっている。どのような能動性も、感受性に先だってはいないからである。むしろ逆に、享受することで占有するとは、占有されること（être possédé）「とり憑かれること」でもある。始原的なものの測りがたい深さに、言い換えれば不安に満ちたその未来に引きわたされていることなのである[*13]」。これに対して、冪化として更新された所有、いいかえると、未来に備えて取り置き、保存し、貯蔵することを目的とする所有は、労働の産物をじぶんの許に取り集め（recueillir）――ロックではgather――、引き込むというかたちでなされる。この過程で、糧は〈同〉の秩序に引き入れられることで、「わたし」による占有の対象となる。生それじたいも、「わたし」という占有する同一的な存在（le Même）へと自己を集約（se recueillir）し、主体として「もの」に向きあうことになる。

ここで注目すべきは、右でも見た時間の挿し込みということである。それは、「始原的なものの予見不能な未来――その自存性、その存在――を、統御し宙づりにして、繰り延べる（ajourner）」ことによって遂行される。こうした「未来の繰り延べと延期」は享受の繰り延べということでもあって、それによって「始原的なもの」の環境は「もの」たちの「世界」として、いつでも必要なときにアクセスできるもの、いつでも意のままに使用し処分できるものとなる。そして「もの」がやがて、比較や量化、交換の可能なものへと態様を変えてゆく。冪化された占有は、「内部性」のなかに穿たれた時と時のすきまに、「未来の繰り延べと延期」というかたちで創設されたのである。

レヴィナスはここまで一貫して《所有》を「占有」（possession）として論じている。権利としての所有権（propriété）はここには出てこない。ごくたまにその語が現われても、それは世界を占有するという体制のなかにある「財」、つまりは所有物《プロプリエテ》の意味においてでしかない。ロックのプロパティとは異なって、レヴィナスにおいてプロプリエテは《所有》というよりもむしろ〈固有〉の問題として、〈他性〉（altérité）や〈外部性〉（extériorité）との関連で問われるべきものであって、しかも、これまでたどってきたような「自存性」の屈折した展開――レヴィナスは、享受の自存性は「いっさいの自存性の本源的な構図《デッサン》〔下絵〕」なのだという――の全過程に、別の言葉でいえば、「対してある」と「散らばってある」という、あの二重の意味での「分離」の事実全体に、いわば直角的に挿し込まれて論じられるべき問題としてあるといえよう。先にもちらっとふれたように、たとえば授乳や食事というような、享受の原初的な態様一つとっても、いずれも他者の存在なしにはありえないのだから。〈帰属〉にかかわるプロプリエテとしての《所有＝固有》は、排他的な権利としての「所有」権のなかに押し込まれるべき問題ではなく、それこそレヴィナスのいう「享受」の最底辺からすでに問題になっている。そしてそれは本論がいずれ向きあわなければならない問題である。

〈身体〉という、もう一つの問題

所有権の根拠を問いただすロックの議論と、所有の彼方をめがけるレヴィナスの議論。両者はまったく違う途で《所有》を問題にしているのに、その問題にかぎっていえば、議論の構図や用語におどろくほど近接したものがある。レヴィナスを読んでいると、ときにまるでロックとあえておなじ枠組み、おなじ語でまったく別のことを語ろうとしているかのようにおもわれることさえある。propertyとpossessionという決定的な差異はあるにせよ、ともに「糧」で身を養うという場面を最初に設定したし、「明示的な合意」や「契約」以前のエゴロジカルともいえるある種の内部性を設定したうえで論を運ぶし、そしてなによりともにその議論は激しい抵抗の意志に貫かれている。ロックならパーソンの存在を侵害する権力への抵抗であり、レヴィナスなら人を交換可能なものと見る俯瞰的なまなざしと「全体性」という体制への個の組み込みへの抵抗である（ちなみにレヴィナスは、ロックが「所有権」の章の前に「戦争状態」と「隷属状態」をめぐる章を配したように、『全体性と無限』を「戦争状態」の記述から始めている）。ただ、人の存在の生地といえるものを破り、切り裂く威力に対して、レヴィナスは、ロックが抵抗の拠点に据えた場所よりもさらに古い場所に、つまり「分離」という原事実のうちに、拠点を据えようとするのであるが。

　ロックの所有権論を《所有》論の一つとして検討するにあたって、本章ではその合わせ鏡の役を負わせたレヴィナスの占有論であるが、一つ、手つかずのままに残っている問題がある。〈身体〉の問題である。ロックにおいては、人のフィジカルな存在そのものとしてあって、それ以外のあらゆる所有権を基礎づける基底的なプロパティとして位置づけられた身体の、プロパティを基礎づけるプロパティというその二重性については言及がない。「彼の身体の労働と手の働きとは、彼に固有のものである」とされるのみであって、それがそもそも「人」ないしは「パーソン」においてもつ意味も不明瞭なままである。一方、レヴィナスは、身体について（まるでロックにおける身体の位置づけを揶揄せんがばかりに）こう書いている。――「裸形の身体としての身体は最初の所有物［占有物］ではなく、身体はなお持つことと持たないこととの外部に（en dehors de l'avoir et du non-avoir）ある」[*14]。これもまた謎めいた言葉である。

ところで、レヴィナスは「糧」について論じるにあたり、そこでも不思議な言葉を書き添えていた。

糧にあっては、対象との関係があると同時に、ひとは対象との関係に関係しており、この関係との関係それ自身もまた生を養い、生を充たす。〔……〕活動がみずからの活動性そのものによって養われるこのしかたが、享受にほかならない[*15]。

「関係が関係それ自身に関係する」とはついキェルケゴールを思い起こさずにいられない言い回しだが、ここでは、人が糧を享受するだけでなく、糧を享受することもまた享受するといわれている。享受の享受ということの再帰性は何を意味するのか。ここでわたしたちはこの再帰性《リフレクシヴネス》を、（メルロ＝ポンティの語を借りるなら）「身体の反省能（réflexivité）」に関係づけて考える必要があるようにおもわれる。というのも、「始原的なもの」が享受といういとなみの環境《ミリュー》［培養地］であり、また媒質《ミリュー》でもあったとすれば、身体こそそのもっとも根源的な媒質《ミリュー》であろうからである。身体が主体の器官であると同時にその客体（＝対象）でもあるとはしばしばいわれることであるが、この両義性を身体が生のその始原的なレヴェルからしてどのようにはたらかせているのかを探るなかで、ロックの所有権論とレヴィナスの占有論がいまいちど交差するようにおもわれる。身体という〃存在の生地〃に加えられる暴力、それへの抵抗とその根拠となる所有権との関係という問題もそこに浮上してくるはずである。

6　身体という生地

〈ひと〉という概念の論理的な原初性

わたしは「身体をもつ」のか「身体である」のか。ガブリエル・マルセルを筆頭に、《所有》との関連で身体が問題となるときに、決まったように持ち出される問題設定である。「わたしは身体をもつ」、「わたしは身体である」といういいまわしは、日本語としては落ち着きがわるい。さらに、ここではいったい何を指して身体と言われているのかが明確でない。なんの限定もなしに言われる身体とはいったい何か。

では「わたしはわたしの身体をもつ」、「わたしはわたしの身体である」と言えばどうか。「わたしはわたしの身体をもつ」では「わたしの身体」がすでに「わたしの」という所有格でいわれているかぎりで冗語となっている。「わたしはわたしがもつ身体をもつ」ということであるから。「わたしはわたしの身体である」という表現のほうも、「わたしはわたしがもつ身体である」ということになり、「をもつ」か「である」かの二者択一という当初の問題設定を台無しにしているかぎりで、意味不明となる。

では「わたしはこの身体をもつ」、「わたしはこの身体である」と言い換えればどうか。いわば直示的に特定の身体を指してである。しかしこう口走るときの「この」はどのように特定されるのか。「この」と（たとえば指先で）じかに指されるものは、頭あたり、胸あたりであるらしいにしても、どこからどこまでか明確なわけではない。指で身体の全体を大きくなぞっても、だからといってより明確になるわけでもない。それでも言い当てたいものがだいたいわかるのは、聞くほうも「身体」という観念をおおよそ共有しているからである。そしてその「ひと」がその身体のことであることもたがいに了解できているからである。だが、まさにその「身体」が厳密には何かと問えば、とたんに「身体」というその指示の対象はあいまいになる。

じっさい、ロックの場合であっても、「この労働は労働した人間の疑いえない所有物(Property)であって」（傍点は引用者による）といわれるときには違和感はないが、「彼の身体の労働と手の働きとは、彼に固有のもの（properly his）である」（ここも傍点は引用者による）といわれるときには、もしこれが冗語でないとすれば、この properly は「正しくいえば」という追加的記述であるか、あるいは「所有の権利として」との含みをもたせてそういわれているというふうに解釈を加えないと、やはり落ち着きがわるい。

「身体」概念のそうした落ち着きのわるさについては、かつてダグラス・C・ロングが「他人の心」をめぐる問題との関連で批判していた。

先にその脈絡を説明しておけば、「他人の心」をめぐる問題とは、他人の存在、とりわけ他人もじぶんとおなじように「心」をもつ存在であることを人はいかにして知るのか、という問題である。これはドイツの心理学者、テオドール・リップスの〈感情移入〉説、さらにはその後の英国における〈類比推理〉説への疑義として提起された。細部の違いを詳述することはここでは控え、両者に共通する議論の骨格をのみのべれば、人はじぶんの心的体験についてはじかに知るが他人のそれはじかに知ることができない。だから他者の心的体験については、目の前にあってわたしがじかに知覚できる（わたしの身体に類似した）身体のふるまいを手がかりとして、そこに、「わたしの身体がそのようにふるまっているときにはわたしはこんなふうに思い、感じている」という体験を、感情移入（Einfühlung）もしくは類比的な推論（analogical argument）というかたちで重ねることによって、他者の心的体験をいわば間接的に確証するのだという説明の仕方である。この議論には、ここで想像的に確証される心的体験が、つまるところわたしの第二の心的体験ではなくて、まぎれもなく他者のそれであることが証明されていないという決定的ともいえる批判がくわえられてきたし、またそうした推論のポイントとなっているわたしの身体とそこにある別の身体との類似性についても、わたしの身体とわたしが知覚しているそこにあるその身体とが体験のされ方としてはほとんど共通性がないという批判もあるのだが、ロングが着目したのはそういう論理的難点ではなくして、むしろそこでの「身体」の概念であった。それはつまり、心的体験が帰属させられる主体（他の人格）の存在について未決のままで、はたしてそこに「身体」の概念を独立に導入できるかということである。

まず、そこにある「身体」（のように見えるもの）を、他人という存在の「物理的側面」だとするのは、すでに論点先取となっていて無効である。とすれば、ここでわたしたちは、そこにあるその「身体」らしきものを、その「所有者」ともいうべき他者に言及することなく、しかも他の物体とは区別される一つの「身体」として同定することがどのようにして可能か、という問題に直面していることになる。いいかえれば、そこにあるその「身体」らしきものを、他者という人格に言及することなくあくまで物理的な述語で記述することがはたして可能であるかという問題が立ってくるのである。そうなるとここで引きあいに出されるべき「身体」は、ある物理的特徴をそなえた一箇の物体でありながら、しかも同時にたんなる物体（body）と異なる特異な物体として「人体」（human body）であり、さらにそこでは心的体験をもたない「死骸」（corpus）は問題にならないから、この「身体」らしきものは、「生ける人体」（living human body）でなければならないことになる——英語の body とは異なり、日本語の「からだ」は「物体」ではなくすでに「生ける「身体」」である——。

　が、そのような「生ける人体」を同定することはそもそもできないというのが、ロングの主張である。「ひと」の身体だとは未だ言えない段階で、他の物体とおなじく物理的な形状や運動において記述できるもので、しかもたんなる物体《ボディ》とは別様に記述できる、そのような body などというものがはたして存在しうるのか。いいかえると、「「人間身体」という言葉の定義が実際の用に耐えるためには、必要とされる形状、構造、構成物質（できれば生成過程も）が十分精密に規定されており、それによって「ひと《パーソン》の身体」という役柄を無難に演じられそうなメンバーからなる、物質体のあるクラス」*1などというものを、ほんとうに取り出せるのか。

　ロングはそれは不可能だという。わたしたちは目の前の（わたしの身体に類似した）ある物体

（＝身体）をまず知覚して、そこからその身体を自己の身体として生きている「ひと」を推測しているのではなく、それを端的に「ひと」として知覚しているのであると。わたしたちがいつも見ているのはボディではなくその「ひと」なのである。だれかを見たり、だれかに触れたりするとき、その「ひと」を外して「身体」を見たり、触れたりすることはできないのだ。見ているわたしがその人からは見えないマジックミラー越し、TVの画面越しでもなければ。わたしたちがある物を身体として同定しようとしても、それはつねにだれかある「ひと」の身体としてしか同定しようがないのである。じっさい、人（＝独我論者《ソリプシスト》）が「自分の周囲にあきらかに存在しているひとびと《ピープル》を、それとして同定できないとすれば、彼はひと《パーソン》という概念を理解してはいないのだから、彼が、「私は存在する唯一のひと《パーソン》なのだ、私以外のあれらのものどもはもの《オブジェクツ》にすぎない」と独語することもあり得ないだろう」と、ロングはいう。「ひと《パーソン》の身体」ではないある物体としての「身体」という概念は「ひとつの混乱」であるとも。「生きた人間身体《ヒューマン・ボディ》が常に生きた人間《リビング・ヒューマン・ビーイング》の身体であるのは必然的なことなのである」と。P・F・ストローソンにならっていえば、身体については「ひと」（人格）の概念が「論理的に原初的」なのである。[*2]

ロックは、「人は誰でも、自分自身の身柄《ボディ》に対する固有権［所有権］をもつ」といっていた。そして「彼の身体の労働と手の働きとは、彼に固有のものであると言ってよい」ともいっていた。けれどもわたしたちのこれまでの議論に照らせば、「わたしの身体」は「わたしのものだ」というロックの言いまわしはきわめて曖昧なものといわざるをえない。が、他方でしかし、身体はつねにある「ひと」の身体でしかありえないという、ストローソンやロングらによる「ひと」

概念の「論理的な原初性」という考えをふまえれば、ロックが「ひと」《パーソン》〔身柄〕をあるときは人格として、あるときはフィジカルな身体として規定したその曖昧さは、じつはむしろ事態を正確に映していたともいえることになる。ただし、ロックではそうした「ひと」の二義性、つまり人格と身体という二義性がもつ意味は主題的に意識されることはなかった。

両義性としての身体

そこで、あらためてレヴィナスが「身体」をどう捉えていたかという問題である。レヴィナスにおいて、身体は、享受という、生の元基ともいえる出来事にあってその環境《ミリュー》〔培養地〕であり、また媒質《ミリュー》でもあるようなレヴェル——「世界は身体という生地でできている」と書いたメルロ＝ポンティにならって、享受という出来事の〈生地〉とでもいいたいところだ——から、生がその存在を「始原的なもの」から分離し、「住まい」という位置《ポジシオン》を得て、そこから「手」で「世界」を編んでゆく占有《ポセッシオン》のレヴェルを梃子にして、やがてさまざまの事物とともにみずからの身体それ自身をもおなじ所有物《プロプリエテ》として捉えなおしてゆくレヴェルまで、多次元的に生成し、捉えなおされ、変容するものとしてである。そしてその各次元において、レヴィナスは身体を〈両義性〉(l'équivoque/ambiguïté) において描きだす。そのいくつかを以下に見る。

「裸形の身体としての身体は最初の占有物ではなく、身体はなお持つことと持たないこととの外部に (en dehors de l'avoir et du non-avoir) ある」[*3]という一節は前章の末尾に引いたものである。

レヴィ＝ブリュルの術語を用い、「融即」(participation) ともいわれる、かの「始原的なもの」から分離できない「享受」というあり方でそこに浸っている人称以前の生。そこではじぶん以外のものを占有すること (posséder) とそれに占有されること (possédé＝とり憑かれること) とが一体になっている。いいかえると、「享受の自存性」は「他なるものへの依存によって養」われている。これが、身体が「なお持つことと持たないこととの外部」にあるということの意味である。身体は未だ「わたしがもつ」ものではないし、「わたし」に帰属するものでもない。そしてこの占有の前形態ともいうべきものを、レヴィナスはさらに「獲得なき占有」(possession sans acquisition) とも呼んでいる。

環境に浸り、めり込み、また開きっぱなしになっているようなこの状態はしかし、幸福な「充足」の状態でありながら、同時に、いつ潰えるか、いつ消失するか、いつ崩壊するかもしれないといった不安定性のなかにある。そういう「脆さ《ラビリテ》」のただなかで、「わたし」というものが「身震い」とともに「立ち上がる」(se lever)。「享受」から「撤退」し「分離」してゆくなかで——レヴィナスは「分離」とは「融即からの断絶《リュプチュール》」(あるいは「融即」の破棄・解消) だという——持つものと持たれるもの、つまりは占有するものと占有されるものとの関係が立ち上がる。そして「享受」にあっては自存性と依存の両義性としてあった「身体」もまたそういう占有の関係のなかでその両義性を更新してゆく。

この更新された両義性について、レヴィナスはまずこういう。ここにみられる両義性は「ただたんに定立されているだけではなく、みずからを定立もする者が存在するしかた」[*4] (la *manière* *d'être* de celui qui n'est pas seulement posé, mais se pose）なのだと。そしてこの「定立する／定立される」（あるいはある場所に「身を置く／置かれる」「身を据える／据えつけられる」）という両義性における身体を「わたし」が占有し、また「自由にとりあつかう」（disposer de）ことができるのも――占有はここではじめて（本書の初めのところで、わたしたちが近代の《所有》観念に特徴的なこととして示した）あの「意のままにできること」（disposition、つまりは自由処分の可能性）と等置されることになる――、定立されるその位置《ポジシオン》が「内部性と外部性との境界」であるからとされる。

ちなみに、ここでいわれる「存在するしかた」としての身体の両義性はまた、分離が生起する「体制」（régime）とも言い換えられる。「身体は〔……〕他の諸対象とならぶ一箇の対象としてあらわれたのではない。身体があらわれたのはむしろ、そのもとで分離が実現される体制として、その分離の「どのようにして」として、そう言ってよければ実詞としてよりも「副詞」としてである。それはあたかも、分離されて現実存在することとの震撼において、あるむすび目が本質的なかたちで生起するようなものであった[*5]」と。そして「〔身体という〕このむすび目にあって、内部化する運動と、始原的なものの測りしれない深みへと向かう、労働と獲得という運動が出会うことになる」と続けられる。ここでも「内部性と外部性との境界」にあるものとして身体が規定されている。そして先にいわれていた「裸形の身体」としてのありようは、そこでは次のようにも言い換えられる。「人間の身体的存在は、暑さや寒さといった匿名的な外部性にさらされた裸形であり貧しさである一方で、わが家という内部性のうちで集約され〔暑さや寒さから守られ〕ていることでもある」[6]と。

そしてさらにもう一節――

生とはたしかに身体である。生が身体であるのは〔……〕自足がそこできわまる自己の身体としてばかりではない。身体は物理的な諸力の交差点、効果としての身体でもある。生がその深い怖れにおいてあかすものは、主人としての身体から奴隷としての身体への、健康から病いへの、いつでも可能なこの反転（inversion）である。身体《コール》であるとは、一方ではみずからを支え（se tenir）、自己の主人であることである。他方でそれは大地に身を置く（se tenir）こと、他なるもののうちに存在し、そのことで他なる物体《コール》によって塞がれることである。[7]

身体は主体が意のままに御せるその器官であるとともに、まぎれもない対象の一つとして、もろもろの事物にいってみればもみくちゃになっていることでもあるのだ。

以上見てきたように、レヴィナスは身体に言及するときにはつねにその両義的なありように着目する。ふり返ればそれは、能動的であると同時に受動的であることであり、内部であると同時に外部であること、自存的であると同時に依存的であること、主体の器官であると同時にその外なる対象でもあること、さらには生きられた固有の身体であると同時に「物理的な諸力の交差点」であること等々である。こうした両義性が、「享受」の段階から「労働と占有」の段階まで、いいかえると、「感受性」の生地としての身体から主体の器官《オルガン》としての身体まで、身体という存在のもっとも原初的な層からすでに働きだしているとされるのである。

両義的なものの反省能

人の身体は「各人のもの」であるという、ロックのきわめて簡素な規定の内実をいくらかでも充塡すべく、〈ひと〉の身体のありようをこれまでレヴィナスを合わせ鏡として見てきた。そこでは〈両義性〉ということがポイントとしてあった。が、その〈両義性〉は未だいささか概念的なものにとどまる。そこで以下では、「わたしの身体」の現象の仕方についてわたしなりの言葉で翻案しておきたい。

「わたしの身体」を人はどのように生きているか、経験しているかを考えるときに、わたしの向こうにある物体の経験の様式とは大きく異なる特徴がいくつか指摘できる。

いちばんに挙げたいのは、身体として適切にはたらいているときには身体はむしろそれとして現われてこないということである。わたしの意識は向こうにある対象にじかに向かっており、身体はいわば素通りされる透明な存在としてある。なんなく歩いているときのその脚を、どのように使っているかとあらためて意識すると、逆に脚がもつれて不自然な歩行になる。一方、身体の存在がことさらにそれとして意識されるのは、逆にそれが適切に機能していないとき、たとえば疲労や病態にあるときである。たとえば胃のあたりが重いとき、脚の筋肉が引き攣ったとき、顎の噛み合わせに引っかかりがあるとき、そういうとき、身体の存在がなにか腫れぼったいような厚みをもって浮上し、わたしと世界を遮る壁のようなものとして立ちはだかる。わたしはあたかもなにか異物を探るかのように意識を向ける。そのとき世界のほうは意識から大なり小なり遠ざかってしまう。要するに、身体がすぐれて身体であるときには、身体はそれとして現象しないということなのである。身体が主体の器官でありながら、同時に、わたしの外なる事物とおなじく探索の対象でもあるというのは、そういうことである。

くわえてその探索は、一般の事物の場合ほどには首尾よくいかない。物の場合にはそれを撫でたり、裏返したり、手のなかで転がしたりして、その大きさや重さ、形や質感を探ることができるが、身体の場合は視野に入るもの、触れられるところが限られている。じぶんの後頭部や背中、いやそもそも他者がわたしをわたしとして認知するときにもっとも重要な手がかりになる顔を、わたしはじかに見ることができない。鏡に対象として映すことはできても、顔が顔として他者に向けられているときのその顔は絶対に見ることができない。つまり、身体は十全たるかたちではわたしの知覚の対象とはなりえていないのである。とすれば、「わたしの身体」というのは第一義的には知覚的経験の対象ではなくて、むしろ〈像〉として経験されるもの、すなわち想像の対象であるということになる。しかもその〈像〉は、身体の実態に完全に重なりあうものではなく、いつもどこかずれがあり、だからこそ折にふれて修正していかないといけないもの、毀れやすいものである。だからそのずれが極大化すれば、じぶんの身体のその自己所属感が希薄になってじぶんを「透明人間」になったかのように感じたり、わたしの〈像〉としての）身体が穴だらけになっていると訴えたりするようになり、ひいてはじぶんの持ちものにすら「わたしのもの」という感覚がもてなくなって、別のものとすりかわっているのではと疑いもするようになる。

このほかにも、たとえば疲労しているときはわたしが身体を引きずっているようであるし、泥酔しているときはもはや身体の平衡すら保てなくなる。かとおもえば逆に、身体のほうがわたしに不調の信号を送ってくれたり、緊張過多のときは眠気というかたちで救いの手を差し伸べてくれたりもする。ここにも能動と受動のせめぎあいとでもいうべき〈両義性〉が見いだせる。表情についてもたぶんおなじことがいえる。人は「顔をつくろう」「顔をよそおう」といった自発度の高い表情の作り方をするだけでなく、「つい顔に出る」「思わず吹きだす」といった制御の困難な表情にもなれば、さらに「赤面する」といった制御不能な事態に襲われもする。自発性／他動性の度合いにもグラデーションがあるのだ。

以上のように、「わたしの身体」の〈両義性〉は、たんに、わたしという主体の器官であるとともに、（たとえば医療機関で診察を受けるときのように）他の物と異なるところのない純然たる物質体であるという二義性にとどまらず、さまざまの特異な現象の仕方をする。そして、所有論という文脈からしてここでもっとも重要なことは、わたしのこの身体が「わたしのもの《プロパティ》」であるにしても、だからといってけっしてわたしが「意のままにできる」ものではないということである。以前にも引いたが、マルセルがこう述べていた。――「わたしが事物を意のままにすることを可能にしてくれるその当のものが、現実にはわたしの意のままにならないという点、まさにこの点に、不随意性［indisponibilité＝意のままにならないこと、自由処分の不可能性］の形而上学的な神秘が、おそらくは本質的なかたちで見てとれる」と。[*8] 何かがわたしのものである、つまりわたしに帰属するということは、だからといってただちに「わたしが意のままにできる」ということではないということ。近代の所有論がずっとその基盤に据えているこの等式は、けっして自明のこと、つまりおのずから知れることではないということが、「わたしの身体」をめぐるこうした議論から浮かび上がってくるのである。

いま一つ、ここで着目しておくべきことがある。先に引いた文章のなかで、レヴィナスは身体のこの〈両義性〉において、相反する二つの極のあいだでたえず「反転」が起こるのだとしていた。その「反転」のなかで、反転することとそのことへの再帰的な関係が起こる。そういう関係そのものを捉えなおして、関係の全体を別の関係へと組み換えてゆくということである。「始原的なもの」へと開いてあることの媒質であった身体も、「分離」をとおしてわたしに固有の一つの能力として捉えなおされ、それがさらには備蓄された動産とともに交換を経て、労働力という「商品」として自己を捉えなおしてゆく。摑む・掌握する（prendre）という「手」の働きがみずからをそのようにたえず捉えなおして（re-prendre）ゆくのだ。[*9]〈両義性〉そのものの捉えなおし、それが動態として多重的にみずからを展開してゆく。

その一例としてレヴィナスはこうも書いている——

集約された存在の苦しみはとくべつな意味で忍耐であり、純粋な受動性である。その苦しみは持続へと開かれていることであると同時に、その苦しみにおける繰り延べである。忍耐のうちで、敗北の時の切迫と、しかしまた敗北との隔たりがかさなりあう。身体のこうした両義性が意識なのである。[*10]

思い出しておこう。こうした反省能を最初に起動したのは「分離」であり、「分離」というかたちで確保された「住まい」のなかで、「始原的なものの予見不能な未来」を繰り延べること、つまりは「時間を開く」こと——現在そのものから「ある隔たり《ディスタンス》」をとること、つまり「私たちが身を置く始原的なものに対して、いわばいまだ現在には到来していないものとして関係する」こと——であったことを。ここで「身体の両義性」が「意識」であるといわれているのは、〈両義性〉が時間として、そして時間のなかでみずからを繰り広げるということだ。その過程で、永続的な存在として「もの」が、そしてそれと反照的に「じぶんの同一性のうちに固定され分離された存在」としての「わたし」が出現する。そして「明日への気づかい」もしくは備えとして何かを取り置き、保存し、貯蔵することのなかに《所有》は芽吹くのだった。とはいえ、そうした繰り延べは、かならずしも幸福な「享受」の延期ということにとどまらない。始原的なもののなかで自己を喪失することもありえ、労働と占有とはまさにその受難をも延期しようとする。そのことが右の行文では語られている。

そのような脈絡で身体の〈両義性〉が「意識」として捉えられている。そのうえでレヴィナスはこう書く。「意識は身体のうちに転落するのではない。意識が受肉する（s'incarner）のではない。逆に意識とは脱肉化（désincarnation）、あるいはより正確にいうなら身体が身体であること

〔la corporéité du corps＝身体の身体性〕を繰り延べることである」[*11]と。この「反転」はとくに見逃せないものだ。「受肉」とはいえ、それは意識なるものが身体のある場所に「定立」されることではない。そうではなくて、身体がその身体性を繰り延べるという、身体の〈両義性〉の運動のことをいっているのだ。《所有》が、備蓄や蓄財といったかたちでの自己拡張への欲望としてよりも先に、まずは、「享受」のささやかな幸福の繰り延べとともに、こうしたいつ起こるやもしれない受難や侵襲への「忍耐」と抗《あらが》いとして始まったことを忘れてはならない。そしてそのことはまた、「治外法権」(extra-territorialité) という言葉でも語りだされる。

身体の治外法権

いずれかの場所にとどまる〔じぶんを局在化《ロカリゼ》する〕ということ。いいかえると、「始原的なものに浸っている状態」からじぶんを引き剝がし、集約するという「分離」の起動。その「体制」(régime) が「身体」であった。が、その場所は「わたし」が身を据える特定の位置でありつつ、しかも「領域を脱した」ものだと、レヴィナスはいう。[*12] みずから「分離」し、「わが家」(chez soi) に引きこもることは、人びとがたがいに補完しあうなかで、それを一つの「体系」としていわば上空から俯瞰するような「全体性」との連繫のうちにとどまることとはおよそ異なる。それとは逆に、「分離」は全体性からの「離脱」(dégagement) もしくは「漂泊」(errance) として、そして「わが家」は「全体性を断ち切る空所」としてあるというのである。extra-territorialité ――文字どおりいえば領域の外にあること、つまりは「治外法権」。それは、どこかにあるけれどもどこにも閉じ込められないこと（脱領域性）であるとともに、侵されざるべきものであること（不可侵性）でもある（ただし、この後者がはたして私秘的なものか、それともなにがしか共有のものとしてあるのかはまた別の問題である）。

ここにおいてレヴィナスの議論は、ロックの問題意識にふたたび急接近してくる。〈自由〉の拠点がどこに据えられるべきかという問題である。おもえば、ロックの「自然状態」の設定にもどこか牧歌的な幻想のような面があったが、レヴィナスが「享受」という生の位相を「幸福」と、あるいは「エゴイズム」という、ある意味、ナイーヴともいえる観念で特徴づけた理由も、それが人が絶対に奪われても侵されてもならないもの、最終的にどうしても護られねばならないものと考えられたからではないか。たとえそれが毀れやすく脆いものではあるにしても、やはりそれ以外に人の自由と幸福にとって不可欠の根拠地はありえないと考えられたからではないか。

ただし、ロックはこの自由を「所有権」の保護というかたちで主張した。が、そのことがはたして妥当であったのか。このロックの所有権論への疑義は最終的にそこに懸かっているとおもわれる。ロックが考えたように自由の根拠が主体とそのプロパティとの内在的な関係に、なかでも身体の「自己所有」に求められるとすれば、所有主体であるその「わたし」が、他者による攻撃や破壊によって毀損や瓦解、消滅といった極限状態に追いつめられたときには、そもそも「自己所有」ということが成り立たないからである。たとえば他者による身柄の強制連行や拘束や監禁、さらには他者による陵辱、侵襲、拷問、レイプ――そのいくつかはほかならぬロック自身が挙げていたものである——といった身体への暴行に突如襲われたり、一定期間晒された場合に、それでも「わたし」という主体が存続しうるのかが問題だからである。

そうした事例はおびただしくあるが、その一つとしてここで参照しておきたいのは、ジュディス・L・ハーマンがその著『心的外傷と回復』のなかで論じた外傷後ストレス障害（PTSD）の症例である。ハーマンは、性的暴行や家族内暴力の被害者、戦闘参加帰還兵、政治テロの犠牲者らの外傷後ストレス障害を分析するなかで、彼らが共通に陥った困難として、「身体の統一性」の破綻があるという。「ふつうの不幸とはちがって」とくに外傷的な事件で脅かされるのは、人がそれぞれに「わたし」であることのその基盤が脅かされるのだと。[*13]

ハーマンは外傷後ストレス障害のさまざまな症状を大きく三つのカテゴリーに分けている。「過覚醒」と「侵入」と「狭窄」である。

「過覚醒」（hyperarousal）とは、何かを警戒してもいれば逆にじぶんを適度に緩めてもいるという注意と覚醒の基準線が普通よりも格段に高くなっている状態である。いつなんどき、かつてとおなじ危険が身に迫ってくるやもしれないという極度の不安、不意に襲ってくる刺激への極端な驚愕、外傷となった出来事につながるような刺激への激烈な反応、そして睡眠の質の低下などが、その特徴である。

「侵入」（intrusion）は、過去の外傷的体験を幾度となく再体験すること。フラッシュバックはその典型例である。「一寸した、どうみてもさほどの意味があるように思えない痕跡が外傷時の記憶を呼びさますことがあり、それもしばしばもとの事件そっくりの生々しさと感情的迫力を以て戻ってくる」といわれる。*14

「狭窄」(constriction)は、自己防衛のシステムの停止を意味する一種の降伏状態であって、ときに逆説的にも「超然とした心の平静さ」を呈する。これは「意識の状態を変えることによってそこから抜け出ようとする」戦略であって、「無関係感、感情的超然(第三者)感」や「その人の主動性《イニシアティヴ》と闘おうとする気概とのすべてを消失させるような深い受け身感」を特徴とするといわれる。こうした解離、もしくは感覚麻痺状態が内発的に可能でない人たちは、往々にしてアルコールや麻薬類の摂取によって擬似的な状態をもたらそうとする。

そしてこうした外傷症状の全体について、ハーマンはこう述べる――

外傷を受けた人は記憶喪失と外傷そのものの再体験という両極の間を往復し、圧倒的な強烈な感覚の洪水と全く何も感じないという砂漠のような空白状態との間を往復し、衝動的な苛立ち行動と全くの行動抑止との間を往復する。この周期的交替が不安定性を生み出し、このために外傷を受けた人の将来は予測不能なものでいっぱいになり、自分は孤立無援だという感覚がさらに強まる。*15

まさに〈両義性〉のもっとも悲痛なかたちがここには描かれている。外傷的な事件は、「人の自立性を基礎的な身体的統一性というレベルで侵犯する」のである。いいかえると、ここでは、「〈自分以外の人々との関係において形成され維持されている自己《セルフ》〉というものの構造」が粉砕され、「人間の体験に意味を与える信念のシステムの基盤」が空洞化される。とどのつまり、外傷的な事件は「わたし」というものの基盤を侵襲するというのである。「わたし」のこうした毀れは、ふたたび《所有》によっては修復されえない。なぜならそれはおよそ《所有》ということを成り立たせている最終的な基盤の毀れだからである。

ここで注意しておくべきは、レヴィナスがいっていた〈両義性〉におけるあの「反転」、あの揺り戻しがその両極のいずれかにふり切れてしまい、〈両義性〉における再帰性そのものが破綻してしまいかねないということである。このことはハーマンも、「外傷症状はその発生源との関係が切れてしまう傾向がある。症状は独り歩きをしはじめる」というふうに指摘している。[*16] このような破局を回避するために、PTSD患者は、身体の〈両義性〉を別のかたちで維持しようとする。身体の〈両義性〉がもはやその運動を麻痺させられ、停止してしまうとき、それを別の一貫性もしくは整合性に変形して、歪なかたちで維持しようとする。そのぎりぎりの対応が右の三つの外傷症状だったのである。レヴィナスの言葉に沿っていえば、〈両義性〉としての身体のその再帰性（反省能）がここでは毀される。それは、「享受の享受」、つまり他なるものを享受しているみずからの生を享受すること――「苦痛の苦痛」。自己の、あるいは他者の、苦しみに苦しまないではいられないことがその裏面としてある――の滅失である。破れるかもしれない、擦り切れるかもしれない〈生存〉の生地。人の身体的存在とはなんと傷みやすいものなのだろう。

ロックでは拷問や監禁といった人の身体に加えられる迫害の具体的な記述はない。身柄《パーソン》の基盤となるものの毀損、もしくは崩壊というぎりぎりの事態についての考察もない。あるのはあくまで、こうした暴行への抵抗の、その論理的な根拠の探究のみである。ロックに向けるべき問いは、各人の「わたし」という存在を護るために持ちだされた《所有〔権〕》の議論が、逆説的にもこの「わたし」という存在を《所有》という枠組みに約めてしまうことの問題性である。「わたし」の存在ははたして最後まで《所有〔権〕》の主張によって護られうるものかということである。ただしそれに際しても、ロックが『統治二論』後篇の第二七節に記していたこと、すなわち人の「身体の労働と手の働きとは、彼に固有のものである」としたことと、その「労働は労働した人間の疑いえない所有物である」としたこととは、それこそ文字どおりに捉えられねばならない。そこにおいて「身体」は、他の事物とならぶ一事物としてではなく、労働するものとしてのかぎりにおける身体としてあったということの意味を、あらためて正面から受けとめるためである。というのも、ロックの所有権論の解釈者たちがよく批判するように、ロックのいう「身柄《パーソン》」が〈ひと〉（人格）と身体のいずれをも指すという規定の曖昧さを残すにしても、それは規定の曖昧さのしるしではなく、むしろ精確さのしるしだったともおもえるからだ。〈ひと〉の概念の「論理的な原初性」ということはロック自身の思考のなかにもしかとあったと。

7 法と慣行

《所有》という現象

《所有》をめぐるここでの議論は、まだそのとば口に立ったばかりである。

「所有権」(property)、なかでも「私的所有権」(private property) という語で表わされる法的権利は、たとえば暴行や監禁から身を護ること、あるいは表現の抑圧や移動の制限を受けないことというかたちで、わたしたちが「普遍的人権」を要求し主張するその根拠とされてきたのだが、その一方で、それを「私的」と「所有」という観念に依拠させることで、そしてまたそれを企業の活動や個人の生活に過剰なまでに厳密に適用することで、逆にわたしたちの個人意識や社会関係を萎縮させたり、そこに見えない厚い壁をつくったりもしてきた。《所有〔権〕》は個人の自由を根拠づけるにあたって導入される概念であると同時に、その足かせにもなってきた。

もっと近くに視線を寄せ、平生の暮らしについていえば、private property の概念は、個人におけるその身柄の「自己所有」(self-ownership) を根拠としているものの、その権利が主張される場面というのは、その存在がないがしろにされる、ある種極限的な状況に限られるのであって、ふだんはじぶんの身柄をじぶんで自由にできるような場面などごくわずかしかないとそれこそ観念しているのが実情であろう。

　こうした二面が折り重なる生活領域は、家族にはじまって地域住民としての活動、事業主あるいは社員としての活動、さらにそれ以外のもろもろの社会活動まで多岐にわたる。

　別の言い方をすると、所有という権利の主張から引き起こされる諸問題が、所有される物的対象や、人の身柄ないしは身体のみならず、さまざまの知的制作物や情報、さらには生命そのものにまで拡散している一方で、所有という慣行はさらにはるかに広大な歴史過程をもつ。財や富の蓄積の歴史はそもそも無法な略奪や惨殺、占領や押収といった、それこそ血なまぐさい歴史に重なるし、所有をめぐっては、個々の物件よりも、むしろ女性や奴隷、そして土地、さらにのちには貨幣といった、財を産む財、つまり多産財の獲得がまっ先にもくろまれた。《所有》は、歴史を見るかぎり、不活性の物質体よりもむしろ自己生成してゆくシステム、とりわけ初期には生命体に照準を合わせていた。しかもそれらはいずれも、当該社会におけるモノの「使用」や「利用」、さらには「分配」の規則と複雑に連動しているし、またその慣行が敷かれる次元も、個人と個人のあいだ、家族と家族のあいだ、部族と部族のあいだ、国家と国家のあいだと、複層にまたがる。

《所有》の問題にはその意味でさまざまなアプローチの仕方がありうる。所有権の法学的な問題として、所有をめぐる諸制度の社会史・経済史的な分析として、あるいは所有という慣行、つまり歴史のなかでさまざまな軋轢や試行錯誤の結果として維持されてきた「自生的な秩序」（F・

A・ハイエク）をめぐる文化人類学的な調査研究として。そういうなかでわたしたちが最初の切り口として選んだのは、（さしあたっては何かの物件が）「〜のもの」であることが何を根拠に認められてきたかということ、つまりは〈帰属〉の問題である。そしてそれが《所有》という関係として、ひいては「市民」たる諸個人の権利として浮上してくるその原場面を、まず近代的な所有権論の出発点ともいえるロックの所有権論のなかに探ることから始めたのであった。ここで近代的というのは、ときに自生的に、ときに強権的に設定される〈掟〉としての所有制度ではなく、いわば反省的に、つまり市民間の合意をもとに保障されるべき正当な権利として立ち上がるものという意味においてである。

わたしたちはこれまで、《所有》という社会的な「事実」と、そこから立ち上がる《所有権》という、それじたい正当化を要する「権利」との綴じ目のところに注意を集めてきた。それにレヴィナスの、まったく文脈の異なる所有論を重ねることで、この綴じ目が「占有」（possession）と「所有〔権〕」（property）のあいだにあることをあきらかにした。しかし、《所有》を「もつ」こと（つまり占有や所持）という視点からではなく、「〜のものである」という帰属の視点から問題にするときには、当然のことながら〈他者〉の存在、というか自他の社会的な関係が問題となってくるはずである。が、ロックでは、それは自然権の一つとして、他者の合意に先立つ場面で問題とされ、所有権の譲渡や相続はそのあとの案件だとされた。またレヴィナスが「占有」を問題にするときには、その排他性も〈同〉という自己同一的な存在についていわれたのみで、帰属に深くかかわる「固有性」（propriété）の問題はむしろ後段で「所有の挫折」あるいは「所有の彼方」という位相で問題になるはずのものであった。しかし、帰属の問題はいうにおよばず、「占有」という（さしあたって物や環境との）関係ですら、物の所有が先か人の所有が先かという問題はさておくとしても、〈他者〉という契機に関係づけることなく存立しうるものなのか。《所有》という事態は、たとえ物を対象として生じるときでさえ、構造的にも、そして権利と承認される場面でも、〈他者〉との関係をすでに含むことなしにありえないのではないか。

あらためていえば、たとえばだれかが略奪品として誇らしげに他者に見せびらかすようなケースを別にすれば、所有物がだれのものであるかは少なくとも可視的ではない。だからといってだれかとその所有物との関係は、いったんその帰属をめぐって係争になれば、得体が知れないほどに激しい感情に呑み込まれてしまう。「〜のもの」という意識はどうしてそのようにパラノイア的といえるほどにまで昂じるのか。こういう事実をふまえれば、《所有》という関係は、レヴィナスの議論がそうであったような〈同〉(le Même) もしくは同一性 (identité) からさらに踏み込んで、（他性に対する）「自性」ないしは（所有権もまたその語で表現されてきたところの）「自己固有性《プロプリエテ》」という位相において論じられねばならないのではないか。そういうかぎりでの〈他者〉の問題は、ロックでは「所有〔権〕」が、レヴィナスでは「占有」が立ち上がる場面において浮上してはいなかった。

もっといえば、物との関係であれ他の人との関係であれ、そしてまたとりわけ「占有」においては身体がつねに介在するのであるが、その身体をめぐっても、〈他者〉の視点は未だ蓋をされたままである。またその身体にしても、所有する者と所有されるものとの関係の媒体としては問題にされたにせよ、その身体そのものが所有の対象になる場面、とりわけ（差別や強制連行や監禁や陵辱というかたちで）絶対に侵されてはならないわたしの存在そのものであるような位相では、前章で少し述べたにとどまる。他者のみならず身体でさえ、《所有》という関係が立ち上がるその原初的な場面にしかと定位されていないままにある。

「占有」という関係、さらには「所有〔権〕」が立ち上がるその原場面に、わたしたちはこれまで一枚の風呂敷を、それにまた別の色の風呂敷を重ねるというふうにしてアプローチしてきた。ロックの風呂敷であり、レヴィナスの風呂敷である。そしていまデイヴィッド・ヒュームの風呂敷をさらに重ねようとするのは、以上のような理路においてである。

物件の所有という次元

《所有》の原場面に別のまなざしを注ぐといっても、ロックの〝労働所有論〟からヒュームの〝合意所有論〟へという、所有論の教科書的な歴史をなぞろうというのではない。所有権の正当化や根拠づけの議論の系譜として図式化すればおそらくそのような道筋が描けるのだろうが、《所有》という現象をめぐるヒュームの筆先はしかし、そのような文脈に収まることのない大きなスコープのなかを動いている。

ヒュームによる記述を参照する前に、あらかじめ先に指摘しておいたほうがいいとおもわれるのは、ここにロックやレヴィナスにはなかったどのような視点が導入されているかということである。

　一つ目は、ヒュームの所有論を（それが主題的に論じられている）『人間本性論』第三巻のとくに第二部「正義と不正義について」での論述に集約してはならないということである。一見、所有を主題としてはいないようにみえる同書第二巻「情念について」の第一部「誇りと卑下について」と第二部「愛と憎しみについて」が、本論にとってはより基底的な問題を提示しているとおもわれるのである。

　二つ目は、こうした論述にあっては、《所有》が法的な概念もしくは制度ではなく、むしろいわゆる「自生的な秩序」という視点から照射されていることである。

　そして三つ目は、その秩序の「自生的」（spontaneous）な生成プロセスが、自性／他性、同一性／差異という契機を軸に、システム論的発想とまではいえないが、その萌芽のようなかたちで記述されていることである。

　順に見てゆくが、その前提として一つ、先に参照しておきたいヒュームの文章がある。ヒュームが、ロックの、のちに所有権論史のなかで〃労働所有論〃と呼ばれることになる議論について、その名を挙げることなく言及している箇所である。それも本文ではなく一片の註においてである。長いものではないので、次にその全文を引く――


　ある哲学者たちは次のように言うことで専有（occupation）の権利を説明する。各人は、自分自身の労働に所有権を持つ。そこで、各人がその労働を何らかの物に加えるとき、それによってその物全体に対する所有権が得られる。しかし、一、われわれが獲得する対象に労働を加えているとは言えないような種類の専有がいくつかある。たとえば、牧草地で自分の牛に草を食べさせることによって牧草地を専有するときである。二、この例は、増加〔もともと所有していた牛と牧草地が結びついて、牧草地が自分の所有になること〕による説明を引き入れるが、これは不必要な回り道である。三、われわれが物に労働を加えると言えるのは、比喩的な意味で（in a figurative sense）だけである。厳密に言えば、われわれは労働によって物に変化を加えるだけである。これがわれわれと対象の間に関係を形成し、そのことによって、先に述べた諸原理により、所有が生ずるのである。*1

ヒュームはここで、ロックが所有権の根拠とした、人がそのプロパティである身体の労働を付加することでできた物はその人のものであるという説を批判している。一は、所有権の認定にはさまざまのかたちがあって、労働を加える《ジョイン》という一事に還元することはできないことを、二は、所有を決定する規則には、先取であるとか、現在の所有、長期にわたる所有とか、価値の増殖や相続によるものとかさまざまあって、労働の付加というのはその一契機にすぎないことをいっている。そして三では、労働の付加というのが、労働によって対象に何らかの変化を加える(make an alteration) という事態の比喩的表現にすぎないというのである。

ここで注意を要するのは、ヒュームが「所有の根源《オリジン》」ならびに「所有を決定する諸規則」ということで念頭に置いているのは、彼が所有の対象として挙げている三つのもののうち、（第三の）

物件の所有だけだということである。その三つについてはこう書いている――

われわれが占有する価値あるもの〔財《グッズ》〕には、三つの異なった種類がある。つまり、精神の内的な満足、身体が持つ外的な美質、勤労や幸運によって得た占有物の享受である。われわれは、このうちの第一のものを、何の心配もなく享受することができる。第二のものは、取り上げられることもあり得るが、奪う者にとって何の得にもなり得ない。最後のものだけが、他人が力ずくで手出しすることができ、かつまた、消滅も変化もなしに移転できる。*2

「所有」に関係する三つの財のうち、ことさら所有権論の対象となるのはこの第三の財なのだとされている。逆にいえば、「所有」という関係――レヴィナスにおいてそうであったのとおなじく、ヒュームの語法では、ある対象との占有（possession）という関係であって所有権（property）の関係ではない――にあっては、所有の対象はこの第三の財に限られないということである。だからこそ、ヒュームの所有論を十全なかたちでとらえるには、『人間本性論』の第三巻「道徳について」での所有権論のみならず、第二巻「情念について」における四つの間接情念――誇り〔自負〕と卑下、愛と憎しみ――についての議論をも視野に入れておかねばならないことになる。「所有」〔ここでは占有〕という関係を「〜のもの」として「固定」し、相互に「区別」しておく機制を論じる「所有権」なるものについてヒュームが明示的に論じている箇所を参照するだけでは不十分なのである（この点は、すぐあとで見る三つ目の自／他の力学にかかわる）。

慣行としての所有

「所有」という関係にある三つの財のうちで、所有権の問題としては、第三の、（主体にとっては外的な）物件の所有が問題になるとしたヒュームは、さらにこう続ける。――「この種の財を増大することが社会の主要な利点であると言えるのと同じく、この種の財が希少である上に、占有を確保しにくい［占有を安定的に確保するのが困難であること（the instability of their possession）］のが、〔社会形成の〕主要な障害なのである」と。[*3] ヒュームがそこかしこで指摘するように、そもそも「所有」をめぐり社会で起こるさまざまの係争のほとんどは、所有物が「人の手から手へと簡単に移転すること」（easy transition from one person to another）から生じている。だからそれら第三の外的な財を、精神という第一の財、身体という第二の財に見いだされるような（移転のない）固定的で恒常的な関係の存立と同程度に安定的なものにすることが必要だというのである。そしてこの目的を達するためには、関係者のあいだというよりはむしろ社会の全成員のあいだに、占有《ポゼッション》を所有《プロパティ》へと固定する何らかの「人為や工夫」（artifice or contrivance）が必要だという。

その「人為や工夫」こそ、ヒュームが「黙契」（convention）と呼ぶものである。（この「コンヴェンション」の概念については次章で詳しく検討することになるが）これは遵守と違反という試行錯誤のプロセスを経て成員間にいわば自生的に形成されてきた慣行《コンヴェンション》でもある。そしてこの「黙契」に含まれる諸規則は「徐々に生じ、ゆっくりとした進行を通じて、その規則に背くことの不都合が繰り返し経験されることによって」[*4]成員のあいだに定着してゆく。慣行であるからには、この諸規則は何らかの原理によって根拠づけられる性質のものではなくて、あくまで成員のあいだに徐々に浸透してゆく「利益の共通の感覚」なのだと、ヒュームはいう。そしてここに、ヒュームにおいて「所有」の問題は第三巻「道徳について」における第三の財、つまりは物件の所有権についての議論に縮減されてはならないという先の指摘とともに、もう一つ、第三巻「道徳について」の所有権をめぐる議論が第二巻「情念について」の議論を下敷きにしていると考える理由がある。

着目しておくべきことがいくつかある。

一つは、もろもろの道徳的区別は「理知」ではなく「道徳感覚」から引き出されるという視点、いいかえると、情念を抑制し、規整するのは別の情念でしかないという〈情念の自己更新〉とでもいうべき視点である。ヒュームが「所有」を論ずるにあたって前提としているのは、人はつねに「利己心」(selfishness) に突き動かされてふるまうこととその「心の寛さに限度があること」(limited/confin'd generosity) であり、その一方でそうした傾向を抑制できるほどつねに財に満たされているわけではないということ、つまり財の「希少性」(scarcity) である。いいかえると、人の「必要」に対して占有物が過少なことが各人のうちに「利己心」を目覚めさせることになるのであって、「この利己心を抑制するために、人間は、共有状態から離れ、自分の財と他人の財を区別するように強いられたのである」。もしみずからの占有物が「必要」を満たしてもなおあり余るほどあれば、人にあれほど激しい「利益への執着」(the jealousy of interest) は生じなかったはずであるし、また社会にはてしない「紛糾」を惹き起こすあの「わたしのもの／あなたのもの」という区別への執念も存在しなかったはずだし、したがってまた「所有および占有の区別や境界」(distinctions and limits) を厳密に設定する理由もなかったはずだという。要するに、「人間が利己的であり、心の寛さに限界があるのに加えて、自然が人間の必要のために備えたものが不足していることのみから、正義はその根源を引き出す」*5と断じるのである。

ヒュームは「道徳について」のなかで「所有」を次のように定義している。「われわれの所有物《プロパティ》とは、その恒常的な保存が社会の法によって、つまり正義の法によって確立された財《グッズ》にほかならない」。だが同時に、「対立する情念が人々を反対の方向に突き動かし、何らの黙契ないし一致によって抑制されない間は、固定した権利や所有などというものが自然に存在することはあり得ない」*6と。とすれば、「所有」という法的な制度がそれとして成り立つのは、いうところの「黙契」によるしかない。いいかえると、各人の「占有」を「所有」として安定的なものにしうるには、「私は、相手が私と同じ仕方で行動するという条件のもとで、相手が自分の財を占有するに任せておくのが自分の利益になるのを見てとる」こと、つまりは「共通の利益に全員が気づくこと」(a general sense of common interest) がそのプロセスとして不可欠なのであって、「他人の占有物に手を出さないことに関する黙契」もそこにおいてはじめて成り立つというのである。ここに見いだされるのは、情念が「方向転換」というかたちで自己を更新してゆくプロセスなのであって、それについて述べている文章を次に引いておく。

> 利益を志向する感情を制御できる情念は、まさにその感情自体が方向を変えたもの以外にない。さて、この方向転換は、ほんの少しの反省によって、必ず起こるに違いない。なぜなら、明らかに、この情念は、放任するよりも抑制する方がずっとよく満たされるし、誰もが好きなように無法に振る舞ったあげく当然の帰結として孤立無援（solitary and forlorn）の状態に陥るよりも、社会を維持する方が、占有物の獲得という点でわれわれはずっと大きく前進できるからである。[*7]

ヒュームは、「所有《プロパティ》を区別し財の占有《ポゼッション》を固定させる」のはこのようにして編まれた「黙契」だとし、「所有〔権〕」が〈法〉として社会的に制度化もしくは設計されたものだという考えを撥ねつけたのである。このことが現段階でわたしたちが着目しておくべき二番目の論点につながる。それはこの「共通の利益の感覚」、つまりは「黙契」があくまで一つの〈慣行〉として、長い歴史過程において、とても挙げ尽くせないような紆余曲折を経て編まれてきたものだということである。そこでヒュームは次のようにすら述べるのである。――そこで紡ぎだされた諸規則は、「偶然に大きく左右されるので、しばしば人々の必要と欲求の双方と反対にならざるを得ない。また、人と占有物とは、しばしば、非常に不適合にならざるを得ない。これは大いに不都合であり、対策を必要とする。この不都合に対して直接的な策をとり、各人が自分にふさわしいと判断するものを力ずくで手に入れることを認めるなら、社会は崩壊するであろう。それゆえ、正義の諸規則は、硬直した固定と、今述べたような変わりやすく不確実な調整との間の中庸《ミーディアム》を求めるのである」[*8]と。

ここでジョン・ロールズの言を借りれば、ヒュームはロックのような「憲法専門の法律家」なのではなく、今日いうところの「社会科学」者の立場で論じているといえるかもしれない。[*9]じっさいのところ、ヒューム自身も「人間社会の本性は、非常な精確さ〔を持った決定〕を受け入れな[*10]い」ものだと言い切っている。

そういうセンスからすれば、ロックのなしたような（労働による）所有権の根拠づけという一義的な方策は断じて受け入れがたいものだったろう。ヒュームの所有論は〝合意所有論〟としてロックの〝労働所有論〟としばしば対比されるが、ヒュームの「黙契」は契約や協約ではないし、さらにロックの所有権論にもヒュームの「黙契」を受容する面もあって、この教科書的な対照では問題を覆い隠してしまうおそれがある。両者の対比はむしろ、《所有》をあくまで法的権利の次元でとらえるか、それとも時代の財の利用形態や相続形態、さらには分配形態などの「偶然的」契機とも複雑にからまりあいながら、いわば自生的に生成してきた可変的・動態的な秩序としてとらえるかというところにあったというべきであろう。

このことがいっそう鮮明になるのは、財の移転（transference）もしくは所有権の移動（translation）、つまりは感覚可能な仕方で財を「引き渡し《デリヴァリー》」する場面の記述である。所有の権利は目に見えるものではない。そこで人は、だれかが何かをじぶんのものとして所有している状態以上に、当の所有権がだれかから別のだれかに移転する場面により多く注目する。だからこそ所有権の移転に際しては、しばしば何か可視的な対象を相手の側に移すということが求められる。そこにときに見受けられるのは「象徴的な引き渡し」という儀礼である。たとえば「倉に収められた麦を引き渡す」かわりに「穀物倉の鍵を渡す」とか、「石と土塊を渡すことが、一所領全体の引き渡しを代表する」とかいった行為である。《所有》をめぐってそういう象徴儀礼にまでヒュームが目を配っている、そのことにわたしは注目したい。それはやがて、調停や和解をめぐる裁定の置き場所、つまりは〈審級〉の象徴的な上位性、あるいは超越性を、諸社会はどのように措定してきたかという問題にもつながってゆくとおもわれるからである。

自／他の力学

《所有》の歴史は、血なまぐさい歴史でもある。《所有》の感覚は人の感情の無意識的ともいえる次元にすら深く根を下ろしているものであり、そのために嫉妬や憎しみどころか、強奪や押収や占領、さらには殺戮をすら招いてきた。また平穏な日々の暮らしのなかでも、《所有》が〈帰属〉をめぐる係争として浮上してくるときにはいつも、人のいやらしい面が抑えがたく表に出てくる。米の一粒にまで、家の端一センチのところまで。分け前や取り分という観念は感情に直結している。

ヒュームはそこに由来する「誇り〔自負〕と卑下」、「愛と憎しみ」という人を翻弄する情念の分析にも多くの頁を割いているが、いわば彼の所有論の下敷きとでもいうべきそれら議論を外しては、彼の所有論もおそらくは成り立たない。ヒュームの所有論は《所有》をめぐり、権利についての理知的意識よりもはるかに昏《くら》い、誇り〔自負〕と卑下、愛と憎しみという感情の深層へとメスを入れているところにこそその意義があるようにおもわれる。

ヒュームは『人間本性論』の第二巻において、「所有」を次のように定義している。「所有」とは、「ある人とある対象との間の一つの関係であって、正義と道徳的衡平（moral equity）の法を破ることなしに、その対象の使用と占有をその人自身には認め、その他の人にはそれを禁ずるような関係[*11]」である、と。そこでは「所有」はそのまま「私的所有」（private property）ということであって、「私的」とは「排他的」であるということ、つまりは他人にはじぶんの占有物に手を出させないことである。

「私的」ということをめぐるこの感情はヒュームでは「利己心」（selfishness）ともいわれたが、これはつねに〈自〉と〈他〉の、磁力でひずんでいる力学的な場であって、つねに贔屓感情とか張りあい、ひけらかし、見せびらかしとかいった「偏り」（partiality）に制御不能なかたちで呑み込まれる。だから往々にして「道徳的衡平」を破りもする。右で情念の情念自身による「方向転換」をヒュームが持ち出したのもそのゆえであった。つまり、こうした不都合への「対策」（remedy）としてその衡平を図るには、個々人の、生《ナ》ま《チ》れ《ュ》な《ラ》が《ル》らの「関心《インタレスト》」に期待することはできないと考えたわけである。

この議論をたんに心理学的なものと断じるのはふさわしくない。「名声への愛」はヒュームも頁を割いているところであるが、invidious、つまり差別をつくり、あえて妬みを買うようなふるまいというのは、所有の歴史においてもその初期形態としてはありふれたものであった。たとえば略奪品は「武勇の証拠」であり、だれよりも優越した者の「成功の記念品」であり、また「名声の根拠」となるものであった。所有をめぐるそういう習俗を、ソースティン・ヴェブレンはその著『有閑階級の理論』(一八八九年)のなかで右にあげたinvidiousという語を駆使しつつ、次のように述べている。「所有権は、生存に必要な最低限といったものとは関係のない根拠にもとづいて開始され、人間の制度として成長した」[*12]。

ヒュームが『人間本性論』の第二巻「情念について」においてその分析の中心に置いたのが、まさにこの自/他の力学であった。

その力学は、〈自〉(self)が増大すれば〈他〉(other)が減少するといった平衡的なものではない。そうではなくて、〈自〉が立つとおなじ強度で〈他〉が立ってくるような拮抗の関係、相互に煽りあうような二項の関係である。「規定determinatioは否定negatioである」というスピノザの言葉ではないが、〈自〉と〈他〉もまた、一方の規定は他方の否定としてしかありえず、〈同〉(same)と〈異〉(different)のように(第三項から見て)両側に相補的に位置させられるような(比較可能な)共存の関係にあるものではない。「私的」なものはつねに「排他」というかたちで現われる。

先にも少しふれたことだが、間接情念論というかたちでの自/他の力学的分析は、「所有」を自己愛(self-love)へと約めようとするものではない。ヒュームには、帰属をめぐって絶えない係争を生じさせてきた「所有」を、「自負」や「愛」といった情念よりもさらに根底ではたらいている、個人もしくは集団が同一性の保持を図るその構造にメスを入れようとしているふしがあって、その点では、同時代に知的なサロンで流行していた「自己愛」(amour *propre*)をめぐるきわめてシニカルな発言に釘を刺しているくらいである。[*13] そしてこのことには、《所有=固有《プロプリエテ》》の問題を、さしあたって、〈自〉と〈他〉、〈同〉と〈異〉という契機を内在させつつ生成するシステムとして解き明かすことをめざす本書にとっても、無関心ではいられないのである。

8 関係の力学

「黙契」という視点

占有《ポゼッション》を、安定した（stable）恒常的（constant）なものにすること、つまり所有《プロパティ》として固定すること。所有をめぐるヒュームの議論は、このことの経緯をいかに記述し、説明するかに向けられている。裏返していえば、そのような固定に根拠を与えることを意図するものではない。

自然は、一見したところ、この地球に棲むすべての動物のうちでも、何にもまして、人間に対して残酷に振る舞ったようである。自然は人間に、数限りない欲求や必要を背負わせ、しかもこれらの必要を満たすのにわずかな手段しか与えなかった。[*1]

占有の固定のしくみを解明するにあたり、ヒュームがその前提として提示するのがこの〝事実〟である。恵みと欲求や必要とのこの不均衡が、人間の「虚弱さ」、その生の不安定を徴しづけているというのである。

ここでいわれているのは、人間の欲求や必要に比して、それを獲得する能力もそれを充足する対象財も、ともに「希少」だということである。いいかえると、「自然が人間のすべての必要と欲求を満たして余りあるほどに豊か」であるなら、そして人がもし利己的《セルフィッシュ》にのみふるまうのではなく、他の人たちへの「やさしい配慮」や「心の寛さ」を持っているなら、人に現に見られるほどの占有への執着はなかっただろうというのだ。こうした「希少性」という制約があるかぎり、人はじぶんの「取り分《ポーション》」についてつねに神経質であらざるをえない。だからそれをめぐって他の人たちとの確執も絶えない。そしてこのことが人びとの生をいっそう不安定にする。

この不安定さを解消するためにこそ〈社会〉が編みだされたのだと、ヒュームはいう。生の虚弱さと不安定さを埋め合わせるべく、たがいの力を結びつけ、仕事を分担することによって人間の力を増大させ、援助しあうことによってそれぞれの生が「運や偶然に左右される」ことがより少なくなるようにしたのだ、と。ただし、「希少性」という制約があるうえに、対象財はいとも容易《たやす》く人から人へと「移転」して確保もむずかしいこともあって、個々人は自然の享受を、その占有を、安定させる算段をせざるをえない。それが占有の固定であり、他人のものには手を出さないという「黙契」(convention)であった。

「所有《プロパティ》を区別し財の占有《ポゼッション》を固定させる黙契が、あらゆる条件のうちで、人間の社会を確立するのにもっとも必要である」[*2]。ヒュームがこう述べるにいたった理路とは、おおよそ次のようなものである。

人を養う財の「希少性」はいやでも争奪を招く。それぞれの「取り分」をめぐって人びとに

「この上なく偏狭な利己心《セルフィッシュネス》」が目覚めるからである。そうした「紛糾」を回避して自己の「取り分」を安定的なものにするには、それぞれがみずからの利己心を抑制して、その「取り分」をたがいに納得のゆくかたちで、当然占有しつづけてよいもの、つまりはその人の「所有《プロパティ》」として、たがいに承認しあう必要がある。このことは利己心の否定、つまりはその「抑制」や「打ち消し」(counter-balance) を要請する。だが、それを全うするには個々人の「善意」(benevolence) はその力が薄弱すぎるし、他の情念はといえば、嫉妬をはじめとしてさらなる占有への渇望を掻き立てすらする。もう一方で、もしすべての人が必要と欲求を満たしてもまだあり余るほどに豊かであれば、各人における「利益への執着」は生じず、「これはわたしのもの／これはあなたのもの」といった、占有の「区別や境界」(distinctions and limits) が生じる理由もなかったはずだろうし、そもそもが「正義」も無用であるはずだ。とすれば、利己心とそれに起因するもろもろの「紛糾」を制御するには、偏狭で利己的な情念それ自身の「方向転換」(an alteration of its direction) を俟つほかない。少しく反省すれば、人は、「この情念は、放任するよりも抑制する方がずっとよく満たされるし、誰もが好きなように無法に振る舞ったあげく当然の帰結として孤立無援 (solitary and forlorn) の状態に陥るよりも、社会を維持する方が、占有物の獲得という点でわれわれはずっと大きく前進できる」[*3]と悟るからである。

このプロセスをヒュームは「黙契《コンヴェンション》」と呼ぶのだが、それは人びとのあいだで言葉によって交わされる明示的な約束 (promise) や協定 (compact) ではない。むしろこうした約束や協定、つまりは〈契約〉それじたいもまたこれにもとづいてなされるような暗黙の相互了解だというのである。たとえばたまたまボートに乗り合わせることになった二人の人間が、とくに約束を交わすまでもなくオールを漕ぐ調子をしだいに合わせてゆくのとおなじように、占有を個々に固定するというルールも、「徐々に生じ、ゆっくりとした進行を通じて、その規則に背くことの不都合が繰り返し経験されることによって」人びとのあいだに定着してゆく。「相手が私と同じ仕方で行動するという条件のもとで、相手が自分の財を占有するに任せておくのが自分の利益になる」ということにそれぞれが気づいてゆく、そのような「利益の共通の感覚」(a general sense of common interest) が「彼らの振る舞いが今後も規則的であるという信頼」(a confidence of the future regularity of their conduct) をもたらすのだと、ヒュームはいう。たがいに相手の占有物に手を出さないということの「黙契」を下敷きとしてはじめて、固定された占有としての所有〔物〕の観念が、ひいては正義とそれにともなう権利や責務の観念が生まれるというのである。[*4]

〈帰属〉の制度化

しばしば指摘されるように、「黙契」という考え方は「ヒューム以前の自然法論の共有財産」ともいえるものであって、ヒュームの独創ではない。[*5] それよりもむしろ、「利益の共通の感覚」の誕生を、人間が生来もつ利己的な情念の「方向転換」として捉えたこと、つまり、占有の固定はそれじたいが個人の利益を通してのみ確立されること、そして約束や協定にもとづく所有権の制度もこの「黙契」に裏打ちされてはじめて可能となることを強く主張したところに、ヒュームの所有論の第一の特徴がある。

　では、「黙契」から所有権をめぐる諸規則への移行のなかで、いったい何が更新されるのか。人びとが対象財を個々に占有するなかでは、財の総体が希少であるがゆえにさまざまの紛糾がたえず起こる。この「不都合」に対して人びとが採る「予防策」が、自己利益をめがける心性の抑制、つまりはその心性の「方向転換」であった。そしてその方向転換それじたいも、「黙契」という、「相手が私と同じ仕方で行動するという条件のもとで、相手が自分の財を占有するに任せておくのが自分の利益になる」という「利益の共通の感覚」にもとづくのであった。そこから編みだされたのが「所有」としての占有の固定、つまりは自己の占有財と他者の占有財との区別であり境界設定であった。が、これを劃定するにはいま一つの契機をそこに導入する必要がある。それが一般性である。

　占有の固定ということに関していえば、たしかに「各人が各人にもっともふさわしく、各人が用いるのに適したものを占有するのなら、その方がよい」[*6]。とはいえじっさいには、所有するに適した人が複数いる事例もあれば、そもそもその適切さじたいが問題になる事例もあろう。占有を恒常的なものとする一般的な「黙契」は、「社会全体に通用しなければならず、悪意によっても好意によっても曲げられてはならない、やはり一般的な別の諸規則によって適用される」ものへと自己を更新しなければならない。そのときこの「黙契」が最初に出会う困難は、「〔人びとの〕占有物をいかにして分離し、各人が間違いなく将来にわたって変わることなく享受すべき個々の取り分をいかにして各人に割り当てる《アサイン》か」[*7]ということである。

しかし、「利益の共通の感覚」としての「黙契」は、「わたしのもの／あなたのもの」といった個々の場面では結ばれても、社会全体の「公共の利益」という視点から見れば、むしろそれを乱すこと、あるいはそれに反することがあって、それがさらなる紛糾を引き起こしもする。だから、それを防ぐにはそのつどの「黙契」では足りない。じっさい、社会が国家という規模にまで拡張してくると、「黙契」じたいがもはや感覚としては追いつけない場面が増える。それに対処するために「利益の共通の感覚」にはさらにある種の「人為」が加わらねばならない。いいかえると、「一般規則」(general rules)として「それが生ずるもとになった事例の範囲を越えて適用される」のでなければならない。「ある一つの事例で社会一般の人々が迷惑を被るとしても、規則を持続的に実行すること」、「黙契」がそういう契機を内蔵してゆくことが必要だと、ヒュームはいうのである。これは社会の「全体的な設計《プラン》ないし仕組み《スキーム》」ともいわれるが、これを人びとのあいだに内蔵させるのもまた自己利益の感覚であることにかわりはなく、あくまで公的な称賛や非難、あるいは評判への関心に裏打ちされつつ働きだすものである。

　財を現に占有する者に「所有」を正しく帰属《アサイン》させるための規則はしたがって、より一般的なものへと磨き上げられねばならない。ヒュームはそれを「所有を決定する諸規則」と呼び、その検討に入る。具体的には、最初に占有し、これまでも長く享受してきたもの（「占有」）、長い時間が経過するうちそれがだれに帰属するのか不明になっているもの（「時効」）、庭園に実った果実、飼い牛が産んだ仔牛、奴隷の労働から生みだされた物など、当の占有者の占有するものから発生した別のもの（「増加」）、そして所有権の継承（「相続」）といった規則の一般化の条件を順に検討してゆくのだが、ここではその詳細にはふれない。

前章でも少しふれておいたことだが、このような「適用の仕方がより一般的で、疑いや不確実性の余地のより少ない諸規則」はあくまで歴史のさまざまな偶因的な条件にさらされつつ、さまざまの試行錯誤の結果として形成されてきたものであり、そういう意味では、「硬直した固定と〔……〕変わりやすく不確実な調整との間の中庸《ミーディアム》〔中間〕を求める」ものなのである。いいかえると、ヒュームはここでこれらの諸規則を法制度の一環として正しく根拠づけられた規則、カント的な意味での「定言的《カテゴーリッシュ》」な命法としての規則を考えているのではなくて、あくまで歴史的に限定された条件のなかでそれをトレースしようとしているのである。だからここでも「われわれが次になすべきことは、この一般規則のかたちを整えて、世間で普通に用い行なうのに適したものにする〔に際して依拠すべき〕諸理由を見出すこと以外にない」というのである。[*8] 彼が所有権の移管をめぐって「引き渡し」という象徴儀礼にまで言及するのもそうした文脈においてである。

こうしたヒュームの主張が含意しているのは、ロックが議論の出発点として想定し、そこに所有権の根拠を据えつけようとした「自然状態」が「単なる哲学的な虚構」だとの批判である。それは〈社会〉に先立つ〈自然〉ではなく、「人間のもっとも初めの状態と立場は社会的である」と見なすのが正当」だというのである。個々の占有を「所有」として確定する規則もまた最終的には「社会的な情念」によって支えられており、「所有〔権〕」の生成は、ロックが想定したような、人とその身体と対象となる物のあいだで完結するような過程ではないと言い切るのである。[*9]

だが、もしそのように占有から所有への移行過程そのものが社会的な過程であるとすれば、そしてその過程がつねに何らかの「社会的な情念」によって裏打ちされつつ進行するのだとすれば、わたしたちは物的な財の占有と所有のみを問題とする第三巻「道徳について」で提示された所有論を超え出て、占有／所有の総体を問題としうる地平に立たねばならない。この第三巻では、「占有する価値あるもの」、つまり占有／所有の対象となるもの三種のうち、第三の物的財の占有のみが問題とされた。他の二つ、つまり精神と身体は、ほんらい侵しえないもの、あるいは侵しても利益にならないものとして議論から除外され、第三のものだけが「他人が力ずくで手出しすることができ、かつまた、消滅も変化もなしに移転できる」ものとして、所有権論にかかわるとされた。[*10]

ただし、第二巻「情念について」においてもごく簡潔にだが所有という主題に一節が充てられている（第一部第十節「所有と富について」）。ここでもじぶんの自由になる財として例示されるのは、家や家具、衣服、馬車と馬、ワイン、農産物、作品、そして「召使」などであって、じぶんの精神と身体ではない。しかし眼をとめるべきは、所有するものと所有されるものとのあいだに「観念の関係」が存在するという論点である。第三巻でも「人の所有物《プロパティ》とはその人に関係づけられた何らかの対象（some object related to him）である」[*11]といわれていたが、所有とはまさにこの関係のことにほかならず、それがなければ財は所有物どころかそもそも財ですらない。人と対象一般との関係にこのような「観念の関係」が重ね合わされることによって「所有」という事態が出現するのだとすれば、当然のことながら第三巻の所有〔権〕論からは外された精神と身体についても、ほんらい「所有」の観点から論じられねばならないはずである。そういう「観念の関係」に特異な情念として、「自負」（誇り）と「卑下」、「愛」と「憎しみ」という二組の情念を分析する『人間本性論』の第二巻「情念について」が、「所有」の問題をいわば裏面よりその全幅において問題にしているとわたしが考えるのは、そういう理由からである。

これに付随していくつかの別の理由もある。

一つは、ヒュームが人間の精神《マインド》〔心〕を一つの〈社会〉とみなしていたことである。ヒュームの『人間本性論』は人間の知性や情念を、ある凝集力もしくは「引力」によって構成される一つの「連合体《アソシエーション》」としてとらえる。第一巻「知性について」では、「観念の連合《アソシエーション》」の仕組みが「類似性」と（時間と空間における）「隣接」と「原因と結果」の関係という三つの統合原理に即して分析されるし、第二巻「情念について」においても、おなじく諸情念の凝集の仕組みが問われる。だから、人間の精神を捉えるのに「共和国」の喩えほどふさわしいものはないと、ヒュームはいう。その言葉を引いてみよう（ここではrepublic or commonwealthを邦訳書にある「国家」ではなく、「共和国」と訳させてもらっている）――

> 私は、魂《ソウル》を譬えるのに、そこにおいて、異なる成員が、支配と服従の相互的な絆《タイズ》によって結びつけられ、他の人たちを生み出し、この人たちがそれの諸部分の絶え間のない変化を通じて同一である共和国を伝えていくところの、共和国ほどに、適切な譬えを見出すことができない。そして、同一の個体としての共和国が、その成員を変えるばかりでなく、その法と体制を変えることができるのと同様に、同一の人（人格）が、彼の同一性を失うことなく、彼

の印象と観念ばかりでなく、彼の性格と傾向を変えることができる。*12

これは人格というものが何か実体的なものではなくて、さまざまに異なる知覚が次々と現われては退場してゆく「劇場」のようなものであって、いってみれば諸知覚の「団《かた》まり（bundle〔束〕）あるいは集まり（collection）」にすぎないと述べる、そのような文脈でいわれていることである。この発想は『人間本性論』のいたるところに顔をのぞかせるものであって、それはたとえば第一巻冒頭の「観念の連合」という問題を提示する箇所では、諸観念を「統合する絆」とか、「統合または凝集の原理」（the principles of union or cohesion）というふうに表現されていたし、続く第二巻では諸情念を結びつけ、動かす「引力」（attraction）の分析が「人々の精神はたがいに対する鏡である」というところまで突きつめられていったし、さらに第三巻では「人間のもっとも初めの状態と立場は社会的である」とし、それを裏打ちする「社会的な情念」こそ「人間どうしを結合する紐帯」（a bond of union among men）だとされていた。このように知性、情念、想像力、道徳のいずれを論じる局面でも、association, union, bond, bundle といった表現が動員される。人間の精神を構成する「印象」や「観念」などの連合や引力の関係は、いわば「連合体」や「共和国」のモデルで語りだされるのである。その意味で、人を根底から動かすのは理性ではなく情念だというヒュームの基本姿勢からするならば、社会における「正義」に直結する「所有」の問題も、「情念について」と題した『人間本性論』第二巻の議論に淵源しなければその全貌はあらわになりえないとおもわれるのである。

もう一つの理由は、各人の精神と身体が占有する価値のある財とされながら、所有権の成り立ちをめぐる第三巻の議論から外されたことにかかわる。各人の精神と身体についてはその占有が否定されたり、却下されたり、移転されたりすることは基本的にありえないから、その占有がきわめて不安定な物的財の所有権にヒュームは問題を限定した。しかしながら私的所有権というものが浮上してきた黎明期ともいうべきロックやヒュームの世紀とは違って、その私的所有権の社会への浸透がほんらいの閾《しきい》を超えて、人びとがそこから逃れられない強迫観念のようなものとなっている現代では、精神や身体すらもおのれの「財」とはいえない状況が露見してきているという事情がある。

精神科医の長井《ながい》真理《まり》は、買った品物が受けとるときには別のものにすりかわっている、他人が着ている服がほんとうはわたしの服だといった「すりかわり体験」や、じぶんの身体がどんどんすり減ってゆく、ときにトイレで尿とともにじぶんの魂が流れ去ってゆくといった「自我漏洩症状」、さらにじぶんがここにいるという感覚がない、じぶんの気持ちを（たとえ悲しみや寂しさの極みであったにしても）キープできないといった「離人症」的な徴候などの例を挙げつつ、現代では《所有》にまつわる病理が浮上してきているとして、こんなふうに書いている――

物の「すりかわり」体験や身体の改変妄想も、所有物や自己身体への嫌悪感が契機となって形成される、「所有したくないのに所有せざるをえない」という苦境からの一種の解決策とみなすこともできるだろう。しかし〔……〕患者を驚かせるのは、本来自分に属するはずのものが突然自分の物でなくなってしまう点、すなわち自己の所有物からその「自己所有性」が失われてしまう点に他ならない。この「自己所有性」の不成立という事態が、所有物に対する嫌悪や排斥とは異なるのはいうまでもない。*13

この「自己所有性」の不成立という問題についてはのちにさらに詳しく見なければならないが、これにくわえて、出産における女性の自己決定、臓器移植や安楽死の是非といった現代の生命倫理の問題をも考えあわせるならば、ヒュームがさしあたって除外した精神と身体の所有権もまた所有権論がまさにのっぴきならないかたちで内蔵する問題として浮上してこざるをえない。これもまたわたしが『人間本性論』の第二巻の議論をあらためて検討する理由である。

関係の勾配

さて、これまで検討してきた『人間本性論』の第三巻では、「黙契」が占有を固定的なものにするといっても、そもそもなぜそういう策を講じなければならないかの理由は未だ十分には述べられていなかった。「希少性」によって奪いあいや諍《いさか》いが生じるからといっても、なぜ人は占有を（他の動物のように生命の存続にかかわるとき以外は、対象財を放置しておくのではなく）、それがすぐに必要でなくても固定しようとするのかの説明は不十分にしかなされなかった。この問題を約めていえば、人はなぜ「じぶんのもの」にこだわるのか、特定の財の自己への帰属、すなわち

《固有性》に拘泥するのかということである。
その説明は所有を主題的に論じた第三巻よりも、むしろ第二巻「情念について」に見いだされる。だがその叙述は異例ともいえる構成になっている。それは、欲求、嫌悪、悲しみ、喜び、希望、恐怖、絶望、安心といった、快苦や善悪からじかに生じるような「直接情念」は後ろに回して、野心、自負心、虚栄心、妬み、哀れみ、悪意、寛大といった、他の諸性質と結合することで生じるような「間接情念」を先に取り上げ、しかもそれらを最終的には、誇りと卑下、愛と憎しみという二組の対抗情念に集約するという体裁になっている。

この異例さは、もろもろの「間接情念」の代表として誇りと卑下、愛と憎しみが、ともに「人格《パーソン》」（もしくは「自己《セルフ》」）を対象とする情念であり、まさに自他の力学の軸をなす情念だということを考えあわせれば、むしろこの第二巻の議論が照準としているものをあきらかにしているというべきであろう。では、これら四つの「間接情念」の特質とはいったい何か。

ヒュームは情念について、その原因と対象を問題にする。原因とは「情念を引き起こす観念」であり、対象とは「引き起こされたその情念が視線を向ける観念」である。具体的にいえば、たとえばある人がじぶんの家を自慢し、「誇る」とき、その原因は美しさという性質をもつこの家であり、またその対象は（「建てた」というかたちでそれに関係している）自己である。このように「心地よい感じを与え、かつ自己と関係するようなものは何であれ、誇りの情念を引き起こす」とヒュームはいう。誇り（pride）の対抗感情である卑下（humility）もおなじく自己を対象にもつが、原因となるものはちょうど反対の性質をもつ。つまり、誇り〔自負〕と卑下という、逆ヴェクトルの二つの情念は、「自身に関係するもの」(something related to us)、「自分だけに特有のもの」(something peculiar to ourself) にかぎって生まれる。その「特有のもの」といえば当然、「われわれ自身の部分であるか〔身体〕、あるいはわれわれと密接に関係しているもの〔外的対象、つまり占有物〕かのどちらか」ということになり、そこから、「〔外的な対象との関係の中で〕もっとも密接なものと考えられ、他のどの関係よりも、誇りの情念を生み出すことがもっともよくあるのは、「所有」(property) の関係である」*14とされる。

一方、愛と憎しみのほうは、対象が(「自己」ではなくて)「誰か別の人物」、つまりは他者である。原因となるのは、愛なら、その人のそなえる徳や良識、機知、さらには性格のよさといった心の性質と、身体の美しさ、強さ、器用さといった性質であり、憎しみであればちょうどその反対の性質である(愛の場合、「われわれ自身と対象との関係だけで引き起こされる」ということも見られ、たとえば隣人や顔なじみ、同郷人、同業者といった人たちは、その性質如何を問わず、ただその近さゆえに愛の対象となることがある)。

このように、誇りと卑下、愛と憎しみという情念をもっとも強く規定しているのは、それが向けられるものの近さないしは密接度 (closeness) である。が、それには独特のバイアスがかかる。いいかえると、判断に否応なくある種の偏り (partiality) がまといつく。それに関して、ヒュームはこう述べる。「われわれは、対象をそれらに実在する内在的な価値からよりも、むしろ比較から判断する。そして、何かと比較対照することで、それらの対象の値打ちを高められない場合には、対象の中にある本質的に良いものさえも見落としてしまう傾向がわれわれにはある」[*15]と。

人は諸対象を、その内在的な価値よりもむしろ比較（comparison）によって捉えるということ。このことに起因する判断の偏りについて、ヒュームは第二巻でくりかえし強調する。たとえば――

> 人間は、自分たちの気持ちや意見において、理性に支配されていることはほとんどないので、諸対象について判断するのに、その内在的な価値からではなく、比較によって行なうのが常である。精神がどのような程度のものにせよ完全性を考察しているとき、あるいは完全性に慣れてしまっているとき、その完全性に至っていないものは何であれ、たとえ本当は評価に値するものであっても、欠陥があってよくないものと同じ効果を情念に及ぼす。これは心の根源的性質であり、身体においてわれわれが日々経験しているものと類似している。〔身体の類似の性質とは以下のようなものである。〕人の片方の手を暖め、もう一方の手を冷やしてみよう。それぞれの器官の状態に応じて、同じ水が同時に〔一方の手には〕熱く、〔他方の手には〕冷たく感じられるであろう。どんな性質でも、その小さな程度のものが、同じ性質のより大きな程度のものに続けば、その小さな程度の性質は、それが実際にそうであるよりもさらに少ない程度の性質が〔単独で〕生むのと同じ感覚を生み出すし、時にはそれとは反対の性質が生み出すのと同じ感覚を生み出すことさえある。激しい痛みの後にくる、さほどでない痛みは何でもないように思われたり、あるいは快くなったりさえする。他方、激し

い痛みが、さほどでない痛みの後に続くときは、〔それが単独で生じたときよりも〕二倍つらく不快なものである。[*16]

判断はこのように本源的に文脈依存的なものであるが、とりわけそれが（誇りと卑下、愛と憎しみの情念のように）自己もしくは他者を対象とする場合には、いいかえると、判断が情念と結びつく場合には、その偏りはいっそうはなはだしく、かつもつれたものとならざるをえない。ヒュームはいう――

われわれは、対象をその内在的価値から判断することはめったになく、他の対象との比較から、それについての考えを抱く。それゆえ、われわれは他者のうちに観察する幸福あるいは不幸の量の大小に応じて、自分自身の幸福と不幸を見積もり、その結果として苦ないし快を感じるに違いない、ということが帰結する。他人の不幸は、われわれに自分の幸福のより生き生きとした観念を与え、他人の幸福は、自分の不幸のより生き生きとした観念を与える。それゆえ、前者は喜悦を生み出し、後者は不快を生み出すのである。[*17]

あるいは、

あらゆる種類の比較においては、〔比較の一方の〕対象は、それを直接に、他を差し挟まずに見るときに生じる感覚（感じ）とは反対の感覚（感じ）を、比較のもう一方の対象からわれわれが受け取るようにさせるのが常である。〔……〕他人の苦は、それ自体で考察されると、われわれにとって苦痛である。しかし、〔われわれ自身と比較した場合〕われわれ自身の幸福の観念を増し、そしてわれわれに快を与えるのである。[*18]

比較が、文脈依存的にではなく、まさに自／他の比較というかたち、さらにいえば自／他の関係の勾配への過敏なまでの執着というかたちでなされるとき、わたしたちのまなざしは自他がせめぎ合う一種の磁圏のなかで湾曲してしまう。そこでは偏った自己評価も、耳に入る他人からの評判も、バイアスをますます強化するようにしかはたらかない。だから劣勢のなかで他人の苦を喜ぶという歪《いびつ》な意識も、倒錯というよりはむしろ意識の常態としてあるといえるほどである。以下の二つの文章は、こうした意識の邪《よこしま》さを描いて余りあるというべきか。

妬みにおいては、われわれは比較の効果が二回繰り返されているのを見ることができる。自分自身を劣った者と比較する人は、この比較から快を受ける。そして、この劣っている者が上昇してくることによって優劣の差が減少すると、快の減少にすぎなかったはずのものが、それ以前の状態と新たに比較されることで、本当の苦となるのである。[*19]

妬みを生み出すのは、われわれ自身と他人の間〔の優劣〕が、かけ離れていることではなく、むしろ逆に〔優劣が〕接近していることだ〔……〕普通の兵士は、軍曹や伍長に対して抱くような妬みを、将軍に対しては持たない。また、有名な著作家は、彼に〔名声の点で〕ごく近い作家から受けるような大きな妬みを、ありきたりのしがない三文文士から受けることはない。確かに、優劣の差が大きくなればなるほど、比較からくる不快は大きくなるに違いないと考えられるかもしれない。しかし他方、このように大きくかけ離れていることは、関係そのものを断ち切ってしまい、われわれ自身とわれわれから遠く離れているものを比較させないようにするか、あるいは比較するにしても、その効果を減少させると考えられる。[20]

人はある対象をまなざすときに、おなじ対象を見ている他者との関係の勾配を意識することによって、そのまなざしをなぜこうも歪《ひず》ませてしまうのか。ヒュームが私的な情念がじつは同時に社会的なものであるというときに、彼が思い描いていたのは「共感《シンパシー》」ということ以上にまさにこうした自／他の磁場であり、その力学であったようにおもう。そして彼が第三巻で、二人のボート漕ぎの連携を喩えに描きだした「黙契」といわば等根源的な、人の内的傾性として、このような自他のせめぎ合いが〔執拗なまでに〕析出されたのは、《所有》ということに駆られた歴史上の、あるいは日常の、暴力や脅威というものを考えるとき、頷くほかないようにおもう。

しかしながら、ついきわどい心理劇と見紛いそうなこうした事実は、たんなる思考の偏り、つまりは心理の問題として片づけられるものではない。ヒュームが第三巻において、「人間の精神のある性質と外的な対象の配置（situation）とが一緒になって働くこと[21]（concurrence）」と記していたことを考えあわせるならば、人の精神の習慣と社会の慣習とは通底した構造になっているとさえいえるのではないかとおもう。これは先に述べた、人間の精神の構成、さらには担い手たる「人格」もしくは「自己」についてもいわれたあの「連合体」や「共和国」の喩えにもつながる。おそらくはこの点が、利己的な情念それ自身の「方向転換」とならんで、ヒューム所有論のもう一つの特質をなす。〈情念〉と〈制度〉の密通(?)が社会の基底をなすという発想である。*22

「比較」という仮構の物差し

さて、「われわれは、対象をその内在的価値から判断することはめったになく、他の対象との比較から、それについての考えを抱く」というヒュームの視点を、のちにあらためて展開した人がいる。ヒュームの名をとくに挙げることはないので、これまで引いたヒュームの文章を熟知していたかどうかはさだかではないが、やはり「比較」という視点から、わたしたちの自他関係に根深く潜む心性についてこう書いていた――

高貴な者は比較に先立って価値を体験するが、卑俗な者はまず比較においてかつ比較によって価値を体験する。こうして卑俗な者にあっては「自己価値と他者価値との関係」が価値の選択的把握一般の条件になるという構造になっている。卑俗な者は、価値を同時におのれの自己価値より「より高いもの」「より低いもの」とか「より以上のもの」「より以下のもの」

として受けとることなしには、したがって他者を自分で測り自分を他者で測ることなしには、他者のもつ価値を把握することができない。*23

その人、ドイツの現象学者、マックス・シェーラーは、論文集『価値の転倒』に収められた長大な論攷「道徳の構造におけるルサンチマン」（初出は一九一二年）において、ニーチェの《ルサンチマン》という概念を援用しつつ、この「価値の比較」がどのようなかたちで近代社会のエートスをかたちづくるようになっているかを論じた。

シェーラーによれば、「ルサンチマン」（怨恨）は、抑圧され、侮られ、蔑《ないがし》ろにされている者がその復讐心や猜忌心《さいきしん》、嫉妬や恨みを表出することができず、その無力さのなかで抑圧をため込み、歯を食いしばってますます「かたくな《フェアビッセン》」になって、ひそかに「想像上の復讐」によって埋め合わせをしようとする、そういう「魂の自家中毒」(eine seelische Selbstvergiftung)のことである。そして「ルサンチマン」というこの情念の特質はその否定性にあるという。否定性とはこの場合、「敵対する運動」(eine Bewegung der Feindlichkeit)を内蔵しているということであり、いいかえると「〈外的なるもの〉、〈他なるもの〉、〈自己でないもの〉に対する否定」によってその精神が象《かたど》られているということである。これはニーチェの『道徳の系譜』のなかの次の文章を踏まえて記されている。

すべての高貴な道徳が、自己自身に対する勝ち誇った肯定から生い立ってくるのに対して、奴隷道徳は始めから「外的なるもの」(Außerhalb)、「他なるもの」(Anders)、「自己でないもの」(Nicht-selbst) に対して「否」を言うのだ。しかもこの「否」がこの道徳の創造的行為なのだ。価値を設定する眼差しをこのように向きかえること――自己自身に帰るかわりに、このように止むを得ずして、外に向かうこと――これこそ「怨恨」の本性なのだ。奴隷道徳は、その発生のために、つねに先ず自己に対立した外《そと》なる世界を必要とする。*24

ニーチェのいう「否《ナイン》」は、「〜に反して」(gegen)、あるいは「〜の外部に」(außen) というふうに、何かに「反撥《レアクツィオーン》」すること、反動的なスタンスをとることである。「ルサンチマン」はそういう反動を前提にしてうごめき出す情念なのである。

シェーラーはそこから、「ルサンチマン」の根源は、自己と他者との「価値の比較」(Wertvergleichen) にあるとする。裏返していえば、「高貴な道徳」においては、自他のあいだの「価値の比較」が自他それぞれの価値を捉えるときの前提条件とはならないということである。「自負」ないし「自誇」(Stolz) はこれとは違うとシェーラーはいう。それは「〔高貴な道徳にみられるような〕「素朴な」自己価値の意識の減退が体験されることから結果として生じる態度であり、そのことに基づいて生じるとくに人為的な自己価値への「固執」であり、反射的におのれを把握し「保持」しようとする作用である」*25と。ここでもし、この叙述を《所有》の問題に照らし合わせて読み込むならば、「自己価値」(*Eigen*wert) の減衰への反動が人びとの《所有》(*Eigen*tum) への要求を駆るということになる。あるいは、《所有》における「じぶんのもの」

（Eigene）も、他者との比較におけるかぎりでのそれだということ、つまりは自己性はつねに他者性との相関のなかにあることになる。シェーラーの言い回しでは、「自己価値と他者価値との把握が、ともにおのれの価値と他者の価値とのあいだの関係の把握にのみ基づいて実現される」ということであり、したがってまた「自己価値と他者価値とのあいだの「可能的」な差異価値であるような価値性質のみが一般に明晰に把握される」ということである。ここで「差異価値」の差異とはいうまでもなく自他の関係の勾配のなかで意識される差異（Differenz）ということである。とするなら、ここでは自己性（Eigenheit）と他者性（Fremdheit）との相関が同一性（Identität）と差異（Differenz）との相関に重ね合わせて考えられていることになる。

　ここから「比較」の問題が孕む一つの困難な問題が浮上してくる。「比較」ということのほんらいのあり方に照らしていえば、ここでの「比較」はそもそも不可能なこと、一つの仮構ではないかということである。「比較」は、その二項に共通のものを探るcomparativeなそれであれ、二項の相違を際立たせるcontrastiveなそれであれ、そもそも二項を並べ較べるからには、第三項的な位置から発せられるまなざしを前提する。いってみれば、他者を（わたしの）ここから眺めるのみならず、同時にじぶん自身をもその他者と並ぶ別の一存在として、まるでじぶんが第三者であるかのように眺める自己二重化的なまなざし。それを「わたし」はどのようにして手に入れるかという問題である。関係の勾配も、あるいは関係の不均衡といった「不正義」の感覚も、意識のこの自己二重化を措いてはありえない。それは、いってみれば俯瞰的《パノラミック》な視線である。

　これについては、ヒュームもまた、個別の条件は顧慮しないという意味での「一般規則」という先の議論とは別に、道徳的な称賛／非難という文脈で、目下のじぶんの立場や位置から離れることとしての「何らかの不変で一般的な観点」（some *steady* and *general* points of view）について語っていた。[26] が、問題を突きつめれば、自己性の偏りから離れ、より一般的な地平へと超出することがいかにして可能か、あるいはほんとうに可能か、という問題である。この背後には、「一般的な観点」というのも、つまるところ偽装された「自己性」の拡張にすぎないのではないか、そうした中立的な視線がそもそも可能かという問いだけでなく、さらに「人間たちを相互に置き換えることは本源的な不敬であって、ほかならない搾取が可能となるのもこの置き換えによって」ではないかという、レヴィナスのあの問いが控えている。[27]

9 所有権とそのあらかじめの剝奪

無傷な連帯はない

「比較」ということが極限にまで神経を研ぎ澄まさせるものとなり、その果てに、たがいに生存をかけてぎりぎりの「共生」へと至った事例を一つ、引いておきたい。

詩人の石原吉郎《いしはらよしろう》は、昭和二十年の冬、「北満」でソ連軍に抑留され、明くる年始めに中央アジアの強制収容所へ送られた。そして「苛酷な労働」と「徹底した飢え」の日々が始まる。そこでは食糧の横流しも収容所長の手で組織的におこなわれ、捕囚の「給養水準」は想像を絶するような低さであった。それに、一般捕虜とは違い、何の準備もなく連行されたのでまずは食器が足りず、二人一組で食事の供与を受けるほかなかった。少し長くなるが、食糧の絶対的な不足のなかで、この二人が一組の「食缶組」として食事を摂るときの光景を石原がつぶさに描写している箇所を引いてみる。

一つの食器を二人でつつきあうのは、はたから見ればなんでもない風景だが、当時の私たちの這いまわるような飢えが想像できるなら、この食缶組がどんなにはげしい神経の消耗であるかが理解できるだろう。私たちはほとんど奪いあわんばかりのいきおいで、飯盒の三分の一にも満たぬ粟粥を、あっというまに食い終ってしまうのである。結局、こういう状態がながく続けば、腕ずくの争いにまで到りかねないことを予感した私たちは、できるだけ公平な食事がとれるような方法を考えるようになった。まず、両方が厳密に同じ寸法の匙を手に入れ、交互にひと匙ずつ食べる。しかしこの方法も、おなじ大きさの匙を二本手に入れることがほとんど不可能であり、相手の匙のすくい加減を監視するわずらわしさもあって、あまり長つづきしなかった。つぎに考えられたのは、飯盒の中央へ板または金属の〈仕切り〉を立てて、内容を折半する方法である。しかしこの方法も、飯盒の内容が均質の粥類のときはいいが、豆類などのスープの時は、底に沈んだ豆を公平に両分できず、仕切りのすきまから水分が相手の方へ逃げるおそれもあって、間もなくすたった。さいごに考えついたのは、缶詰の空缶を二つ用意して、飯盒からべつべつに盛り分ける方法である。さいわいなことに、ソ連の缶詰の規格は二、三種類しかないので、寸法のそろった空缶を作業現場などからいくらでも拾ってくることができる。分配は食缶組の一人が、多くのばあい一日交代で行なったが、相手に対する警戒心が強い組では、ほとんど一回ごとに交代した。この食事の分配というのが大へんな仕事で、やわらかい粥のばあいはそのまま両方の空缶に流しこんで、その水準を平均すればいいが、粥が固めのばあいは、押しこみ方によって粥の密度にいくらでも差が出来る。したがって、分配のあいだじゅう、相手はまたたきもせずに、一方の手許を凝視していなければならない。さらに、豆類のスープなどの分配に到っては、それこそ大騒動で、まず水分だけを両方に分けて平均したのち、ひと匙ずつ豆をすくっては交互に空缶に入れなければならない。分配が行なわれているあいだ、相手は一言も発せず分配者の手許をにらみつけているので、はた目には、この二人が互いに憎みあっているとしか思えないほどである。こうして長い時間をかけて分配を終ると、つぎにどっちの缶を取るかという問題がのこる。これにもいろいろな方法があるが、もっとも広く行なわれたやり方では、まず分配者が相手にうしろを向かせる。そして、一方の缶に匙を入れておいて、匙のはいった方は誰が取るかとたずねる。相手はこれにたいして「おれ」とか「あんた」とか答えて、缶の所属がきまるのである。このばあい、相手は答えたらすぐうしろをふり向かなくてはならない。でないと、分配者が相手の答に応じて、すばやく匙を置きかえるかも知れないからである。*1

存亡をかけた厳格で精密な等分。それをめぐり神経をぎりぎりまですり減らすばかりの緊張が続く。誇りや羞じらいや慎みも、品位や謙譲や憐憫も、およそ人としての尊厳なるものをことごとく剝ぎとられたうえで、それでも最後ぎりぎりのところで成り立たせなければならない裸形の連帯？　が、それは永遠の絆ではない。警戒心と猜疑心に、いやいや「憎悪」に満たされた、そしていつ断たれるやもしれない瞬間的な絆の連続といったほうがいいかもしれない。そしてというか、ところがというか、あっというまに終わりそうな乏しい食糧なのに、その間、意識は途切れなく極限にまで張り詰めたままなので、この分配を終えたあと、それぞれは劇的ともいえる

「安堵感」に浸されることになる。それは「ほとんど無我に近い恍惚状態」であり、「世界のもっともよろこばしい中心に自分がいるような錯覚」である。これは裏を返せば、「相手にたいする完全な無関心」――ここでいわれる「無関心」は、等分という均しさの確認によるものではなく、むしろ反対に相互監視のただならぬ緊張を免除されたことによる差異への無頓着(indifference)であり、さらにドイツ語でいうohne Interesse〔利害関心なく〕をラテン語のinter-esse〔あいだにあること〕に戻していえば、関係そのものからの脱落ともいえるだろう――である。このようにして、二人して額を寄せ、しかもたがいを完全に「黙殺」しつつなされた「「一人だけの」食事」が終わる。

眠るときもおなじことがくり返される。

一日の労働ののち、食事に次いでもっともよろこばしい睡眠の時間がやってくる。だが、この睡眠の時間にあっても、〈共生〉は継続する。とくに収容所生活の最初の一年、毛布一枚の寝具しか渡されなかった私たちは、食缶組どうしで二枚の毛布を共有にし、一枚を床に敷き、一枚を上に掛けて、かたく背なかを押しつけあってねむるほかなかった。とぼしい体温の消耗を防ぐための、これが唯一つの方法であった。いま私に、骨ばった背を押しつけているこの男は、たぶん明日、私の生命のなにがしかをくいちぎろうとするだろう。だが、すくなくともいまは、暗黙の了解のなかで、お互いの生命をあたためあわなければならないのだ。それが約束なのだから。そしておなじ瞬間に、相手も、まさにおなじことを考えているにちがいないのである。[*2]

ここでも裸形の「連帯」はやはりたがいの「黙殺」で終わる。ほぼ三年後、この男とは別の抑留地へと別れることになるが、それについて石原はこう書きとめている。――「私の食缶組のさいごの相手は、その時、別の集団に編入されて私の目の前から姿を消したが、その後、私が彼を憶い出すことはほとんどなかった」。

この男とのほぼ三年にわたる「結束」は、「お互いがお互いの生命の直接の侵犯者であることを確認しあったうえでの連帯」であったと、石原はいう。それは相手を「自分の生命に対する直接の脅威」として感じつつ結ばれる絆であり、たがいの不信感と嫌悪と憎悪をすら承認しあうかぎりでの絆である。そして、ここに「孤独というものの真のすがた」がある。この孤独は、孤立ではなく、「のがれがたく連帯のなかにはらまれている」孤独である。この底知れない孤独に沈み込むことなしにはどんな連帯もありえない。だから、と石原は言い切る。――「無傷な、よろこばしい連帯というものはこの世界には存在しない」と。

二つのことに注目したい。

一つは、ここで憎悪が、抑留者を拘禁している収容所の管理者にじかに向けられることはなく、むしろおなじ境遇にいる他の抑留者にこそあらわに向けられたという点である。これは、ヒュームが提示した自／他の力学でも強調されていたことである。ヒュームが妬みという感情について「妬みを生み出すのは、われわれ自身と他人の間〔の優劣〕が、かけ離れていることではなく、むしろ逆に〔優劣が〕接近していることだ」としていたことは第8章でみた。いうまでもなくこの背後にあるのは、「われわれは、対象をその内在的価値から判断することはめったになく、他の対象との比較から、それについての考えを抱く」[*3]という、人間の心性であった。ここでいう「比較」がもっとも近い競合者に、それも極限にまで緻密かつ即物的に向けられているのが、石原がここにあげた事例である。

いま一つは、石原のなしたそれ以上に根源的な問いかけである。石原は「食缶組」としてペアを組んだもう一人の捕囚とのあいだで、「ただ自分ひとりの生命を維持するために、しばしば争い、結局それを維持するためには、相対するもう一つの生命の存在に、「耐え」なければならないという認識」を徐々に得てゆく。そしてこの認識が「一歩も後退できない約束」へと変容してゆくさまを次のように記していた。――「これは、いわば一種の掟であるが、立法者のいない掟がこれほど強固なものだとは、予想もしないことであった。せんじつめれば、立法者が必要なときには、もはや掟は弱体なのである」[*4]と。

「立法者のいない掟」とは、たがいに敵対し憎悪しつつ共生するこの二人が、まさにその敵対と憎悪をそのまま共生へと変容させる際に、第三者、より正確にいえば何らかの上級の審廷にその調停を委ねることなく成り立つ掟のことである。ここでレヴィナスの言葉を借りていいかえるなら、「媒介項〔仲介者〕のない対面」(le face-à-face sans intermédiaire)という事態である。ではなぜここでそうした「立法者」なき掟の生成に着目するのか。

先に見たヒュームの議論では、占有の固定としての所有〔権〕が要請されるのは、人がその生を維持するためにどうしても必要な自然の恵みが希少であることによって生じる、おのおのの「取り分」をめぐる果てしない抗争と紛糾を解消するための算段としてであった。そしてヒュームに先立つロックらの自然法的な論議が〈社会〉の成立を俟つことなく成立する各人の所有権を認め、そのうえでそれらの相互調停として社会的な〈契約〉を位置づけたのに対し、ヒュームがそれこそ「立法」以前に社会においてその内部から編まれゆく「黙契」にその基盤を見出したことに、石原のあの「立法者のいない掟」は問題としてつながっている。所有権をめぐる紛糾を回避するための通常の議論は、連帯であれ調停であれ、上級の審廷というものに訴える。いってみればそこで身を翻して、共同体的な次元から社会的な次元へと自己を更新する。が、そのことがいかにして可能か、はたまた妥当かは、（つづいて以下で見るように）かなり難しい問題を孕んでいる。じっさい、極限的な希少性を例にとりつつ、そこにおける《所有》の確執や紛糾をめぐって、石原のように究極の「孤独」にまで言い及ぶ調停論は、おそらくはほかにない。石原にあってヒュームにないもの、それは（共有のものを前提とする）共同体の内部の「黙契」ではなく、共同性が成立していないところでの、否定を介した「黙契」という問題である。石原のここでの問題提起を、わたしたちはより概念的に研磨してゆかねばならない。

証人と敵

「立法者のいない掟」という問題を考えるときに、それに重ねあわせてみたいのは、自己が競合する他者が、「敵」であると同時に「証人」でもあるというガブリエル・マルセルの視点である。それは、他者が二人称で呼びかける相手であると同時に第三者としてもそこに現前するという視点である。

石原が記した強制収容所での生活と、次に引く男児のふるまいとは、一見あまりにかけ離れているとみえるが、じつはそこには、ひとの〈存在〉と〈承認〉との結びつきという点からして構造的に相似するものがある。その男児のふるまいをマルセルはこんなふうに描いている——

> いまここに、牧場で摘んだばかりの花を母親のところへ持ってゆく子供の姿を思い浮かべてみよう。その子供は叫ぶ。「ほらみて、これを摘んだのはぼくだよ!」と。この子供の得意そうな語調、なかんずく、おそらく単に漠然としたものだろうが、この報告に伴う身ぶりを思い起こしてみよう。子供は賞讃と感謝とを求めて、みずから自己を指し示しているのだ。「このすばらしい花を摘んだのは、このぼく、いまここにいる、このぼくだよ。いいかい、女中や姉さんが摘んだなんて考えちゃいけないよ。ぼくが摘んだんだよ、ほかのだれでもないよ(c'est moi, ce n'est pas personne autre)。*5」

男児がここで求めているのは、「自分だけの功績(mes propre mérites)を認めた際に味わう充足感」——これをマルセルは「自負(prétention)」ともしているが、これはヒュームが「誇り《プライド》」と呼んだものにあたる——をしかと確認してくれる「証人」としての「あなた」である。いいかえると、わたしの満足感の「共鳴器」(résonateur)もしくは「増幅器」(amplificateur)としての「あなた」である。その「あなた」を前にして、「わたし」を「前に‐押し出す」(pro-duire)ことによって、わたしはこの「わたし」を「生産」(produire)する。マルセルはこれを「張り合い《コンペティシオン》の体制」とも呼んでいる。これはじぶんの功績だとして「強調《アクサン》」記号をつけること。それは、「これ」は「わたし」に固有のもの《プロプリエテ》(=所有)だからみだりに触れてはいけないと「警告」することであり、つまりはそういうかたちで他人を排除することである。そしてその「証人」として「あなた」がある……。ここには二様の他者がいる。「あなた」が考慮に入れてはならない、わたしが「除外」した他者と、「証人」としてわたしが当てにしている「あなた」という他者である。

そのかぎりで、「わたし」という存在を提示し(poser le moi)、指し示す(se désigner lui-même)という行為は、じぶん以外の他者一般の「排除」(exclusion)とともに、その場にいる「他者への問い合わせ」(une référence à autrui)を本質的に含んでいる。このことが意味するところを、マルセルは次のように述べる――

きわめて早い時期から、人間のなかでは〔……〕存在しているというこの意識と他人に自己を承認させたいという要求とのあいだに、一つの連結、一つの接合がおこなわれる。――この際の他人とは、いままでどう言われてきたにせよ、私自身に必要欠くべからざる部分としての証人、競争相手、あるいは敵であって、私の意識内でそれが占める位置は、ほとんど無限に変化しうるものなのである。[*6]

このように他者一般を排除するというかたちで押し出される「わたし」、その「強調」というふるまいを目の前の他者に「証人」として承認してもらうという試みのなかでたえず自己を更新してきた「わたし」。それはいってみれば「飛び地」(enclave) のようなものだとも、マルセルはいっている。しかもそれは「動く飛び地」であり、「傷つきやすい《ヴルネラブル》飛び地」、「生身〔むきだし〕の囲い地」であるとも。「飛び地」とは周囲がすべて他なるものの領地に囲われているということであり、それが「むきだし」で「傷つきやすい」とはじぶん以外のものによっていつ侵犯されるやもしれないということである。はたしてうまく身を保てるかというひどい「不安」に晒されつづけるこの「囲い地」をマルセルは剝がれた皮膚ないしは膿《うみ》をもった皮膚に喩え、「傷口」(blessure) とも呼ぶ。そしてこの「傷口」は、一方で「わたし」が「占有」し「併合」し、さらには「独占」しようとするすべてのもの、他方で「わたし」とは一つの「虚無」(rien/néant) でしかないという漠然とした意識、この「両者のあいだの矛盾にたいする身を引き裂かれるような経験」のことだという。そしてこの裂け目、このほつれを綴じるためにこそ、他者による「確認」を必要とするのだという。「極度に自己自身に集中した場合の「私」が、かえって他人から、ひたすら他人のみから叙任を期待することになるというかの逆説」が、ここにはあると。

しかし、わたしが「証人」であることを期待している「あなた」が、たんなる目撃者ではなく「証人」たりうるその理由はどこにあるか。「あなた」はせいぜいその場かぎりの「証人」であるにすぎないのではないか。「あなた」が真正の「証人」であるなら、「わたし」がみずからの「功績」を他者と「比較」し、「評点」においてその他者に勝ると主張するときに、そこで「除外」を求めているそういう他者をも、「あなた」は考慮に入れないといけないはずではないか。

このような疑問についてマルセルは、「証人」であることを「わたし」が期待している「あなた」を、「わたし」がもしみずからの声の「共鳴器」や「増幅器」としてしか期待していないのであれば、「あなた」は「わたし」の期待を投影した一つの幻像にすぎないという。そのとき「わたし」はみずから期待する「わたし」を「あなた」において幻視しているだけであり、以後、その幻像に照らしてじぶんを見るのだから、「わたし」が自己として生成してゆくプロセスはそのまま「自己の偶像とだけでいられる小さな私的聖所のなかに必死になって閉じこもってしまう」プロセスでしかないと。そしてそのうえでまるで彼の議論の着地点の提示を急ぐかのように、こう述べる。「われわれのうちで現実に価値を有するのは、比較を受けることのできないもの、他のものと共通の尺度をもたないものなのだ」と。

しかし、たとえこの命題が重大な意義をもつとしても、このようなかたちで「比較」や「証人」の概念を離れ、論を別の問題次元へと移してゆくのは、すこし急ぎすぎだとおもわれる。というのも、「証人」はつねに同時に監視者でもあるからである。とりわけ石原が体験したケースのように、「証人」と「敵」が同一人物である場合には、このことは決定的である。なぜなら、彼こそ利益相反者その人だからである。だからその監視はどんな細部をも見逃さない。それほどに厳格である。ヒュームは「われわれは、対象をその内在的価値から判断することはめったになく、他の対象との比較から、それについての考えを抱く」といっていた。自他のあいだで比較がなされるときは、二者のあいだの関係の勾配がとりわけ強く意識されるのであった。つまり自他の比較はまるで磁場のように歪んだ曲率を示す。マルセルの語でいえば、「わたし」はいわば「磁化の中心」(centre d'aimantation) として、すべてを自己のほうへ吸い寄せる。ほかならぬそうしたバイアスがかかることを厳しく妨げるのが、「敵」であり「証人」でもある相手の視線なのである。第三者による調停や裁定がなくとも、規整はかかるのである。もちろん相手によるその規整じたいにも強い「磁化」がはたらく。その意味では、バイアスのかからない「比較」は、こと自他に関するかぎりはありえない。そのうえでバイアスを最小限にするという強度の制約がこの比較にはかかるのである。石原のいう「連帯」はそのうえでの「連帯」、つまり相互の底知れない不信感を内蔵した「連帯」なのであった。

これをはじめとして、「証人」としての「あなた」という問題をめぐっては、マルセルのいう「比較」を超えた「わたし」の存在へと一足跳びに移行する前に、いますこし詰めておかねばならない論点が二つある。

まず、マルセルは先の議論のなかで、ひとが「わたし」という存在を「前に－押し出」し、指し示すというときに、それを二様の他者に関係づけていた。一方はまずはじぶんが排除する他者一般であり、もう一方は（わたしの要請どおり）そのような他者を考慮に入れずに、その「証人」であることを期待されている「あなた」という他者である。「わたし」は、ほかならぬ二人称であるその「あなた」に、同時に「証人」という第三者であることを求めているのである。だが、石原吉郎が記していた「食缶組」の関係は、まさに「あなた」が「証人」であると同時にまぎれもない「敵」である、そのような関係である。食事が等分されることをともに確認する、そういう「証人」関係にあるのは、相手に譲ることがそのまま自身の死を意味するような、そういう抜き差しならない敵対関係にある者であった。そこでは「あなた」が「敵」であるまま「証人」でもあるような、そういう「立法者のいない掟」の生成が、しかもある種の深い断念とともに、問い糾されていたのである。利害の決定的な相反――たがいに「敵」であるとはそういうことである――という絶対的な事実のただなかで、持ち分を厳密に等分するという極限の「共生」のかたちが提示されたのであった。「立法者のいない掟」。それはどこまでも二者関係なのであって、三者関係ではなかった。そこに第三者は存在しえない。いいかえると、上級審が存在しないままに最終決着を見出すような「連帯」が問題とされていたのであって、だからこそ石原は、最後、「無傷な、よろこばしい連帯というものはこの世界には存在しない」と言い切ったのであった。

そのとき彼らが採ったのは、数量的な等分、それも際限なく厳密な等分であった。しかし、数量化は、両者にとっておなじ一つの物差しを前提とする。たとえその物差しにじぶん（たち）の全存在を委ねることによって、それぞれに「わたし」という人格の崩壊を招きかねないとしても、である。それでもそういう一つの物差しが可能であったのは、たがいに競合し敵対している両者が「抑留者」として断じて生き延びるという共同性のなかにあったからであろう。そういう共同性の認識にいたるには、両者をともに俯瞰するようなあるパノラミックな視線をそれぞれが持ちあわせなければならない。「比較」する第三者の視点である。それを上級審として受け取るのではなく、あくまで両者がたとえ一つの断念でもあるにしても、みずから編みださねばならない。それがどのようにして可能かという問題がここであらわになってくる。

しかしもう一歩進めて、ここでもし、それぞれに日々の生存がかかった「抑留者」としての共同性すら存立していない、そういう二者のあいだだと、「共生」という解決はどのように可能となるか。これは強制収容所よりさらに極限的な状況のことをいっているのではない。たとえば文明社会とこれまでまったく接触がなかったような共同体との接触という場面から、生活の習慣や原則をまったく異にする人と人のあいだまで、上級審というものを容易にはたぐり寄せたり参照したりできないような関係のなかで、両立という意味での「共生」はどのようにして可能かという問題は、そこかしこにある。そこでもし、おなじ一つの物差しをもたないところで「比較」は不可能であるとしたら、そして《所有〔権〕》がたしかにその実効をめぐって相争われる場面においては「比較」ということがすさまじいばかりの厳密さをもって考量されるのも事実であるとしても、《所有〔権〕》そのものはつねに「比較」をその成立要件とするのか。そういう問題がそこから浮上してくるのである。

「われわれのうちで現実に価値を有するのは、比較を受けることのできないもの、他のものと共通の尺度をもたないものなのだ」というふうに、マルセルもまた「他のものと共通の尺度をもたないもの」について語っていた。だが、マルセルのいう「共通の尺度」で測られないものか「比較」以後の、「比較」を超えたそれを問題にしていたのに対し、わたしたちがここで問題にしようとしている「共通の尺度」の不在は、「比較」以前の、そして数量的な「比較」そのものをすら事後的に可能にするような自／他の力学なのである。

第一の論点への言及がおもわず長くなったが、マルセルの議論から導きだされるもう一つの論点は、「「私」のうちで最良のもの」は、わたし自身に帰属するものではなくて、一つの「賜物」(don) ともいうべきものだというマルセルの指摘に関するものである。マルセルはそこから、「わたし」はそれの「所有者」(propriétaire) ではなく、あくまで「受託者」(dépositaire) なのではないかと示唆している。[*7] この示唆は、わたしたちの議論の道筋においてはさらにいっそう重要な意味をもつ。というのも、この「受託者」を、(わたしたちになじみのある言葉でいえば)「当主」として考える可能性がそこに開くからである。「当主」は藩や商家のもろもろの財をみずからの「所有物」とするのではなく、当座その運営を任される者、つまりはそれを預かる者のことである。《所有》をこの「預かる」という視点から考察しなおすこと、これがいずれ本論の大きな課題となるとおもわれるのだが、そこに行き着くにはさらにたどらねばならないいくつかの径庭があり、ここではその論点は指摘するにとどめておく。

同化に先立つ出来事としての所有権剝奪

わたしたちがいましばらくそこに留まりつづけたいのは、「立法者のいない掟」が成立する場、つまりは「媒介項〔仲介者〕のない対面」という事態である。そういう局面で、もしたがいに利益相反の関係にある二人に相互の持ち分の数量的な比較が可能だとするなら、そしてさらに相反する利害のただなかにあってもし等しく上級審での調停に訴えるほかないと観念するなら、そこには〈契約〉という、一次元上位の共同の取り決めを図らねばならない。それはいずれ所有権を定める〈法〉として措定され、両者はそれに服属することを約束するのである。それは自他の関係を、より正確にいえば、自己に固有なもの（das Eigene）と自己に異他的なもの（das Fremde）との関係を、共同体の成員としてともに「一」と「一」であるというユニットの関係へと再設定することである。自他を俯瞰する視線をそこに挿し込むことによって、である。しかしそのようなパノラミックな視線、ということはつまり、自己に固有なものと異他的なものとを相互的な「一」へと更新することは、そもそもいかにして可能なのか。ともに、「排除」という、〈他〉の否認を前提として成り立つ〈自〉の存在が、いったいなぜその存在の相互性へと移行できるのか。

　それぞれが相手の立場になって、という想像的な自己移入を相互に試みるからだというのは、答えになりえない。それぞれの存在の両立、つまりはその相互性の認識というのは、想像的に自己を二重化するいとなみであるかぎりで〈自〉に固有な領域を超出しえないからである。それは、〈他〉との相互性ではなく、自己固有な領域の内部でのもう一つの想像上の〈自〉との相互性以上の意味をもちえない。

　「連帯」もそうであるが、そもそも調停や和解というのは、自他の共在、つまりはそれぞれの存在の相互性という事実をすでに前提として、その葛藤や対立を解消するために図られることである。だが、その相互性はつねに想像的なそれにとどまる。その想像的な相互性にはだからこそつねに（マルセルが「磁化」と呼んだような）自己固有性《プロプリエテ》のバイアスがかかるのであった。〈他〉との相互性は、その〈他〉が〈自〉による想像的に二重化された〈自〉でしかないかぎりにおいて、〈他〉の〈自〉への同化《アプロプリアシオン》〔横領〕にすぎないことになる。ということは、もしそうした〈自〉と〈他〉の相互性がとにもかくにも措定されうるとしたら、そのような上級審への訴えに先立ってすでに何らかの下級審において達成されていなければならないことになる。〈自〉のその固有性そのものが何らかの下級審によってすでに媒介されているという事態である。いいかえると、「わたし」という存在の成立そのものが、すでにそういう相互性を内蔵しているということである。それはつまり、「わたし」の存在そのものがある「自己固有化《アプロプリアシオン》」（じぶんをわがものとして所有する《アプロプリエ》こと）の産物だということである。だとすれば、じぶんを「わたし」として「前に－押し出す《プロデュイール》」（＝生産する）こと、そしてさらにそれを〈わたしだけのもの〉として指し示すことは、アルフォンス・ド・ヴァーレンスもいうように、逆説的にもすでに「〈わたしにとってだけ〉（pour-moi-seulement）ということの否定」としてしかありえないのである。それはわたしたちの日常的な言葉遣いでいえば、わたしが「わたし」という語で指示するものがあなたにとっては「あなた」であり、あなたが「わたし」という語で指示しているものがわたしにとっては「あなた」であるという互換性である。とどのつまり、「わたし」は、〈わたしにとってだけ〉ということの否定を含んではじめて使用可能になる語なのである。その間の消息についてヴァーレンスは以下のように述べている――

　言語はわれわれからわれわれ自身を剝奪〔＝他有化〕し、生き生きとした内在からわれわれを遠ざける〔……〕。というのは、もし言語はわたしに主観性を授けるために必要とされているとすれば、言語がそうできるのはただ、普遍的なもの、一般的なものという媒体のうちへとわたしをまずは挿入することによってだけであるからだ。事物に対する距離、それはまた、わたし自身に対する距離でもあるわけだ。われわれすべてがじぶんをわたしと呼び、また実際そうであるという単純明白な事実がこれを示している。しかし不断に行使されるこのような脱所有化（dépossession）〔＝所有権剝奪〕は、主観性の喪失ではなくて、まさしく主観性を準備していた無名性の放棄なのである。*8

これは、マルセルが念頭に置いていた、「比較」のあとに「比較」を超えたものとしてあらためて「わたし」を見いだすプロセスとはちょうど逆の、「比較」に先立ち、無名のわたしが「わたし」となるプロセスである。

ちなみに、ヴァーレンスがこのように書いてから数年後、ジャック・デリダもまた、「わたし」という語がわたしだけのものではないという事実にふれて、次のように書いた――

> 孤独な言表のなかでの〈私という語の出現〉〔……〕は、すでに一つのイデア性として機能しているのではないのか。したがって、私という語の出現は、ひとりの〈いま－ここ〔にいる〕－私〉一般にとって同じものとしてとどまりうるものとして与えられ、私の経験的現前が消えてしまったり根本的に変容したりしても、その意味を保持するのではないだろうか。

私が〈私〉と言うとき、たとえそれが孤独な言表のうちにおいてであるにせよ、私は、いつもそうしているように、その言表の対象の、すなわちこの場合には私自身の、可能な不在をそこにかかわりこませる、というふうにしないで、自分の陳述に意味を与えることができるであろうか。私が私自身に向かって《私はある》と言うとき、この表現は〔……〕当の対象の、すなわち直観的現前の、したがってこの場合には私自身の、不在においても理解可能であるのでなければ、言表としてのその地位をもたない。*9

ここでデリダもまた、「わたし」の単独性の主張そのものが、あくまで〈わたしにとってだけ〉という単独性の否定において、つまり自他を相互性において見るような視線のなかで、「われわれ」の名においてなされることを告げている。「わたし」という語ではじまる陳述に、このわたしが単数の特異なものとして現前しているということは、この陳述の意味作用にとってはどうでもいいことだというのである。そのかぎりで「わたし」という語は、「わたし」そのものの非固有性を前提としている。このことをうけてデリダは、「〈私〉の宣言には私の死が構造的に必然的である」*10と言い切る。わたしは「わたしは」と書くたびごとに死んでいるというわけである。ヴァーレンスが「所有権剝奪」と解したものを、デリダは「死」としたのである。

とはいえ、ここでわたしはそうした「わたし」に他者との〝意識〟の交換をつうじてたどり着くわけではない。マルセルが例として引いた子どもが「これを摘んだのはぼくだよ！」と訴えたように、何かある対象もしくは事態をめぐり、それを指してなされる。それがここにあるのは

「ぼく」が置いたからだとか、これをしたのは「ぼく」だとか。そう、その対象がじぶんに帰属することの主張としてである。だから、右でヴァーレンスとデリダが描きだしたことも、たんに言語使用のレヴェルでではなく、まさに《所有》という、事物への関係において――ヒュームがいっていたように、たとえ所有〔権〕が、事物との関係ではなく、何かある事物をめぐる「観念の関係」であるにしても――おなじように読み換えられねばならないはずである。たとえば、財としての事物は、それを譲渡しうるものとしてわたしが放棄する準備があるかぎりでのみ、わたしの所有物であるというふうに。

そしてそのような問い糾しとたえず連動しつづけるのは、以下の問いである。所有〔権〕の源泉もしくは根拠は、はたして〈契約〉として上級審の次元で要請されるものなのか？　あるいはあくまで「媒介項〔仲介者〕のない対面」において編みだされるのか？　それとも自他それぞれの自己固有性の意識に先行するような次元――「わたし」よりも古い〈わたし〉(pré-moi)、もっといえば何かしら無名の〈欲動〉という次元――の出来事としてすでに生成していたのか？

10　所有と譲渡可能性

身をもて余す？

固有であるとは、「固《もと》より有る」ことである。人や物について、元来それに備わっていること、それだけに属するものをいう。そして《所有》においてつねに問われるのも、このわたしに固有なもの、つまりこのわたしだけに属するものが何か、ということである。

だがその「固より有る」ものも、じつはそれをそのように「固より有る」（propre）ものとする「自己固有化」（appropriation）というはたらきを媒介として生成したものなのではないかと、わたしたちは問うてきた。マルセルの議論では、たとえば「［この花は］ぼくが摘んだんだよ、ほかのだれでもないよ」というふうに、他者に向けてじぶんを「前に‐押し出す」（pro-duire）ことによって、「固有」、つまりそれがもっぱらじぶんにのみ帰属するという事態を「生産する」（produire）ことが企てられるのであった。こうした視点を、A・ド・ヴァーレンスはさらに、「わたし」に固有なものは、逆説的にも、〈わたしにとってだけ〉ということの否定によってはじめて可能になると論じた。《所有》、つまりは自己固有性が、「所有権剝奪」（dépossession）という逆のプロセスを介してはじめて可能となる事態だとしたのであった。

　所有権（＝自己固有性）の成立が、逆説的にも、それをあらかじめ剝奪するプロセスに負っているということ。そういう事態をマルセルやヴァーレンスよりずっと以前に指摘した人がいる。ヘーゲルである。ヘーゲルは『法〔権利〕《レヒト》の哲学の要綱[*1]』（一八二一年、以下では『法の哲学』と略称する）において、「わたしのもの」（自己固有なもの）が「つくりあげ」（ausbilden）られるものであること、しかも所有〔物〕はそれを放棄＝譲渡する（sich entäußern）ことにおいてはじめて「わたし」の所有〔物〕たりうる、いいかえると、「わたし」は所有者であることを止めるかぎりにおいて所有者でありうるという視点を提示した。

　さて、わたしたちが本論の起点のところで検討したロックの所有〔権〕論では、ロックは所有〔権〕が立ち上がるもっとも基礎的な場面をきわめてシンプルにこう提示していた。――人はだれでもじぶんの身柄《パーソン》〔身体〕に対する所有権《プロパティ》をもっており、その身体をもってなす労働のその産物もまたそれゆえに彼自身の所有物《プロパティ》である、と。ヘーゲルもまたそういう所有〔権〕の立ち上がりの原場面から議論を始める。そして、個々人の「自由」というものを、「自分の身柄、活動、占有物、そしてその全所有権を自ら好むままに処分（dispose）し、処理（order）する」ところに見るというロックの観点を、ヘーゲルもまた共有している。が、ヘーゲルがそこから導きだしたのは、所有〔物〕はその放棄＝譲渡することにおいてはじめて「わたし」の所有〔物〕たりうるという、ロックにはない右の論点なのである。こうしてわたしたちは、ロックが所有〔権〕論の出発点に選んだその原場面に、レヴィナス、ヒュームを経て三たび、突き戻されることになる。

ヘーゲルはその際に、「人は誰でも、自分自身の身柄に対する所有権をもつ」(every Man has a Property in his own Person) という、ロックがいわば議論の前提とした事態そのものを、とくにそれと明示することなくあらためて俎上に載せる。

さてその「身柄」、その身体である。人は身体である。身体としてある。身体である、とは言うまい。人は身体をいつとなくわずらわしく感じているのだから。身体としてのその存在をときに人は抹消することを意志し、また実行できるのだから。[*2] 人はまぎれもなくこの一つの身体としてありながら、それに距離を置き、そしてときにそれをもて余し、ときに重荷と感じ、ときにその捉えどころのなさにとまどいもする。「わたし」とその身体との一致と不一致。その空隙に、その亀裂に、人の存在のとまどいや苦渋のほとんどがあると言ってみたくなるくらいだ。

人は身体としてのおのれの存在を「もて余す」と言った。「もつ」とは、元来はじぶん自身のものではないものを、じぶんの意のままにできるものとして手許にとどめおくことである。「余す」とは、持ちきれないこと、つまりは意のままにならないところがはしなくも残るということである。身体はもちろん「わたし」という存在の元基《エレメント》であり、場である。それなしで「わたし」がありえないという意味でエレメントであり、また身体の位置する「ここ」から離れえないという意味で場である、はずである。ここであえて「はずである」と付け加えたのは、(のちにすぐ見るように) 身体がこの身体であり、わたしの身体であるということは、それじたいがある種の達成であって、原初の直接的な事実ではないからである。いいかえると、それはすでにあるかたちで媒介された事態であるからである。
ヘーゲルは『法の哲学』で次のように述べている——

> 人間は、彼自身における直接的な現存《エクシステンツ》からすれば、一つの自然的なもの、つまり人間の概念にとっては外的なもの（ein Äußeres）である。人間は、彼自身の身体と精神をつくりあげること（Ausbildung）によって、すなわち、本質的には彼の自己意識が自分を自由なものと捉えることによってはじめて、自分を占有し（nimmt er sich in Besitz）、そして自分自身の所有、他の人たちのものではない［他の人たちに対する］所有となる（wird das Eigentum seiner selbst und gegen andere）。*3

身体は「わたし」がつくりだしたものではない。それは「わたし」が生成するエレメントであり、場——他なるものの「そこ」と区別される「ここ」という位置ですら未だない場——である。それはわたしに与えられるものですらない。そのような身体に先だって「わたし」があるわけではないからだ。その意味でわたしにとって「外的なもの」である。それが「わたしのもの」になるのは、それをわたしの「器官《オルガン》」としてつくりあげる（ausbilden）ことによって、いいかえるとみずからの意志の「器官」として意のままにしうることをつうじてである。ここでヘーゲルが幾度もくりかえし強調しているのは、人がこのように身体を「もつ」のは「そうすることが私の意志であるかぎりにおいてのみ」（nur, insofern es mein Wille ist）だということである。つまり、身体はそれぞれの「わたし」の「意志ある器官」(williges Organ)、つまりじぶんの意のままになる「従順な器官」となることによってだというのである。「わたし」は身体をじぶんの意のままになる器官、つまりはそういう特異な対象としてもつかぎりで、身体としてある。が、身体そのものであるのではない。身体はあくまでわたしが占有するものである。

ここでしかし、他の人たちからすれば、「わたし」はまぎれもないこの身体である。「もつ」と「ある」のあいだにあるこの差異について、ヘーゲルはこう述べる——

身体は、直接的な現存在《ダーザイン》であるかぎりでは、精神にふさわしくない。身体は精神の、意志ある器官となり、活気ある《ベゼールト》〔私の魂が吹き込まれた〕手段となるためには、まずもって精神によって占有されなければならない。だが他の人びとにとっては、私は、私が直接的にもっているままの私の身体において、本質的には一個の自由な者である。*4

ここで身体がさしあたっては「精神にふさわしくない」ものだというのは、わたしが見たり触れたりする他の物とおなじく、わたしにとって外的なものだからである。それを使いこなすことでそれはわたしが意のままにできる「器官」へと生成する。それが身体の「占有」である。一方、他者にとってこの「わたし」は「私が直接的にもっているままの私の身体において〔……〕一個の自由な者」である。つまり「わたし」とその身体は一つである。

ここで注意しなければならないことが二つある。

一つは、ここで身体は、わたしの「意志ある器官」、わたしの意志の「手段」となるためには、という限定のもとで「精神にふさわしくない」といわれているのであって、身体の存在そのものが「精神にふさわしくない」といわれているわけではないということである。つまり、とくにそのように意志するのでなければ、身体は「もつ」の対象ともならないということである。身体としてのわたしの存在を「対象として知る」ことと、わたしが身体としてあることはおなじではない。じつのところ、わたしの身体がただちに「意志ある器官」となりえないという事態は、わたしたちの生活においては普通のこととしてある。老いや病いは、わたしの身体が「意志ある器官」としては不十分であることを突きつけるし、人身の強制、拉致や拷問はわたしの身体が「意志ある器官」であることじたいを抹消しさえする。しかし、だからといって、わたしが身体としてあることが消え失せるわけではない。

いま一つ注意しておくべきは、他者にとってこの「わたし」が、他者が外から見るしかない一個の物的対象、つまりは一個の身体《ケルパー》=物体にすぎないということではなく、まぎれもない一個の「自由な者」(ein Freies) だといわれていることである。じっさい、先行する第四七節では、人としてのわたしは「直接的に個別的な者」であり、「私はこの有機的な身体において生きており、そしてこの有機的身体は内容からいって普遍的な、分かたれぬ (ungeteilt)、外的な私の現存在である」とされている。

このことが含意するところについて、ヘーゲルは右に引用した部分につづけてある重要な指摘をしている。

自由な者としての私は身体において生きているのだからこそ、私の身体というこの生きた現存在は荷馬として濫用されてはならないのである。私が生きているかぎり、私のたましい〔……〕と身体とは分かたれておらず、身体は自由の現存在であり、それにおいて私は感じるのである。それゆえ、身体が虐待されて、人格の現存在が他人の暴力に屈せしめられても、物自体、たましいは、触れられず冒されないのだというような区別立てをなしうるのは、理念のない、ソフィスト的な悟性でしかないのである。たしかに私は、私の現存在から自分のなかへひっこんで、私の現存在を外在的な現存在にすることができ——特殊的な感情を自分の外にとめておいて、枷のなかでも自由であることができる。だが、このことは私の意志であって、他人にとっては、私は私の身体において有る。〔……〕他人から私の身体に加えられた暴力は、私に加えられた暴力である。

私は感じるのだから、私の身体にたいして手を触れ、暴力を加えるのは、私に直接、つまり現実的かつ現在的に手を触れるのである。この点が、人格的な侮辱と、私の外面的な所有の侵害との、区別をなす。[*5]

この指摘が重要なのは、わたしにとっての「身体」の規定からは他者にとっての身体という規定が外せないと明確に告げられているからである。ヘーゲルは、人がおのれの「器官」として身体を「もつ」のは「そうすることが私の意志であるかぎりにおいてのみ」だとしたのだが、しかしそれをわたしと（その対象としての）身体との内在的な関係とせずに、すでにそこに他者にとっての「身体」の存在を組み込んでいた。だからこそヘーゲルは、「自由な者としての私は身体において生きている」(Ich als Freies im Körper lebendig bin) のであって、それゆえに「他人から私の身体に加えられた暴力は、私に加えられた暴力である」と断言しえたのである。

　じっさい、ヘーゲルは『法の哲学』の記述において、「わたしのもの」(das Meinige) としての身体と、対象としての「わたしの身体」(mein Körper) とに関し、前者の身体については「わたしのもの」であるとし、後者の身体についてはそれをもつとして、慎重に筆を運んでいることがうかがえる。

　わたしはおのれが所有するものなしには存在しえない。しかし、だからといってわたしの存在はおのれが所有するものへと還元されるわけではない。わたしの身体や生命がまさにそうである。身体も生命も所有の対象、つまりは「外的」な物件とされうるものではあるが、それらは所有の対象となりえないものとして、最後までわたしのもとに (bei sich) ある。わたしは身体の、生命の「主人」ではないし、それらはまたわたしに「外的」なものではない。この点についてもヘーゲルは慎重に次のように述べる。――「生命は、それ自身がこのものであり直接的である人格性にたいして、なんら外的なものではない。生命を放棄すること、ないしは犠牲に供することは、この人格性の現存在であるどころか、かえってその反対である」[*6]と。

　ロックが自明のことのように前提していた「人はその身体をプロパティとしてもつ」という単純な事態のうちに、ヘーゲルはこのように、ある無視しえない裂け目を見てとっていた。これをいいかえるならば、この身体がわたしの身体であることと、それがわたしによって所有されているということとが同一の命題ではないことを、くりかえし慎重に確認していた。

「わたし」をかたちづくる所有／脱所有

そこであらためて、ヘーゲルのそうした視線をもって、ロックの所有〔権〕論が提示していたあの最初の場面、すなわち、人はだれでもじぶんの身柄《パーソン》〔身体〕に対する所有権《プロパティ》をもっており、その身体をもってなす労働のその産物もまたそれゆえに彼自身の所有物《プロパティ》であるという場面に立ち戻ってみたい。

人が占有するもの（Besitz）、さしあたってそれはじぶんでないもの、じぶんにとって外的な物件である。その場合に外的とは、身体の外部という意味ではない。主体としてのわたしにとって外的であるということであり、外的であるとはそれらがわたしにとって対象としてあるということである。そしてそこにはわたしの身体や生命もまたふくまれる。わたしはもろもろの物件のみならず、じぶんの身体や生命をも「もつ」。それだけではない。もろもろの熟練や知識、能力などは精神に内的なものであって外的なものではないが、「外への表明」（Äußerung ＝外化）によって「外的な現存在」を与えることができ、したがって「譲渡する」（veräußern）こともできる。そのかぎりで物件とみなしてよいと、ヘーゲルはいう[*7]（ヘーゲルはここで物件とされる知識や才能などは、そもそものはじめから主体にとって直接的で外面的なものなのではなくて、「精神が自分の内的なものを直接性と外面性におとしめる（herabsetzen）その媒介によって」はじめて直接的なものになるのだと、苦々しい口ぶりで記している）。

ただこうした「もつ」には、「そうすることが私の意志であるかぎりにおいてのみ」という限定がつくことを看過してはならない。わたしが占有しているそれらの物件、さらには身体や生命は、同時にわたしを養っているものであり、その意味ではわたしの存在そのものでもあるからである。ただそれらを占有するという事態には、主体であるかぎりにおけるわたしの「自由」が懸かっている。わたしの「自由」とは、わたしがわたしにとって外的なものに拘束されないということであり、わたしを構成しているさまざまの偶然的な契機に囚われることなく、意志が「おのれのもとに」（bei sich）あるということである。いいかえると、「意識が自己自身よりほかのなにものにも関係しないこと、したがってまた、なにか他のものへの依存の関係がいっさいなくなる」ことだからである。[*8] じぶん自身に対して対象的（gegenständlich）であるということ、わたし自身にとって〔対自的に〕有るということ、そうした関係のなかにわたしの「自由」が成り立つ。「わたし」はあらゆるものを所有する主体であっても、最後まで所有の対象とはなりえないものとして想定されているのである。[*9]

ロックと議論の道筋が分かれるのは、ロックにおいて物件の加工、つまりは物件への労働の「混合」とされた過程が、ヘーゲルにあっては（プロパティの元基ともいうべき）身体そのものにも見てとられるからである。ロックにおいてあらゆる所有の源泉とされる根源的なプロパティとしての身体が、ヘーゲルではあくまで「外的なもの」である身体をおのれのものとして捉えなおす——ヘーゲルの語では「つくりあげる」（ausbilden）——、そうした過程に媒介されたものとみなされるのである。*10

その過程は、先にも見たとおり、身体を精神の「意志ある器官」となすプロセス、いいかえると活気《ベゼールト》ある〔私の魂が吹き込まれた〕手段となすプロセスとして、主体によって占有される必要があった。このことによって、「主体が自分を〔同一的な〕対象として知る」ことが可能となる。これは「自由」にもとづく主体としてのわたしの同一的な存在が、《所有》を前提としていること、主体にとってその「ある」が「もつ」に媒介されているということである。

このことの意味するところをより明確にするために、ここでヘーゲル自身は踏むことのなかった一つの迂路をたどっておきたい。先にわたしたちは、ヘーゲルから、わたしにとっての「身体」の規定がすでに、他者にとっての身体という契機をいわば内的な構成因として含み込んでいるという論点を引きだした。そしてそういう他者にとっての身体という契機を「わたしのもの」として捉えなおし、それを引き受けるところに「わたしの身体」が成り立つのではないかと考えた。このことをもっとも端的に例証しているのが、「わたしの身体」という〈像〉の獲得プロセスなのである。身体が〈像《イメージ》〉であるといえば不審におもわれるかもしれない。が、わたしにとっての身体と他者にとっての身体との不一致は、身体の体験のされ方というものをすこしく反省すればすぐに浮かび上がってくるものである。それは（わたしが体感している）内受容的な身体と（他者の眼に映る）視覚的な姿とのずれといってもいい。自身の身体というものは、痛みや凝りや内圧として、あるいは内臓感覚や運動感覚や平衡感覚として、この辺りにさまざまに分岐して体感されるものである。充溢するというよりもむしろ散在するというかたちで。だが、視覚的にはわたしの身体はそのごく一部しか与えられていない。その輪郭や容量、つまりはそのトータルな姿をわたしはじかに見ることができない。わたしの身体はその全体についていえば、むしろ〈像〉として外部に由来する。わたしが見ている他者の可視的な身体を想像的に自己に送り返すか、あるいは鏡に映った像をわたしの可視的な身体として引き受ける――あそこに映っている身体は他者に見えているわたしの可視的身体だとして――という仕方で、他者の可視的身体像の類比体《アナロゴン》として想像的に取り込むしかないものである。そのかぎりで「わたしの身体」は〈像〉としてしかありえないものである。

こうしてわたしは自己の身体を想像的に手に入れる。直接にはわたしのものではない可視的身体像を、「わたし」という存在の疎外態――「剝離」(entäußern) され「疎隔」(entfremden) されたもの――として了解し、それに自己を「同化」することで「わたしの身体」が形成される。想像的に手に入れられたそういう〈像〉としてしか「わたしの身体」はありえないという意味で、「わたしの身体」は「つくりあげられた」ものなのである。このプロセスを歩み抜くことで、身体としてのこの「わたし」が同一的な存在として成り立つのだとすれば、「わたし」の存在はすでにこの「同化」(Aneignung) としての《所有》(Eigentum) のプロセスに媒介されてあることになる。いいかえると、《所有》という契機が主体の《存在》にとってけっして外せないもの、不可欠なものとしてあることになる。

ロックにおいてと同様、ヘーゲルにおいても、身体の所有はあらゆる所有の原型として位置づけられるものであるが、ヘーゲルはそこに想像という非実在的な裂け目を読み取ったのである。ということはつまり、身体がプロパティであるというのは爾余の《所有》の原型ではあっても、それじたいはより根源的な「同化＝自己固有化」（Aneignung/appropriation）のプロセスの成果にほかならないことになる。ではいったい、「〔自分のものとしての〕所有」、あるいは（身体を含め）さまざまの物件を「自分のものにする権利」（Zueignungsrecht）は、どこから生まれるのだろうか。

譲渡できるから所有できる

ここにおいてヘーゲルは、（これまでの議論を主導してきた）「所有」をある物件と主体の意志との関係としてとらえる視点を「抽象的」であるとし、そこから「所有」とはある意志と別の意志との関係であるという〈契約〉の次元へと移行してゆく。「所有」が展開する具体的な場面は、財の交換や譲渡という場面にこそじつはあるというのである。

あらためて思い起こそう。「所有」とは、まずはわたしにとって外的なものの占有であった。それを意のままにできる主体は「自由」の主体であって、それ自身は「所有」の対象にはなりえず、（身体をも含めて）自己を構成するあらゆる物件を所有するその「所有者」としてあるのだった。「所有者」とはみずからはけっして所有されることのない、いってみれば自己をもつねに対象化しうる者であった。だとすれば、わたしが「わたしのもの（所有物）」としている物件は、

「私がそのなかへ私の意志を置き入れるかぎり」においてのみそうなのであって、わたしがその意志をそこに置き入れることを止めるならば、それらはいつでも放棄（sich entäußern）できるもの、わたしがそこからみずからの所有権を引き剝がすことのできるものでもある。そしてある物件についての所有権の放棄、つまり他者への譲渡は、まさにそれをこれまで所有していたことの承認としてである。そのかぎりにおいて、所有とは、わたしという主体と何らかの物件との関係である以上に、他の意志との関係なのである。

主体はここにおいて「ただ抽象的に自分を自分に関係させるだけの現実性」を超えて、「所有」を他の人との「共通の意志」のなかで成立させることになる。人と人とがたがいに「所有者」として認めあう、その「承認」（Anerkennung）の関係のなかでこそ「所有」は成り立つ。ここでは（ヘーゲルの議論がつねにそうであるように）先行する事態の根拠がじつはその後の展開のなかで遡行的に明らかになるという議論のかたちをとっている。つまり、「所有」はこの「所有者」としての相互承認のなかで先に成立していたがゆえに、個人の意識においては「所有」がまるで主体の意志と物件との（他者が介在しないような）関係のように錯視されていたということになる。「抽象的」とはそういうことである。

この相互承認の場において起こっていること、それについてヘーゲルは二節にまたがり次のように述べる――

〔自分のものとしての〕所有の現存在ないし外面性という側面が、もはやただある物件であるばかりでなくて、ある（したがって他の）意志という契機をふくんでいるばあい、そういう所有は契約を通じて出来あがる。——この過程は、私が他の者と同一的なある意志のうちに、所有者たることをやめるかぎりにおいて、私は対自的に有る所有者、他の意志を排除する所有者であり、かつありつづけるという矛盾（Widerspruch, daß Ich für mich seiender, den anderen Willen ausschließender Eigentümer insofern *bin* und *bleibe*, als Ich in einem mit dem anderen identischen Willen *aufhöre*, Eigentümer zu sein）がそのなかであらわれて媒介される過程である。[*11]（第七二節）

私は、ある所有を外的な物件として放棄することができるばかりではない。私の意志が現存在するものとして、私にとって対象的であるためには、概念によって、私はその所有を所有〔私に固有なもの〕として放棄せざるをえない（Ich [...] *muß* durch den Begriff mich desselben als Eigentums entäußern, damit mir *mein* Wille, als *daseiend*, gegenständlich sei）。だがこの後のほうの契機からいえば、私の意志は、放棄されたものとして、同時に他の意志である。[*12]（第七三節）

一読してわかるように、ここでは、人は所有者であることを止めることによって所有者になるという逆説が提示され、また、所有が成り立っているから譲渡もできるという通常の議論を反転したかたちで、譲渡できるから所有もできるという議論がなされる。そういう仕方で「占有」から「所有」への移行が語りだされている。

これはなかなかにきわどい論点である。《所有》という概念にはあらかじめ、「放棄＝譲渡」の可能性ということが本質的に含まれているということ。このことは「わたし」という主体が「所有者」としてのかぎりにおいて、同時に「交換＝代替」可能なものとしてあることを意味する。それは、〈契約〉という次元への移行——石原吉郎が問い糾した「立法者のいない掟」における上級審の不可能性を乗り越える算段——として位置づけられる一方で、「わたし」の「存在」を最終的には「所有」の次元へと転換させる論理、そういう意味では「わたし」という存在をその根源から脅かす論理ともなりうる。さらにはしかし、所有するその「わたし」という存在の幻想性を抉りだす議論へと展開する途ともなりうる。《所有》はその否定（所有権の剝奪）を内蔵してはじめて成り立つということの事態、それをわたしたちはどう理解すべきなのか。

11　人格と身体の連帯性の破棄

重ね読みの帰趨するところ

わたしの体、服、鞄、部屋、家族。わたし〔たち〕の学校、会社、そして国……。世界は何ものかとして現われるだけでなく、だれかのものとしても現われる。つねに。そのことが意味するところを問うことで、本書を始めた。モノとの関係、人との関係、あるいは能力とか成績とか履歴。そういうことがらの隅々にまで、それが「だれのものか」という判断が浸透しているという、あえていえば強迫的な事実は、社会をどのような磁場へと引き込んできたのか、という問題といいかえてもよい。

《所有》をめぐっては、土地の境界にしても、物品の帰属と所有者が有する権利についても、能力と報酬の査定にあっても、現代人は強迫的なまでに緻密にそれを決しようとする。一人ひとりの存在の内実は、その人が自由に用い、また処理できるものとして何を所有しているかに、ひたすら置き換えられてきた。しかもその所有は、他者による侵蝕や介入をきびしく監視するような、いってみれば〈免疫〉機構のような排除性や閉鎖性を特徴としている。《所有〔権〕》という、過剰なまでに緻密化しかつ遍在化したこの観念的＝制度的なシステムが、どのような歴史的脈絡において成立し、増殖し、そしていまどのような境位にあるのか。

　わたしたちがこうした問題提起の根底にまず据えたのは、次のような問いであった。第一に、《所有〔権〕》という観念がどのような意味で、近代の市民的自由というものの礎となり、またその過程で逆に、桎梏ともなってきたのかということ。第二に、「〜のものである」という〈所有者へのモノの〉〈帰属〉の問題は、《所有》のそれと同一視できるものなのかということである。

　さらにそれらに併せて、次のようないくつかの問題も、付随的というよりは右の問題と内在的につながるものとして提示しておいた。一つは、所有権をもつということは、当該のものについて可処分権（もしくは自由処分権）があるということと同一のことを意味しているのかという問題である。あえて雑駁な言い方をすれば、「これはわたしのものだ、だからそれをどうしようとわたしの勝手だ」という理屈は正当なものかということだ。

　いま一つは、《所有》の問題は「もつ」という問題とおなじであるのかということである。別の言い方をすれば、「ある」ということと「もつ」ということの関係はそのまま《存在》と《所有》の関係といえるのか、とりわけ《所有》ははたして（対象を持つという他動詞的な意味での）「もつ」と同一の事態をいっているのかどうかということである。

　そしてこうした疑問は、《所有》を表わしてきた二つの語がそれぞれにみずからを裏切るような反転性を有しているという語彙上の問題とも連関する。まず、property。この語は、一方で

「所有〔権・物〕」を表わすが、他方で、物や人の「固有性」を表わしもする。つまり、「所有〔権・物〕」という譲渡可能なものと、「固有性」という譲渡不可能な、つまり代替不能なものとを、同時に表わすということである。次に、possession。何かをじぶんのものとして持つこと（占有）を表わすこの語は、同時に、何かに取り憑かれていること（憑依という被占有の状態にあること）を表わすということである。

以上のように問題を設定したうえで、近代所有〔権〕論の軸となってきたものとしてまずはロックの『統治二論』における議論を検討し、それを下敷きに、西欧におけるそれ以降の哲学的な所有〔権〕論、とくにレヴィナス、ヒューム、ヘーゲルのそれを、いわば重ね読みするかたちで、《所有〔権〕》概念の構成上の差異を分析してきた。構成上の差異というのは、《所有〔権〕》という概念を構成している諸観念やそれと連動している諸概念、具体的には所有、占有、所持、「もつ」、財産、固有、帰属、譲渡、所有者、人格、主体、自己同一性、可処分権、自由といった概念群の布置、ないしは配置関係の異同ということである。そうした概念の系《システム》を、わたしたちは思想史的にその接続と展開を追うのではなく、むしろ近代の所有論のいくつかの典型として、微妙にずれる図が描かれたトレース紙を上に重ねるようにして取りだすとともに、それらを共通に象り、また制約してきた枠をも析出するというかたちで検討してきた。

そうした検討作業のなかで浮上してきた問題を、とりわけこの後の本書の議論を方向づけることになるであろう論点を、次に列挙しておきたい。

(1)所有はつねに排他性を内蔵し、「私有財産」というプライヴェートなかたちをとる以外にないのか。
(2)所有権の、したがってまた自由な主体の成立の根拠が、わがものとしての身体の所有に求められるといえるか。いや、遡ってそもそも身体は所有の対象となりうるものなのか。
(3)何ものかについて所有権があるということは、その権利を有する者がそれを意のままに処理してよいということ（可処分権）をただちに意味するものであるか。
(4)一定の所有権をもつこと、つまりは所有の主体であることが、当の主体の自由な存在の礎であるといえるか。いいかえると、「わたし」という個人的主体の存在は「わたし」が何をわがものとして所有しているかに還元できるか。
(5)所有の基本というのは、何ものかの存在がだれかのものであるというところ（帰属という関係）にあるのか、それともだれかがその何ものかをわがものとして意のままに取り扱いうるというところ（対象への他動詞的な関係）にあるのか。
(6)何ものかがだれかのものであること（つまり所有という事態）の権利根拠は、それを占有しようとする主体のうちに求められるのか、それともそれについての社会的な同意もしくは承認に求められるのか。またその同意もしくは承認が成り立たない場合に、最終的な審廷はどこに求められるのか。
(7)（前項を承けて）もし所有権が、何ものかが「わたしだけのもの」であることとの社会的承認として成り立つのだとするならば、それは「わたしにとってだけ」言えることではないということでもあるのだから、「わたしだけのもの」は「〈わたしにとってだけ〉(pour-moi-seulement)の否定」としてのみ可能であるということか。つまり《所有》の概念は、そもそもがみずからの足許を突き崩すような意味契機を含んでいるのか。(8)「所有〔権・物〕」と「固有」とがおなじ語で表現されること、つまりpropertyという語が、一方で譲渡もしくは交換可能なものを意味し、同時に他方で譲渡不能もしくは交換不能なものを意味することは、近代の市民的主体のあり方のどういう構造を映しているのか。

このような論点群をすべて吸収するようなかたちで《所有》の問題を独自に設定したのが、『法の哲学』におけるヘーゲルであった。ヘーゲルはそこで、所有関係の反転、つまり所有するものが所有されるものによって所有され返すという主客の反転のみならず、さらにもっと決定的とおもわれる論点、すなわち、人は所有者であることをやめるかぎりで所有者たりうるという逆説、もうすこし言葉を足していいかえると、財としての事物は、それを譲渡しうるものとしてわたしが放棄する用意があるかぎりにおいてのみ、わたしの所有物であるという逆説を、展開したのであった。

きわどい論点

人は所有者であることを止めることによって所有者になるという、《所有》をめぐる逆説を、ヘーゲルは提示した。彼自身の言葉でそれを再度確認すれば、所有のプロセスというのは、「私が他の者と同一的なある意志のうちに、所有者たることをやめるかぎりにおいて、私は対自的に有る所有者、他の意志を排除する所有者であり、かつありつづけるという矛盾がそのなかであらわれて媒介される過程」であるとしたのだった。

　ここに提示されているのはなかなかにきわどい論点である。そのきわどさについては、前章の末尾で、そこから波及せざるをえない論点をさしあたり三つ挙げておいた。そこでまず、それらをいますこし敷衍することから始めたい。

　一つは、《所有》という事態には「放棄＝譲渡」の可能性が不可欠の前提として含まれているという点である。《所有》というかぎり、所有の対象（所有物）のみならず、初源的なプロパティとしての身体についても当然いわれねばならないし、事はさらに所有する者の存在そのものにも遡及してこざるをえない。《所有》という概念がほんらい「放棄＝譲渡」の可能性ということを前提として成り立つものであるとすれば、あるものを（おのれに固有の）所有物として所有する主体もまた「所有者」であるかぎりにおいて代替可能なものとしてあることになるからだ。

　固有であるとは「固《もと》より有《あ》る」ということであるが、それをいいかえると「かけがえのない」ということでもあろう。「かけがえのない」とは、他で代えること、埋めあわせることができないことだ。それでいうと、この第一の論点は、代わりのきかない存在は、他で代えられるなかではじめて「かけがえのない」ものであるという論点にもなる。そしてこの論点は一つの矛盾、一つの逆説を孕んでいる。

問題の発火点は、（前章ですでに確認しておいたように）わたしがつねにこの身体としてあることと、身体をつねにわたしのもとにある同一的なものとしてもつことのあいだの位相差にある。ヘーゲルの議論では、身体を「わたしのもの」としてもつことが、わたしの「自由」を打ち立てるとされた。自由な主体とは、それじたいは断じてじぶん以外の者の所有の対象とはなりえないものである。その「自由」は主体が身体をわがものとするプロセスのなかで起動する。が、この最初の所有（＝自己固有化）のプロセスそのものが、すでにその所有権の剝奪、つまりは非固有化のプロセスにほかならないとすれば、自由な主体の存在そのものもすでに、所有の対象となりうるという事態にすでに先行されていることになる。つまり、《所有》（＝固有性《プロプリエテ》）はつねにすでに「非固有性」という契機に蚕食されているということである。だとすると、主体の「自由」は一つの抽象だと言わざるをえない。なぜならその場合、「わたしの身体」、つまりわたしに固有の存在もまた一つの媒介されたものだと考えざるをえないからである。

そうだとすると、所有する主体としての「わたし」の存在もまたいずれ《所有》の論理に呑み込まれざるをえない、そうした理路を撥ねつけえないことになる。これは、身体もまた所有の対象となる外的な物件（＝わたしの身体 mein Körper）の一つに数え入れることができるということと、身体はまぎれもない「わたし」の「自由の現存在」（＝わたしのもの das Meinige）であるということとのあいだにヘーゲルが敷いたその隘路を、ふたたび閉じてしまう。これが第二の論点である。そしてこの論点は遡って、ロックが所有の権利が発生するその原初的な位相とした、あの、「明示的な合意」（契約）にもとづく実定的な法秩序ではなくそれに先立つ自然的な法秩序をもまた「抽象的」なものとして失効させることになるだろう。これはロック的ないわゆる〈労働所有論〉の破産を宣告するにひとしい。

そして第三の論点。これは「わたし」という所有する主体の自己同一性にかかわるものである。身体や生命はほかならぬわたしのこの現存在として、ほんらいは所有の対象ではありえないものである。わたしはそれらに養われており、それらはつねにわたしのもとにあるものであって、すくなくともそれらはわたしの存在にとって「外的」なものではないし、わたしはそれらを意のままにできる「主人」なのでもない。もちろんそれらをわたしが所有の対象ともしうる場面はある。だが、それはあくまで「そうすることが私の意志であるかぎりにおいてのみ」いいうることであって、そのかぎりで所有にはわたしの「自由」が、ひいては自由な者としてのわたしの自己同一的な存在が懸かっている。ヘーゲルはそう考えていた。

これはしかし、《所有》の問題の根底には「わたし」という存在の自己所有という事態があるということではない。ヘーゲルは「自己のもとに」(bei sich)あるものを「自己に対して」(für mich)あるものへと変換するところに「自由」の存立を見ていたにしても、それはけっして「自己」という閉鎖系のなかで起こることではなく、(すでに確認したように)わたしの身体の規定には、他者にとっての身体という契機がいわば内的な構成因として含み込まれているのだったし、さらには本章の冒頭に掲げた、「わたし」という主体は「所有者たることをやめるかぎりにおいて、私は対自的に有る所有者、他の意志を排除する所有者であり、かつありつづける」という指摘もその延長線上でなされたことであった。

たしかにロックからフッサールまで、人格の自己同一性をめぐる西欧近代の議論の多くは、「わたし」の自己同一的な存在を、意識が自己自身を時間のなかで保持する働きのうちに根拠づけようとしてきた。その理路の全容をここで問題とする余裕はないので、ここでは、譲渡ができるからこそ所有もできるという、先のヘーゲルの指摘に問題系《プロブレマティックス》として連関するかぎりで、ロックに見いだされる象徴的な一節を取り上げるにとどめたい。それは、ロックの『統治二論』ではなく、『人間知性論』における次のようなくだりである。

> この現在の思考する事物《もの》の意識が結びつくことのできるもの、それが同じ人物を作り、意識と一つの自分であって、意識以外のどんな事物《もの》とも一つの自分でなく、ひいては、この意識のとどくかぎり、その〔思考する〕事物《もの》の全行動をその事物《もの》自身の行動として自身に帰属させ（attributes to itself）、わがものとする（owns...as its own）のであって、意識のとどかないところには及ばない。*1

この文章が置かれている『人間知性論』の第二巻第二七章（第二版で追補された）は「同一性と差異性について」と題されている。ここでロックは、人格《パーソン》（『統治二論』においてはわたしたちがとりあえず「身柄」と訳したもの）の同一性《アイデンティティ》の根拠となるものを論じている。そこでは「同じ人物（the same person）」としての同一性が問題とされるのだが、先に人体としてのそのフィジカルな同一性を説明したあと、「異なる時間、異なる場所にあって同一の、思考するもの」としての人格の同一性へと議論は向かう。

議論の骨格だけを述べればおおよそ次のようになる。

人は何かを見たり、聴いたり、嗅いだり、味わったり、触れたり、思索したり、意欲したりするが、そのときにはじぶんがそうしていることを同時に意識してもいる。そのときどきに随伴しているそうした意識が一つのものとして連なったところに各人の〈自己《セルフ》〉というものが生まれる。この「同じ意識」こそその人物の同一性をかたちづくるものであって、この意識が後方に(backwards)、すなわち過去の行為や思考に拡張されるかぎりで、人格《パーソン》としての人物の同一性は成り立つと、ロックは考えていたのである。そして右に引いた象徴的な一節はこのすぐあとに出てくる。つまるところ、ロックは、時間が経過するなかで意識が自己を「持ち続ける」(preserve)その働き、いいかえると記憶というかたちで自己を保持しつづける働きのなかに、人格の自己同一性の根拠があるとしたのである。

ここで注目すべきは、そうした人格の同一性の根拠づけがじつは《所有》をめぐる議論とおなじタームを使ってなされているということである。「自己」の同一的な存在がじぶんによるじぶん自身の所有、つまりは自己所有〔権〕(self-ownership)という事態へと還元されていることである。ロックにあっては、あらゆるプロパティは自己自身をプロパティとして所有するという事態に、最終的に集束させられるわけである。

しかし、こうした問題構制に先のヘーゲルの指摘をつきあわせると、事態はひどく錯綜してくる。人は所有者であることを止めることによって所有者になるというあの逆説は、「自己所有」

という、意識の内部的な完結性ともいえようその閉鎖系を破砕してしまうからである。いいかえると、自己の自己所有というトートロジカルな事態が、一つの幻想、もしくはレトリカルな仮構として暴露されるも同然だからである。すこし長くなりすぎたが、以上が第三のきわどい論点である。

そのうえでさらに付け加えておきたい論点がもう一つある。それは先の引用でいわれていた「私が他の者と同一的なある意志のうちに」という限定である。

いうまでもなくこれは、《所有》を、所有する主体と所有される対象（＝物件）との関係から所有する者どうしの関係へと冪《べき》を上げて捉えなおすというもくろみを意味する。いわゆる〈契約〉という問題次元である。これをこれまでの行論に結びつけていいかえると、この問題次元は、石原吉郎のいっていた、一つの食べ物をぎりぎりにまで緻密に等分しあうあの食缶組というペアにおいて「立法者のいない掟」というものがどのように成立するかという問題にじかにつながるものである。というのも、「立法者」による上級審が存在しえないこの関係は、〈契約〉という「共通の意志」、すなわち第三者にそれぞれの権利を委譲することを、（一刻一刻生存がかかっているのだから）そうやすやすとは受けつけない極限の二者関係だからである。「立法者のいない掟」というこの問題は《所有〔権〕》の根拠というものを考えるにあたってどうしても外せない問題なのであるが、さしあたってはまず、右にあげた三つのきわどい論点を、さらに踏み込んで検証しておきたい。

「わたし」と身体の連帯性を破棄する?

以上述べてきた、ヘーゲルにおける三つのきわどい論点を、いっそう尖ったかたちで再提示した人に、二十世紀という百年をほぼ併走して生きたフランスの思想家、ピエール・クロソウスキーがいる。その彼は、著書『ルサンブランス』(一九八四年)に収められた「ステレオタイプの使用と古典的統辞法によってなされる検閲について」(初出は一九七〇年)という論攷を、ヘーゲルの言葉をそのまま復唱するかのように、次の一文で締め括っている。――「私の財は、これを譲渡することによってのみ、私にとって譲渡不可能なものであり続ける」。[*2] その彼が右の事態を、たんなる財ではなく、それを所有する「わたし」のその身体にまで遡って論じていたのが、当初一九四七年に刊行され、二十年後の一九六七年に改訂された『わが隣人サド』であり、なかでも新たにその巻頭に置かれた論攷「悪虐の哲学者」である。

この論攷はマルキ・ド・サドにおける〈倒錯〉と〈書く〉という営みとを問題にしているが、同時にその二つの問題は、「わたしの身体」の所有〔権〕とその剝奪をめぐって交差してもいる。そして「わたしの身体」の所有(わたしのものとして同化するという意味で appropriation)と所有権剝奪(expropriation)とのこの共軛《きょうやく》的な関係は、いうまでもなくヘーゲルのそれを継いでいる。すこし長くなるが、まずは当該箇所を見ておこう。[*3]

《わたし》が《わたしの》身体を所有するのは、諸制度の名においてにすぎず、《わたし》のうちにあるそれら諸制度の言語は監視者にすぎないのだ。制度の言語は、その中に《わたしがある》ところのこの身体が、《わたしのもの》であることを《わたしに》教えた。《わたし》が犯しうる最大の罪とは、《他者》から《その》身体を奪うことであるよりも、《わたしの》身体に、言語によって制度化されたこの《わたし自身》との連帯性を失わせる (désolidariser) ことなのだ。また一方から言えば、《わたし自身》に身体があるために《わたし》が獲得するもの、それを《わたし》は、その身体が《わたしに》属するものではない《他者》との関係において、ただちに失ってしまうのだ。

自己固有の身体 (corps propre) とは別の条件をそなえた身体を持つという表象は、明らかに倒錯に特有のものである。倒錯者は他人の身体の他者性 (altérité) を感じるとはいえ、彼がなによりもいたく感じとるものは、彼自身のものとしての他者の身体なのである。そして規範的、制度的には彼のものである身体を現実には彼自身と無縁の (étranger à lui-même) ものとして、つまり彼を定義するあの非従属の機能には無縁のものとして感ずるのだ。自分自身の暴力が他者に及ぼす効果を理解できるように、彼はあらかじめ他人のうちに住まっているのだ。他者の身体の諸反射作用のうちに、彼はつぎのような他性 (étrangeté) を確認する。すなわち、《自己》の内部における、他的な力の出現である。彼は内部にいると同時に外部にいるのだ。

ここでは、ヘーゲルの「きわどい論点」として先に析出した三つのものが、より先鋭なかたちで集約されて語られている。すなわち、

①《所有》にはその不可欠の前提として放棄＝譲渡の可能性が含まれていたが、そこから所有主体もまた代替可能であること。

②《所有＝固有》はすでに非固有性という契機に蚕食されており、そのかぎりで「わたし」の存在もまた所有の論理に呑み込まれること。

そして、

③「わたし」の同一的存在とその固有性もまた、レトリカルな仮構であること。

約めていうならば、①については「自己固有の身体」におけるこの「固有性の剝奪」(expropriation) ないしは「わたし」と身体との「連帯性」の破棄が、②については、制度的に「自己固有」とされる「わたしの身体」そのものがまぎれもないある他性を内蔵させていることが、③については、「わたしの身体」と言うときには、身体はすでに言語という「制度」によって横領＝占領 (s'emparer) されていることがいわれている。

クロソウスキーがここで図っているのは、身体から「わたし」による所有〔権〕を解除するこ

と、「わたし」という自己同一的な存在によって所有されている身体という幻想を解体することである。このことによって、「わたし」という所有主体の「統合性」(intégrité) という幻想もまた破綻する。そうして、自と他の境界、身体の内と外が一挙に流動化させられるのである。[*4]

クロソウスキーによれば、身体と「わたし」との結びつきは偶然的なものでしかなく、したがって、身体は「わたしの所有物」ではなく、むしろ「ひとつの通過地点」(un lieu de passage) にすぎない。そう指摘するアラン・アルノーは、クロソウスキーにおける身体の観念を次のように解している。――「肉体〔身体〕は、ひとつの舞台 (scène) であり、したがって、あらゆる舞台と同様に、そこで演じられる見世物しか、また、時の経過のあいだに進行する出し物しか存在しない。この見世物は、別の舞台の上でも催されることができるであろう」[*5]。「わたし」との固有な関係というものを解除された身体、さまざまの「他的な力」が出現し、また消えゆく住み処であるような身体、そのかぎりで、もはやだれのものでもない身体。クロソウスキーから引いた右の文でいわれる〈倒錯〉も、所有関係の攪乱というよりもむしろ、たえず「わたし」のもの(「自己固有の身体」)として回収される制度的閉域をもう一度「感性的多型性」(la polymorphie sensible) へ向けて解き放ってゆくことを意味するといえよう。

ここから浮かび上がってくる身体イメージは、わたしがわがものとして所有する身体のイメージとは大きく異なる。ここにあるのは、「「私」の中に不定形な無数の力が入り込んでいるというヴィジョン」である。いいかえるなら、ここにあるのは、「私」と「身体」との内密で自己閉鎖的な関係ではなく、むしろ「「私」の分裂であり、多数化であり、遍在化である」[*6]。

こうしたヴィジョンが語りだそうとしているものを、《所有》論の文脈において見たときにいえるのは、身体は（だれのものでもあるというより、むしろ）だれでもありうるということだ。身体がもはや「わたしだけのもの」ではなく「だれのものでもある」というのは、不特定の人たちの共有物であるということではない。それは共有というかたちをとった占有の対象であるということではなく、あくまで「わたし」ではないだれかでありうるということである。それが「わたし」の内部における「他的な力の出現」といわれたことである。

ここで思い出しておかねばならないのは、本書の第6章「身体という生地」における「人格概念の原初性」という論点である。ダグラス・C・ロングはそこで、わたしたちは人をまず外から物体として知覚し、それからそれをだれかの身体として判断するのではなく、身体を端的に「だれか」として、つまり一つの「生きた人間」として知覚するのだといっていた。そして「だれかの身体」ではなく端的に物体であるような身体の概念は「一つの混乱」であって、「生きた人間身体《ヒューマン・ボディ》」はつねに「生きた人間《ヒューマン・ビーイング》の身体」であるとしていた。

そしてさらにこれに重ねる必要があるのが、おなじく第10章「所有と譲渡可能性」で述べた論点、つまり、ある身体がわたしの身体であることと、それがわたしによって所有されているということとは、同一の事態ではないという論点である。ヘーゲルはそこで、たしかに「他人から私の身体に加えられた暴力は、私に加えられた暴力」であるが、同時に、というよりもしかし、身体がプロパティであるというのは爾余の所有の原型でありつつ、それじたいは「同化＝自己固有化」（Aneignung/appropriation）という先行するプロセスの結果にほかならないという、異なる二つの理路を同時に見据えるような議論を展開したのであった。

　これら二つの論点、つまり、人格概念の論理的原初性という第一の論点と、わたしの身体の存立それじたいがすでにより根源的な同化＝自己固有化の結果であるという第二の論点を重ね合わせれば、「身体から〈わたし〉による所有〔権〕を解除する」こととしてクロソウスキーがいっていることは、先の引用でクロソウスキーが描きだしていた身体の情況が、正確には、だれのものでもあるというのではなく、むしろだれでもありうるということだということがわかる。「私の財は、これを譲渡することによってのみ、私にとって譲渡不可能なものであり続ける」ということ。ロックの語彙でいえば、人はだれでも自身の身柄《パーソン》〔身体〕に対するプロパティをもつというプロセス（自己固有化）が、じつは同時にそのプロパティの剝奪のプロセスでもあるということが、ヘーゲルからクロソウスキーに受け継がれたもっとも重要な論点であった。そしてこれはまぎれもなく、わたしの身体はわたしの《私有財産》であるという幻影を生じさせる当の、まさにきわどい論点でもあった。

俳優としてのパーソン

　この帰結は計り知れなく重要である。わたしたちがこれまでの議論で、西欧近代の所有論の原点として下敷きにしてきたロックのそれの論拠、すなわち、身柄《パーソン》〔身体〕の所有こそ《所有》一般の原型ないしは根拠だという主張が、きれいさっぱり抹消されるのだからである。ロックが主体による所有の最初の対象とし、そしてまた所有一般を根拠づけるものとしたあの「身柄《パーソン》」（身体）はこうして、「わたし」に固有の身体であることをやめる。とどのつまりは、当の主体が演じるべき〈役柄〉へと位置づけなおさざるをえなくなる。

市民権を有する個人的主体《パーソン》を、ロック以降の論者は「主権者」と規定する。「主権者」とは、おのれの行状について決定権をもつ者のことである。「人はだれでも自分自身の身柄に対する所有権をもつ」ということは、ただちに、じぶん自身の身柄はじぶんだけのもの（じぶんに固有のもの）だということであり、したがって「主権者」とは自己自身の身柄を所有する者のことである。そのかぎりで、「主権者」としての個人は、自己自身ならびに自己に帰属する物件に対して、可処分権という権力を行使しうる者である。「個人は彼自身に対して、すなわち彼自身の肉体と精神とに対しては、その主権者（sovereign）なのである」[*7]という、のちのジョン・スチュアート・ミルの言葉はそのことを端的に表わしている。

だが、前節でのクロソウスキーの議論は、主体というものについてのこうした捉え方に根本から修正を迫るものである。人格《パーソン》と身体の恒常的な関係が否認されることによって、人が自己の身柄の所有者、つまりは自己自身の「主人」であることも幻想だということになるからだ。これは一見、過激な思考のように見えるが、わたしの身柄は制度的にはわたしのものであるとされても、じっさいにはわたしの自由にならない、つまりわたしのものではないことは、日々の暮らしにおいてはむしろ日常茶飯の感覚である。先にわたしたちが確認したように（本書第2章「所有と固有」）、「わたしが事物を意のままにすることを可能にしてくれるその当のものが、現実にはわたしの意のままにならない」というマルセルの言葉も、端的にこうした事態を指していたはずである。

クロソウスキーのいうように、わたしたちの身体が、もろもろの他なるものが侵入し、また去ってゆく、そういう「舞台」としてあるとするなら、その身体を訪れる者と身体そのものとの関係はそれじたいが偶然的なものである。いってみれば、一つの身体がさまざまな人物《パーソン》を生きるということも、アノーマルとはいえありうることである。そして、身体がいろんな人物になるということ、それを生業としているのが俳優である。身体はパーソンに憑かれる（possessed =占有される）。いいかえると、身体は俳優としてある。そのことをクロソウスキーは別の論攷「ニーチェと多神教とパロディ」（『かくも不吉な欲望』所収）で次のように述べていた。

人は自分が現にあるところのものであることを自由に選んでいると思っているが、じっさいは、人は「現にある」ところのものではなく、ある役柄を演ずるように、つまり「自己ではない」役柄を演ずるように強いられているのである。人はけっして「現にある」ところのものではなく、つねに「自分とは別もの」の俳優でしかない。*8

クロソウスキーのこの文章を機縁に、わたしたちは、《所有》の演劇的起源という、これまでとは別の問題圏へと誘われる。所有と演技・祭祀との概念的なつながりの探究である。そのとき、占有（possession）ということが同時に憑依でもあるということの意味するところ、さらには、「私の財は、これを譲渡することによってのみ、私にとって譲渡不可能なものであり続ける」という固有（propriété）と譲渡（alienation）〔＝脱固有化〕の共軛的な関係にも、あらためて光を当てることになるだろう。皮肉なことにこれは、身柄《パーソン》は身体であるとともに人物（社会のなかで人が演じる役柄）でもあるという論点を延長したところでいえることであり、そういう意味では、なんともくどいことだが、わたしたちはまだロックの universe of discourse からは離陸できないのである。

12 演戯と所有

《所有》という観念の暗がり

わたしたちの社会で、個々の市民を保護する屋根のごとくに機能してきた《プロプリエテ》（所有〔権〕／固有性）という観念。それを内側から支えている梁のような組み立てを吟味してきたわたしたちは、いよいよ大きな難所に立ち至ったようである。

ヘーゲルからクロソウスキーへの議論の継承のなかで、「わたし」とここにあるこの身体との連帯が解除され（désolidarisé）、その連帯が「制度的」なものであること、したがってまた「わたし」がこの身体に固有な（つまり、他と交換不可能な）所有主体であるというのも、一つのレトリカルな仮構にすぎないことがあきらかになった。それはとりもなおさず、ここにあるこの身体からの「わたし」の所有権の解除（expropriation）を意味した。

ところがそれに先だって、これとは逆ヴェクトルの議論がもう一つあった。ここにあるこの身体は端的に身体なのではなくて、つねにだれかの身体であるという、人格概念の論理的原初性という考え方である。それによれば、この身体は通常はわたしの身体ですらなく、端的にわたしである（第6章「身体という生地」参照）。これは、じつはヘーゲルの所有論が内蔵するもう一つの逆ヴェクトルの論点でもあり、つまりこの身体は「わたし」のまぎれもない「自由の現存在」であり、だからこそ「他人から私の身体に加えられた暴力は、私に加えられた暴力である」といわれたのであった。

身体をわがものとする過程はそのまま身体の所有権を解除する過程であるという論点と、身体における人格概念の論理的原初性という論点。一見したところ相容れないこの二つの論点によって、身体の自己所有という事態を所有論の基点に据えたロックの所有〔権〕論は二重に否定された、というのがとどのつまり、議論の難所なのである。

身体がついに「わたし」のものではありえないことと、身体がまぎれもない「わたし」としてしかありえないこと。論点は相反していながら、いずれも、あきらかに「わたし」がこの身体の、ひいては自己自身の所有者であるという理解を反故にする。ひとはじぶんの身体を他のだれの支配や束縛も受けずにそのありようをみずから決定できる所有主体であるという意味で「自由」であるのでもなければ、「主権者」であるのでもないということである。

それにしても、ひとはなぜ、ある物／者について、それがだれのものか、その存在はだれに帰属するのかに、かくも執拗にこだわるのか。なぜ「わたし」に固有なものの存在とそれを自由にする権利を、だれにも譲れないものとして主張し、さらにその主張を根拠づけようとするのか。もっといえば、何かを「わたし」に固有なもの（Mir-*eigenes*）と主張するときのこの「所有／固有」という観念はなぜ、「わたし」の存在を脅かすほどの逼迫性をもつのか。

「所有／固有」がことほどさように観念として鞏固なその最後的な理由は未だあきらかでないにしても、それを鞏固なものにしている仕掛けについては現段階でもいえることがある。「所有／固有」の観念の梁をなす諸観念のいわば相互依存的な連結の仕組み、ないしはそれらの重層的なネットワークの緻密さに、当の観念が裏張りされているということである。じっさい「所有／固有」の観念もそれだけで孤立して機能するものではない。それは、民衆の習俗のうちに深く根を張っている他の諸観念、価値観、あるいは無意識的ともいえるイメージや幻想などと連動し、そのネットワークをいわゆる frame of reference（参照枠）としつつ、人びとの日々の理解や判断の岩盤をなしている。

注意しなければならないのは、これらのネットワークがいわば意識の外でいつもすでに働きだしていることである。これらが人びとの理解や判断が根を張っている岩盤、ないしはいつもすでに起動している frame of reference としてあるのは、それらがまさにそのようなものとして意識において主題化されないかぎりにおいてなのである。それらはいつもすでに妥当している、つまり問われることのない前提として働きだしている。それらは人びとの意識や理解の、あるいは感覚や感受性の〈制度〉、（習慣を「第二の自然」と呼ぶその言い回しに倣っていうと）まるで〈自然〉のようにしてある〈制度〉なのである。「所有〔権〕／固有」という観念についていえば、これらは近代的な市民社会のなかで醸成されてきた新規の観念のように見えながら、（わたしたちが暴露してきたように）社会生活の主導的な観念連合のなかにはうまく基礎づけえないものであって、それゆえに非近代的なさまざまの習俗や幻想と結託してきたその意味空間を、さらにその深部へ向けて探ってゆかねばならぬものである。議論を先走らせてはならないが、あえて名のみあげれば、演戯、憑依、清浄／汚穢《おわい》、崇り、「安堵」と後継、テリトリー、標《マーキング》しづけといった、「所有／固有」の観念と連動してきた諸観念の幽冥なる地平というか暗がりに、探りを入れてゆくということである。

そこでまずいちばんに取り組みたい作業が、前章で最後に示唆したような、《所有〔権〕》の演劇的起源という問題である。

所有の演劇的起源？

この問題が浮上してきたのは、「わたしの身体」というときの「わたし」と「身体」という二項の結びつきが《固有》という特権的なものではないということ、つまりはこの「身体」からの「わたし」の《所有権》の解除という事態が、ヘーゲルからクロソウスキーに引き継がれた所有論の帰結として析出されたことによる。わたしが他者の身柄《パーソン》を演じる（＝他者になる）のではなく、身体は、複数の身柄《パーソン》が行き来する舞台のようなものであり、わたしもそういう身柄《パーソン》の一つとしてそこを行き来する、そういう事態である。身体として在るものが、身体という一個の座において複数の異なる身柄《パーソン》を生きること、これは演戯であり、俳優の行為である。この「演戯」*1という構造契機が、〈わたし〉という存在の根底でじつはそれを支えるというかたちで働きだしているということである。

その点をいますこし仔細に見ておこう。そもそも「演じる」とは、他の人格《パーソナリティ》を擬装すること、つまり、他の人《パーソン》になりすますこと、なりきることである。すぐれた演戯はしばしば「迫真」の演戯といわれる。真に迫るというのは、当然のことながら真ではないということである。演じるというのは、自己のこの身体に別の人格をいかに宿らせるかということである。演戯の要はしたがって、自己に自然なものを抑制して、あるいはそこから離脱して、それをどこまで他者の自然へと転換しうるかということにある。

わたしたちが直面しているのは、一歩その先、その転換がすでに〈わたし〉の構成のなかで起動していたとすれば、という点である。〈わたし〉が構成されゆくプロセスというのは、内受容的に感覚されている身体のその直接性を破って、それをその〈外〉、つまりはそれを〈間人格的に意味づける〉象徴的なマトリックスへと組み入れてゆくプロセスのことである。そのなかで、身体としてのひとの存在は、具体的な「だれか、ある人」として、その身柄《パーソン》〔＝人格〕の限定を受けてゆく。つまり、身柄の述語規定がどんどん描き加えられてゆく。そしてそういうかたちで、〈わたし〉そのものが物語として生きられる、つまり演じられるのだとしたら、〈わたし〉の生成プロセスじたいが〈演戯〉という契機に負うことになる。演じる者であって演じられる者ではなく、演戯の手前側でつねに真の側にあるとされている俳優の、演戯以前の人格がすでにして迫真の演戯の産物なのである。そしてこのプロセスがつねに隠蔽ないしは忘却されていること、つまりそのプロセスの反省的な主題化が遮断されていることが、個々の〈わたし〉という存在の鞏固さをかたちづくっている。

隠されたこのプロセスを可視化してゆくのは、〈ポゼッション〉という視点である。いうまでもなく、possessionは「所有」と「憑依」の二義を併せもつ。憑依とは、神懸りや狐憑きのように何かにとり憑かれていることであるが、それがなぜ、何かをおのれのものとして占有することとおなじ語で語られるのか。それが所有論の文脈では問題となる。そしてそれを手がかりとすることで、所有〔権〕の生成は演劇のプロセスになぞらえて理解するという発想を深めることができるようにおもわれる。

　何かに憑かれるというのは、別の身柄や霊がこの身にとり憑くということであり、俳優による演戯も一般にそのような構造をとっている。しかしここで俳優といっても、ただちに近代演劇における俳優を想像してはならない。近代演劇では俳優は別の人格を演じるのだが、憑依はそれよりはるかに広く、さまざまの時代や地域の祭祀や集団儀礼などに見られる現象で、身体に憑くものも別の人格にかぎらず、神霊・心霊から他の動物種まできわめて多彩である。とはいえ、たとえばアルカイックな祭祀や演劇の何が痕跡として今日のわたしたちに見受けられるのかを確定することはきわめて難しい。事態はあまりにもおぼろ、昏い霧のなかにあるといわざるをえない。

　ただ、次のような見通しはありうる。演じるとは普通ではありえない状況へと身体ごと移行することであり、その意味ではたんにリアルの対項としての虚構《フィクション》（架空のことがら）であるというより、むしろ暗黙の協定によって仮構ないしは仮設されたものとして擬制《フィクティヴ》的なものだといえよう。このこととの関連でぜひとも参照しておきたい指摘がある。福田恆存が『藝術とは何か』（一九五〇年）のなかで展開した演戯論である。彼によれば、演劇、とりわけ古代ギリシャの演劇にはある種の「呪術的秘儀」とでも呼べる目的がその内に設定されている。目的とは、「情熱を鎮静することによって、行為に沈著と適確とを与える」ことであり、それはちょうど「槍を投げ、カヌーを漕ぐものの手もとを狂わせず、さらにそれらの行為に秩序あるリズムを与えることによって、所期の目的はよりよく達成される」のと似ている。この「情熱の鎮静は、逆に情熱の喚起を意味しました。故意に情熱を喚起し、それを鎮静すること——その過程が呪術的秘儀にほかなりません[*2]」というのである。そしてほかならぬこの演戯の「呪術的秘儀」が、社会という空間のなかでのじぶんの位置づけ、つまりは社会という平面への自己のマッピングに際しても、しかと働きだしているとされる。

人間がみずからの主たるためには、人間のうえに主たる存在を設定しなければならない。みずからがみずからをよく演出するためには、すすんで被演出者の位置につかなければならない。演戯とはそういうことをいうのだ。それはみずから意思して操られることであります[*3]。

こうした見方には、(本書の第9章でふれた)シベリア抑留地で飯盒三分の一にも満たぬ粟粥を二人で等分したという、石原吉郎のあの述懐に別の光をあてる可能性がある。そこでは一組二人の抑留者がそれぞれの生存(存亡)を懸けて、一刻一刻、ぎりぎりにまで厳格な等分をおこなう。そのとき二人のあいだで結ばれる「一歩も後退できない約束」、それは「立法者のいない掟」ともいわれた。もはや調停を委ねるべき上級の審廷が存在しないところでの無言の相互監視である。とはいえこれは、ともに極度の緊張を強いられつつも、いつかは終焉するはずの過程を凌ぐためのとりあえずの算段であって、恒常的に続くはずのないものだった。だがもし、そうした状況が脱出不能なものとして恒常化してくれば？　その場合の算段として、不在のはずの立法者を〈演戯〉というかたちで仮設する途は想定しうる。そのことを右の福田の文章は示唆している。等分を命じるもの、配分の規則を与える者、つまりは第三者としての立法者を設定し、じぶんたちはそれが指示する掟に従ってふるまう、つまりみずからを振り付けられる被演出者へと位置替えする、そのような逆説的な演出である。[*4]

再召喚したい議論の系譜

さて、《所有》の演劇的起源を探ろうというときに、現在ではほぼ忘れ去られ、引かれることも論じられることもないが、あらためて掘り起こされてしかるべき議論の系譜がある。所有という事態を演戯に結びつけ、さらに possession という語を引きつつ、占有することと憑かれることとの二重性へとわたしたちの思考を導いてゆく、そのような議論の系譜である。それは一九六三年に戸井田道三《といだみちぞう》が、その著『演技――生活のなかの表現行為』において展開した所有の演技性をめぐる議論に端を発し、そのほぼ十年後、小苅米晛《こがりまいけん》がそれを承け、『憑依と仮面――劇的想像力の世界』のなかで、ずばり「憑依と所有」というテーマで展開した議論へと到る途である。[*5]

所有と演技の関係をめぐる戸井田道三の議論は、「タマス」という、「分配する」を意味する地域語をめぐる柳田國男の小さな記述をきっかけとして始まる。柳田は『食物と心臓』（一九四〇年）のなかで、「家」において私有ということがほとんど認められていないような時代でも、「餅」だけはその形態により、また保存の許される事情から、すでに個々の所有と自由処分があった」としたうえで、タマス／タマシという語へと話を向けている。そもそもタマは「霊魂」を意味するが、柳田は、日向では共同狩猟の獲物を分配するときに一人ひとりの取り分もタマスと呼ぶことが気になっており、その後この語が沖縄地方にも保存されていて、子ども一人ひとりの分け前をタマシというのを知ったという。そして続けて、うどんの一食分もタマで呼ぶし、さらに鳥類の子をタマゴというが、元はといえば地域によって小児そのものをタマと呼びもしたと指摘したのち、そこで得た一つの予感をこう書きつけた。

何にもせよ霊魂のタマシイということと、個人私有の概念をなすタマス・タマシとは、これからおいおいにその根本を一つにすることが、判明して来るような気がする。[*6]

モティーフとしてそそるものが強くあったのだろう。戸井田も、その著『演技』で、自身の住む神奈川県辻堂海岸での地曳き網漁では曳子はたいてい労賃をカネではなく現物で受け取ることになっていて、漁獲をタマという手網に一杯ずつもらって帰ったと書き、続けてすぐに右の柳田のタマス／タマシの話を引いている。

戸井田が《所有》を論じるにあたって、餅の話、とりわけこのタマス／タマシの話とともに始めたのは、集団生活において一体化していたはずの共有と分かちあいが、共有と（私有化という意味での）分配との関係へと微妙に屈折してゆく過程が見てとれるからである。

漁師たちはかつて大漁のとき、近くの諏訪神社の社前にその獲物を撒いたという。これは「神への奉謝」をあらわすものであって、正月に神社の階《きざはし》に餅が献じられ、節分に豆のおひねりが供えられたのと同様に、神への供物としてあった。神への供物はまた神からの賜わり物でもあり、そのお下がりとしてのそなえ餅が「年玉」と呼ばれた。ここで、集団の紐帯の強化を確認するいとなみとして神前への供えがある一方で、「年玉」として具象化された、個々の成員への配分があるというのは、一見、矛盾に見えると、戸井田はいう。この矛盾をついて個人が魚をくすねる「隠し魚」という行為もいろんな地域でなされたようだが、これはいってみれば「公然の秘密」だったのであって、「もと隠し魚は神を媒介として考えられた集団の共同所有の配分で、私有の起源であったのではなかろうか」と推論する。

さまざまの物のなかでも土地は、あらゆる「作る」という行為のための手段と対象とを包みもつものであるが、同時に他の集団との切迫した取り合いの対象でもある。この土地が集団の共同的生命と一体であることから、土地はそれを占めるところのヌシという観念で蔽われることになるのだが、このヌシという表象にやがて微妙な変化が兆してくる。

神としてのヌシと後世の所有者としての地主とのちがいは、ヌシが土地と一体性をもって考えられているのに、後世の地主は人間が客体としての土地を所有すると考えられているところにある。しかし、地球がもてないように、土地は本来所有できないものである。土地を所有するという観念が生まれるためには、ヌシという特別の観念が媒介としてなければならなかったはずである。つまり生産要具を手にもつことから、生産を通じて生産物としての客体をもつ観念を生み、ヌシという観念を媒介として、手にもつものではない土地をもつことになったと考えられる。[*7]

引用したこの文章には、ひじょうに多くのことが詰め込まれている。

まず、最後にある、手にもつのではないもつこと、それが「占める」である。何ものかをじぶんのものとして占有することだが、『岩波古語辞典』（補訂版）によれば、「占め」の「しめ」はまた「標め」でもあって、〈物の所有や土地への立入り禁止が、社会的に承認されるように、物に何かを結いつけたり、木の枝をその土地に刺したりする意〉だという。つまり、「標め」とは占有するとともに、その占有のしるしをつけることを意味する。だから名詞として用いられるときには「領有または立入り禁止などの標識」を意味し、具体的には「縄を張り、杭をさしなどした」という。

他の集団に属するものとの境界の設定であり、われらがものの囲い込みであり、ここより立ち入るべからずという意思表示であり、そのための柵や標識の設置である。何かをじぶん（たち）のものとして所持することのなかに〈排除〉の機制と、マーキングというその装置とが設えられるようになる。そうした心性は現代にもしかと引き継がれており、列車の座席や劇場の座席を占有するために、帽子や鞄や手荷物などを置いて他人が座れないようにする「占拠方式」かその典型であろう。ここに具象的に標される境界それじたいは、けっして具象的なものではない。重要なのは、《所有》という観念がそうした境界をリアルにしているということだ。

ここで「標め」はまた、「しるし」の「標」でもある。ふたたび『岩波古語辞典』を引けば、「しるし」（徴し、標し）は〈他の事と紛れることなく、すぐそれと見分けのつく形で表現する意〉である。境界を明示するという意味での「標」は、「しめ」として、たとえば「標野《しめの》」や「標縄《しめなは》」という表現にもうかがえる。この「標」はしかしまた「しるし」として、占有・領有を意味する「しり」（領り、知り）や、やんごとなき方が「お治めになる」という意味、さらにはその事実を「知らしめる」という意味での「しらし、しらしめし、しろしめし」にもつながる。「占め」と「領め」と「標め」の意味的な連なりが語源的に必然のものであるのか、それとも混同や逸脱を含むものであるかは、語源考を詳らかにしないわたしなどには判断しえないことではあるが、《所有》の論理的な構造を探るうえで看過できない示唆を含んでいる。

《所有》を象徴するもの

戸井田はここから、先に引いた行文を次のように書き改めてゆく。

> 所有は、一定期間人がものをもつ状態が継続することを条件として生まれた観念で、それ

は餅の保《も》ちとして固定され、土地総有の共同紐帯をつよめる反面に、個別化への方向をふくむ各個のタマであった。つまり餅はそういう矛盾の集中的象徴であったのである。本来手にもてぬものを象徴的に客体化して、もつ対象としたという意味で、餅は貨幣に似ている。[*8]

貨幣の出現によって「手にもつことのできない土地や建物や機械を、資本としてもつこと」が可能になるのだが、その場合に餅が貨幣に似ているのは、餅をタマス（分配する）ということがたんに食糧としての分配でなく、「神からの授かりものとしての神秘性」を帯びていたからであり、そのとき餅は、象徴的に賜わるものとして、まさに「その神秘性の凝固」であったからである。古代的な交換のなかで、餅がとりわけ強い象徴性をもったことの意味も、戸井田は、所有が演技性という契機を内蔵することで可能になるという視点からとらえていた。すなわち、「餅《もち》が持ちと保ちの二つの言葉の具象化であるとすれば、**所有**ということも、演技的な概念であるらしく思われる。共同体は土地所有とかたくむすびついているのを特徴とするが、共食をとおして実現される共同体の祭りにおける餅を媒介にして土地所有の演技性を考えることができるのではないか」[*9]というふうに。

演技性。そう、共有のものの個別的なものへの分配、つまり「もらう」という祭儀におけるふるまいこそ、この演技性の形式であった。祭祀においてタマを「もらう」ことが、ある物の占有をめぐって人と人とのあいだに《所有》という架空《フィクティヴ》の象徴的な関係がつくりだされたのである。

このように、手にしえないものをもつこと、その意味での《所有》には、象徴的なものによる媒介が必要であった。さらにそのためには、そのように象徴的にふるまう〈演戯〉が必要であった。それは、手にもちえないもの、つまり象徴的なものそのものをもつことである。モラウとは、酒宴を意味するサカモリのモリの受け身の形であり、この饗宴のなかでモラウ／アタエルという観念が生まれてきたと、戸井田はいう。そのようなセッティングのなかで、象徴的なものそのものをもつことの意味を次のように総括する。

> アタエル方は神主として手に杖とか笏とか象徴的なものをもっており、それが一種の所有権をあらわすことになった。生産要具を手にもつことが、本当にもつことであったろうに、象徴的なものをもつことが本来もつことのできなかったものをもつにいたらせたのである。それでなくては貨幣が物神崇拝性をもつこともなかったであろう。それをささえていたものが人びとの演技であったのである。

　直接的な生産行動は、実体を作り出し、あるいは実体を動かし、あるいは実体に変化を与える。だからその行動が演技化することはない。しかし、杖や笏のように生産要具でないものを手にもつことで生産に関係すれば、それは演技化することでのみ、その目的に達することができるのである。しかも、物理的に手にもつことのできないもの、土地や資本をもつことを可能にするのである。手にもつシンボルをとおして演技が所有をイメージに定着させるのである。このばあいイメージがはたらくためには、所有者としてあらわれる人が直接的な生産者でないことを要する。イメージを拘束したら、当然手にもてないものを、もつことにはならないからである。[*10]

現実の生産労働から離れることによってはじめて《所有》ということが可能になるという、この最後の視点はきわめて重要である。これによって《所有》もまた商行為という交換の脈絡のなかへ組み入れられてゆくことになるからである。杖や笏を手にもつという物に即した行為がそれじたいで演戯という意味をもつこと、しかも演戯が演戯としてフィクションであることを忘却させるような仕方で意味をもつこと、まさにそこにおいて、現にじぶんが手に入れているものが、じぶんのもの、つまりは「わたし」の私的所有物（＝財産）である、との了解が社会的に成り立つわけである。

もちろん、たとえば共同狩猟の獲物を分配するにあたっても、その「分け前」は均等に分配されねばならない。分配にあたっては均等を基本としつつも、射止めに功績があったかなかったかによる栄誉的分配、さらには職分や持ち場による増配などの差等分配も考慮されねばならない。また、獲物そのものについても、魚のように量で均分しやすいものもあれば、猪や熊のように肉や臓腑の部位などの相異もあって均分しにくいものもある。それらを含めて分配の全体を考慮するのは、第三者、つまりその労働や生産に与しなかった王や神官である。そして、神慮を問うこの祭儀《マツリ》——神人共餐の儀礼——を司るものがやがてそうした労働や生産から遊離した者から、法そのものへと移行してゆくなかで、そうしたマツリゴトもまた「いかに均分するか」という正義を謳う〈政治〉へと転位してゆく。決裁は、杖と笏をもつ象徴的な人物ではなく、法的な正義ならびにその理念をそれぞれの機関で公共的に演じる者によって担われてゆくことになる。杖と笏はまさに文字どおりその象徴として表象されるものになる。《所有》が演戯という契機を含み込んではじめて成り立つ事態だということを、戸井田はおおよそ以上のようにとらえた（《所有》の概念に内蔵されているこの「演戯」という契機については第21章で〈受託〉という概念を導入したのち、それをふまえて第23、24章であらためて論じる）。

憑依と所有

一九八〇年に四十一歳で急逝した演劇評論家の小苅米晛もまた、わたしたちが先に引いた柳田國男の予感、「何にもせよ霊魂のタマシイということと、個人私有の概念をなすタマス・タマシとは、これからおいおいにその根本を一つにすることが、判明して来るような気がする」という予感を、戸井田の議論を引き継ぐかたちで確かめようとしたといえる。小苅米は右に見たような戸井田の議論を承けて、分配の単位としてのタマス、あるいは分け前としてのタマシなどのタマが、心的現象としての〈憑依〉とほぼ重なりあう位相に視点を据えつつ、次のようなかたちで問題の在りかを示す。――「《憑依》と《演劇的なもの》との深い関連とともに、分配の単位として用いられる「タマス」などのタマが、心的現象としての憑依とほぼ重なりあう位相をふくみこむ」。[*11]

〈憑依〉という現象をめぐって、小苅米は、まるで問いを乱射するかのように、この憑依と所有、憑依と演劇というテーマに向きあっていった。議論の対象は、仮面儀礼にはじまって、忘我状態《トランス》や恍惚状態《エクスターズ》、贈与やポトラッチ、クラ交易、タウサ儀礼、黒魔術といった文化人類学ではおなじみの習俗や慣習を経て、「憑き」や「依り」、布施や喜捨、農耕儀礼、神霊観念、御霊信仰まで、きわめて多岐にわたるが、注目すべきは、つねにこれらの現象を、政治と宗教と経済が同一位相に収斂し、また交差してくる場面で問うた一方で、演劇評論家らしく、〈憑依〉を何よりも演劇的想像力の根源に見ようとしたことである。*12 だが、それらの問いの多くを問いとして置いたまま、小苅米は逝った。それらの問いの一つ一つに詳しくふれることはできないが、たとえば近世中期にみられる「憑きもの筋の迷信」の数々が、逼迫した経済状況のなかで「疎外された農民の心意を幻想的に逆転させるためにつくりだされた」ものであり、また秘教邪宗扱いをされる憑依信仰が疎外された民の「反抗の表現」であることの社会史的な指摘や、始源的・呪術的な演劇にみられる俳優や踊り手の挙措が、じつは脱人格化《デペルソナリザシオン》という創造的で解放的な「身体技法」であることの指摘など、斬新な視点が数多く含まれていることは、ここに書きとめておきたいとおもう。

　これに対して、《所有》をめぐる現段階の議論においてわたしたちがめざしているのは、日常的な主体としての「わたし」たちがそれに媒介されてはじめて成立しているといえるそのような構造契機として、〈演戯〉や〈憑依〉を取り出すことである。ひとがそれぞれ「わたし」として自己形成するのは、当該社会の意味と象徴の塑像的体系に憑かれ、またそれらを参照軸として一個の身柄《パーソン》としての述語的規定を加えてゆくことによる。*13 こうした〈憑依〉の構造のなかで、現代、ひとはじぶんを何ものかの「所有者」として自己形成する。というか、何かをもつ主体であることがじぶんの存在の証であるかのように考える。そのようにいわば強迫的に所有の主体でありつづけようとする〈わたし〉たちの存在様態は、たえずノイズとしての失調や乱調に見舞われ、ときに自身では制御不能な強硬《カタレプシー》や痙攣に陥りもする。そこへと人びとを追いつめてきたのも《所有《プロプリエテ》》の観念である。

13 所有をめぐる患い

「すりかわり」と「つつぬけ」——あるいは、「自己所属性」の不成立

おのれの「主」であること、つまりおのれを所有する主体であることが、個としての人の自由な存在を支えているという臆見《ドクサ》は、人びとにどのような無理を、いいかえると何らかの失調や乱調を、強いることにならざるをえないのか。ときにそれも、自身では制御しようのない強梗《カタレプシー》や痙攣をともなうほどに。

ヘーゲルの議論にクロソウスキーのそれを重ねるなかで、わたしたちはここにあるこの身体からの「わたし」の所有権の解除という事態に立ち至った。人格と身体との連帯性のこの破棄は、主体を制度的な軛《くびき》から解き放つはずのものであった。クロソウスキーのその主張を再現しておこう。「《わたし》が犯しうる最大の罪とは、《他者》から《その》身体を奪うことであるよりも、《わたしの》身体に、言語によって制度化されたこの《わたし自身》との連帯性を失わせる(désolidariser)ことなのだ」とし、そこで「彼がなによりもいたく感じとるものは、彼自身のもの、としての他者の身体なのである。そして規範的、制度的には彼のものである身体を現実には彼

自身と無縁の（étranger à lui-même）ものとして、つまり彼を定義するあの非従属の機能には無縁のものとして感ずるのだ」と書いていた。

しかし、その解放のプロセスはじつは人格を失調・乱調へと追いつめるそのプロセスでもある。すくなくとも主体の解放へのプロセスと病理へのプロセスとは見たところ同一の軌道を描く。どうもおなじ回路をたどるようなのだ。

まずはなにより、「すりかわり体験」といわれる症状を示す一人の統合失調症患者の発言を三つ、引いてみる。

> 「買い物をすると、買ったものがすぐに交換されてしまう。今着ているのもすりかえられた服。これと同じ服をこの前デパートで買ってきたのに、それは行方不明になっている。よく見ると模様が少し違うし、さわった感触なども違っている。買ってきたらもうかえられていた。デパートの店員に悪い品と上手にかえられてしまったのかもしれない。せっかく生地のいいものを選んだのに、かえられて残念でしかたない。私が何か買うといつも決まってかえられる。かえられるというのは交替という意味。人の物と自分の物が入れかわること」

> 「Pさんが着ている赤いセーターは本当は私のもの。Qさんがはいているスリッパも私のもの。いつの間にか盗まれたに違いない。私が良い物ばかりもっているのでこんなに次々ととられてしまうんだと思う。詰所にある辞書も本当は私が以前もっていたもので、名前もちゃ

んと書いてあったはずなのに、いつの間にか消されている。看護婦さんは詰所のだといい張って返してくれない」

「自分の手が小さくなっていく。体がすりへって、骨が粉々になって体がだんだん小さくなっているような気がする。眼つきもすっかり変わってしまった。以前はもっと大きな眼だったのに小さくてきつい眼になってしまった。鼻も高かったし、もっとチャーミングな顔だったはずなのに。手相も変わってきた。名前も以前は「慶子」じゃなくて「景子」だったように思う（ともに仮名）」

最初の発言では、じぶんのものであるはずのモノが、知らないうちにだれかによってすりかえられているという状態、つまり所有物の「自己所属性」の否定が、まん中の発言では、他者の所有物に対してこの「自己所属性」を妄想的に付与してしまう状態が、そして最後の発言では、こうした「自己所属性」の否定や混乱がついにじぶん自身の身体〔感覚〕にまで向けられる事態が、余裕のない口調で訴えられている。

第8章でちらっとふれた長井真理が「すりかわり体験」の症例Bとして引いている発言だ。一九九〇年、小莂米晛よりもさらに短く三十七歳でその生涯を了えたこの精神病理学者の主要な論攷は『内省の構造――精神病理学的考察』[*1]（一九九一年）で読むことができる。そこで彼女は、「自己所有性」をめぐる障害という視点から、「すりかわり体験」「つつぬけ体験」をはじめとしてさまざまの症例の成り立ちを分析している。

　ちなみに右の三つの発言のそれぞれにともなう典型的な所作や状況について付け加えておくと、最初の発言は衣類や薬、本、靴、筆記具、洗面具などほぼあらゆる所持品に及ぶ。二番目の発言にはしばしば、他人の所持物を勝手に持って来てそこにじぶんの名前を書き付ける行為や、日記帳、レポート用紙、衣類などにそれぞれじぶんの名前を書き入れたり縫い込んだり、ときには「B子所有」と明記したりする、すりかえがわかるようにじぶんのすべての持ち物の正確に測った大きさを記録しておくといった、そうした予防措置がともなう。最後の発言にはよく、自身の身体への深い嫌悪――体感異常、醜形妄想、身体の変形妄想など――や、さらには「トイレで尿と一緒に魂が流れていってしまった。それからは魂が抜けてファーンとしている」といった、いわゆる「自我漏洩症状」がともなうということである。

　この「すりかわり体験」はこれまで、「既知の人物が瓜ふたつの未知の別人として妄想的に認知される」いわゆる替玉妄想（illusion des sosies）ないしは「カプグラ症候群」の不全型もしくは亜型とみなされるのがつねであった。物の「すりかわり体験」はしかし、かならずしも替玉妄想に付随する症状ではなく、それよりもむしろ対象選択の違いには還元できないような固有の症状、つまりは物の「自己所有性」の不成立という事態の現われとしてとらえるべきだと、長井は主張する。*2 ただし、この体験は特定の疾患に限定されて見いだされる症状ではないとされる。

　じぶんの持ち物、じぶんの所有物として本来なじみのある物が、それと似ているが別の物に「すりかえられている」と訴える、そうした妄想体験のなかでも、長井がとくに着目するのは、人物の替玉妄想をともなわない、端的に物の「すりかわり」に振り回されてしまう症例である。先に引いた患者の発言でいえば、その訴えは三相になっていて、まずはじぶんの持ち物がじぶんのものであるという自己所属性の否認、次に他人の持ち物への自己所属性の妄想的な付与、そして最後に自己の身体の「疎遠感」(sentiment d'étrangeté)、つまりは「なじみ」の脱落である。この最後の相では往々にして、先ほどふれた「自我漏洩症状」や、世界からリアルという裏張りが消失してしまう離人症的な症状がともなうとされる。そしてこの三相を貫いて浮上しているある欠損状態を、長井は「「自己所有性」の不成立」として概念化している。*3

この「自己所有性」の不成立というのはしかし、ある時期まで成立していた対象との間の所有関係が途中から失われるということではない。〔……〕そもそも彼女は自分の物を自分の物として体験することができないのである。新しく買ったものでも、手もとにわたったときには「すでにもうすりかえられていた」というように、彼女は最初から物を「所有」することができない。彼女が「物」と対峙するたびごとに、本来自分に所属するはずの「物」が、そのつど「自分のものではない」というあり方で出会ってくるのである。

ここで問題とされているのは、所有物に対する嫌悪や排斥ではないし、さらにはモノの自己への帰属(モノがわたしのものであること)、つまり「自己所属性」の否認とも違って、何かがじぶんのものであるという感覚そのものが自己の内部であたりまえのこととして成り立たない、そういう「自己所有性」の不成立という事態である。このことが意味するところをさらに掘り下げる前に、《所有》とかかわるもう一つの症状、「つつぬけ体験」についてもひととおり見ておきたい。

「思っていることがつつぬけになる」というかたちで、本来じぶんに属するものであるはずのものが「不本意」なまま「他有化」されるという事態、それを長井は「つつぬけ体験」と呼ぶ。これは従来、「思考伝播」（思いが「つつぬけになる」こと）、「思考察知」（つつぬけになることが「人に知られる」というかたちで体験されること）、「思考奪取」（つつぬけになることが被害として体験されること）などと規定されてきた症例にあたるものだが、ここで「ぬける」思考内容ではなくて、むしろ「ぬける」体験そのものを問題にするために、長井はそれらを「つつぬけ体験」としてとりまとめて、それらの根底に病理としてあるものを問うのである。

長井は、右にあげた三つの症例「思考伝播」「思考察知」「思考奪取」にそれぞれ対応する典型的な症状を引きつつ、そこで何が「ぬける」として感受されているのかを探っている。[*4]

症例1として引かれる訴えは、以下のようなものである（紙幅の関係で、ここでは患者の生活史や生活状況の記述は省略して、その「横断的」特性ともいうべき発言のみを引く）。

「自分の心がこわれていて、つつぬけになる。ほんのちょっとでも思いこむと、すぐつつぬけになって、知らない人にわかっちゃうみたい。思いこむと、ぱっと広がって出るみたい。自分では思わないようにしていても思っちゃう。言うまいとしてても、何か言ってるような感じ。内容は何言ってるのかわからないが。〔心の中で〕黙るということができなくなってきた。何も言わずにいると入ってきちゃう。人の言った言葉が入っちゃって、それからまたぱっと出る感じになる」

あるいは、

「どこにいても見られているみたい。自分の部屋の窓に板を打ちつけたけど、それでも監視されてるみたい。大勢の人が今にも来そうな感じ。誰ということはわからないが。〃死ね〃という言葉も聞こえてくるし、外へ出ると殺されそうになる」

長井はこの患者に何度か「ぬける」内容について問うたが、患者自身にも「ぬける」ものが何であるかはわからないようだし、そもそもそれは問題ではないかのようだったという。患者にとってつつぬけになっているのは思考や感情や意志といった具体的な思考内容ではなく、そのように内容として形をとる以前の「なにものか」であり、その欠落こそが患者にとっての「ぬける」だったと長井は解し、こう述べる。——「すでに明確な言語形式をとって分節された思考内容がぬけるのではなくて、ある考えが考えとして成立する一歩手前の「ほんのちょっとでも思いうかんだこと」が、まだ「自分でも内容はわからない」うちに、すでに「ぬける」のである」と。このことから示唆されるのは、患者の「内面」が「内面」としてはもはや成り立たなくなっているという事態、自他のあいだで「透過性」がきわだって増大しているということである。

症例2は、「ぼくが頭の中で言おうとすることがすぐマスコミにわかって、テレビやラジオがそっくり放送してくる」という青年の訴えである。ここで体験されているのは、「マスコミから放送される幻声を聞くことによってはじめて、彼は自分の考えの「内容」を知ることになる」、つまり「頭に浮かんでくる考えが前もってすでに先取りして知られてしまっている」ということだと長井はいう。そして、彼のすべてを知る他者はやがて、病棟内の他の患者へも拡張されてゆくだろうと。この患者は同時に、「内から外へ」というこの方向とは逆の「外から内へ」という方向をもつ「入れ知恵」ならびに「幻聴」の体験をも訴えている（これは従来「思考吹入《すいにゅう》」と呼ばれてきたものに相当する）。ここで「つつぬけ」と「吹入」とはたしかに反対方向で起こるものであるが、しかし第一に、ともに出入りする内容ではなく「漏洩」「侵入」ということそれ自体が問題である点で、次に第二に、その「漏洩」と「侵入」とが自他のあいだの境界の「透過性」ゆえに生じる点では、本質的に異なる現象ではないとされる。

症例3は、父親の死後、四十四歳のときに発症した女性患者の事例で、患者はのちに入院するまで十二年間にわたりおなじ洋服を着続けたという。「着替えると中味がこわれるから」と。入院後、たとえば「書いた文字もしゃべる文字も人がぬいてしまう。そのため、音があっという間になしになる。言葉にする前になしになる。〔……〕一秒と育たない。それで先方へ伝わる発音が出てこない。音をつくることができん」と訴え、その原因を他人に「考えが取られる」という被害（いわゆる「思考奪取」）に帰している。[*5]

これらの症例にみられる「つつぬけ」において「ぬける」もの、それを患者は「ほんのちょっとでも思いこんだこと」と表現したりするのだが、それが「わたしのもの」としてわたしによって奪い取られ、そこから確かなかたどりのある言葉ないしは思いへと生成する前に、そっくり霧散させられるということであろう。それは、自他のあいだの「透過性」が増して、自他それぞれのかたどりへの移行が頓挫することと言い換えることもできよう。

《所有》をめぐる病理

右で見たような、じぶんに属するはずのものが突然じぶんの物でなくなるという事態を、長井は、自己の所有物からその「自己所有性」が失われてしまっていること、つまり「自己所有性」の不成立としてとらえた。先にも見たように、物の「すりかわり」を訴える患者は、じぶんが物に接するたびごとに、本来じぶんに属するはずの物が「じぶんのものではない」というあり方でしか出会われないことに苦しむのだったが、綱渡りともいえそうなそこからの脱却の試みを、長井はさらに次のように解釈してゆく[*6]。

「このとき」患者は目の前にある物の真正さを否定することによって、「本物」つまり「自分の物」がどのようなものであるかのイメージを（妄想的に）成立させている。同時に、この想像上の「本物」との間に（妄想的）所有関係も成立している。つまりここでは、現に与えられている「物」と自己との関係を否定することによってのみ、いわばその虚像としての「所有性」が成立しうるような仕組みになっている。ただし、この「所有性」は、患者がその所有の対象を自らのイマジネールな妄想世界にしかもちえないような「所有性」である。患者である彼／彼女らにおいてイマジネールな仕方でしか保持されえないこの所有関係に欠落しているものは、いったい何なのか。それについて、長井はこういう――

> 物を「所有」しうるには、すなわちある物に「自分の」という特質を付与し続けることが可能であるためには、その物が唯一その物であり続けるということに対する、判断以前の信頼が、つまりＡ＝Ａという同一性に対する信頼が前提となるのである。物がいつのまにか「他の物」になってしまう、物の「すりかわり」体験は、当然ながら、その物がその物であるという、物の同一性に対する信頼の喪失のあらわれでもあることを考えるなら、このことは十分納得のいくことであろう。

ここでいわれている「物の同一性に対する信頼の喪失」のその「物の同一性」とは、なによりも物の同一的で持続的な存在のことである。そして、患者らにとって、物のそのような同一的な存在が成り立っていないということは、患者たちがいま目の前にあるリアル（であるはずの）物とのあいだで《所有》という関係を結べずにいるということでもある。ということは、ここで物の同一的な存在とともに、じぶんの時間的な存在と空間的な存在とが、別の言い方をすれば世界の蝶番が、問題化しだしているということであろう。《所有》が《存在》を侵蝕すると単純に言い切ることではすまないような、《所有》と《存在》のクリティカルな関係が、問題として浮上してきている。そのことは当然、「自己所有性」をめぐる次のような問いに向きあうことを余儀なくさせる。この物の（《所有》というかたちでの）自己所属性を自明なこととして保証しているものはいったい何なのかという問い、あるいは、物がここにあるこの身体であれば、その「自己所有性」を成り立たせる条件とはいったいどのようなものなのかという問いである。

そうした視角から《所有》の観念に起因するような精神病理を論じるものとして次に取り上げたいのは、精神科医・新宮一成《しんぐうかずしげ》のずばり「所有の病理」と題された一九九七年の論攷である。新宮はここで、《所有》の観念が強迫的に人格に覆い被さることで発生する精神の病理について、概括的な分類をおこなったうえで、そうした人格の失調や乱調、硬化や閉塞の核心にある問題を、人において「もつ」ことと「ある」こととが交差する地点に探ろうとしている。

新宮の議論の特徴は、所有するものと所有されるものとの関係が反転しうること、つまり所有の主体と客体が容易に入れ替わること――いうまでもなくこれは『法の哲学』におけるヘーゲルの所有論の基本的な視点でもあった――、この入れ替わりのなかにこそ「所有が存在と交差する、主体にとっての危機の瞬間がある」とするところにある。「主体の存在の不安定さをもたらす」契機として、《所有》が考えられているのである。そうして新宮は、この入れ替わりのなかで人格もまた「持たれる存在」の一つにほかならないことが突きつけられるという点を前景に押し出してくる。

そのような「所有と存在の危機的な連接点」として新宮が挙げている症例を、次にまず確認しておきたい。

最初に挙げられるのは、強迫神経症にカテゴライズされるものとして「不潔恐怖」と「洗浄強迫」である。ここでは「自分の領域とその外側との境目」につねに感覚が引き寄せられ、じぶん固有の清潔な領域を遠ざけるために、たとえば儀式めいた行為をなさずにいられなかったり、ゴミを捨てに行ったあとはかならず着替え、入浴しないではいられなかったりする例が引かれている。ここで新宮はフランス語のpropreが「固有の」と「清潔な」という意味を併せ持つことから、「固有な領域は清潔と感じられるという人間一般の性向」に言及しているのであるが、この点についてはのちに第15章以下で、議論のもう一つの柱として論じるので、ここでは詳述は控える。

次に双極性障害（躁鬱病）に関連して、躁状態のときの「自我肥大」が《所有》の観念を病的に変容させると、新宮はいう。それは社会的にはあきらかに彼のものではないものを妄想的に自己のものとして包摂してゆく行動として現われる（性的な対象についても同様の行動に走る）。反対の鬱状態においても同様に《所有》の観念の変容は著しく、それが鬱に特徴的な三つの妄想、すなわち「貧困妄想」「心気妄想」「罪業妄想」を陰に陽に動機づけている。「貧困妄想」とは、莫大な資産を保有しているにもかかわらず、入院費にも事欠くような貧乏状態にあると確信している状態であり、「心気妄想」は、健康が深く冒《おか》されてじぶんが重篤な病に蝕まれていると信じるものであり、「罪業妄想」は、じぶんが取り返しのつかない大罪を犯し、世間から厳しく監視されていると思い込むものである。これらが共通して含んでいるのは「この世に生きる手段を失ったという観念」である。そのかぎりで、鬱という病は、「本来所有の次元には還元できない存在の次元が、所有の次元に絡め取られることによって生じた病気」だと考えられると、新宮はいう。

そして第三に、統合失調症のケースである。ここに、《所有》のオブセッションがいってみれば軛として、より深く喉元に食い込んでくるような局面が現われる。神経症圏においてすでに見いだされる自我漏洩症候群であり、さらにはカール・ヤスパースが「させられ体験」(Gemacht-Erlebnis) と名づけた、統合失調症により特異的ともされる症候群、とりわけ「思考伝播」「思考吹入」「思考奪取」といった妄想現象（これらについての解釈はすでに右で長井真理の「すりかわり体験」と「つつぬけ体験」の分析をとおして見た）である。

新宮の議論に特徴的なのは、《所有》のオブセッションに起因するとおもわれるこれらの症候群が、じつは非病者の世界把握と同型的であるだけでなく、ときには形式的にはそれ以上に論理的に整合的であるというふうに見ているところである。

新宮の推論はこうである。思考が盗聴されたり、複製されたりして、じぶんから奪い取られるときに、じぶんの思考やその履歴もしくは記憶が別の場所に転移させられれば、〈わたし〉という同一的な存在もそこへと転移させられる。そのときに〈わたし〉がその記憶や身体を奪い取られたというべきか、それとも奪い取られたと申し述べる〈わたし〉そのものも身体ごと別の場所に移ったというべきか、これは即座に断じうることがらではない。統合失調症を患う者は「こうした原理的困難を万人に突きつけるような形で、自分の人格的な同一性が侵され人格を侵害されたということを主張」していると、新宮は見る。そしてその場合に、「原理的な水準」では、統合失調症患者の主張を「完全に論駁することは難し」く、またもしそうしようとすれば「我々の方が自己矛盾に陥ってしまう可能性がある」と。[*7] というのも、人びとは自己の同一的存在がつねに確たる根拠をもって成立しているのではなく、小説や科学的仮想のレヴェルではむしろその妖しさの暴露を楽しみすらするのに、もう一方、社会的・制度的な次元では、それぞれが自立した個人として自己自身を所有することで、行為の責任とそれを糾す法的秩序を支えていると信じてもいるからである。市民のこの融通のつけ方に較べれば、統合失調症患者の世界把握はいわば合理的に過ぎるといわざるをえないかもしれないのである。

　この指摘は、わたしたちの議論にいわば鋭角的に突き刺さる。近代の市民社会を支える個人的主体の自立性というのは、まさに自己自身のありようをみずから決めることができるという、主体の自律的な体制を条件としているのであって、それは〈わたし〉がそれぞれの個人の「主」であるというまさに主体の自己決定的な体制、つまりは主体の「自己所有性」の成立をあらかじめ前提とするものだからである。とすると、契約をとおして各個人がその権利を国家に仮託ないしは委譲するという近代の国家理念に通じる原理を、「すりかわり」や「つつぬけ」を訴える患者もまた共有しているといえることになる。いうまでもなく、このとき《プロプリエテ》（所有／固有）は、「もつ」ことへと還元された「ある」の歪《いびつ》なかたち——身体とか性別とか国籍とかいった個人の存在のアイデンティティですら〝買う〟ことができるということが、人びとの共通了解として成り立っている社会における《存在》と《所有》の歪な関係――であるどころか、逆に、近代社会のもっとも基礎的な構成契機として位置づけられる。

「本来所有の次元には還元できない存在の次元が、所有の次元に絡め取られることによって生じた病気」が、じつは非病者における〝ノーマル〟な思考の論理と同型的であるどころか、むしろこの病理のほうがより鮮明にその論理を体現しているということ。そのように考えると、《所有〔権〕《プロプリエテ》》という論理こそが《存在》を支えているという局面があることはまちがいないわけで、とすれば《存在》の《所有》への置換、ないしは《存在》への《所有》の侵蝕という事態が、単純に、廃棄されるべきものだとはいえないこともたしかであろう。

正常と病理のはざま？

先にわたしたちは、人格を失調・乱調へと追いつめるそのプロセスが、すくなくとも主体の解放へのプロセスと一見したところおなじ回路を経由するということを示唆した。そしていま、近代の社会制度を構成する論理が《所有〔権〕》のオブセッションに起因する病理と同一の軌道を描くという事態を前にしている。ではその分岐点はどこにあるのか……。わたしたちは本書の冒頭で、井上陽水の曲「最後のニュース」の翻訳にふれた。ロバート・キャンベルが曲の末尾の歌詞（ただ　あなたにGood-Bye）を「Just for you, goodbye.」と英訳すると、作詞者・井上が、ここは「ただあなたにGoodbye」ではなく「ただ　あなたにGoodbye」だと正した。そしてこれをうけ、キャンベルは「Simply, for you, goodbye.」と訳しなおしたと。その微小だが決定的な差異に、《所有》を論じるなかで向きあうことになろうとの予感の第一波ともいうべきものに、わたしたちはいま向きあいつつあるのだろう。

新宮はこの論攷の最後のほうで、〃我々は人格であるのであって、人格を持つのではない〃といった《所有》批判によく見受けられるフレーズを引き、その拙速を戒めている。「それは我々がそのように言うから真理なのであって、この言明の外側にそれを支える根拠を求められるわけではない」のだと。

ここで新宮の念頭にあるのは、一つには《所有》における超越者との関係であり、一つには所有と他有のあわいにある特異な感情であり、最後にもう一つ、さまざまな症状が〃無根拠〃の傷口であると同時に主体にとってある種の防衛体制にもなっているという点である。

第一点について。《所有》と《存在》の関係を論じるときにしばしば引きあいに出されることだが、フランス語のil y aや、ドイツ語のes gibtというフレーズにみられるように、ヨーロッパ語では「在る」はしばしば、非人称の主語と「持つ」あるいは「与える」という述語との組み合わせで表現される。新宮もこのことにふれているが、ただその非人称の主語を「超越者」に関係づけている。「人格にとっての存在と所有の区別」も「人間と超越者との関係」の理解と不可分であるとし、そのうえで次のように問うのだ。——「人間はモノに対して所有という関係を持ちうる。では、超越者は、人間に対して所有という関係を持ちうるのだろうか。この問いに肯定で答えたとき、我々は存在を所有から区別する根拠を失うのではないだろうか」と。そして、「我々が神に所有されながらしかも神は我々を所有しないで我々に存在を許すという危うい状態を、恩寵などの観念を用いて表現し、辛うじて病的事態から自分を守っているように思われる」（傍点は引用者による）と続ける。ここに提示されている問題は、わたしたちの行論もまた抱え込んでいる論点なのだが、それについてはのちに「立法者なき掟」から「第三者による裁定」への移行を論じる段であらためて取り上げることにしたい。

第二点は、所有が存在へと転化する局面に着目するものである。ヴァイオリニストが演奏しているときに、演奏している主体はかならずしもヴァイオリンというモノに対して自律的であるわけではない。ヴァイオリニストは演奏中、楽器を支配するというよりもむしろそれに身を委せているのであって、「所有において、その所有の主体性がなくなるということは、そのまま他者に所有されることにはならない」。（本書第5章の註でもふれたように）「もつ」には、占有（possession）としての「もつ」と包含（implication）としての「もつ」の二様があって、ここでいわれているのは、占有されるものが主体にたえず巻きつき、主体を侵蝕し、そうして当の主体に「占有」という水準そのものを超出させてしまう、後者の「包含としての所有」である。そしてこの自律から他有に転ずるその手前に、あるいはそのあわいに、「瞑想」とか「崇敬」といった感情が生まれ、それが、モノとの関係が他律へと転落することから主体を守っているという。これを逆にいうと、「こういった感情の機能が働かず、自律的な所有が他有に直接に移行してしまうところに、憑依状態などの病気が生まれる」のだと。

そして第三点。新宮はこう述べる。――「強迫神経症者は、偉大な他者によって所有されることを微かな性的悦楽として期待しつつ、他方ではその他者の所有から逃れるために、念入りな症状を組み立てる」。新宮はここからフロイトにおけるエディプス・コンプレックスの概念に言及し、神経症と宗教現象との密接な連関についての議論を遠望するのであるが、わたしがここで注目したいのはむしろこの文章の後半、「他者の所有から逃れるために、念入りな症状を組み立てる」というときのその症状の念入りな制作、それが主体の混乱を取り繕う防衛の策としてあるということである。

ここで確認しておきたいのは、以上の三つの局面で見いだされた「恩寵」とおぼしきものと、「崇敬」の感情と、症状の組み立てとは、それぞれにそれぞれの仕方で、患者の失調・乱調の患者自身による苦しまぎれの弥縫《びほう》、ないしは補償として機能しているということである。精神病理における症状と、症状についての患者の訴えとのあいだには、不分明な溝がある。患者の訴えは診断において主要な資料の一つをなすが、同時にそれは、すくなくとも部分的には、患者によって精巧に演出された「物語」でもありうる。訴えとしての語りは、騙りとしての語りでもある。長井真理も、統合失調症患者にはしばしば「内省の亢進」がきわだった特徴として見受けられることがあるが、そのときに「内省の亢進を端的に病識の保持と同一視したりしてしまうならば、内省の亢進それ自体のうちに潜んでいるかもしれない病理性は、われわれの目を逃れてしまうことになるだろう[*8]」と忠告している。描写と捏造、語りと騙りはそう容易く判別できるものではない。

だがまたその一方で、新宮が指摘していた三点も、端的に症状として理解してよいものではない。「恩寵」を待つこと、あるいはそれに与ることは、けっして狂信ではないし、ヴァイオリニストが楽器に身を委せるのも、音楽とともに「崇敬」の感情に浸されるのもけっして陶酔ではないし、さらに自伝的な語りもだれもが日々おこなっていることであり、またそれなしでは〈わたし〉の存在そのものがありえないものである。となると、日々のいとなみのうちの何かが病的なものに裏返ってしまうのはいつか、そしてなぜか、という問題が生じざるをえない。じっさい、人格の失調・乱調への防衛体制とその病態との区別というのは判然としたものではなく、精神が不安定なときに、たとえばふだん通勤時に歩く道路を意識して寸分違わずに歩いたり（常同行為）、ふだんなら聞き流すような相手の発言に論理の飛躍があるとそのつど細々と詰問したりする（過剰な合理主義）ときのように、ふだんならいいかげんにしていること、聞き逃していることに躓く現象ははたしてたんなる強度の亢進なのか、それとも病態なのかというのは、なかなかに判定の難しいことがらである。

ここでつい思い出してしまうのは、文化人類学者のクリフォード・ギアツが「反＝相対主義」への反駁を意図する講演のなかでなした機知に富んだ揶揄である。[*9] 病者や異文化の人たちのふるまいをめぐって何が natural（自然本性にかなっている）で、何が unnatural（自然本性にもとる・反する）かというふうに、nature（自然本性）という概念を持ち込むことへの批判である。そのような議論は、たとえばサディズムをめぐって、他人を甘嚙みすることはとりたてて不自然な行為ではないが、そうした部分行為もいずれ全体のかたちを損ねてしまうほどに攻撃的なものとなれば、自然にもとるという。だがギアツにいわせると、それは「サディズムはあまり力を入れて噛み過ぎなければ自然である」といった奇矯な論である。[*10] つまりサディズムにも善いものと善くないものがあるというわけだ。ここでは詰まるところ、徳と悪徳との関係は、秩序と無秩序、正常と異常、健やかさと病のあいだの関係と違わないことになる。つまりそのふるまいが「しかるべく〔適切に〕機能している」(function properly) かどうかの問題になるのだが、何よりその「しかるべく」が難物なのである。いうまでもなく、この properly はわたしたちの主題である property と家族をなす語である。議論はじわりじわり収斂してゆかねばならないのに、主題の裾野は広がってゆくばかりである。問題は難儀だが、広く深く根を張っている。

14 解離

死を遅らせる？

じぶんの物を「じぶんのもの」として体験できない。いつもすでに何か別のものにすりかえられている。あるいは、じぶんの思っていること、考えていることがいつも他人に、時にはマスコミにつつ抜けになっている。トイレで尿といっしょにわたしの魂が流れ出てゆく……。《所有》にまつわるこうした病症を訴える患者において、危機的な状況にあるのはいったい何か。いいかえると、そもそも《所有／固有》《プロプリエテ》という理念は、人の生存の何を護るため、防禦するために案出されたのか。

前章の議論で、一人の精神科医（長井真理）は、ここにみられる「自己所有性」の不成立ないしは「自己所属性」の否認は、最終的には「物の同一性に対する信頼の喪失」にまでつながるものだと見ていた。もう一人の精神科医（新宮一成）は、《所有》の観念に起因するとおもわれるこうした病理は、《所有》と《存在》の交差ないしは反転という、主体にとってきわめて危機的《クリティカル》な意味をもつ局面で発生しているとした。いずれにあっても、じぶん、そしてそれを包み、支える世界が在ること、そのことの可能性が問題化している場面、ひるがえっては、じぶんという存在が逼迫し、消滅してしまうかというぎりぎりの場面にまなざしが向けられていた。所有する者（主体）の存在が同一の世界というものの存立といわば一つの対となって問題化していた。

こうした症例ははたして、何かをじぶんのものとしてもつこと、所有することが、所有する者としての自己の主体性もしくは同一性を支えきれていない事例としてあるのだろうか。あるいは、そもそもひとはなぜその存在の同一性にこだわるのか。[*1] くわえて、その場合にじぶんがここに「在る」ということは、「同じ一つのものとして在る」ということとおなじであるのか。所有する者としての主体の同一性は、所有という事態が成立するための決定的な条件なのか。もしそうだとすると、譲渡できないものとして何ものかを所有する主体自身が「譲渡可能」な存在であるという、あのクロソウスキーの論点は最後的には所有論の域を超えている、つまり所有論としては破綻せざるをえないということにならないか。

所有の観念史ならびに制度史について壮大な歴史記述を試みたジャック・アタリは、『所有の歴史』という副題をもつ著作 *Au propre et au figuré*（一九八八年）を、「数千年来衝突しつつ相ついで生じてきた所有概念のいずれの把握の背後にも」つねにあったオブセッションについての記述から始めている。――「所有が秘め隠しているもの、それは死の恐怖だ」と。

わたしたち人間は、ヒトとして出現して以降ずっと、死の恐怖に深く脅かされてきたし、いまもまちがいなくそうなのだが、だからこそそのもっとも強い願いは、生き残ること、つまりできるだけ「死を遅らせる」ことにあった。が、所有とこの「死の恐怖」との結びつきについて、これまで注目されることはほとんどなかったとしたのち、アタリは次のように述べる。*2

まず、持つと在るは、本義でも転義でも、ほとんどつねに混合している。なぜなら、本義では、生きるために何か食べるもの、身を守るものを持たねばならない。持たぬこと、それは、集団から排除され、したがって死滅に脅かされることだからである。人は持つならば在る。転義では、最も未開の言語においてすら、個人――ないし民族――はその所有〔固有性〕によって、アイデンティファイされ、弁別される。つまり、自分の名前、言語、土地、所有がそのアイデンティティを告げるからである。人は彼が持つところのものである。さいごに、人は占有するところのものに隷属させられる。つまり客体は、主体を拘束し、定義し、条件づけ、所有主体よりもながく存続するからにほかならない。人は彼が持つところのもののものである。

ついで、持つと存続するは、つねに具体的に結びついている。本義（飢えにそなえるために貯蔵する収穫、将来に備えて節約する金銭）でも、転義（大いなる旅路のために自分の財で飾る墓）でも。

さいごに、持つとは、極限では、無限に使用し、殺しあるいは破壊できること、自己の死に執行猶予をあたえることにほかならないからである。

アタリは同書で、「死を遅らせる」この戦略の歴史として所有の観念・制度史を描きだそうとするのであるが、それにあたって所有の歴史を、何かをわがものとする「占有《ポセッシオン》」を社会的に承認された「所有《プロプリエテ》」へと変換する術の変遷として叙述する。当初は慣行によって、ついで軍事力によって、最後は人為法によって、というふうにである。その叙述についての検討はのちにあらためてなすことにして、さしあたってこの段階で問題にしておきたいのは、自己の生存を必死でつなごうとする主体が、自己を同一のものとして持ちつづけること、つまり〈身を持ち崩すことなく〉身を持すこと、そのse + avoirという構造である。「持つ」ということにあって、なぜ「持つ」主体における同一性の保持——その安定性(stabilité)と恒常性ないしは永続性(permanence)——が要請されるのか。そこではなぜ、主体がみずからの存在を持ちつづけようとする傾向(tendre à persister dans son être)が、とりわけて「所有する」ことの条件とされるのか。[*3] それを吟味すると、《所有》をめぐる人びとの強迫観念の究極の根が「死への恐怖」にあるという断定を大筋においては認めつつも、そこにはなおいっそう立ち入って議論しなければならない問題があることも見えてくる。

「時間の函数」

何ものかをじぶんのものとして所有するという事態は、そもそもが時間的に限定されたものである。所有物はずっと手元に置くこともできれば、手放すこともできる。秘匿しておくこともできれば、取り出して見せることもできる。失われることもあれば、破壊されることもある。しばらく人に預けているが、いずれ返してもらうものでもある。欲しがっていたものであるが、要らなくなったものでもある。その意味で、何かを「持つ」こと、つまり占有という関係は、マルセルのいうように、「時間の函数」[*4]（fonction du temps）である。それを構成する変数は、いうまでもなく所有する主体と所有される客体〔対象〕である。ちなみに、マルセルはこの「時間の函数」について次のように述べている。

持つということの中には、明らかに二重の永続性（permanence）がある。何者か（主体）の永続性と、何か（対象）の永続性と。しかしこの永続性は、その本質からいって、失われるおそれにさらされている。それは欲されている、少なくとも願われている、しかしそれは手にはいらない。そしてこの（永続性を）おびやかしているものは、純然たる他者の手である。この他者は、世界自身であることもある。このような世界に相対するとき、私は自分が私であることを悲痛なまでに感じるのである。私はおそらく私からもぎとられようとしているこの事物を、自分につよく抱きしめる、そしてそれを私に合体させ、それとただ一つの、分解できない複合体になりたいと絶望的に試みるのである。絶望的に、そしてその努力はついに無駄におわるのであるが……[*5]

所有する者はつねに、じぶんが所有する物のその永続性が失われる可能性、奪われる可能性に晒されているのであるが、その喪失の可能性の極まるところでもっとも強く、もっとも痛切に、じぶんが所有する主体であることを感じる。*6 ということは、所有する者がその所有物を喪失することで、主体としてのじぶん自身をも揺るがせるということである。所有する者は、つねにその所有主体としてのじぶんが崩壊する可能性にも晒されているということである。

　右に引いたマルセルの文章で、《所有》という視点から確認しておくべきことが三つある。

一つは、所有という関係——より正確にいえば、マルセルがいうところの「持つ」の二つの様相のうちの一つ、「占有としての持つ」(avoir-possession)——には二つの固定項があるということだ。つまり持つ「者」と持たれる「物」である。これをマルセルは、「分極性」(polarité)とも呼んでいる。ただしここでは固定項があるというよりもむしろ、あると想定されているといったほうがよい。そして長井真理の患者はこの二つの固定項がともに不安定であるか、もしくはそのあいだに一義的な関係が成り立っていないのであった。

　次に、中段でいわれる「私は自分が私であることを悲痛なまでに感じる」(je me sens si douloureusement *moi*) という表現は、本書第9章に引いた花を摘んだ少年の次の言葉を思い起こさせる。「ぼくが摘んだんだよ、ほかのだれでもないよ」(c'est moi, ce n'est pas personne autre)*7。「張り合いの体制」の下、自己の所有が他者によって危うくされるときに、他者を押しのけるという仕方で、わたしはそれの「わたし」への帰属を強調するということである。所有する「者」と所有される「物」との分極性に、他者という存在が直角的に介入してくるのである。分極した関係を妨害するものとしても、その正当性を承認するものとしても。

　そして最後に、所有が「占有としての持つ」という位相にあるかぎりにおいては、ひとは

「物」をそっくりわがものにすること、つまり意のままにすることはできないということで締める。思い起こせばマルセルは、「持つ」ことの深奥、つまりわたしの身体（corps propre）について、こう書いていたのだった。――「わたしが事物を意のままにすることを可能にしてくれるその当のものが、現実にはわたしの意のままにならない」[*8]のだと。ひとは何ものをも所有しつくせないのである。

マルセル自身はこの「身体を持つ」ことのありようを転換点として、「持つ」ことが占有としてのそれを超えて、「包含としての持つ」（avoir-implication）へと議論の焦点を移してゆくのであるが、所有論という文脈では、「持つ」の「創造」的な次元というよりもむしろ、わたしのふるまいの「習慣」という次元を、先にその問題圏に引き込んでおかねばならない。

所有と習慣

さて、「持つ」（avoir、ラテン語ではhabeo）が「時間の函数」であるという先の指摘からただちに思い起こされるのは、「習慣」がhabitude（ラテン語ではhabeoの過去分詞に由来するhabitus）と、それこそ言いならわされてきた事実である。

あるものがその存在を保とうとすること、それは（物体の「惰性」とは区別して）「習慣」と呼ばれてきたが、習慣はじつに「持つ」ことの現実態であるともいえる。というのも、所有される「物」との関係は、その「物」をわがものとして保持し、用いるなかで、しだいに主体の経験の体制へと縫い合わされてゆき、やがて主体の器官と化して自動的にはたらくようになるからである。そういう自動的なはたらきを人びとはこれまで「習慣」と言いならわしてきた。習い、慣れること、である。慣れることを、古語では「慣らふ」と謂うが、「慣らふ」はものごとをくり返しおこなうなかでそれに「倣ふ」（＝習ふ）ということであり、そしてやがてそれに「馴る」ということである。

　興味深いのはこの「慣らふ」に似た事態が、西欧語においてはさらにいっそう多岐にその意味内容を拡げてゆくということである。たとえば「慣れる・馴らす」はフランス語ではhabituerであって、あきらかにラテン語の「持つ」（habeo）に由来するのであるが、そのhabeoからは、すでに述べたようなhabitude（習慣）のみならず、habit（衣裳）やhabiter（住む）といった語も派生する。

　それにしても、習慣と衣裳と居住とが共通の語源をもつことにはいったいどのような訳があるのか。たとえば、靴を履き慣れる、杖を使い慣れるということ。このなかで靴や杖はそれを使うわたしたちの身体の嵩ばりのなかに収容されてゆく。あるいは逆に、身体がそれらへと拡張されてゆくといってもいい。靴を履いて歩くとき、わたしたちの触覚の先端は、靴底の、足裏と接している側にではなく、地面と接する側にまで拡張しているし、さらにそのとき杖を手にしていれば、感覚は掌と接している杖の把手ではなく、地面を探る杖の先にまで伸びている。これとほぼ同様のことが、衣服を身につけるときにも起こっている。服を着ると、「わたし」という存在の表面が皮膚から衣服の表面へと移行する。そのとき他人に服の下へと手を差し込まれたら、わたしたちはまるでじぶんの内部へ手を突っ込まれたようなおぞましさに身をすくめる。服の内側は、フィジカルにいえば「わたし」の皮膚の外側、つまりはじぶんの外部であるはずなのに、である。衣服を身につけることで「わたし」の存在の輪郭は皮膚から衣服の表面へ移行したからである。衣服の内部は「わたし」の内部、「わたし」にのみ親密な、つまり他者には秘匿されてあるべき空間なのである。おなじように、住まいもまたわたしたちがその内部でおのれをほどいたままにしておける親密な空間である。

習慣は人の生存において、ある種の永続性をもった〈地〉として、隠れてはたらいているものである。フェリックス・ラヴェッソンによれば、感覚と運動、感受性と自発性とは、その反復のなかでちょうど逆方向に変容してゆく。反復は、受動性としての感覚を弱め（affaiblir）、能動性としての運動を強める（exalter）。「感受性は減じ、自発性は増す」（La réceptivité diminue, la spontanéité augmente）[*9]。この過程を繰り返すうち、感覚は少しずつ摩耗して強度を下げてゆくのに対し、運動はより容易に、そして確実で迅速になり、知覚なら明晰かつ敏捷になる。一つの型として主体の活動のなかに沈降してゆき、やがて自動的に起動するようになるのだ。習慣がつくとはこのことであり、それはいってみれば「無反省な自発性――意志や人格や意識の領域を出て、それより下へ、有機組織の受動性の内に、次第に進入し定着するところの自発性――の発展」である[*10]。習慣はこのように「意識の最も明瞭な領域から次第に下降して行くに際し〔……〕意識の光を携えて自然の奥底へ暗夜へと下って行く」のであって、その意味で、「獲得された自然」ないしは「第二の自然」と呼ばれてきたのである。ラヴェッソンはスピノザの概念を承けて、習慣を「生まれた自然」(une nature *naturée*) であり、「生む自然 (la nature *naturante*) の相継ぐ業蹟であり啓示である」ともいっている。[*11]

習慣がつくというのは、ある一つの活動を反復するなかで、それがさらに別のさまざまな行動へと変換可能な〈不変式〉へと生成してゆくことである。こうした行動の図式《スキーマ》は特定の状況にのみ対処できるというのではなくて、いろいろに変換可能であるという意味でまさに一般化されたものであって、それらをたえず組み換え、さまざまに転調させてゆくなかで、世界との関係の網を拡張し、かつ安定的なものに変えてゆく。たとえば自動車の運転が習いとなると、意識は操作すべき機器のほうではなく、前方の道路状況にしかと向かうようになるし、さらに運転しながらハミングしたり、思考を巡らせたり、助手席の人と語りあったり、無線電話をしたりもできるようになる。人のふるまいとはこのようにつねにさまざまの習慣の次元を重畳化したものとしてなされているのだ。ラヴェッソンはそういう意味あいを再確認するかのように、その『習慣論』の冒頭の記述をほぼそのままに末尾の言葉として繰り返している。習慣とは「存在を構成せる働きそのものを固執しようとする傾向」(la tendance à persévérer dans l'acte même qui constitue l'être)[*12]であると。

このようにして蓄えられた多岐的で重層的な習慣の〈地〉の上に、感覚的に出会われる世界のみならず、思考と操作の対象となる理念的な世界がどんどん重ね描きされてゆく。その過程では、習慣のみならず、主体の側のまなざしの多重化も同時にはたらく。たとえば自己をまなざす他者の視点、さらには自他をまなざす第三者の視点を想像的に重ねてゆく。そのとき空間そのものも、パースペクティヴとしてここという地点に収斂させられる実践空間から、等質的な幾何学的空間ともいえる虚想空間へとたえず変容してゆくし、また、「わたし」へと極化《ポラライズ》されている〈環境世界〉（Umwelt）から、間主観的に成りたつ一義的な〈世界〉（Welt）へと変容してゆく。空間の多次元的な構造がいわば身体に縫い合わされてゆくといってもよい。習慣はこういうかたちで、存在を新たな水準・次元へと押し上げてゆく。そしてふり返っていえば、マルセルのいう「包含としての持つ」（avoir-implication）も、演奏者が楽器どころか、音楽そのものに身を委ねるという、新宮がとくに注目した局面も、この過程で生まれるのだろう[*13]。そう考えると、次のラヴェッソンの物言いはきわめて印象的なものである。「自ら起した変化はいよいよ自らに固有のものとなる」（le changement qui lui est venu de lui-même lui devient de plus en plus propre）[*14]。

　ほとんどの習慣論はふれることがないが、ここで一つ、忘れてはならないことがある。それは習慣が崩れうるということである。そもそも何らかの習慣を身につけるということ自体がそうだ。一つの習慣の創出は、先行する別の習慣の組み換えとしてあり、そのかぎりで先行する習慣の失効にほかならない。そこでは先行する習慣を乗り越え、刷新するために、あえてその起動を抑える。たとえば画家は、苦労して身につけた画法、つまり筆遣いの型ないしは図式に知らず知らずのあいだに逆に制約されていることに気づき、その反創造性を打開するために、あえて利き手の動きを封じて、利き手でないほうの手で筆を持ったりする。鍛錬にもとづくおのれの「器用」を封じ込めるのである。そのようにあえて不協和な状況をつくりだすこともあれば、反対に、何かの原因で習慣をかたちづくるいくつかの要素の協和が不全となり、やがていわば身崩れを起こして破綻することもある。そしていずれ諸事物にかかわる同一的な主体として身を持すこともかなわなくなり、身を持ち崩しさえする。

行為のなじみの図式、その重畳態が、一定度の整合性をもつところに、ひとりの人格《パーソン》が「時間の函数」としての《所有》における独立変数として姿を現わすとして——裏返していえば、一定度の矛盾や対立、つまりは不整合がつねにあって、そのなかで同一でありつづけるということでもあるが——、この一定度の整合／不整合の境がどこにあるかというのが、ここで問題になってくる。人格の複数的な現われがときに二重人格とか人格に陰があるとか指さされつつも正常とされ、ときに病的とされる、その理由が問題になってくるのだ。それが人格における〈解離〉という現象である。

〈解離〉という現象

気持ちがキープできない。そう、気持ちがもはやもたないといった、人格の失調や瓦解。じぶんがここにあるという感じがしない、じぶんがそのつど別の者として現われ、そこに何のつながりもないといった、いわゆる多重人格の現象。こうしたひとりの人格における連続性の、同一性の消失は、精神病理学の分野でしばしば〈解離〉現象と呼ばれる。そのばあいに興味深いのは、わたしたちが〈解離〉ということで理解している現象が、英語ではdissociationと言い表わされていることである。dissociationはassociation（社会化）の対項、つまり社会化の失敗もしくは不全ということである。では人格において社会化の不全とは何を意味するのか。

ここで思い起こしたいのが、わたしたちが本書の第8章でD・ヒュームの所有論を検討したときに着目したこと、つまりヒュームが人間の精神《マインド》〔心〕を一つの〈社会〉とみなしていたことである。彼はそこで、人間の知性や情念を、ある凝集力もしくは「引力」によって構成される一つの〈連合体《アソシエーション》〉として捉えていた。そして「共和国」の比喩をもちいて、人間の精神の体制を次のように描きだしていた。――「同一の個体としての共和国が、その成員を変えるばかりでなく、その法と体制を変えることができるのと同様に、同一の人（人格）が、彼の同一性を失うことなく、彼の印象と観念ばかりでなく、彼の性格と傾向を変えることができる」[*15]と。そうして人間の精神を、諸知覚の「団《かた》まり」（bundle〔束〕）もしくは「集まり」（collection）に喩えていた。

このような「団《かた》まり」もしくは「集まり」が破綻したとき、そこに起こるのが〈解離〉である。心的外傷《トラウマ》や多重人格性障害の研究に取り組んできた米国の精神病理学者、フランク・W・パトナムによれば、〈解離〉はかならずしもつねに病的であるわけではないが、病的なものとなった場合、その症状はおおむね二つに分かれるという。一つは「健忘と記憶症状」、いま一つは「解離過程症状」である。前者には「時間喪失体験、基本的知識の忘却とそれにともなう困惑、自己史記憶の連続性に生じる空隙、知識の出所の健忘、および侵入的記憶（たとえば外傷後／解離性フラッシュバック）」が見られ、後者では「離人と非現実感、被影響感／被干渉感、幻聴、トランス様状態、分離的同一性障害（多重人格の交代人格状態群など）、認知処理の独特な変化で最近ますます解離性「思考障害」と概念化されつつあるもの」が属するとされる。[*16]〈解離〉のそもその定義は分析の立場によって微妙にずれるようだが、さしあたっては、さまざまのふるまいの形や状態のあいだで統合や連結が成り立たずに、バラバラの、離散的（discrete）な状態にあることとしておく。そういう観点に立つと、発達初期における児童の行動は「バラバラの行動状態のワンセットによって構成されている」と想定される。そして「健康な認知と感情の発達のためには、児童がこれらの行動状態の制御（調整）を身につける必要がある。病的解離は、離散的行動状態の自己調整における深刻な破断と、複数の行動状態間にまたがる知識と自己感覚との統合がメタ認識的水準において失敗したことの反映である」[*17]と、パトナムはいう。多重人格性障害は「離散的行動状態」（discrete behavior states）の一範疇とされるのである。

難解なのは、病的解離を呈する人たちがそれ以外の人たちと明確に区別できる一つの型《タイプ》なのか、それとも連続的な解離過程の一極なのかという問題である。臨床的にいえば、解離は「圧倒的な外傷に直面した個体を保護する防衛過程」といえるのであるが、その中核症状として（所有論との関連で）とくに重要なのが「同一性の変更」という事態である。人格が第一の同一性、第二の同一性、第三の同一性と切り替わるときに、それぞれの同一性は遮断され、それに関する重要な情報も移行のたびにそっくり忘却される。そしてこの遮断が病的になるのは、解離行動の内容が一定の限界を越えるとき（当該個人に関するもっとも基礎的な情報が忘却されるとき）、ならびに解離行動の持続期間が一定の限界を越えるときであるとされる。これらの現象が当該個人の社会的・職業的な活動をあきらかに損なう程度まで昂じたときに解離は病的となるのだが、ただしいずれの場合も「社会集団が違えば、文化が許す解離の範囲も違い、限界も違ってくる」。そこの判定がむずかしいところである。
持つ「者」としての主体の同一性の体制のしくみを考えようというときに、参考になるとおもわれるのは、ここで導入されているDBS（離散的discrete・行動behavior・状態states）モデルである。先に、発達初期の児童の行動は「バラバラの行動状態のワンセット」によって構成されていると書いたが、パトナムによれば、新生児の場合、とくに五つの「基礎的行動状態」をワンセットとして示す。状態Ⅰでは、乳児が静かに休んでいる。状態Ⅱでは、乳児はレム睡眠下にあって、四肢と体幹を周期的に動かしてもぞもぞしている。状態Ⅲでは、意識はうとうと状態から醒めて明晰であるも不活動状態にあり、状態Ⅳでは、目覚めの活動と前啼泣状態（ぐずり）にあり、最後の状態Ⅴでは、大泣きする。乳児はこのような五つの行動状態の環のなかにあって、五つの状態のあいだを行き来するのであるが、それらのあいだの経路はさまざまに敷かれていて、その全体が乳児にとっての「行動状態空間」ないしは「行動建築」をなす。そしてこの空間、この建築によって「個人の人格」は規定されるというのである。[*18]
この行き来、つまりたがいに不連続な状態間の移行は切り替わり《スイッチング》ともいわれるが、その相互連絡経路は児童の成長とともにしだいに複雑なものとなってゆき、切り替わりの段差もより大きなものとなる。こうして児童の行動のレパートリーも飛躍的に増大し、無数の支線もできて、「発達の蜘蛛の巣」がより高次化され、さらに人生全体にわたって拡大してゆく。児童自身のそれら行動状態間の相互往復と相互調整の全過程には、つねに保護者等のおとなが干渉し、介入してくる。いうまでもなくそこでは同期と反撥が並行して起こる。それらの相互移行において何らかの連続性の感覚を維持できているかぎりで、ひとはその異なる脈絡を架橋してそれぞれの「わたし」を構築してゆく。そのあいだの切り替わりが、歪曲や妄想、偏向や切断によって歪められるとき、状態間の切り替わりはそのまま遮断と分離に転化して、「わたし」は複数の人格へと分裂する（ここでは切り替わりと架橋は時間過程においていわれているが、これを空間化したところに、動物ならたとえば餌場、交尾場、営巣地といった飛び地がイメージできるかもしれない）。*19

こうした離散的行動状態間の移行を動機づけているもの、いいかえると、離散的行動状態間の移行空間の容積を限定しているもの、そして移行の経路を一定の回路として方向づけているものは、じつのところ何であろうか。アタリが述べていたように、それは最終的には主体の生存をめぐる恐怖や不安の感情にちがいないにしても、その生存はじっさいには一定の歴史的な文化のなかでいとなまれるわけで、その意味で移行の回路はつねに歴史的に限定された一定の容積と構造のなかで設定される。ということは主体の同一的で連続的な存在と想定されるものも歴史的に規定され、整形されてきたはずである。

その意味では、ここでいう移行回路の一定の容積と構造も、移行のパターンも、所有する「者」の自己形成のたんなる周辺条件などではけっしてなくて、むしろその構成的要件であるというべきである。つまりそれらは、歴史的に拓かれたもろもろの可能性の遊動空間（Spielraum）というか、歴史的・構造的に可変的な制度ないしはマトリックスとしてあるのであって、なにか一定の普遍的規則の変項《ヴァリアント》にすぎないものではないのである。

歴史的アプリオリ？

となると次に問うべきは、この移行が動く一定の空間を拓くために動員されてきたさまざまの動機づけの仕組みである。これを所有論の文脈でいっておけば、所有する「者」のこの永続性をかたちづくるのは、一つには、それが他者に介入されることのない内的な自己関係をもつことによってであり、そしていま一つには、「わたし」による占有が正当な占有として社会的に認定されることによってである。自己完結した内部性と社会的な承認、この二つが同時に成立することが、《所有》という関係を成り立たせるための条件である。そしてそのために、考えられるあらゆるレトリックがそこに動員される。そのレトリックを構成する諸要素がまさに強迫観念として主体にまといつく、というか主体を内から構築してゆくのである。そしてそのレトリックに内蔵されているいくつかの擬装されたロジックを析出するというのが、わたしたちがこれまでめがけてきたことであった。所有する「者」の存在を内側から構造化しているこうした概念設定や意味連関が歴史的に媒介されたものであることは、当の主体自身には隠されている。隠されたままに、おのれの存在の唯一性《ユニークネス》やその近さ（im-mediacy、すなわち直接性＝無媒介性）、私秘性《プライヴァシー》や独自性《オリジナリティ》、そしてプロプリエテという観念、すなわち「じぶんだけの」という「固有」と「じぶんのもの」という「所有」の二義性の下でおのれの存在を了解すべく、あがいてきたのである。

そして、それら操作観念のなかでもとりわけ人びとの情動に強くはたらきかけるのが、propre

のもう一つの意味、「清潔な」である。「所有／固有」(propriété)、「清潔」(propreté)、さらには「適切」と、まるで瓦を少しずつずらせ、重ね合わせるかのように設定されてきたプロプリエテの連結体。それが近代という歴史的文脈においてまるで拘束衣のようにして人びとを締めつけてきた、その仕組みのもう一つの深部へとさらに錘鉛を降ろしたい。

「清潔」という観念がどのようにはたらきだすかを考察するに先立ち、そもそもその観念がわたしたちに強迫的にまといつく、その機制がわたしたちの存在のどのような水準に位置づけられるものかを、まずはかいつまんで見ておこう。

「清潔」とは何よりも感覚を縛る観念である。そのかぎりでなかなかに対象化しにくいものである。が、もう一方で、それは衛生学等の科学的＝政治的な文脈に引き入れられて一種の数字フェティシズムともいえるような規準(criterion)をいわば政策的に設定されもしてきた。このことはある意味で、所有権《プロプリエテ》が所有の正当性にかかわる権利問題(quid juris)であると同時に、これはわたしのものだという主張やあるモノの私的使用にかかわる事実問題(quid facti)でもあるというその両義性に対応していると、とりあえずはいえる。それによって、何かをわがものとすること、しているということという意味での占有《ポセッシオン》と、それをわがものとすることが認められていること、あるいはそう言える根拠という意味での所有〔権〕《プロプリエテ》――つまり、「他者から異議申したてをうけることなしに、思いのままに利用したり、譲渡したり、あるいはそれが産みだしたものを保持すること」、したがって「その使用から他者を排除すること」の正当な権利[*20]――の区別がなされてきたのである。

問題はそこで、その二つの次元を分離したままにしておくことではなく、この二次元を交差させることにある。権利の問題が、歴史のなかに生まれ落ち、そこで生を営みつづける人びとにとって生の〝超越論的条件〟をなすこともあれば、逆に、事実と思っていたことがじつは権利の問題だったということもよくある。ここで問題なのは、(論理的には撞着《どうちゃく》にならざるをえないが)なんらかの〈歴史的アプリオリ〉と言うほかないものである。

〈権利〉という規範的な観念の基礎づけは、「理性的」な手続きによる正当化という論議のなかでは完遂しえない。それは同時に歴史的な〈制度〉として、人びとの存在を枠取り、刻みを入れ、さらに仕立てなおされ、文字どおり骨肉に印字される。いいかえると、意識的に設定された規範もたえず人びとの身体的生存のうちに沈澱し、いわば感覚化させられてきたのであって、だからわたしたちが以下で試みるように、汚穢の観念や禁忌《タブー》の強迫性のうちに、「自然」へと変容した潜在意識的な規範を読みとることもできる。感覚や情動のうちに深く沈澱した規範である。事実的なものと規範的なものとは共軛的にはたらきだすのだ。

じっさい、リューディガー・ブープナーもいうように、わたしたちの行為は、理性的に規制されもすれば、理性中立的に、あるいは没理性的に、さらには反理性的に規制されもする。[*21] その意味で、「規範は歴史と構造的に結びついている」。[*22] ついでにいっておけば、先に〈解離〉の正常性と病理性との区別がいかに難解かについて述べたのも、この正常／異常の臨床的判断が歴史的状況のなかでの規範的な論議と切り離せないからであって、Normalität(正常性)とNormativität(規範性)とはたがいに浸透しあいながら、歴史的＝制度的に生成してきたものだからである。

所有〔権〕を規範的な次元で論じるにあたっても、それをいきなり（たとえば普遍化可能性のような）理性的規準にしたがって一気に正当化しようとするのではなくて、一定の歴史的状況の下で、「規範化」（Normierung）と「正常化」（Normalisierung）と（政治的な意味での人びとの行為の）「規格化」（Normalisation）という三つの契機の複雑な交錯をそのつど読み取ってゆく必要がある。そしてそのような視点から、次章では《清潔》という強迫観念、つまりいわば生理と化した〈掟〉と、《所有》の観念との、隠れた共軛関係について考察したい。

15 清潔という名の強迫

〈清潔〉という規範

〈清潔〉という規範は、「細菌」という存在の発見とともに民衆に普及すると同時に、かれらに強迫的に作用する神経症的な観念ともなっていった。この観念の社会への浸透を歴史的に検証したジュリア・クセルゴンの『自由・平等・清潔』（一九八八年）は、その冒頭で次のように述べる。

十八世紀まで、皮膚の垢は日常的な風景の一部であり、効用を認められているとはいわぬまでも、少なくとも許容されてはいた。ところが十九世紀に入ると、この保護的な皮膜、この馨《かぐわ》しからざる殻はにわかに耐えがたい代物と化し、人々の不安をかきたてるようになった。その結果、清潔への気遣いが生まれ、体を水で洗うことが要求されるようになったが、ではいったい、体を清潔に保つことへのこうした関心は、いかなる迂回路を通って、礼儀作法のコードの必要不可欠な項目となり、社会的義務として重要視されるようになったのか。[*1]

クセルゴンによれば、十九世紀の後半に定着した「身体衛生」についての言説は、身体の清潔さについて人びとが描くイメージを劇的に転換したが、それとともに、衛生／不衛生という二項対立が人民を上流階級と労働者階級へと分断する新しい規準として機能しはじめ、そこからさらに〈清潔《プロプルテ》〉についての「衛生学的な気遣い」が人びとの私秘的な義務として強く意識されるようになっていった。家族の居住空間が、ひいては個人の身体が、なによりも個人が秘匿し、管理すべきプライヴァシーの空間として、ある種の強迫性をともなって受けとめられるようになったのである。*2

propreという語が「所有／固有」の二義性のみならずさらに「清潔」という意味契機を有するということ、そしてその名詞形がそれぞれ propriété と propreté の二つに分岐していることに注目する本書にとって、この議論のポイントになるのは、《propre》がここで人びとの心性の、近代特有のありようを規定する諸概念の布置の一角をどういうかたちで占めているのかということである。いいかえると、近代の《所有権《プロプリエテ》》の概念がその構成上、どういうかたちで〈清潔《プロプルテ》〉のそれと密通しているのかということである。

この本の訳者でもある鹿《か》島《しま》茂《しげる》は、そのあとがきで、西欧近代における心性と感性の変換という社会史研究の先覚者とされるアラン・コルバンの『においの歴史』（Alain Corbin, *Le miasme et la jonquille—L'odorat et l'imaginaire social XVIIIe–XIXe siècles*, Aubier Montaigne, 1982.）にことよせて、次のように述べている。——「コルバンは、こうした嗅覚的警戒心の誕生を、感性の無秩序を廃し身体衛生にも厳格な倫理観を当てはめようとするブルジョワ意識の成立と捉え、ここに、悪臭と芳香、不潔と清潔のマニ教的二元論の発生を見ている。ひとことでいえば、悪臭と不潔という否定的概念は、ブルジョワ的階級意識、すなわち「近代」によって発明されたというのがコルバンのテーゼなのである」[*3]。つまり、「ブルジョワ階級は、垢を下層階級に固有の劣等性のしるしとみなし、清潔な体を差別化（ディスタンクシオン）の有力な武器」としたといえる。そしてクセルゴンもまた同様の見地に立って、この衛生観念が国家意思と一体となって、都市施設の改良から下層に属する民衆のある種強制的な身体洗浄へと展開されるその過程を検証しているというのである。

　ここから、何かがじぶんのものであるという所有の意識、他なるものを迂回したり、それに媒介されたりすることなく自己自身と直接に関係する固有の内部という観念、自己に付着する異物を洗浄せよという清潔の規範、ならびにそれと結びついた私秘性《プライヴァシー》や私生活《インティマシー》の観念などが、たがいに共軛的なかたちで連動していることは、すぐに予想されることである。そしてここにみられる概念の連接こそが、《propre》という観念の強迫性を駆り立てているであろうことも。

〈汚穢〉という観念

「吐きそう」と、よく言う。言うどころか、何かあるおぞましい出来事、あるいは腐敗し異臭を漂わせる物に遭遇して、じっさいに吐いてしまいもする。ちょうど調理中、包丁で指を切ること、拷問で爪を剝がれることを想像しただけで背筋に悪寒が走るのとおなじで、たとえ想像にすぎなくても狼狽《うろた》えて、体が、居合わせた状況を拒むのである。

　おぞましい状況にあってのこの内からの切迫、あるいはその状況内にじぶんがいることの拒絶、さらにはその状況そのものの否認。瞬時にほとんど自動的に発動するこの棄却への衝動は、なにゆえに起こるのか。問いはそれである。とはいえここで、汚穢、不浄、不潔、不快、あるいは「おぞましきもの」をめぐる強迫観念や禁忌、それらの機制をたとえば人類学的に踏査しようというのではない。《propre》が「所有／固有」のほかにもう一つ、「清潔」という意味契機をもつこと、つまり《propre》という同一の語において、「所有〔権〕」と「固有」と「清潔」という三つの意味が連接していることをどう解釈するのかということである。おぞましきもののなかでもとくに激しい反応を引き起こすのは汚穢や腐敗であろう。そうしたおぞましさや不浄の対項となるのは、いうまでもなく清潔や清浄である。この、いわば生理と化した〈掟〉と「所有／固有」の観念との、隠れた共軛的関係こそ、ここで考察したいことがらである。

　とはいえここで〈清潔〉とは、右にみた衛生的、消毒済みといった近代に特有のそれに限定されるものではない。それはもっと一般的な心性であって、つねに汚物や穢れを拒絶もしくは忌避するよう強いるものであり、つまりはおぞましきものの棄却を発動させる観念である。それにしても、人を恐慌状態に陥れるもの、人の心身を硬直させたり痙攣させたりするもの、背筋に悪寒が走るほどにおぞましいもの。それらはなぜそれほどまでに強圧的に人を怯えへと追いつめるのか。

　それを解く糸口として以下でまず参照しておきたいのは、汚穢《おわい》論としてもはや一つの古典的解釈として定着しているともいえるメアリ・ダグラスの『汚穢と禁忌』（一九六六年）――原題は

Purity and Danger（清浄と危険）——である。

ダグラスの議論を貫くもっとも基本的な視点は、「さまざまな象徴を分類するなどのような方式もそれを孤立的に捉えるかぎり理解不可能なのであって、その象徴を生んだ文化における分類法全体との関係においてみる[*4]必要があるということである。汚穢をはじめとして忌避のターゲットとされるもののその忌避や棄却の理由は、それじたいで確定できるものではなく、つねにもろもろの象徴の分類秩序との関係のなかに求められるということ、つまり汚穢《ダート》とは、「事物の体系的秩序づけと分類との副産物」だということである。そしてもう一点、汚穢は、そういう秩序との関係でみれば、「本質的に無秩序である」[*5]ということ。

まずはこの二つの視点を交差させるところに導かれる汚穢の定義を、以下に見ておこう。ダグラスは、わたしたちは「汚物＝回避が細菌学によって変形させられる以前の——例えば痰壺に器用に唾を吐くことが非衛生的であると考えられる以前の——汚物＝回避の基礎を、分析し」なければならないとしたうえで、次のように述べている。

汚《けが》れに関する我々の概念から病因研究と衛生学とを捨象することができれば、そこに残されるのは、汚物とは場違いのものであるという例の定義であろう。これはきわめて示唆に富んだ方法である。それは二つの条件を含意する。すなわち、一定の秩序ある諸関係と、その秩序の侵犯とである。従って汚《けが》れとは、絶対に唯一かつ孤絶した事象ではあり得ない。つまり汚れのあるところには必ず体系が存在するのだ。秩序づけとは、その秩序にとって不適当な要素を排除することであるが、そのかぎりにおいて、汚れとは事物の体系的秩序づけと分類との副産物なのである。汚れをこのように考えることによって、我々は直ちに象徴体系の領域に導かれることになり、汚れと聖潔の象徴体系との関連が一層明らかに予想されるのである。*6

ダグラスはこんな例をあげている。靴はそれ自体としては別に汚いものではないが、食卓の上に置かれるととたんに汚いものに転じる。食物もそのものとしては汚いわけではないが、衣服になすりつけたりすると汚いものに変わる。戸外で用いるものを室内に持ち込んだりしたときもおなじ。つまり「汚穢に関する我々の行動は、一般に尊重されてきた分類を混乱させる観念とか、それと矛盾しそうな一切の対象または観念を非とする反応にほかならない」*7という。そうした意味で、「汚れ」（dirt）もしくは「不浄」（uncleanness）はもとより「相対的観念」なのだ。汚穢や不浄が「場違い」（out of place）なものであるなら、それらもあくまで場を構成する「秩序」をとおして考察しなければならないのであって、したがって汚穢や不浄とは「ある体系を維持するためにはそこに包含してはならないものの謂い」*8にほかならないというわけだ。

これをいいかえれば、わたしたちの知覚には「濾過」とでもいうべきある種の選択作用があって、従前より保持してきた解釈の体系に不適合な事実についてはそれを変形ないしは歪曲し、そうしたうえで「異例なもの《アノマリー》」、「曖昧なもの《アンビギュイティ》」として組み入れてゆくということであろう。

ここで「曖昧なもの」、つまり両義性（ambiguity）は、いわゆる両価性（ambivalence）とおなじではない。両価性が愛／憎のような対立する価値が和解できないままにせめぎあいつつ対峙している事態をいうのに対し、両義性とは、対立する二つの意味のいずれとも解しえて、したがってその意味を一義的に確定できない事態のことである。具体的にいえば、そういう両義的なものが集中して現われるのは身体の開口部である。唾、洟《はな》、血、乳、尿、大便。体内から漏れ出たばかりのこれらは、自己の一部でありつつ自己ではないもの、身体のもはや内部とはいえないが未だ外部ともいえないものである。身体から剝落したもの、たとえば剝がれた皮膚や切り落とされた爪や髪についても同様のことがいえる。そしてもっとも危険な汚れは、いちど体外に排出されたものが元の内部に入ることである。同一の穴を出入りする涎《よだれ》や洟や便。これらはまさに内と外の境界を侵犯している「曖昧さ」の最たるものである。[*9]

自／他、内／外といった主体にとって恕《ゆるが》せにできない境界をなし崩しにする、あるいは侵犯する、そういう主体にとってとりわけ「傷つきやすい」出来事が発生するのが、身体の開口部であるとすれば、そして自／他、内／外というのが個人の、というよりもむしろ社会的な意味分節だとすれば、身体は社会に埋め込まれた象徴形式の「雛形《モデル》」であるともいえようし、またそこに刻み込まれているのは主体がその内に住まうところの「社会のイメージ」であるともいえよう。[*10]

このように考えてくると、汚いもの、不浄なもののみならず、じつは汚穢、不浄という観念そのものが両義的なものであることが見えてこよう。汚穢や不浄といった観念は、わたしたちの身体の、したがってまたそれとして存在する〈わたし〉の脆さ、壊れやすさというものを告知しており、その意味で「危険」なものであるのだが、しかしもう一方で、それらはそれぞれの文化における「秩序創出の副産物」ともいえるのであって、つまり所与の象徴秩序を「脅かす」というかたちで、揺らぎかけた秩序を下支えするものだということである。いいかえると、それらを否認し棄却する〈清潔〉の観念こそ、経験を所与の象徴秩序が内蔵する論理的範疇へと組み込むことで、宇宙についての「人々の合意を保護する」もの、わたしたちの社会の象徴秩序の崩壊をあらかじめ防ごうとするものだということである。*11

禁忌の構成的機能

秩序崩壊への誘因となるある契機が、同時に、その秩序維持のための防柵ともなっているというこの逆説からわたしたちが遠望できるのは、〈清潔《プロプルテ》〉の観念こそが《所有／固有《プロプリエテ》》の固陋さを裏打ちしているのではないかということだ。しかも個人的な心理作用ではなく、共同的な「強迫観念《オブセッション》」（強迫的な幻想）として、である。ここではおそらく、いわば反動形成として出現する「おぞましさ」「厭わしさ」の感覚が、脆くて壊れやすい主体を状況しだいで隔離することによってその同一的存在を補強している。その意味で〈清潔〉は、主体の自己同一性が不確定になる状況、つまりは《所有／固有》の崩壊への防壁となっている。

ここで〈わたし〉という主体の同一性の確保が、汚穢や不浄の棄却、つまりは主体の隔離と連動しているのだとすれば、それは、主体にはつねに次のことが要請されているということ、すなわち、自己との（他に媒介されない）直接的な関係、純粋な（混じりけのない）関係、異なるものに媒介されていない自己とのピュアな関係、つまり絶対的な〈近さ〉というものが要請されているということを意味する。他者や異物によって介在されることのない、自己自身との透明な関係であり、その存在の自己完結性である。〈わたし〉の「在る」が、じつに、この自己との近接、密着、直接性（＝非媒介性）に懸かっているということであろう。

こうした推理を後押ししてくれるのが、ダグラスの著作に先立つこと二年前に公表されたエドマンド・リーチの論攷「言語の人類学的側面——動物のカテゴリと侮蔑語について」である。かれはそこで、禁忌《タブー》の強弱の程度は、「前提とされた〈自己〉《セルフ》から〔……〕の相対的な距離に対応する」[*12]という。たとえば、まず社会的空間を〈自己〉からの隔たりでカテゴライズし、さらにこれとおなじように、他者との関係、さらには他の動物との関係をカテゴライズすれば、

自己—家—農地—野原—遠方
自己—姉妹—いとこ—隣人—異邦人
自己—ペット—家畜—獲物—野生動物

となる。第二列の五つの契機はそれぞれ、自己そのもの、結婚できない近親者、キスだけの親族、結婚可能な人、社会的関係を結べない人として規定できる。おなじく第三列の五つの契機は、自己そのもの、食用が厳禁されているもの、一定の条件下で食に供されるもの、食用のもの、食用を不可とするものとして規定できる。そして性と食をめぐる二列の五つの契機がきれい

に対応していて、このなかで近親者とペットがそれぞれ性的関係においても食用（もしくは屠殺可能性）においても禁忌とされる（しかも、動物のそれは侮蔑語として使用される）。つまりそこで禁忌とされるのは「Pであると同時に〜P」であるという重複部分である。人間を性関係で分類することと、動物を可食性によって分類することと、さらに侮蔑語の候補となしうるカテゴリーとのあいだには、このようにあきらかな対応関係がある。そしてさらに「人体から泌み出るもの」についても同様のことがいえるのであって、大便、尿、精液、月経血、切り落とした爪や髪、垂れた涎もそれぞれに厳しい禁忌の対象となる。「私であって私でない」という曖昧（＝両義的）なものだからである。

〈自己〉というものは、閉じること、隔離されることでその同一的な存立を得る。〈自己〉が怖れるのは他と入り混じることであり、他との混淆であり、そのかぎりでの曖昧《アンビギュイティ》さである。それを回避するために導入されるレトリカルな諸要素（＝観念契機）はこのように、たがいに異質な文脈を近接させつつ、考えうるかぎりもっとも緊密に、そして隙間なく編み合わされている。何かを忌避ないしは棄却することで、〈自己〉を防衛するというよりはむしろ、はじめて仮構する、そういう機制が、〈清潔〉の観念を綴じ糸としてはたらきだすのだとおもわれる。

きれいは汚い

「固有」と「清潔」という二つの観念の共軛的な関係については、これからの議論のためのおおよその手がかりが摑めたとして、「所有」と「清潔」の関係についてはどうか。それをめぐってわたしたちは次に、ダグラスの汚穢論を批判的に引き継ぐジュリア・クリステヴァの『恐怖の権力――〈アブジェクシオン〉試論』（一九八〇年）を瞥見しておきたいとおもうのだが、それに先だって、汚物の問題を起点に従来の所有論へのパロディともみなせるシニカルな議論を展開する、ミッシェル・セールの『パラジット――寄食者の論理』（一九八〇年）へと小さな迂回をしておきたい。「土地私有権の糞尿的起源」と題された一章である。

　セールも、清潔なもの（汚れていないもの）と、わたしの所有物、ならびにわたしに固有のものという三つの契機の連動を問題にする。寓話のようにしてそれが綴られるこの章で、最初に俎上にのぼせられるのはルソーの、あの、土地を囲う私有宣言である。『人間不平等起原論』（一七五五年）の第二部冒頭の、よく知られた箇所をまずは引いておこう。――「ある土地に囲いをして「これはおれのものだ」（Ceci est à moi）と言うことを思いつき、人々がそれを信ずるほど単純なのを見いだした最初の人間が、政治社会（société civile）の真の創立者であった[*13]」。

　ルソーもいうように、この「最初の人間」が登場するまでは、土地は「万人のもの」（être à tous）であり、また「だれのものでもない」（n'être à personne）ものなのであったが、そのいわば共有のものをわたしのものとして「囲う」（enclore）行為が、わたしによる所有《プロプリエテ》の宣言となる。じぶんのものとして所有するとは、元来共有であったものを私物としているにすぎないのだが、セールは、その場合に「どのようにしてわれわれは共同のものを私有《プロプル》の〔清潔な〕ものにするのだろうか[*14]」と問うて、次に見るような寓話もどきの話を持ち込む。わたしのもの（être à moi、すなわちpropre）として「囲う」この行為を、サラダやスープに唾を吐きかける行為に喩えて描くのである。少し長くなるがその叙述を引いておく――

長い間寄宿生としての生活を送った人、したがって、もっとも内密な行為に至るまでも、そこでは私的なものが決して無事ではありえないあの集団生活を送った経験のある人は、大皿のサラダを皆でいっしょに食べることに耐えられない寄宿生の思い出をもつことだろう。サラダ鉢が出されると、その寄宿生はそのなかにつばを吐きかけたものだ。そうすればサラダは彼一人のものになるのだった。サラダは全部彼のもので、それを奪おうと争う者は誰もいなかった。他の多くの者たちと同じように、彼はルソーの問題を解決したのだった。彼がスープのなかにつばを吐いたと皆はいうだろう。そのとたんに、スープは彼のものとなる。新たな中断された食事。

誰も堀や杭を必要とはしない。ここでは、吐きかけたつばが飢えた競争者を永久に遠ざけるからである。あなたはきっとこの男を恨むことだろう。なぜならあなたもまたサラダが好きだからだ。しかしまたきっとあなたは、彼が首尾よく自分のものとしてしまったサラダに手を出そうとはしないだろう。おそらくあなたは彼を殺すだろうが、しかし抑えようのない嫌悪感のためにあなたの舌は口の奥にひっこんだままだろう。ここに私的なものが出現するのだ。嫉妬した双子の片方が突如姿を消してしまったかのように、それは突然、安定したものとなるのだ。[*15]

まるで動物たちのマーキングである。たとえば犬がじぶんのなわばりに印をつけて回るにひとしい行為である。あるいは鳥がみずからのテリトリーを保持しつづけんと、その囀《さえず》りでもって他の鳥たちを威嚇するにひとしいともいえる。まさに縄を張るに代わる行為である。ここでは所有をめぐって、その正当性を根拠づける議論を尻目に、動物たちがみずからのテリトリーとして専有している空間を保持するために、その排泄物を付けて回る行為にまで引きずり下ろされている。

おなじような揶揄もどきの議論は、ロックのいわゆる労働所有論にも向けられている。ロックの、みずからの労働を混入することで産みだされた物は、その労働力の所有者である人のものだというその議論を、セールはこうパロディ化する。——「労働によって、私が大地に汗を流すと、その土地は私のものだ。その土地は私の汗のにおいを宿しているからだ[*16]」と。わたしの労働が混入されているというのも一つのレトリックにすぎず、実際のところは、わたしの排泄物によるマーキング以上を出ないのではないかというのだ。

だれのものでもない物をわたしの物とすること、社会空間の一部をわたしの空間として専有すること。物に、空間に、みずからの排泄物で印をつけること——他人の家に盗みに入り、「おれがもらった」という印にかの「立派なもの」を残してゆくという習癖は、彼の地でもこの地でもひとしく見受けられるものらしい——、これに所有の宣言が象徴されるのだとすれば、わたしは何かを汚すやいなや、それはわたしのものとなり、他者たちはもはやそれに手を出さなくなる。

排泄物という「汚い」もので印を付けるのは、他者を排斥するためである。汚いのはあくまで他者にとって、である。そういう汚いものの印でわたし自身の固有な存在、つまりは汚れていないものとしての〈清潔〉が保たれる。逆説的なことながら、ここでは「汚れ」が「私固有の〈清潔な〉ものである」(propre)ということの証になっている。そのかぎりで「私的所有は盗みではなく、それは単に汚物であるにすぎない」[*17]と、セールはいう。

以上の寓話的ともいえる思考は、所有を人間という主体に内在する何ものかによって根拠づけようという所有論のもくろみを揶揄するものであるといえる。とりわけ何かを排除することで成立するような《所有》の観念から、その事実においてもその権利の根拠づけにおいても、どのように身を剝がしてゆくかを視野に入れてなされた議論だとおもわれる。しかし、議論の核心にある〈所有の〉「起源」がなぜ「糞尿的」であるのかについては、未だ不明なところがある。というのも、犬たちのマーキングにしたところで、糞尿はかならずしも「汚い」もの、厭わしい臭いを醸すものではないだろうからである。なわばりの印はむしろ、自己との同一性、他者にとっては自己との差異として受けとられているとおもわれるからである。

棄却《アブジェクシオン》をめぐって

《所有》は主体に内在している何かある要因からではなく、人間社会の象徴秩序そのものの構造によって規定されるべきだという視点の必要性、さらには、社会の秩序形成においてなぜ汚物や腐敗物がいちばんに棄却されるべきおぞましいものとされるのかの理由が不明であること。この二つの問題は、じつは汚穢論を展開するもうひとりの思想家によっても指摘されている。『恐怖の権力』のジュリア・クリステヴァである。

彼女もまた、〈自己〉の同一性が不確定となる状況を前にして、いいかえると「存在が自己の脅威に対して」企てる反撥、あるいは対抗戦略として、汚穢をとらえる。ダグラスの汚穢論をベースにして、「おぞましきもの《アブジェクト》に化するのは、清潔とか健康とかの欠如ではない。同一性、体系、秩序を攪乱し、境界や場所や規範を尊重しないもの、つまり、どっちつかず、両義的なもの、混ぜ合わせである[*18]」という点から議論を開始する。ちなみにここでアブジェクト（abject）とは、クリステヴァの定義で、分離すべく（ab）投げ出されたもの（ject）を意味する。そしてダグラスの表現をトレースするかのようにこう述べる——

> 穢《けが》れとは《象徴体系》からの落ちこぼれである。それは、各個人の一時的な集合体から抜け出し、遂にはひとつの分類体系、構造を形成するに至る社会総体が依拠する論理的秩序から、社会的合理性から洩れ落ちるものなのである[*19]。

ここで、「落ちこぼれる」（choir）、「洩れ落ちる」（échapper）といわれているのは、ダグラスが「場違い」のこととして、「〔既定の象徴体系に〕包含してはならない」としたことに対応する。クリステヴァもまた「汚物を禁じて、それを俗界の秩序から脱離させ、即座に聖性の次元で裏打ちする」という文化の機制、つまりは汚れ（saleté）を穢れ（souillure）へと転化させるその機制を問題とするのである。

ここでクリステヴァは、たしかにこの棄却作用《アブジェクシオン》が〈自己〉の「防柵」（garde-fous）であることを確認するだけでなく、さらにそれが「私が〔自然から〕文化へと上昇する糸口」でもあるという論点へと推し進める。クリステヴァによれば、ダグラスの議論は、穢れを秩序の境界、周縁などに関連する要素とみなす「統辞論的」な分析のかたちをとるにとどまるので、「社会組織を一個の「象徴体系」として構成するこの境界画定、排除、禁止の主体面での価値」を十全にとらえられずに、「主体の力学」（dynamique subjective）と「普遍的な共通コードとしての言語」を捨象してしまう。[*20] そしてそのことによって、社会の象徴秩序に関してもその一般的な構造しか語れず、なぜその秩序がその社会の骨格をなしているのかという具体的な歴史の読み込みへと展開していかないのだと、クリステヴァはいう。汚穢が内蔵する危険性は「観念の構造に内在的な」ものに起因するのであって、「汚穢の危険性（danger）は、象徴秩序が差別と差異の装置である限り、象徴秩序自身が恒久的に蒙る危険（risque）を主体に対して表わしている」。[*21] その意味で、汚穢《けがれ》（pollution）の力も汚物自体に内在的なものではなく、それを定める「禁止の力に見合っている」（proportionnelle à la puissance de l'interdit）というのである。

そしていま一つ、ダグラスの議論において依然として未解決のままだとクリステヴァが指摘するのが次の問題である。——「身体の廃棄物、たとえば経血や糞便、あるいはそれに類する、爪から腐敗物までの一切のものが、——肉化した隠喩のように——象徴秩序のこうした客観的な脆さを代表〔表現〕しているのは何故なのか」[*22]。

こうした批判的視点をもってあらためて汚穢論を〈アブジェクシオン〉論として展開したクリステヴァの試みを、このあと見てゆきたい。

16 〈棄却〉から〈本来性〉へ

嫌悪、拒絶、嘔吐

たとえばこんな記述――

> たばこの巻き紙のように薄く、爪の切り屑のようにろくでもない、ミルクの表面に張った無害な薄皮が眼にふれ、唇に触れたとたん、声門が、いやまだもっと下方の胃や腹が、ついには内臓がひとつ残らず痙攣し、そのために身体は引きつり、涙と胆汁がこみ上げてきて心臓は動悸を打ち、額と手に玉のような汗が滲み出る。めまいがして目の焦点が定まらず、このミルクの膜に逆らって嘔吐が身をよじらせ[*1]〔……〕

記述は強烈だが、大げさではない。人によって、あるいは文化によって、このような嫌悪と拒絶と嘔吐とを引き起こす対象は別にもありえようが、まずは身近なものについていえば、これが「おぞましき」食べ物を目の前にしたときのわたしたちのとっさの反応であろう。そして「おぞましき」生きものに遭ったときや、指を切断する夢を見たときなどにも、身体の別の箇所でこれに対応するような身体の痙攣や硬直が瞬時に起こる。

引用するにあたって文章を途中で切ったのだが、これに続く文章は、この反応についてのクリステヴァの解釈の方向性をあらかじめ祖述するものである。

〔……〕私にそれを差し出した母や父から私を切り離す。彼らの願望のしるしとなっているミルクを《私《ジュ》》は欲しくないのだ。《私》は何も知りたくない。《私》はそれを受けつけず、吐き出す。けれども両親の願望のなかでこそ存在している《私》にとって、この飲み物が《他者》ではありえない以上、《私》は自分を定立したいと思うその動きと合わせて、自分を排出し、自分を吐き出し、自分を棄却《アブジェクト》するのである。

棄却したいもの、棄却せずにおれないものが、最終的には棄却する「わたし」自身となるという事態。棄却というふるまいにおいて、何かを棄却しようとする者が棄却しなければならないものの筆頭となって、棄却それじたいが成り立たなくなるという逆説である。わたしたちはここで、いやでも、所有という事態のなかで、所有する者というか、所有権を有するとされる者自身がだれにも譲渡されえない固有な存在であるのは、かれが自身のその存在を譲渡しうる者であるかぎりにおいてであるという逆説を思い起こさずにおれない。所有のみならず清潔においてもおなじような事態が発生してしまうこと、このことの構造的ともいえる必然性をクリステヴァはどのように示そうとするのか。

喪失と棄却

J・クリステヴァがそのアブジェクシオン論を展開するにあたり、その起点として参照したM・ダグラスの汚穢論は、「汚れ」を端的に次のように規定していた。――「汚《けが》れとは、絶対に唯一かつ孤絶した事象ではあり得ない。つまり汚れのあるところには必ず体系が存在するのだ。秩序づけとは、その秩序にとって不適当な要素を排除することであるが、そのかぎりにおいて、汚れとは事物の体系的秩序づけと分類との副産物なのである」[*2]。

一方、ダグラスが「場違いなもの」と規定したこの汚れのありようを、クリステヴァは次のように解釈する。――「汚穢は即自的性質ではなく、境界(limite)に関連するものにのみ適用される。それはもっと特定化すれば、この境界より洩れ落ちたもの(objet chu)、境界の外側(autre côté)、周縁を表わす」[*3](傍点原文)と。クリステヴァもまた汚穢を「事物の体系的秩序づけと分類」と関連づけるのだが、ただしその「副産物」としてではなく、より踏み込んで、体系《システム》としての秩序に内在する構造的な危険に由来するものだと考えている。

クリステヴァによるそうした踏み込みは、見るところ二様のかたちをとっている。一つは、体系としての秩序そのものの「脆さ」(fragilité)への着目であり、いま一つは、〈自然〉から〈文化〉へと変換する過程でアブジェクシオンがいわば蝶番《ちょうつがい》の役を果たすその機制への着目である。

第一の点をめぐり、クリステヴァはこういっている。――「おぞましきもの《アブジェクト》に化するのは、清潔とか健康とかの欠如ではない。同一性、体系、秩序を攪乱し、境界や場所や規範を尊重しないもの、つまり、どっちつかず、両義的なもの、混ぜ合わせ（l'entre-deux, l'ambigu, le mixte）である」[*4]。「場違い」ということに汚穢の本質を見るこの議論を、クリステヴァはダグラスと共有している。ところが、クリステヴァはここから、秩序というものの「脆さ《フラジリテ》」をダグラス以上に際立たせてゆく。そしてそれが踏み込みの第二のかたち、つまりは汚穢という事象を、〈主体〉ならびに〈社会〉の生成史に繫げて論じる脈絡である。ある社会秩序のなかでの〈主体〉の構造化に対応するのは〈社会〉が内蔵する象徴体系であるからだ。「清潔」と「所有」という二つの意味の連動がかかわる問題圏を探るにあたって目が離せないのは、クリステヴァがダグラスの身体のコスモロジカルともいえる次元からさらにこうした主体の生成史という垂直的な場面へと移行してゆくところである。

「おぞましきもの」というのは、ある対象の実体的な属性ではなくて、それが置かれたある状態であって、しかもそれは「私に対立するという性質」（qualité de s'opposer à *je*）しかもたないと、クリステヴァはいう。こうした自己への脅威に対して主体が企てる「暴力的で得体の知れない反抗」、それがアブジェクシオン（何かをおぞましきものとして棄却すること）である。そのかぎりでアブジェクシオンは、主体にとって一つの「禍《マル》」であるといえる。このとき重要なことは、この「禍」が主体の「脆さ」に由来するものではなく、むしろ最終的には「象徴秩序の脆さ」に起因するものだということである。

アブジェクトに思いがけなく遭遇する場面を、クリステヴァはたとえば次のように記述する。

異様なものがどっと、だしぬけに出現する。それは、暗い、忘却の淵に沈んだ生活のなかでは私にとって身近なものであったかもしれないが、完全に私から切り離され、忌わしいものとなった今は、私を責め苛む。[*5]

ここで「異様な」(étranger) ものとは、主体にとってよそよそしい異他的なものであり、「身近な」(familier) ものとは、主体にとってなじみの親密なものである。まるでフロイトによる「不気味なもの」の定義をなぞるかのような口吻だが、これが意味するのは、アブジェクシオンには、この異他的なものを親密なものから切り離し、遠ざけ、棄却するにとどまらず、異他的なものがじつはもともと親しいものであったのであり、それを外部に棄却することで〈主体〉として自己形成するという、〈わたし〉という主体の、屈曲した構造化のプロセスが潜んでいることである。

もっとも親しいものの、もっともおぞましきものへの転成。おぞましきものは、したがって主体にとっていやでも両義的なものとして現われてこざるをえない。「ごく近くにありながら、同化し難いもの (tout près mais inassimilable)。それは欲望をそそり、欲望を不安と魅惑に投げ込む」[*6] といわれる。おぞましきものとは「誘引する力と反発する力の対極」のことであって、一方では、激越な吐き気や恐怖や苦痛のなかで、在ってはならぬものとして嫌悪され、否認され、棄却されつつ、その一方で、主体を妖しく誘いだしもする。クリステヴァによれば、（自己の）「外部」（dehors）へであり、さらにいうなら「意味が崩壊する場所」へ、である。

　しかし、そもそも、おぞましきものが主体をその「外部」に連れ出すとはどのような事態をいうのか。すこし込み入った表現だが、それについてクリステヴァは次のように書いている。

> 自己のアブジェクシオン〔棄却行為、おぞましさ〕とは、主体のある経験、つまり彼の対象がことごとく、彼の固有な存在の基礎となっている発端の喪失にしか根拠を置いていないこと（que tous ses objets ne reposent que sur la *perte* inaugurale fondant son être propre）が主体に暴露されるような、そういった経験の最高の形態なのであろう。*7

主体の存在はある根源的な「喪失」という出来事に負うというのである。この「喪失」が意味するところは、なぜおぞましきものを代表するものとして「身体の廃棄物、たとえば経血や糞便、あるいはそれに類する、爪から腐敗物までの一切のもの」があげられるのかという問題と結びついていると、クリステヴァはいう。

> 糞便とは言うなれば、身体を貫く混淆、変質、腐敗を切り捨て、自律するために新陳代謝〔ということはつまり、恒常的な喪失（perte）――引用者註〕を営む身体から絶えず切り離されてゆくものを指している。この身体から失われてゆくもの（perte）を代償として初めて身

体は清浄にして固有のもの（propre）となる。精神分析学の所見によれば、肛門の排泄物は人が最初に統御できる物質の分離（séparation）である。さらにこの明確な排出行為に精神分析が読み取ったものは、分割（上・下）とか不連続とか差異とか回帰とかの条件、要するに象徴性の支えとなっている諸作用の条件であり、かつまた排便よりももっと原初的な分離（母の身体との分離）の制御された反復である。*8

ここでアブジェクトというのはかならずしも汚穢としての糞便や経血に限定されるわけではなく、社会の象徴秩序の存立を脅かすもの、壊すものとして、それぞれの社会を内側から構造化している象徴体系のありように応じて異なった形態をとり、また異なってコード化されているのであって、汚穢のみならず、食や性関係における禁忌や、宗教的な罪責とかさまざまなヴァリアントをもつものといえる。だから問題はアブジェクトとして棄却されるものの対象的内容そのものというよりもむしろ、そうした負性の存在が社会の象徴秩序の基礎としてなぜ不可欠なのかというその理由であり、さらにはそのときに人間の身体的な存在がそうしたアブジェクトの生成の特権的な場となるのはなぜかという問題である。

「わたし」というアブジェクト？

おぞましきもの《アブジェクト》とは、象徴体系ともいわれる社会の秩序から「洩れ落ちる」ものである。そのように象徴秩序から洩れ落ちるものが「禍」ともいえる一つの危険であるのはなぜかについて、クリステヴァは、それが象徴秩序のなかでの主体の構造化過程を脅かすからだとする。この構造化は、いうまでもなく、他者との境界劃定のなかで他者で非ざるものとして〈自己〉が構築されるプロセスにほかならないが、それは同時に、生命過程に深く埋め込まれた非主体からその過程そのものを統御しようとする自律的な主体への生成過程でもある。そして、そのいずれの場面でも、棄却《アブジェクシオン》は主体の壊れやすい自己同一性を縁取り（border）、囲い込むためにはたらきだしているということである。

　では、主体を縁取る棄却《アブジェクシオン》が、なぜときに「禍」と化すのか。それは、社会の法という人為的な秩序が、法以前の生命的な欲動の次元にたえずその存立を脅かされているからだと、クリステヴァは考えた。つまり「［生命的なものの］この潜勢力は、まさにその威力のために、他（*autre*）として差異化されるに至らず、排除と秩序化から成るあらゆる組織体の根底にある自（le *propre*）を威嚇する」[9]というのである。このことをさらにわたしたちの問題である《所有／固有《プロプリエテ》》の観点に引き寄せていえば、それは「自分にとって身近なものを是認せぬことで形成される」[10]ということである。クリステヴァのいっている「自」（le *propre*）、すなわち「固有なもの」を威嚇するとは、そうなると、わたしたちの身体それ自身が、「固有にして清浄《プロープル》なものとしては失格し、失墜して、アブジェクトとなる」可能性というか、危機に、不断にさらされていることを意味することになる。「主体が自分自身アブジェクト以外ではありえぬのを発見して、不可能性とは自分の存在そのものであるのを悟る場合に、アブジェクトは最高度に経験される」[11]

とクリステヴァ自身もいうように、「わたし」という主体こそ、究極のアブジェクトとなりうるということだ。

おぞましきものを生みだすのは象徴秩序の構造そのものであるが、そのような構造自体を生みだし、いわばそれと相補的におのおのの主体の構造化をも進める社会的なプロセスは、それ自体がたえず生命的な欲動の次元によってその存立を脅かされており、そのかぎりで脆いものである。このような不安定な構造をもったプロセスには、自己に固有なものと異他的なもの、そして生命的なものと法的＝文化的なものという二極の対立をたえず補強しつつ維持するために——クリステヴァの術語でいえば「前記号作用《セミオティック》の威力と象徴《サンボリック》制度の法との間の境界領域」において——、アブジェクシオンがいわばその蝶番のかたちで介入している。それは、もともとじぶんが抱擁されていた生命的なものを「分離し、拒絶し、棄却する」ことでおのれの存在をそこから離脱させ、法＝文化の次元での自律的な活動へと移行させてゆく、存在の「もっとも古層にある試み」とされるのである。

「わたし」という主体の創設が、このように法＝文化の生成プロセスのなかに組み込まれているのであれば、そしてそれがみずからが抱擁されてきたものの「棄却」——それはそのまま「喪失」でもあった——という力学のなかにあるのであれば、この「棄却」こそが以後、「わたし」の「防柵」として、またみずからを「わたし」という主体として陶冶《とうや》してゆくその糸口もしくは発端として機能することになる。主体としてのあり方に固有な自己同一性が生命的なもののなかに吸引されるその恐怖の〝祓い〟が、そしてさらには主体の自己同一性を裏打ちしている社会の象徴秩序の防衛が、この「棄却」によって担われるわけである。《所有／固有》の問題系はこういう次元にまで食い込んでいる。

しかし「わたし」の創設に先立つ一つの「喪失」、さらにはおぞましきものに直面して「わたし」の防衛としてはたらきだす「棄却」は、ほんとうに何かの「喪失」であり「棄却」であるのかについて、いますこし踏み込んで見ておく必要がある。汚穢、あるいはおぞましきものは、象徴秩序から洩れ落ちるものとされたのだったが、そのかぎりでそのようなものとして象徴秩序のなかに組み入れられるとも考えうるからである。いいかえると、それはどこまでも「喪失」の、そして「棄却」の身ぶりでもありうるからである。この点に踏み込んでいたのは、おなじく《固有＝清潔》を論じるジャック・デリダである。ついでにいえば、「おぞましさ」(abject)について、それが清潔(propre)の対項であることを、クリステヴァに先だって指摘したのも、ジャック・デリダである。その著『エクリチュールと差異』(一九六七年)のなかで、主体の「汚《けが》れなきこととしての固有＝清潔(propre)という統一性」にふれて次のように書いていた。

> 私から私を剝奪(me déposséder)し、私から私を遠ざけるもの、私自身に対する私の近接性(ma proximité à moi-même)を壊すものは私を汚すのだ。そのため私は私の固有性＝清潔さ(mon propre)を失ってしまう。自己に近い主体――おのれがそれであるところの主体――の名前は清潔《プロプル》だが、客体の名前や漂流している作品の名前はおぞましい(abject)。私は自分が清潔《プロプル》であるときに固有名《プロプル》をもつ。*12

デリダもまた〈固有《プロ》=清潔《プル》〉をめぐって「分離」という視点を組み込むのだが、この引用文にも見られるように、デリダは汚れを、「わたし」の自己自身に対する近接性を壊すものとしている。これを裏返していえば、汚れなきこと(non-souillure)としての〈固有《プロ》=清潔《プル》〉とはすなわち、自己自身の絶対的な近さだということである。ここでいう近接性について、デリダはラテン語のproprius(固有な)をprope(近くに、接して)に結びつけて考えているのだが、この近接性はいうまでもなくprésence à soi、つまり自己の自己自身への直接的な現前ということを意味する。そこで右の「喪失」と「棄却」の身ぶりの話に戻ると、そこでいわれる「喪失」も、じつは自己との直接的な関係、ということはつまり他のものによって媒介されることのない(immédiat)関係の「喪失」として、じつは主体がそこへと身を移す象徴秩序のなかで事後的に書き込まれたものであるとも考えられるのである。デリダは先の『エクリチュールと差異』と同年に刊行された『グラマトロジーについて』のなかで、この過程を、「固有なるものの、絶対的近接性の、〈自己への現前〉の、喪失であって、実際、けっして生じなかったものの喪失、けっして与えられはしなかったが夢みられ、いつもすでに二重化され繰返され、自己自身の消失においてしか出現することのできなかった一つの〈自己への現前〉の喪失なのだ」[*13]としている。

　そのような方向へと議論を向かわせると、おそらく、主体が何ものにも依存することなく自立したものとしてあるという近代的な〈主体〉の観念は、一定のものを意のままに処分可能な(disponible/verfügbar)ものとして所有する主体なるものを前提としていることになって、そこから当のその主体そのものもそれとして仮構されたものである可能性が浮き立ってくるだろう。所有する主体のそのような存在は、はたして幻像なのか、それとも社会を構築するうえで不可欠な理念としてあるのか。

　このように考えてゆくと、問題はきわめて鋭利なかたちで立ち上がってくる。一つは《所有／固有《プロプリエテ》》という観念が、とりわけ二十世紀という時代に、いわば内圧を増すかたちで〈本来性〉という強迫観念として彫琢されていったことの意味への問いであり、いま一つは、〈わたし〉の自己自身への直接的＝無媒介の現前という表象が、じつは近代の民主主義的な政治における〈主権〉の理念、つまりは人民の自己自身との契約を軸とした人民の人民による統治という理念に同型的であることの意味への問いである。「純血」を標榜する民族主義的な国家イデオロギーと、もう一方では、人民がじぶんでじぶんたちを統治するという政治理念。この二つがもし、近代社会の《propre》（所有・固有・清潔）の観念と深く密通するものであるとすれば、それはどのような機制においてであるかというふうに、ここで《所有》の問題は〝近代的〟な社会構造の基底的な問題という位置を占めることになる。

〈本来性〉の神話

　二つの主題のうち、まずは〈本来性〉という観念の強迫性の検討から始めたい。

〈本来性〉はドイツ語でEigentlichkeitという。フランス語のpropreに相当するドイツ語は

eigenであるが、すでに第2章においてすでに手短にふれておいたようにさまざまの派生語をもつ。まずはEigentum。これは「所有〔物〕」である。「固有」のほうはさまざまのニュアンスをもっており、まずEigenschaftはものの「特性」や「属性」をさす。もっと抽象的ともいえる性質を表わしもし、Eigenheitなら「固有性」、Eigentlichkeitは「本来性」、そしてEigentümlichkeitならふつう「特質」とか「独自性」と訳される。さらにEigenheitとほぼ同義のEigenartigkeitという語もある。動詞としてはeignen（〜に特有である、〜の所有である）、sich eignen（適している）もあり、それを名詞化したEignungは「適性」や「資格」という意味である。

ここにはフランス語のpropreに見られるような「清潔」の意味はなさそうだが、粗雑物の混じらないそれぞれに固有のあり方を表わすかぎりで、他なるものを経由しないという意味では直接性（＝非媒介性）の、異物に汚染されていないという意味では純粋性の含みがあるといえようし、他者や異物によって介在されていないということでは、自己自身との近接ないしは密着ともいえよう。

さてこの〈本来性〉という表現を、二十世紀という時代に典型的な「隠語」の一つとして批判的に論じたのが、テオドール・W・アドルノの『本来性という隠語——ドイツ的なイデオロギーについて』（一九六四年）である。この本はハイデガーの哲学思想への激越な批判を意図した書き物であるが、論述の軸となるのは「本来性」（Eigentlichkeit）という概念のもつ「隠語」としての機能である。ここで「隠語《ジャルゴン》」とは、いうまでもなく、特定の集団、特定の業界のなかだけで通用する内輪の符牒のことである。

人がおのれ自身のもとにとどまっている（bei sich selbst verbleiben）のではなく、おのれを世界に引き渡された（überlassen）状態にあるということ、つまり、人がおのれの外にある（entäußert）こと、地盤を喪失している（bodenlos）こと、それがこの隠語の世界では人の「非本来的」なあり方として特徴づけられる。それは、その存在が一つにまとまることなく散乱している状態、中心のなさ、内面的連関の喪失、〈自己〉の空洞化ないしは衰弱といった、人が人としての本来のあり方を失っている状態であって、（ハイデガーの用語でいえば）「世人」（das Man）にあたる。それに対して「本来的」とは、人が自己のもとにあって、自己に本質的なもの——偶然的（akzidentell）でないもの——を失うことのない状態のことである。つまりここで〈本来性〉（Eigentlichkeit）とは、人に固有のあり方としての《eigen》をいわば自乗し、増幅したものである。いいかえれば、人に固有《アイゲン》なものは何かという、もともとは「あまり罪のない」問いであったものが、ここではある種の倫理的要請、ないしは「宿命」へと神話化される。人が自己自身に立脚していること、その本質を失わずにいること、そういう意味での〈本来性〉が、そこでは「深さ」や「根源性」、あるいは「絆《ビンドゥンク》」や「真の出会い」といった標語とともに語りだされる。

ここに想定されているのは、〈わたし〉という主体の〈内面性〉（Innerlichkeit）もしくはそれに固有な〈純粋性〉（Reinheit）であって、それはいわば「偶像化」されている。アドルノによるそのような指摘のなかでもとくに注目を引くのは、そうした〈本来性〉への要請がじつは対象的な内容に無関心（indifferent でかつ gleichgültig）であるという点である。[*14] そう、貨幣が商品の内容にまるで無関心であるように。

これが意味するのは、ハイデガーらが現代の消費社会における主体の「非本来的」なあり方に批判的に言及する議論そのものが、じつはそれが批判する消費社会と同型的に、そう、まるで映し鏡のように、「規格化」されているということである。この点についてアドルノは、「［ハイデガーが］予期しなかったのは、彼が《本来性》と名づけたものが、ひとたび言葉となるや、『存在と時間』が反抗しようとしたのと同じ商品交換社会の匿名性の手に落ちるという点であった[*15]」と皮肉っている。そのうえでさらに踏み込んで、「自己自身との自同性を《より高次のもの》として売り込む《本来性》という隠語が、交換不可能と思い込んでいるもののための交換規格を設計する[*16]」と述べる。交換不可能なもの（と僭称するもの）が交換システムそのものと結託しているというわけだ。

交換も代替も不可能なもの、そのかぎりで唯一的とされるものは、このように、対象的内容を欠いた「極度の抽象性における〈自己自身〉」であり、また「自己の同語反復的な自己性」（die tautologische Selbstheit des Selbst）なのであって、最後まで「失ない得ぬもの」（das Unverlierbare）と想定されているにすぎないものである。いっさいの対象的内容と切り離された〈主体〉の「自己性」は、こうしてますます空疎なままにフェティシュ化されてゆく。こうした事態について、アドルノは次のように述べる。

引き離され、固定化された自己性は、いよいよもって外的なものとなる。主体は、主体が護持し、保存する自己固有の客体となる。これこそが、現代の状況が至るところで、個体性としての主体の概念を抹殺するあの自我の衰弱（Ich-Schwäche）を見紛いようもなく生み出していることへの、イデオロギー的解答に他ならない。〔……〕《本来性》は、衰弱の意識を慰めてくれるとされているわけだが、にもかかわらず、やはり、衰弱に類似している。[*17]

「自己性」という、この「空ろな核」としかいいようのないものは、もはや「純然たる同一性」（die pure Identität）以上のものではない。そうなると、おのおのの主体の個別的な存在、唯一的な存在は、最終的には「死の代理不可能性」（Unvertretbarkeit des Todes）に求めるほかなくなる。だからアドルノはいう。「思考が、自らの根底だということで、孤立した絶対的な個体性《インディヴィドゥアリテート》に逃亡してしまえば、思考の手元に残るものは、事実上、可死性（Sterblichkeit）以外にない」[*18]と。死だけが、純粋に本人以外の者には帰せられることのないものだからである。

このことを暗々裡に予感しつつも、主体が〈本来性〉という観念にしがみついてきたのは、〈本来的〉（eigentlich）があくまで eigen であることの強調形としてあって、最終的には「自己所有」、つまりは自己への帰属（sich selbst gehören）ということにつながるからであろう。〈本来性〉はじつはまぎれもなく一箇の所有関係なのであり、「自己自身に対する占有権（Besitztitel）の名において」主体の存在を囲い込むものなのである。「自己自身に対する占有権としての主体性」、あるいは「自己の所有物（Besitz）たる自己自身」。「わたし」という主体の存在はここで、「所有関係」（Eigentumsverhältnis）へと転位したのである。「主体は自己自身を所有する限りにおいて《本来的》であるとするハイデガーの《実存論的》分析の所見は、自分自身を自分の財産であるかのように無制限に意のままにできる人間〔……〕を肯定的に賞揚する」[*19]と、アドルノはいっている。つまりは、主体の存在が「個人の自己に対する絶対的権能〔自己を意のままにできること〕」(die absolute Verfügung des Einzelnen über sich)のなかに探し求められる。そしてこの「意のままにできること」(Verfügbarkeit)が、主体の「自由」の内実となる。そういうかぎりで「自己」というものに固執しつつ存在するものとして、近代の〈主体〉はある。

こうして、〈本来性〉という、主体としての〈わたし〉に固有の問題は、《所有権》という社会的な観念としかと接続していることが見えてくる。おなじように、〈自己所有〉という主体の体制が、人民(＝市民)の人民による統治という近代の政治理念と呼応していることも見えてくる。

17 直接性をめぐって

プロプルをめぐる諸概念の連動

「所有=固有《プロプル》」と《清潔《プロプル》》。propre のこの二つの意味のいずれにも共通に連動している概念契機として、自己への近さ、透明、異物の混じりけのなさ（純粋）、別のものに媒介されていないこと（直接性）などがあるのを見てきた。が、これらの連動のしくみは、個人の意識や感覚のレヴェルのみならず、さらにそれらを下意識的に規定している近代社会のある構築原理とも、じつは連動している。その連動のしくみをもっとも明快に読みとれるものとして、〈社会契約〉というかたちで近代市民社会の政治原理を最初に提示したジャン=ジャック・ルソーの政治思想を次に検証しておきたい。

ルソーの政治思想が集約された三つの著作、『人間不平等起原論』（一七五五年）と『政治経済論』（一七五五年、ディドロらの『百科全書』第五巻に寄稿したもの）と『社会契約論』（一七六二年）のいずれにあっても、社会の形成において《所有》という問題のもつ重要性が強調されている。まずはそれぞれの著作からそれをもっとも強く表わす文章を一つずつ引いてみたい。

ある土地に囲《かこ》いをして「これはおれのものだ」と宣言することを思いつき、それをそのまま信ずるほどおめでたい人々を見つけた最初の者が、政治社会〔国家〕の真の創立者であった。*1

（『人間不平等起原論』）

ここで想い出すべきことは、社会契約の基礎が所有にあること、そしてその第一の条件は、各人は自己に属するものを平穏に享受することを認められるということである。*2

（『政治経済論』）

社会契約によって人間が失うもの、それは彼の自然的自由と、彼の気をひき、しかも彼が手に入れることのできる一切についての無制限の権利であり、人間が獲得するもの、それは市民的自由と、彼の持っている〔＝占有している〕もの一切についての所有権である。*3

（『社会契約論』）

いずれの文章からも、所有権《プロプリエテ》がルソーの政治・社会理論のもっとも基礎的な部分に据えられていることがはっきりとうかがえる。しかもそれぞれが、自然状態（l'état de nature）から社会状態（l'état civil）へと共同体が移行するその転換点に照準を合わせて議論している箇所である点も共通している。なかでも『社会契約論』の最後の部分は、原語もふくめて表示すれば、「彼の持っている〔＝占有している〕もの一切についての所有権（la propriété de tout ce qu'il possède）」であり、そこでは事実上の「占有」と権利上の「所有」とを明確に対比するかたちで述べられている。ちなみにそれに続く文章はこうである。――「このうめあわせについて、間違った判断をくださぬためには、個々人の力以外に制限をもたぬ自然的自由を、一般意志によって制約されている市民〔社会〕的自由から、はっきり区別することが必要だ。さらに、最初にとった者の権利〔先占権 le droit du premier occupant〕あるいは暴力の結果に他ならぬ占有《ポセッシオン》を、法律上の権原なくしては成り立ちえない所有権《プロプリエテ》から、はっきり区別することが必要だ」。

ついでにいっておけば、『社会契約論』で最初に自然状態から社会状態への移行が語られる箇所（第一編第二章「最初の社会について」）でも、この二つの状態にまたがって通用する原則について語るなかで（「固有」や「自身」を表わす）propre や -même という語を連発している。――「人間の最初のおきては、自己保存をはかる（veiller à sa propre conservation）ことであり、その第一の配慮は自分自身にたいする配慮（soins [...] qu'il se doit à lui-même）である。そして、人間は、理性の年令に達するやいなや、彼のみが自己保存に適当な（propre）いろいろな手段の判定者となるから、そのことによって自分自身の主人（son propre maître）となる」[*4]。

自己自身との契約

ルソーの〈社会契約〉論がめざしたこと、それをまずはルソー自身の言葉で確認しておこう。

「各構成員の身体と財産を、共同の力のすべてをあげて守り保護するような、結合の一形式を見出すこと。そうしてそれによって各人が、すべての人々と結びつきながら、しかも自分自身にしか服従せず、以前と同じように自由であること」[*5]。こうした問題に解決を与えるのが〈社会契約〉だとルソーはいう。

ルソーがその社会構想の基底に据えるのは、この、自己以外の何ものにも服従しない「自由」であり、さらにはその条件たる生存の維持（自己保存）に不可欠なものとしての「身体」[*6]と「財産」の保全である。つまり、「彼らの自由は、彼らのものであって、彼ら以外の何びともそれを勝手に処分する権利はもたない」ということである[*7]。

さて、各個人に共通のこの利益を護るために、人びとがその共同生活のなかで交わす理性的な「約束」（convention ないし engagement）は「一般意志」と呼ばれ、それが国家を構築する。そして、この構築においてその核となる重要な契機であり、かつまたその解釈をめぐり際立って物議をかもしてきた論点でもあるのが、共同体の各構成員の権利と身柄すべての共同体への「全面的な譲渡」（l'aliénation totale）という考え方である。各個人がその自由を護るために、総じてそれぞれの自由を譲渡する（＝おのれの自由を差し出すべく強制される）という逆説である。その「譲渡」の意味するところを、ルソーは次のように述べている。

この譲渡において特異なことは、個々人から財産を受けとる場合、共同体は、彼らからそれをはぎ取るのではなく、むしろかえって、彼らにその合法的な占有《ポセッシオン》を保証し、そのうえ横領を真の権利に、享有を所有権に変えるだけだということである。こうなれば、占有者は公共財産の保管者と見なされ、彼らの権利は国家の全構成員から尊重され、外国にたいしては国家の総力によって支えられるのであるから、公共の利益ともなり、また彼ら自身にはなお一そうの利益となる譲渡によって、彼らは、いわば、彼らの与えただけのものを、すっかり手に入れたことになるのである。*8

ここでのルソーの叙述は、同時代の人たちが共感をもってそこに読み込んだ事態、すなわち法や国家による強制からの解放とは、いささか趣意を異にする。ルソーの考えでは、自由とは、法からの離反もしくは離脱ではなく、その正反対、じぶんたちが理性的になした「約束」としての法にすすんで束縛されることを意味する。人びとは法的な秩序の下に入ることで、たしかに自然状態においてあったみずからの独立（＝無拘束）を放棄する。*9 その意味で、「臣民がこのような約束にのみ従うかぎり、彼らは、何びとにも服従せず、自分自身の意志のみに服従する」といわれるのである。*10

人びとの「一般意志」を行使したものとしての「主権」(souveraineté)、これが各個人がけっして譲りわたすことのできないものであるのは、それがじぶん自身の意志への服従、つまりは自己自身との契約であるからである。

この契約は、上位にある者と下位にある者とのあいだの支配／服従の取り決めなのではない。それはむしろ国家機構とその各構成員のあいだの約束なのであって、この約束は「相互的であるが故にのみ、拘束的（obligatoires）」[11]なのである。

国家機構である政府は、ルソーからすれば、「臣民（les sujets）と主権者（le souverain）との間の相互の連絡のために設けられ、法律の執行と市民的および政治的自由の維持とを任務とする一つの仲介団体」[12]にすぎない。そして「仲介団体」（un corps intermédiaire）はあくまで国家と各個人とを相互に媒介するもの、国家がそれ自身で存在するのに対して、あくまで主権者なしに存在しえないものである。これをわたしたちの懸案である《所有権》の問題に引きつけていうなら、『ジャン゠ジャック・ルソー問題』のエルンスト・カッシーラーはこれが意味するところを次のように敷衍していた。

かれ［ルソー］にとって国家は、ディドロや多くの百科全書派の人たちがそう考えたような「幸福の分配者」のごときものでは決してなかった。だから、国家は個々人に等量の財を保証するのではなく、もっぱら権利と義務の均衡を保証するだけなのである。したがって、財産に対する国家の干渉は、所有の差別が法の主体の道徳的平等を脅かす限りにおいて――つまり所有の差別が市民のある階級の完全な経済的依存を決定的なものとし、これにより富裕な力ある人びとの玩弄物とされる恐れのある限りにおいて――正当化され権限を認められる。その場合には国家が干渉することを許されるし、また干渉すべきだというのである。国家は適当な法律によって、たとえば相続についての一定の制限などによって、経済的な力の平衡をつくり出すよう努めなければならない。が、それ以上の要求をルソーはしてはいない。[*13]

この指摘は、ルソーにおける《所有権》の問題を考えるときにきわめて重要な意味をもつ。ルソーがめざしたのは、あくまで、国家が「自然的に人間の間にありうる肉体的不平等のようなもの」を、「道徳上および法律上の平等」へと置き換えることだからである。右でカッシーラーも指摘しているように、〈社会契約〉論において問題なのは、各個人の所有量を等しくするということではなくて、「所有の差別が法の主体の道徳的平等を脅かす」という事態をいかに回避するかということなのである。たしかに「一般意志」は利益の共有に基盤を置くが、それは権力や所有や虚栄への欲望に駆られてのことではなくて、あくまで理性的な必然として理解された法に各個人が自発的に従属することによって支えられているということである。それは各個人にとって「自己自身との契約」であり、ひいては社会そのものの自己決定なのであって、だからこそ、カッシーラーもいうように、「社会は従来の形態において人類にきわめて深い傷を負わせてきた。けれども、その傷を癒すことができ、また癒すべきであるのは、やはり社会のみなのである」。[*14] 件の所有権の問題も、したがってここでは、「何かが誰かによって占有されているという事態、私にも所有されるべきものが「あなただけのもの」になっている、あるいは逆に、あなたにも所有されるべきものが「私だけのもの」になっているという事態」[*15]を、どう批判的に捉え返すかという問題だということになる。

内部性

共同体に属する各個人が「自己自身との契約」をなすこと。だからみずからの身柄や権利を共同体に譲渡するにしても、それらの身柄や権利を法的に護るためであって、したがって譲渡は放棄ではなく、最終的に何かを喪失することはないということ。そして社会は構成員のこうした自己決定をとおして安定した一つの法的秩序（法治国家）へと、だれか権力者の指示や命令でなしに、かつまた別のだれかに代表されることもなく──代議士は「一般意志の代表者」ではなく、あくまで「人民の使用人」でしかないとされる*[16]──形成されてゆくこと。これがルソーが構想した、じぶんたちがじぶんたちを統治するという市民社会のかたちである。それぞれに主権者である各個人が相互の「約束」において「一般意志」をかたちづくり、それを国家という主権（souverain）として実現する。そのとき国家は共和国（république）または政治体（corps politique）と呼ばれ、一方、人民（peuple）のほうは、それに参加する者としては市民（citoyens）と呼ばれ、その法に服従する者としては臣民（sujets）と呼ばれる。

　この人民の人民による統治は、主権者（たち）の「自己自身との契約」の帰結としてあるもので、その意味で、一つの自己閉鎖系をなしているといえる。それは神のような超越的な第三項を導入しないでやってゆくという、歴史的には一種の〝神義論《テオディセー》〟と、論理的には一種の内面主義とみなせるものだ。前者の意味では、（カッシーラーも指摘していたように*[17]）ルソーは〈社会〉という「責任帰属の新しい主体を創出した」といえるし、後者の意味では、法秩序という自己閉鎖系の礎石を〈社会契約〉というかたちで置いたといえる。

　ここでいまいちど、「臣民がこのような約束にのみ従うかぎり、彼らは、何びとにも服従せず、自分自身の意志のみに服従する」という文章を引けば、臣民（sujet）がこの国家という政治体を構成する一つの自立した主体（sujet）となるのも、まさにこの新たな法秩序によってである。これにさらに、あの、〈社会契約〉は人民の「自己自身との契約」であるから、その権利と身柄の「譲渡」のなかで放棄されるもの、失われるものは最終的にはありえないという論点を重ねあわせれば、「一般意志」もまた元はといえば、各個人に固有の意志だということになる。じっさい、ルソー自身もこの点について明確に次のように述べている。——「権利の平等、およびこれから生ずる正義の観念は、それぞれの人が自分のことを先にするということ（la préférence que chacun se donne）から、したがってまた人間の本性から出てくる*18」と。

　戦争や係争の絶えない地上で、もろもろの人民がある第三者を介してある契約関係に入るというのではなく、あくまで人民のあいだでの理性的な「約束」として法秩序を樹立するというルソーのこの〈社会契約〉を、「内在性」という観点から理解しようという試みは、市野《いちの》川容孝《かわやすたか》のルソー解釈にも見られる。

「ルソーが提示する社会契約においては、一方の契約者として人民が存在しているにしても、契約する相手——それも人民なのだが——は、ルイ・アルチュセールがいうように「契約の以前にも契約の外にも存在しない」〔……〕。契約する相手が、契約そのものによって生み出されるという不思議な構造なのだが、そうすることで、ルソーは契約を、従来の服従契約という枠組から解放する」[19]。つまり、〈社会契約〉は、各個人が共同体の外部にある超越的な第三者ともいうべき存在とおのおの約束するというかたちをとらずに、あくまで共同体の「内在性のなかにとどまっている」というのである。契約のまさにその内部で、先に見たように「臣民」は「主体」として生まれなおし、さらに契約の条件である「平等」も創出されるのである。そういった事態をルソーは、「人間は体力や、精神については不平等でありうるが、約束によって、また権利によってすべて平等になる」と記していた[20]。

無媒介ということ

人民の「自己自身との契約」、つまりは社会の法秩序がこのように内部へと閉じた系をかたちづくっているということになると、自己自身とのこの契りが、あの「清潔《プロプル》」、そしてあの「本来性」と内通していることへと、考えをつなげずにはおれない。「自己自身との契約」というのは、他の何ものにも媒介されていないということであり、異物の混入がないこと、つまり他なるものに汚染されていない状態のことである。いいかえると、無媒介（im-mediated）であるというのは、自己自身とじかに、直接に（immediately）関係しているということなのである。

そうなるとわたしたちは、〈社会契約〉にみられた「自己自身との契約」、つまりは他による媒介なしに自己自身とじかに関係していることとしての関係の直接性ないしは透明性と同型的な構造が、ルソーにあっても、おなじように主体の個人としての自己形成の過程に見いだされるのか、といやでも問わずにはおれなくなる。

そのエヴィデンスが、一七六〇年代から書き継がれ、八〇年代に順次、部ごとに刊行された『告白』にある。まずその第二部第七巻に、ルソーはこう記している——

> この仕事で、記憶をおぎない、手びきになってくれるようにまとめておいた書類は、すべて他人の手にわたり、もう二度とわたしの手に帰って来そうにない。ただ一つたのみになる忠実な道案内がある。それは一連の感情のつながりであり、これがわたしの存在の連続をしるしづけ、また、その感情の原因あるいは結果になった事件の連続をも明らかにするのである。わたしは不幸はやすやすと忘れる。けれども過失は忘れられない。よい感情はいっそう忘れがたい。そういう感情の思い出は、心から消えさるにはあまりに貴重だ。事実の書きもらし、日付のとりちがえやまちがいは、やるかもしれぬ。だが自分の感じたこと、また感情の命じた行為についてまちがうことはない。そして、それこそ肝心のところなのだ。わたしの告白の本来の目的は、生涯のあらゆる境遇をつうじて、わたしの内部を正確に知ってもらうことである。わたしが約束したのは魂の歴史であり、それを忠実に書くには、ほかの覚書はなにも必要でない。これまでわたしがやったように、ただわたしの内部にもどってゆけばそれでいいのだ。[*21]（傍点は引用者による）

右の文章にみられる、「一連の感情のつながり」(la chaîne des sentiments)、「わたしの存在の連続」(la succession de mon être)、「わたしの内部」(mon intérieur/ le dedans de moi)といった表現は、〈わたし〉という存在の時間的な持続――いまは不在の過去の体験を記憶というかたちで回収できるのは〈わたし〉だけである――と、他者には伏せられた〈わたし〉の存在の内部性とを、そしてさらにそれらとの直接的で透明な関係をあらわしている。

ルソーはこの書物の冒頭で、「自分とおなじ人間仲間に、ひとりの人間をその自然のままの真実において見せて(montrer [...] un homme dans toute la vérité de la nature)やりたい。そして、その人間というのは、わたしである」としたあとで、すぐまた次のように述べている――

最後の審判のラッパはいつでも鳴るがいい。わたしはこの書物を手にして最高の審判者の前に出て行こう。高らかにこう言うつもりだ――これがわたしのしたこと、わたしの考えたこと、わたしのありのままの姿です。よいこともわるいことも、おなじように率直にいいました。何一つわるいことをかくさず、よいことを加えもしなかった。多少どうでもいい装飾を用いたところがあれば、それはわたしの記憶の喪失でできた空白をうめるためにしただけです。真実でありうると考えた場合のみ真実として仮定したけれど、偽りと知ってそうしたことは決してない。自分のありのままの姿を示しました。わたしが事実そうであった場合には軽蔑すべきもの、卑しいものとして、また事実そうであった場合には善良な、高貴なものとして書きました。あなた御自身見られたとおりに、わたしの内部を開いて見せたのです。永遠の存在よ、わたしのまわりに、数かぎりないわたしと同じ人間を集めてください。わたしの告白を彼らが聞くがいいのです。わたしの下劣さに腹をたて、わたしのみじめさに顔を赤くするなら、それもいい。彼らのひとりひとりが、またあなたの足下にきて、おのれの心を、わたしとおなじ率直さをもって開いてみせるがよろしい。[22]（傍点は引用者による）

「自分のありのままの姿を示しました」(Je me suis montré tel que je fus) であれ、「おのれの心を、わたしとおなじ率直さをもって開いてみせる」(découvrir son cœur avec la même sincérité) であれ、ここでもまさに覆いを剝がす (dévoiler/découvrir) ことで、遮るものなしに現われてくるものの存在が確信されている。

ここにわたしたちが見いだすのは、〈社会契約〉における「自己自身との契約」と、個人的主体の自己自身への関係の透明性との、みごとなまでの照応である。「清潔」や「本来性」の観念と連動していたプロプリエテ（固有性）は、もう一つのプロプリエテとしての《所有権》という社会的な観念と、あきらかに連結して起動しているのである。

自己愛と自尊心

現行の『人間不平等起原論』には、ルソー自身による、丹念でけっして短くはない注記が附されている。その一つに、次のような記載がある。

自尊心〔利己心〕amour-propre と自己愛 amour de soi-même とを混同してはならない。この二つの情念はその性質からいってもその効果からいっても非常にちがったものである。自己愛は一つの自然的な感情であって、これがすべての動物をその自己保存に注意させ、また、人間においては理性によって導かれ憐れみによって変容されて、人間愛と美徳とを生み出すのである。自尊心は社会のなかで生れる相対的で、人為的な感情にすぎず、それは各個人に自己を他のだれよりも重んじるようにしむけ、人々に互いに行なうあらゆる悪を思いつかせるとともに、名誉の真の源泉なのである。*23

自己愛《アムール・ド・ソワ》と自尊心《アムール・プロプル》との対比は、善悪の峻別以前の自然人における自己充足の無垢な感情と、社会状態における他者との「比較」からくる不穏な感情との対比である。そして前者から後者へのこの転換が、自然状態から社会状態への人間の移行を徴づけるものだと、ルソーは考えていた。自他の「比較」をするから、嫉妬や羨望、憎悪や苛立ち、優越感や侮辱といった、自然人の知らない暗い情念に突き上げられもする。権勢欲や虚栄といった、他者との「比較」に起因する欲望に振り回されているうち、人びとは自己自身を見失いもすれば、深い傷を負いもする。「自尊心」は amour-*propre* といわれるとおり、ほかならぬあの「所有《プロ》＝固有《プル》」の観念とつながっている。この「比較」にもとづく感情については、『社会契約論』と同年に刊行された『エミール』においてもいくどか論じられるのだが、その代表的な箇所を一つ引いておく。

わたしのエミールは、いままでは自分のことしか考えていなかったが、かれと同じ人間に注目するようになると、すぐに自分をかれらにくらべてみることになる。そして、この比較がかれのうちに呼び起こす最初の感情は、第一位を占めたいということだ。これは自分にたいする愛が自尊心に変わる地点、そしてそれに関係するあらゆる情念があらわれてくる地点だ。[*24]

『エミール』の別の箇所でも、「なごやかな、愛情にみちた情念は自分にたいする愛から生まれ、憎しみにみちた、いらだちやすい情念は自尊心から生まれる」といわれるように、『人間不平等起原論』でも、『エミール』でも、自己愛から自尊心への転換はまるで人としての「堕落」の過程のように描かれる。しかし、すでに見たように、『社会契約論』では、《所有権》は（たとえ自尊心に駆動されるにしても）本来なら平穏に享受していられるはずの、個人の自己保存に欠かせぬものを保全する権利であり、その意味で公共的に認証された権利として、あくまで社会状態への移行のなかで人が「獲得」したものであった。つまり、自他の「比較」なき共存という自然状態は、したがってまた、所有に関していえば、野放図な「占有」の状態は、けっして無垢な楽園としてあったわけではないはずだ。にもかかわらず、ルソーは自尊心への移行を自己愛の「堕落」として捉える余地をしかと残している。このことを評して、市野川は次のように述べている。

「社会的なもの」を、不平等の論理の前で挫折させたイギリス道徳哲学に反して、ルソーは、それを平等という理念に接続しなおそうとした。だが、ルソーのこの試みもまた挫折する。私（のもの）とあなた（のもの）の差異を尊重する所有《プロプリエテ》と自尊心《アムール・プロプル》から「社会的な契約」を立ち上げながら、それらを途中で放擲してしまうからだ。イギリス道徳哲学が、平等の理念を、所有の論理の中に保存《アウフヘーベン》することに失敗したとすれば、ルソーは逆に、所有＝自尊心の論理を、平等の理念の中に保存することに失敗したのである。[*25]

カッシーラーもまた、人類に深い傷を負わせたのが社会なら、それを癒すことができるのも社会であるはずだとしていたが、その課題を、ルソーを超えてさらに探りつづけなければならないというのが、市野川の考えである。

直接性の破れ――「プロプル」という意識の出現

〈直接性〉とは、他のものに媒介されることのない、何ものかへの、ときに自己自身への関係のありようであるにしても、そもそもこの〈直接性〉の概念はルソーの論攷のなかでどのようにはたらきだしているのか、そしてそれが彼のいう《所有〔権〕》の概念をどう規定しているのかを、いますこし仔細に見ておきたい。

ルソーの〈社会契約〉という理念は、各個人の「自由」ということの尊重と保護を思想の軸とするそのモティーフからして、きわめてトリッキーな論理構成をみずからに強いているようにおもわれる。〈社会契約〉の理念は、各個人の「自由」という権利を保全するためにこそ、その権利を共同体に全面的に譲渡するという、ある意味、自己撞着的な要請に応えなければならないからである。だが、この全面的な譲渡（aliénation）は、各個人の自己喪失、つまりは疎外（aliénation）なのではない。「各個人は、いわば自分自身と契約している」（chaque individu, contractant, pour ainsi dire, avec lui-même）といわれるように、[26] それは他（alius）なるものへの転化、つまり自己放棄なのではなく、自己自身との契約だとされるのである。

それにしても、個人は自由であるためになぜ、みずからを「そのすべての権利とともに」共同体にそっくり譲渡しなければならないのか。あるいはこうもいえる。『人間不平等起原論』（一七五五年）では、人びとの不幸や悪徳、あるいは社会におけるさまざまの不正の原因として、《所有〔権〕《プロプリエテ》》の出現がやり玉に挙げられた。一方、『政治経済論』をはさんで『社会契約論』（一七六二年）では、市民的「自由」がこの《所有〔権〕《プロプリエテ》》に拠っていることが議論の一つの柱となっている。こうした転回が意味するところは何かと。くわえて、〈社会契約〉が人民の自己自身との関係として規定されるときに、「各個人は、いわば自分自身と契約している」というふうに、なぜ「いわば」（pour ainsi dire）という不正確な言いまわしで提示されるのかも、気になるところである。

そこでいまいちど、ルソーにおける《所有〔権〕》問題の最初の提示に戻ることにしよう。『人間不平等起原論』第二部の冒頭、《ある土地に囲《かこ》いをして「これはおれのものだ」と宣言することを思いつき、それをそのまま信ずるほどおめでたい人々を見つけた最初の者が、政治社会〔国家〕の真の創立者であった》という、よく引かれる叙述に、ルソーは次のように言葉をつないでいた――

杭《くい》を引き抜きあるいは溝《みぞ》を埋《う》めながら、「こんないかさま師の言うことなんか聞かないように気をつけろ。果実は万人のものであり、土地はだれのものでもないことを忘れるなら、それこそ君たちの身の破滅だぞ！」とその同胞たちにむかって叫んだ者がかりにあったとしたら、その人は、いかに多くの犯罪と戦争と殺人とを、またいかに多くの悲惨と恐怖とを人類に免《まぬが》れさせてやれたことであろう？[*27]

そもそも、自然の豊かな恵みも大地もだれのものでもない。つまり特定のだれかに帰属するものではない。他者を排除するかたちで、それらを「わたしのもの」と主張するから争いが生じる。人間が抱く最初の感情は「自己の生存の感情」であり、それがなす最初の配慮（soin）は「自己保存の配慮」だったと、ルソーはいう。ルソーが人間という存在のいわば零点として想定していたのは、人びととの共同生活に先行して、自然の恵みを享受しつつ生きる個的な生存であった。とはいえ、自然の恵みを享受して生きるのも、もちろんさまざまの偶然的条件に翻弄されてのことである。いいかえると、自然人の生活にはさまざまの障害がともなう。肉体的条件から直面する障害もあれば、他の動物や人間との争闘、干魃《かんばつ》や洪水といった災害もある。たえずそうした強奪の脅威と喪失の不安にさらされて生きる個人は、当然のことながらみずからの安全(sûreté) と安寧 (bien-être) を希求し、同胞たちの援助に恃《たの》むところとなる。おのれの生存条件の乏しさを共同的な力によって補強しようとするのだ。

そうした協働のなかでいやでも生じてくるのが「関係の知覚」としての比較の意識である。強弱、優劣といった関係の勾配が、ということは人びとのあいだの不平等が細目にわたって意識されるようになる。これにともなって、他者との比較を知らない、みずからに充足した自然人の「自己愛」(amour de soi) が、他者との比較を発火点とする「自尊心」(amour-propre) へと転形してゆく。「お前のものとか、わたしのものという、このおそろしい言葉が発明され[28]」、人びとはいってみれば張りあい、ないしは競合の体制へと引きずり込まれてゆく。そこで各人の財と権利の相互保全のために導入されるのがもろもろの「相互の約束」(engagements mutuels) なのである。「約束」とは字義のとおり、相互に拘束しあうものである。

ひるがえっていえば、これは直接性の破れである(はずである)。なんとなれば、自然の恵みを享受しつつ生きる人間は、他者たちとの協働に媒介されることなく存在しうるものと想定されていたからである。ルイ・アルチュセールの一九七二年の「ルソー講義」の叙述を借りてこれを言い換えれば、次のようになる。——「人間たちが自然状態において自由で平等であるための第一の条件は、人間の自然に対する関係が無媒介であること、そこに距離も否定性もないことです。そして第二の条件は、自然状態において人間相互の関係が無であることです[29]」。

「契約」という関係

『社会契約論』でのルソーの論述はこれとはやや異なる。「人間の最初のおきては、自己保存をはかることであり、その第一の配慮は自分自身にたいする配慮である」というふうに、『人間不平等起原論』とほぼおなじ事態の確認から始めるものの、社会状態への移行のなかで、原初の平等から離れ——というよりは、自然状態のなかでは他者との接触が偶然的にしか生じないから、他者との差異（différence）に無関心（indifférent）であって、したがって不平等の意識も存在しない——、比較の意識、ひいては「プロプル」の意識の浮上とともに不平等が生じてくると考えたのに対し、『社会契約論』では、人びとのあいだにもともとあった（たとえば肉体上の優劣のような）不平等が、かの「約束」によってむしろ平等へと変換されてゆくとされる。《所有〔権〕《プロプリエテ》》が、人びとの不平等や社会の悪徳の原因とされるのではなく、むしろ逆に、自然の不平等を超えて人びとの平等を実現してゆく重要な契機とみなされるのである。そのことをルソー自身、次のように明確に述べている——

この基本契約は、自然的平等を破壊するのではなくて、逆に、自然的に人間の間にありうる肉体的不平等のようなもののかわりに、道徳上および法律上の平等をおきかえるものだということ、また、人間は体力や、精神については不平等でありうるが、約束によって、また権利によってすべて平等になるということである。*30

さて、ルソーが「社会契約」と呼ぶものが人びとのあいだに導入されるのは、『人間不平等起原論』とおなじく、他者との協働が不可避となる段階、『社会契約論』の言い方では、「自然状態において生存することを妨げるもろもろの障害が、その抵抗力によって、各個人が自然状態にとどまろうとして用いうる力に打ちかつに至る*31」段階においてである。自然状態での各個体の自己保存が不可能になってはじめて、そこに社会的な「結合〔体〕」(association) が要請されることとなる。

そうした障害を克服するために、集合して「共同の力」を得るために導入されるのが「社会契約」である。この「契約」は、「人民 (peuple) が、それによって人民となる行為」ともいわれるが、要は「社会の基礎」をなす人びとの「結合の一形式」(une forme d'association) のことである。

人びとの「意志《ヴォロンテ》」(あるいは「意向」?) を集約したものを、ルソーは「一般意志」(la volonté générale) と名づけた。これは「全体意志」(la volonté de tous) に対置される。わたしたちが人びとの意志ないしは意向を集約するというときには、一人ひとりの個別的な意志、ルソーがいうところの「特殊意志」を集めたその全体をまずは思い浮かべるであろうが、そうした「特殊意志の総和」(une somme de volontés particulières) が「全体意志」と呼ばれる。しかし、「特殊意志」をそのように積算していったところで、多くはたがいに対立するであろう「私的利益」(l'intérêt privé）が蝟集《いしゅう》するのみで、そこに一定の共同体が成り立つということはない。ルソーはまずはこうした「特殊意志」の放棄こそ、共同体の成立の前提となると考えた。そのうえで「公共の」もしくは「共通の」利益へと人びとの意向を糾合してゆくのが「一般意志」である。この過程で、「共同的なわたし」（*moi* commun）ともいうべきものを内蔵する一個の「精神的な集合体」が、人びとの「結合〔体〕《アソシアシオン》」ないしは「公的な人格」として形づくられることになる。[*32] これがこれまでくり返し指摘してきたあの「自己自身との契約」である。つまりここでは「わたし」が「共同的なわたし」へと変容した「わたし」自身と契約するというのである。重要なことは、ここでは「契約」が特定の他者との契約ではなく、「共同的なわたし」との自己関係であることが、個人の諸権利の「全面的譲渡」と個人の「自由」とが矛盾せずにともに成り立つ根拠となっているということである。それが、「みずからの課した法律に従うこと」が「自由」そのものであると言い切れる理由なのである。

　ところがルソーのいうこの「契約」はきわめて特殊な関係であるといえよう。「わたし」が契約するのは「共同的なわたし」とであるが、この「共同的なわたし」とは〔個々の「特殊意志」を放棄したところの個人からなる〕「共同体」のことである。「わたし」はこの「共同体」と契約するのである。

　ここに一つのトリックがあると指摘するのは、論攷「「〈社会契約〉」について」（一九六七年）のルイ・アルチュセールである。彼は、この「契約」の一方の当事者（Partie Prenante、以下、P・Pと略す）である個人を「当事者1」（P・P・1）と表記し、もう一方の当事者である共同体（結合体《アソシアシオン》、つまり結社）を「当事者2」（P・P・2）と表記したうえで、「契約」はこの両者のあいだの交換行為だとする。ただ、通常であれば「契約」はそれ以前より存在する二つの主体間で交わされるのであるが、ルソーのこの「契約」では、P・P・2はP・P・1とは違い、「契約以前に存在しない」もの、それじたいが「契約の産物」であるものである。[*33]「社会契約」にあってはこのP・P・2は契約の当事者（主体）として登場するのだが、それは個人の資格においてではなく、全員が「団体」として、「結合体」の形態で登場する。なのに、「各個人は、いわば自分自身と契約している」というときには、P・P・2との関係がまるで個人としてのP・P・1との関係のようにずらせて考えられていると、アルチュセールは指摘する。P・P・2は契約以前には存在しえないのに、「契約という「解決」がこのP・P・2のなかに「あらかじめ書き込まれて」いるということになる。P・P・2の名でP・P・1を、P・P・1の名でP・P・2を語るというふうに、右の引用での「いわば」がそのズレを隠蔽しているというわけである。

したがって「彼［ルソー］の〈社会契約〉は契約ではない。或る可能な契約、なされるときにはもはや原初契約でないその契約のための、〈第二当事者〉を構成する行為なのである」と、アルチュセールは断言する。[*34] そしてこう書きつける。「PP・2を構成するこの行為、交換のあらゆる可能性に先立つ行為の中に、契約の謎全体がある」[*35]と。

ルソーの思想史的な評価について、アルチュセールはルソーの企図をホッブズのそれと対照しつつ、次のように述べている――

ルソーが理論的に偉大であるのは、ホッブズの最も恐ろしい部分を引き受けようとするからである。普遍的・永続的状態としての戦争状態、あらゆる超越的解決の拒否、権力一般の本質としての絶対権力を生じさせる全面的譲渡「契約」。だが、そのようなホッブズに、ルソーは、外部でなされる全面的譲渡を、内部でなされる全面的譲渡に変形することを武器に対抗する。この変形に伴なって〈第三当事者〉は〈第二当事者〉に、〈君主〉は〈主権者〉になる。言うところの〈主権者〉は共同体それのこと、そして自由な諸個人はこの共同体に自己を全面的に譲渡するが、〈主権者〉とは当の諸個人からなる共同体以外のなにものでもないのだから、個人が全面的譲渡によってみずからの自由を失うことはない。最後に、あらゆる超越性に対する拒否は、ホッブズのもとでも、事実上は超越のかたち、契約への〈君主〉の外在性というかたちをとった。ただ独りルソーのみが内在的にとどまる。[*36]

閉じない円環

この「内在性」ははたして、破れたりほつれたりすることなく、論として貫徹できるものだろうか。「契約」の二つの項のうち、一つが「契約」のなかで構成されるものだという、「契約」のこの非対称な関係はどのように解消されるのだろうか。関係を構成する主体の少なくとも一方が、「契約」という関係に先行されているという構図の無理はどういう論理であれば無理でなくなるのか。ルソーのいう自然状態においては、そもそも他者との関係は偶然的なものであって、共同性という契機はそこに内蔵されていない。一方、共同体が「契約」の主体でありうるとすれば、諸個人が自然状態において潜在的にはすでに社会的・共同的な存在であったと想定するほかない。が、その場合には「社会契約」は歴史的に決定的な出来事ではなくなる。そういうディレンマがここにはある。

このディレンマには、ルソーの「社会契約」の理念をめぐるさまざまの理路が合流してきている。一つは、起源の偽造、つまり、自然状態に「社会」を遡行的に投影することで議論を「円環」として閉じてしまわないかという問題。いま一つは、「憐れみ」(pitié) の情という概念の位置づけ。残る一つは、みずからにとって外的で偶然的な出来事をも呑み込んでゆく「改善能力」を支えるロジックである。

いずれも拗れた事情があって解釈に窮するところもあるのだが、次に順に見てゆく。

まずは社会性の「起源」をめぐって。アルチュセールは、「起源に結果を投影する円環から逃れること〔……〕社会的な結果を前社会的、非社会的なものに投影する円環から逃れること」を何よりもその議論から斥けようとする。アルチュセールの言葉でいうと、自然状態は「社会の絶対的な零度」でなければならないから、「円環のそとで起源でなければならない」からである。[*37]

つまりこれは、右に指摘したディレンマに直結する問題であるとともに、他に媒介されない直接の自己関係として規定されたあの「契約」を担う二項の非対称性という問題にも絡む。わたしたちは社会の基礎を索《もと》めて、その「起源」、その「零度」にはたしてたどり着けるのだろうか。たとえば『人間不平等起原論』のなかでいわれた自然状態にある人間の自由と平等は、人間と自然との隔たりのなさ、その無媒介な近さのなかにはたして認められるのか。自然状態では、人間は集合せずに分散している、つまり人間は他者の助力を必要とせず、したがって他の人間との関係も基本的には不在であるといっていいのか。

この問題をめぐっても、アルチュセールが重要な指摘をしている。起源は「円環のそとで起源でなければならない」との先の指摘との関連で、彼は次のように述べる――

> 起源がラディカルに分離されているとすれば、起源はなにゆえいまだに起源と言われうるのか。むしろここにあるのははじまり、続きのないはじまりではないのか。とはいえ、まさにこの続きのないはじまりが続きをもったからこそ、それははじまりではなく起源なのです。続きのないはじまりが続きをもてなかったのは、その続きがはじまりの続きではなかったからです。だとすれば、続きのないはじまりは、自分のものではない続きをもつことのできるなにかを含んでいたことになる。[*38]

その「なにか」こそルソーがいうところの「改善能力」(perfectibilité)[*39] であるとおもわれるのだが、それについてはすぐあとに述べる。ともあれ、ここで「続きのないはじまりが続きをもったからこそ、それははじまりではなく起源なのです」といわれるときには、起源と結果との関係が「円環」として閉じえないこと、つまりそこには自然状態の内部にも社会状態の内部にも回収できない、ある偶然的な出来事が介在していることが示唆されている。

「憐れみ」の情

自然状態の人間には、「自己愛《アムール・ド・ソワ》」と「憐れみ《ピチエ》」の情が備わっているとルソーはいっていた。不平等はむしろ社会の成立とともに、そしてそれにともなう「自尊心《アムール・プロプル》」の発生とともに、生まれてくる。いうまでもなく、これは「わたしのもの／あなたのもの」という所有《プロプリエテ》の意識と連動して、である。ルソーはこの「自尊心」を生むものが「理性」であり、それを強めるものが「反省」であるという。それに対して、そういう所有《プロプリエテ》の意識に先立ち、むしろ「理性の支柱」となるもの、そして他の人の不幸に苦しむ自然の情感を「憐れみ」と呼んだ。とはいえ、自然状態において（先にも見たように）人びとは分散しており、人づきあい《ソシアビリテ》というのもほとんどないと、ルソーは想定している。したがって、「憐れみ」も自然状態においては顕在的に駆動するものではなく、むしろ潜在的な情感として留保されている。その「憐れみ」の情にルソーが認める機能は、むしろ「自尊心《アムール・プロプル》のはげしさ」を和らげ、さらにこの自尊心が生まれる以前であれば各人の「自己保存の欲求」を和らげるために人間に与えられたものだという。つまり社会状態における「自尊心」と自然状態における「自己愛」をともに緩和するものとしてあって、「それによって人間は同胞の苦しむのを見ることを嫌う生得の感情から、自己の幸福に対する熱情を緩和する」*40のだという。

「憐れみ」はこのようにプロプルという意識の「手に負えない《ペチュラン》」活動を抑制するようにはたらく。ルソーの言葉でいうと、「憐れみ」の情は、「各個人における自己愛《アムール・ド・ソワ・メーム》の活動を調節し、種全体の相互保存に協力する。他人が苦しんでいるのを見てわれわれが、なんの反省もなく助けにゆくのは、この憐れみのためである」。[*41]この「憐れみ」の情は、自然状態においてはこのように「調節」(modérer)という仕方で潜在的にしか機能しなかったが、社会状態という段になって、社会状態のなかで人びとの意識に深く巣喰う「自尊心」をさらに乗り越え、自然状態よりは高度に平等な関係へと人びとをいざなうものとして、社会の表面に浮上してくる。自由で平等な自然状態では潜在的にしかはたらきえなかった素朴な「憐れみ」の情は、社会状態における人びとの不平等を乗り越えるその動向を内から支えるものとして召喚されたのである。それはスタロバンスキーにならって、もはや「言葉を欠いた原始の人間の古い自然的平等ではなく、社会契約のいっそう高度な平等[*42]」というべきであろう。

自然状態においては、各人は「自己に属するものを平穏に享受する」ことを認められているが、自然の勢力への対抗から人びとがたがいに助力しあうというふうに、相互の接触が増えてくると、「じぶんのもの」の保全をめぐって諍いがいっそう頻繁に起こることになる。そのなかで、原初の平等の否定としての《所有〔権〕《プロプリエテ》》の確執をいまいちど否定するものとしてこの『高度な平等』が(原初の平等がまるで再来するかのように)起動しだす。「憐れみ」の情が、ヘーゲル流の言い方をすれば《否定の否定》としてみずからを展開しだすのである。

これがあくまで展開であって回帰でないのは、「憐れみ」が自然状態のなかに潜在しているものであって、共感《シンパシー》のような社会的な感情を原初の自然状態のうちに遡行的に投影したものではないからである。しかしなぜそういえるのか。その答え（もしくは弁明?）としてルソーが用意したのが、次に述べる「改善能力」(perfectibilité) という概念――「完成可能性」と訳されることもある――である。

直接性の再回収?

「改善能力」、これをルソーは次のように定義する。――「自己を改善〔完成〕する能力（la faculté de se perfectionner)、すなわち、周囲の事情に助けられて、すべての他の能力をつぎつぎに発展させ、われわれのあいだでは種にもまた個体にも存在するあの能力[*43]」と。

ルソーは二度「憐れみ」のベルを鳴らすなどと駄洒落てみたくもなるところだが、自然状態における「憐れみ」から社会状態における「憐れみ」への転位、それを〈否定の否定〉としていわば弁証法的に解釈するのは、なにもスタロバンスキーにかぎったことではない。この「改善能力」を「潜在性のなかの潜在性」として、自然状態においてはつねに「待機」状態にあったもの、その展開の機をうかがっていたものとしてとらえるのは、アルチュセールにおいても同様である。自然状態においてすでに個人に備わっている素質を、さまざまの偶発的な出来事を機縁として、それに対応しつつ、みずからも予測しがたい仕方で展開してゆく、そういうまさに自己を「耕す《カルティヴェイト》」可能性を、人間は（他の動物とは異なり）内蔵している。アルチュセールはルソーのいうこの「改善能力」を、〔自然人が具える〕「状況の圧力と制約に応じてその本性を変容させる適性」とか、「人間を類的な動物的本能の無媒介性から潜在的に切り離す、人間に特有の力」とかいうふうに規定しなおしてもいる。*44

〈否定の否定〉としてみずからを止揚=揚棄《アウフヘーベン》してゆくこの過程は、いってみれば内在的なEntwicklung〔発展もしくは展開〕のロジックを跡づける。だが、ここでこうした内在的な発展〔他なるものに媒介されない自己自身との内的関係〕が要請されるのは、社会のさまざまな法的秩序と制度を根拠づけるためである。根拠づけるときになぜその論理は内へと閉じていなければならないのか。その秩序や制度の存立が、それにとって外的で偶然的な条件に揺るがされることがあってはならない〔とおもわれている〕からである。それが「自己根拠づけ」(Selbstbegründung)という推論の構図となっている。そのためにこそルソーは、「憐れみ」の情の潜在性とその展開、あるいはたえず偶然的なものを内に呑み込んでゆく「改善能力」といった概念を導入したのである。

　しかし、そもそもこれらの秩序や制度の、あるいはそれを基礎づける諸概念の妥当性の根拠は、人びとによる〈社会契約〉という内に閉じた関係のなかに見いだしうるのだろうか。それが「起源」の寓話ではなくて、もしまぎれもない歴史的事実であれば、そもそも〈社会契約〉という概念が要請されるまでもなかろう。

《所有〔権〕《プロプリエテ》》の問題はしかし、まさにこの根拠=基礎づけが可能かどうかに懸かっている。ルソーは「自由な」社会の基礎を《所有〔権〕》の確立のなかに見ていたからである。*45 じっさい、この《所有〔権〕》については、「わたし」はおのれのさまざまの財や権利を放棄し、共同体へと譲渡しても、何も失うことはない。むしろこうした社会状態への移行によって、人びとは「市民的自由と、彼の持っているもの一切についての所有権」を獲得するとされたのであった。いいかえると、〈社会契約〉とともに、「最初にとった者の権利〔先占権〕あるいは暴力の結果に他ならぬ占有」が「法律上の権原なくしては成り立ちえない所有権」へと変換されるとされたのである。それがいえるのも、〈否定の否定〉という内在的発展の論理構制のなかでのことであった。

しかし、〈他〉に先行する〈自〉は存在しえないことを、わたしたちはヘーゲルの所有論を検証するなかですでに見た。もっといえば、「わたし」は「所有者たることをやめるかぎりにおいて、対自的に有る所有者、他の意志を排除する所有者であり、かつありつづける」というヘーゲルの議論、さらには「私の財は、これを譲渡することによってのみ、私にとって譲渡不可能なものであり続ける」というクロソウスキーの議論を検証するなかで、プロプルなもの――わたしのもの／わたしに固有なもの――が他の媒介なしに自存するものではなく、つねにその否定によって媒介されていることを見たのであった。したがって、内在的な発展のなかで原初の〈直接性〉を再回収するというもくろみは、すでにその破綻が確認されたはずである。

とはいえ、この内在性を頑なに保持しようという企図は執拗なものである。根拠＝基礎づけのそれ以外の可能性というものが、視野に入っていないからである。そういうあいまいさは、「自己愛《アムール・ド・ソワ》」から「自尊心《アムール・プロプル》」への変位の過程で浮上したはずの「プロプル」が、ルソーの叙述では、自然状態においても、個人は「自分自身の主人」(son *propre* maître) だといわれていることからもうかがえる。

直接性とは、そうと意識されたときにはすでに間接的であり、内在性もそれが意識の対象となったときには、閉じた系としてはすでに破れていることは、ヘーゲルの叙述ではおなじみの論点である。内在性は閉鎖系ではない。直接性（immediacy）は私秘性（privacy）ではない。自己性は私性とおなじではない。

18 空白のトポス？

自己のガヴァナンス

各個人は「自分自身の主人」（son propre maître）である。ルソーはそう書いていた。これまですでに検討したように、人は「自己自身の身柄の所有権を持つ」としたロックも、おなじように、人は「自分自身と自分自身の生命との主人」[*1]（Master of himself, and his own Life）であるとしていた。さらに遡って、デカルトもまたその著『方法序説』で、人を「自然の主人かつ所有者」[*2]（maîtres et possesseurs de la nature）としていたが、その自然の主人は、いかなる外的な権威にも服従することなく、じぶんで「じぶんを導く」（se conduire）者とされるかぎりで、「自分自身の主人」でもあったといえよう。では、この、じぶんが「自分自身の主人」であるとは、そもそもどういう事態のことをいうのか。

「主人」（maître/master）とは、だれかを意のままに使用し、処分できる人をいう。その配下にあるのは、下僕であり、奴隷であり、部下であり、ときに家族である。主人とはつまり、だれかを恒常的に管理し、処置し、顧慮する者であり、他の人たちとその組織のマネジメントとガヴァナンスを統括する者である。そのかぎりで、「統治」ともいわれる〝政治的〟な行為をなす者である。

さて、「自分自身の主人」といわれるときには、その「統治」が、いわば再帰的《リフレクシヴ》に自己自身に向けられている。こうした関係が新たに発生させるものが何かは、おおよそ次の二つの面から見ることができるとおもわれる。一つは、自己の対象化ということであり、いま一つは、自己の支配、つまりは自己への力の行使ということである。

自己の対象化とは、じぶんをじぶん自身から隔て、それを一個の客体として取り扱うような関係のなかに入ることである。自己はそのことによって二つの極へと裂かれる。みずからを疎隔化する〈主体〉と、それがかかわりゆく対象としての〈客体〉へと、である。自己の対象化とは、このようにじぶんのなかにそういう隔たりと亀裂を発生させることである。

《所有権》が、西欧の近代社会をつうじてずっとそうであったように、何ものかを意のままにできること、つまりは自由処分権《ディスポニビリテ》を意味するかぎりでは、自己の対象化とは同時に、自己の所有ということでもある。より正確には、あるものをみずからの意のままにすることを、「正当」と社会的に承認されていることである。そのあるものが他の人である場合には、彼らをおのれに仕えさせる人として、ひとは「主人」である。つまり、おのれに仕える人を、おのれの意のままに使用したり、処分したり、譲渡したりできる者である。その使う／仕えるという関係、支配／服従の関係が、ひるがえって自己自身の内部に発生する。「自分自身の主人」であること、つまり一個の主体（sujet）になるというのは、じぶん自身が、統治する者であると同時に、じぶんに服従

（sujétion）する者でもあるという、そのような両義的な関係へと分岐してゆくプロセスにおいてである。そのかぎりで、自己決定と自己統治の主体たる「わたし」は、そうした権力関係を内在させた政治的な存在である。

近代社会を構成するメンバー、つまりは「市民」が、このようにじぶん自身を統治し、また（プロパティとして）所有する主体としてあるという事実は、長らくわたしたちの思考にこびりついてきた《存在》と《所有》という二分法に、再考を強く迫る論点であろうとおもわれる。というのも、「市民」的主体の存在は、おのれ自身を対象《モノ》（objet）として所有している者、つまりは、〈自己の所有〉をその存立の条件としているということになるからである。自己を所有することで自己になるという事態は、自己の存在が元来、自己の疎外・譲渡の可能性ということの上に成り立っているということである。そしてこの議論が、「わたし」は「所有者たることをやめるかぎりにおいて、対自的に有る所有者、他の意志を排除する所有者であり、かつありつづける」というヘーゲルのかの議論につながることはいうまでもない。

免疫系としての「わたし」

「市民」的主体というものの存在は、当事主体による自己統治、ひいては自己自身の所有を条件としている。その過程にまつわる政治性や擬制性をさらに考察しようとするときに、それらのしくみを「自己免疫化」の機制《メカニズム》として捉えようという考え方がある。イタリアの思想家、ロベルト・エスポジトの「自由と免疫」（二〇〇〇年）を中心とする一連の論攷である。*3

共同体と免疫。一見、無関係にみえるこの二つの概念は、community と immunity としてともに munus を語根としている。munus はラテン語でももともと義務や職務、奉仕といった意味であった。つまり、コミュニティを意味するラテン語 communitas（コムニタス）は、「ともに」を意味する前置詞 cum が接頭辞化した con と munus から合成された語で、だからコムニタス（共同体）の一員であることは、そのメンバーたちが「共通の所属によって身元が明らかにされるというよりも、相互贈与の義務によって結ばれること、他者に向き合うために自己を離れ、他者のために自己を放棄するほどの原則によって結ばれること」を意味する。これに対して、免疫を意味するラテン語 immunitas（イムニタス）は、否定の接頭辞 in と munus からなり、したがって communitas とは反対に、他者に対するそのような義務を免除されていること、つまり、「リスクの多い他者との接触から自力でみずからを守り、自分とは相反するあらゆる責務からみずからを解放し、みずからの主観性という殻のなかに自己をふたたび閉じ込めることで個人のアイデンティティを再構成する」ことを意味すると、エスポジトは説く。イムニタスとはとどのつまり、相互的な義務を担うことを免れていること、もしくは「〔個人を〕他者へと義務づけている共同のムヌスから離脱」していることである。こうして、現代の常識を転覆させるかのように、「コムニタスが、個人を外部に開き、さらけ出し、ぶちまけ、外在性へと放つのにたいして、イムニタスは、外を内へと連れ戻し、外の個人を排除することで、個人をみずからに返還し、自己の皮膜のなかに閉じ込める」*4 というふうに、この二つが対置されてきたというのである。

コムニタスのこのような規定に、おそらく多くの現代人はとまどうだろう。というのも、共同体こそ同一の価値を共有するよう、各個人に迫ってきたものであるからだ。しかしこれは近代という時代における両者の歪《いびつ》な対比の仕方だと、エスポジトはいう。そしてその歪な対比は、人民の「自由」を「免疫」と結びつけるところから始まったというのが、彼の診断である。

「自由」とは本来、共同体的な意味を含み、「結びつけ、引き入れ、共有する潜勢力」をもつ概念であったが、それが「免疫」というイメージと結びついて、義務からの免除という否定的な意味へと転換された。つまり、肯定的で開かれた自由の概念が、何ものにも支配されないこと、共同的なものに束縛も拘束もされないことといった否定的な概念へと逆転したというのである。[*5] 近代社会が西洋でたどったこの過程を、エスポジトは「免疫化《イムニッツアツィオーネ》」と呼ぶ。この過程を「免疫化」として規定したのは、それが「自由」を各個人の「安全」や「保護」に結びつけ、そのために個人を他者たちから隔離する過程が、外部をあらかじめ内在化し、中和化し、適合化するというかたちで進行するからである。同化し、吸収することなしには、異物を、他なるものを迎え入れることができない、そういう機制がそこにはたらくからである。

「免疫化」はその意味で、個人と彼が属する共同体の安定性と存続を脅かすもの、いいかえると境界線を揺るがせ、侵犯してくるものへの防御策であり、また対抗的な予防措置であるともいえる。異物の混入やそれによる汚染を封じるために、他者を排除し、外部とのあらゆる接触を断ち切り、じぶんをその皮膜の内部へと閉じ込める。そうした自己の閉鎖もしくは「強制収容」をなすために、市民的個人や共同体、さらに国家は、免疫のメカニズムを、つまりは排他的な枠組みを、ひたすら発動させ、増殖させてきた。そのかぎりで、近代のもろもろの法制化はそれじたいが共同体の自己免疫化のことだと、エスポジトはいう。

しかし、この排除＝免疫の機制は、いずれ自己自身をも排撃しかねない危ういものである。免疫が本来もっている両義性、つまり「生の保護と拒絶のあいだの相互に充電しあうメカニズム」が中断され、外へと開かれてあるべき「自由」のすきまを閉じてしまうからである。いいかえると、主体の生存とはexister、つまりみずからを超え出ること、外へと晒されることであるのに、その動性それ自身が、主体のアイデンティティを脅かすものとして、汚染と同一視されてしまうからである。[*6]

この倒錯したプロセスといわば共犯的に作動するのが、ほかならぬ《所有〔権〕《プロプリエテ》》である。個人が「自由」であることと、あるものを個人がみずからに排他的に帰属するものとして所有していることとがおなじこととされるのである。このことによって、共同体と個人とが相互排除的なものとなる。コムニタスとは、人びとが何らかのものを共通《コムーネ》のものとしてもつものである——そのかぎりで「誰にもあてはまらないもの、皆のもの、あるいは少なくとも大多数に属するもの」である——が、プロプリオ（自己に固有の、じぶんだけの）はまさにその正反対の概念であるからである。エスポジトは論攷「自由と免疫」を次のような言葉で閉じている。——「〔元はといえば〕自由は、共同体のなかで免疫化に抵抗し、みずからと同一化することなく、自己との差異へと開かれたままのものである。共同体の内部に突如として開かれる始まり、鼓動、裂け目なのだ。あらゆる実存の単独性に開かれる共同体、つまり、これこそが自由という経験なのだ」[*7]と。

そういう「自由」を自己自身の閉鎖へと、ひいては自己自身の否定へと転倒させるものが、この、「免疫化」の概念と「所有」の概念との連結なのである。各個人の「自由」を「おのれに帰属するものを意のままにできる」ことへと還元してきた「近代的」思考の伝統ともいうべき性癖は、ここに根をもつといえる。

もういちど確認すると、コムニタスはもともと、みずからを他者たちへと開き、そこにおいて義務を分かちあい、果たしあうことを意味していた。だが、「近代的」なものへの社会の移行のなかで、個人の存立とその根拠をそうしたコムニタスに求めるのではなく、逆に個人の私的財産《プロパティ》を否定してくるものとして、（それへの依存を全面的には解消しがたいにしても）できれば遠ざけたいとする傾向がひたすら昂じてきた。共有《コモン》のものの管理・運営を一方的に行政機関に委せがちな現代の地域コミュニティのありようも、その源を遡ればここに行き着くといえよう。エスポジトにならっていえば、コムニタスという存在は本来、だれにとっても重要で、しかもだれのものでもないからこそ、その管理・運営の責任を億劫《おっくう》でもみなが少しずつ分かちあうという〈自治〉の精神にあったはずなのだが。ちなみに「（地方）自治の」と訳されるmunicipalという語も、義務を意味するmunusに由来する。

proprеという署名

「免疫」と「所有＝固有」、immunityとpropertyという二つの観念の結託が、主体の存在をその自己（self）のうちへと回帰させ、囲い込む。このプロセスはしかし、選択不可能なもの、不可避のものなのだろうか。

ここに一つの、決定的ともいえる問いが立ってくる。それは、もろもろの制度や法の秩序、そして個々の「市民」の精神に内面化されたそれらをもふくめて、社会システムというものは、なぜ「自」という署名を必要とするのか、そのうえでなぜ「他」を排除して「自」へと閉じてゆくのかという問いである。そしてまた、個人としての「わたし」においても、そうした社会システムの傾性がなぜ並行して反復されるのかという問いでもある。さらにそれは、〈社会〉と「わたし」という二つのシステムのそのいずれにおいても、なぜ共通してそこに「自己固有」（propre/eigen）という契機が介入してくるのかという問題といいかえることもできよう。

社会／自己のシステムの形成においてpropreという概念契機が作動するその理由について考えようとするときに思い出す必要があるのは、数章前（本書第15章「清潔という名の強迫」）で述べたpropreの二義性、つまり、propreという語が「固有」と「清潔」とをともに意味するということである。そこに見られたのは、異物が混入していない純粋で透明な存在をめがける反汚染への衝迫であった。反汚染とは、内に異物、つまり不純なものを含まないこと、いうなれば、内部の純粋性《ピューリティ》である。そして、そのもっとも危ういところは、それが異他的なものの排除にとどまらず、自己自身をも排撃することにあることを、わたしたちは今しがた見たばかりである。

それが〈免疫〉の危うさであった。〈免疫〉とは本来、非自己を自己のうちにあらかじめ注入することで「自己の内部の葛藤を中和化」（岡田《おかだ》温司《あつし》）することとして、保護と拒絶、つまりは治療と毒という両義的なものであったのに、それが中和化ではなく、他的なものの純然たる排除や抹消の機能としてはたらきだしてしまうということである。両義的であるべき免疫化はこういうかたちでの一義化によって、他者の抹消のみならず、自己自身の内部破壊をも引き起こす。そして、他者が不在の「絶対的な自己内在性という夢想」、そういう「みずからにたいして透明な共同体という神話[*8]」が、皮肉にも自己の根元を掘り崩してゆくのである。

自己の「主人」であることから始まって、主体の「自己所有」、「自己決定」、「自己統治」、さらには「自己への回帰」、「自己の閉鎖」、そして「自己の破壊」というふうに、社会／自己のシステムの形成過程での propre の署名には、どこか強迫的ともいえるところがある。自己を支配する「わたし」は、まるで自己がいつ破綻するやもしれないという脅威に間近に迫られているかのようである。そして、「内在性」、「直接性＝非媒介性」、「透明性」といった概念契機のいずれもが《固有《プロプル》》の概念へと包摂されてゆく過程もまた、おなじように強迫的である。そしてこの《固有》の概念がそれらを総括するかたちで最終的に、それこそシステマティックに連動することになるのが、〈純粋〉という概念である。

〈純粋〉への衝迫

社会／自己のシステムの形成過程における propre の署名は、ルソーの『社会契約論』公刊後、およそ一世紀半を経て、二十世紀の最初の四半世紀に、その究極の様相を呈することになる。〈純粋主義《ピューリズム》〉と呼ばれる学問と文芸思潮と芸術運動の大きなうねりである。

学術領域でいえば、一九〇〇年、フッサールが提示した〈純粋論理学〉の理念、さらには〈純粋現象学〉の理念を嚆矢とし——フッサールがその哲学の作業場とした「純粋意識」の領域は、同時代の哲学者、ウィリアム・ジェイムズの「純粋経験」やベルクソンの「純粋持続」とほぼ同時的に現われた概念であり、西田《にしだ》幾多《きた》郎《ろう》もこれら三者の「純粋」概念に深く影響されつつその仕事を進めた——、さらにケルゼンの〈純粋法学〉や、ワルラス、シュムペーターらの〈純粋経済学〉といった「純粋」を掲げる学術の系譜。次に、文芸の分野でいえば、ジイドの〈純粋小説〉やヴァレリーの〈純粋詩〉、チボーデの〈純粋批評〉の理念が登場した。そして、芸術の分野では、モンドリアンの〈純粋造形〉、デュラックの〈純粋映画〉、アルトーの〈純粋演劇〉、さらにはハウアーの〈純粋音楽〉の運動が起こった。これらがそれこそ雨後の筍のようににょきにょき現われた背景には、人間文化の領域、とりわけ論理や法、経済の構造や、芸術諸分野のそれぞれに固有の領域が、それにとって外的で偶然的な諸契機によって冒されつつあるという危機意識があった。論理学の領域なら心理学的な説明によって、法の領域なら政治的な力関係やイデオロギーによる不透明な干渉によって、絵画や音楽の領域なら主題や物語などの外的な意味づけによって、それぞれ独立に、自己完結的であるべき構造が侵蝕されているという意識である。

その場合に「純粋」ということで思い描かれていたのは、それぞれの文化領域の〈自律性〉であった。「自律」といえば autonomy であるが、これはみずから (autos) が法 (nomos) であるという意味であって、だから self-governance〔自己統治〕と言い換えられもする。では、この

〈純粋主義〉にとって「自律」とはどういう意味であったのか。

絵画を例にとっていえば、絵画表現が自律的であるというのは、タブローに描かれるものが、たとえば具体的な現実の事象を指示したり、再現したりするものではなく、それじたいが一つの独立した現実を構成するものでなければならないということである。その絵がだれかを、あるいは特定の光景を描いているというふうに、画面が「描かれているもの」、つまりは画面の外部にある世界によってその意味が規定されるものであってはならないという主張である。造形的な表現は、フォルムやリズムや色彩といった絵画の（再現性ではなく）造形的な特質のみによって構成される、いわば意味を消去した独立の現実を形成するのでなくてはならないというわけだ。論理学や法についても同様のことがいえるのであって、そこで立てられる命題はすべて、その妥当性の根拠を論理学や法の内部にもつべきものであって、外部の諸要因によって基礎づけられたり、説明されたりする類いのものではないということである。

ここにみられるような〈純粋〉の志向は、じつは同時代、社会の〈浄化〉へのパトスと隠れた仕方で底を通じあっていた。ドイツ語だとわかりやすいのだが、〈純粋〉はreinであり、〈浄化〉は（reinを名詞化した）Reinigungである。Reinigungとはまさに「混じりけなく、純粋にすること」であり、だから「クリーニング」（洗濯）を意味すれば「粛清」を意味しもする。「純粋化」は社会レヴェルでいえば「清浄化」であり、さらには「純血化」でもある。そういう屈折がこの語にはまとわりついている。そしてそれが都市の「衛生」化や青年運動における「清純・清潔」の意識というかたちでも展開していったのであるが、それについてはかつて他所で論じたことがあるのでここではこれ以上ふれない。[*9]

それよりも〈純粋主義〉をめぐってここで確認しておきたいのは、学問的・法的規範や芸術上の価値の妥当性の根拠を、それらの外部にある何らかの要因に求めるのではなく、それらの構造そのものの内に求めるということじたいが、いかにして可能かということである。というのも、システムの妥当性を当のシステムの内部で根拠づけるプロセスは、自己が自己を根拠づけるという同語反復的《トートロジカル》なプロセスであるほかないからである。それでは証明ではなく宣言にしかならない。

空白のトポス

この問題は「法が法である理由」を考察するときにもっとも明白なかたちをとる、としたのは、法哲学者の土屋《つちや》恵一郎《けいいちろう》である。論攷「法のパラドックス」[*10]（一九八三年）のなかで、法が法である理由を、彼はケルゼンにならって、法が自己のうちに「法を創設する規範」をもつという構造に求めた。たとえば憲法とそれを制定する議会との関係。そこにみられるのは、議会について規定しているのは憲法にほかならないが、その憲法はこの議会において制定されるというパラドックスである。「憲法を制定する議会は、それ自身この憲法の外部にでることができない」ということである。ケルゼンは、憲法の外部にあって憲法を制定する権力を否定するとともに、新たに制定される憲法の正当性はそれに先だってある旧憲法にもとづくという「法の連続性の擬制」を否定するので、このパラドックスを回避するためには、一段上の階層にもう一つ、憲法を制定する権限を与える別の憲法を仮設せざるをえない。それは「君主であれ、国民議会であれ、革命政府であれ、これら憲法を制定する者たちの命令に国民は服従しなければならない」という規範であり、それゆえに「根本規範」とされるのだが、それじたいは妥当の根拠とされるだけで、特定の内容をもたない。内容はこれに根拠づけられた側が与えるわけで、「根本規範」じたいは「空白の規範」だとされる。

このことを理解するにはカードゲームにおけるオールマイティを想起すればよいと、土屋はいう。スペードのエースというオールマイティは、他のカードとの組み合わせによってどのカードにもなりうる。しかも「そのカードなしには配列は完成しないが、そのカードの内容は他のカードが決定する」かぎりで「空白の零カード」なのであって、その点で右の「根本規範」はこれとおなじ構造をもつ。その点では、この上位の規範もそれじたいがもう一つの「擬制」にほかならないわけで、この全体としての法秩序をこのあと受容するかどうかは、正当化の論議ではなく、むしろ「レトリックの戦場」となるほかない。このような事態を、土屋は次のように記す——

ケルゼンの純粋法学が示したのは、法が法自身を生みだし、それ自体で秩序を構築することであった。そこにおいて、法は統一的な体系となって、法現象のうちにコスモスを構築する。だがこの「自己言及的」な法のシステムは、最終的には、パラドックスにおちいって決定不可能な状況に入りこむ。この決定不可能性をこえるためには、法が「法の非在」のうちに根拠を求めるという、もう一つのパラドックスを重ねなければならない。空白のトポスをとおして秩序は未完結なままの宙づりの構造化を遂行することになる[*11]。

ただ重要な点は、このように、自己言及的であらざるをえない法体系は当然のことながら自己自身の内部にその妥当性の根拠をもつわけでなく、かつそれに根拠を与える「根本規範」もあくまで「擬制」として機能するだけだということになるにしても、だからといってこの「擬制」がまったく無根拠であるわけではないということである。この「空白のトポス」はまぎれもなく「現実と法体系が抵触する場」としてあるのであって、法がその「適用」のなかで個別的な規範を創造してゆくものとしてあるとすれば、そのように法を「適用」する者に「適用」の権原と枠組みとを与えるだけで、特定の内容を規定するものではないところに、ケルゼンの想定する法体系の「開かれた構造」があると、土屋はいう。

しかし、この「開かれた構造」がもし、それ自身のうちに妥当性の根拠をもつわけではなく、むしろ土屋のいう「レトリックの戦場」であるとすれば、法そのものはみずからのうちに現実に対する〝批判〟の根拠をもまたもたないということになる。枠組みを示すだけで内容は特定しない、そうした「根本規範」の上に打ち立てられる法秩序は、そういうかたちで自己のうちに閉じることによって、逆に、現実に対する批判力を喪失する、いいかえると、外部に対してはどんな内容のものでも受け容れるというかたちで〝免疫性〟を失うことから、ひいては他者たちとともに現実を構築してゆく力を見失ってしまうことになってしまう。

法秩序を支える「根本規範」は「内容をもたない規範」であった。まさにこの点において、わたしたちは、純粋なものはなぜ内容の空虚な形式的なものにならずにいないのかという次の問題に突き当たることになる。カントが向きあった問題でもある。

19 形式的なものと自己関係性

純粋なものと形式的なもの

純粋なものはなぜ内容の空虚な形式的なものにならずにいないのか？
前章で、最後に行き着いたのがこの問いである。この問いは、システム、とりわけ社会的なそれは、なぜ閉鎖系として現われるのかという問いと連動し、事と次第ではいずれ刺し違えることにもなりかねないものであった。システムが一つの閉じた系として生成するとき、なぜ《固有》（propre/eigen）という概念が不可避的に介入してくることになるのか。この問いがさらに右の問いに付随していた。それは、系として閉じるということが、自己以外の契機に媒介されることなく自己自身をじかに基礎づけるという事態を要請しているからであるとおもわれる。

それをいいかえれば、あらゆる概念契機が一つの基礎づけ連関のなかに組み込まれてゆくということである。そのことで、その連関は、じぶんでじぶんを養うといういわば自給自足（self-sufficient）の自律的（autonomous）な構造をそなえるにいたる。

このような問題の波をもろに受けた、というより引き受けたのが、カントの〈純粋理性〉の思想である。そして所有権論を基底とする彼の「法論」ももちろん例外ではない。そして、ルソーの社会契約論における〔主体の〕「自己自身との契約」が、どういう次元でなされるかという意味で領域的な自己内在性であったとしたら、カントのそれは終始、論理的な次元で追究されるものであった。じっさい、『実践理性批判』（一七八八年）の「結語」においてカントが高らかに次のように述べるとき、すなわち、「ふたつのものがあって、それをめぐり繰りかえし思いをよせて、長く思いをはせるほどに、こころがそのたびあらたな、いや増しになる賛嘆と畏敬とによって満たされてしまう。私の頭上にある星々をちりばめた天空（der bestirnte Himmel *über mir*）と、私のうちにある道徳法則（das moralische Gesetz *in mir*）とがそれである」と書き記したとき、私の外部（頭上）と内部へと二分される世界は、それぞれ自然法則と道徳法則という二つの法則に貫かれた世界として思い描かれたのだった。[*1]

　カントの「法論」の具体的な検討に入る前に、先走るかたちになるがあらかじめ言っておけば、ルソーにおいて〈社会契約〉が個人と共同体との、ひいては自己自身との契約であったように、カントにおいても社会の法秩序の基礎にある契約は、個人と個人の契約ではなく、個人と結合された共同意志との関係とされる。ルソーが、法制度、ならびに所有権をめぐる議論のなかで、人民のあいだの契約としたものがじつは、一方の人民と、契約そのものによって生みだされた「一般意志」（volonté générale）との契約、つまりそのかぎりでの「自己自身との契約」であったように、カントにおいても、契約は一方の主体ともう一方の「普遍的に結合された意志」との関係とみなされる。その意味で、カントのいう「普遍的に結合された意志」はルソーの「一般意志」のカント的な表現でもあるわけで、だからカントにあっても「契約」概念は、ルソー的な「自己自身との契約」という、いわゆる〈内在性〉の立場で構想されようとしていたといえる。こういう仕方での「自己自身との契約」というのは、市民としての個人の同一性と当の市民が属する社会共同体の市民社会としての同一性とが、いわば合わせ鏡のように重ね合わされるところに成り立つ。「他」という存在契機を排除した自己閉鎖系をかたちづくることで、みずからの同一的な秩序を維持しようとする。〈内在性〉とはそういうことである。

私法論からの着手

カントが《所有〔権〕》とその根拠について主題的に論じているのは、『人倫の形而上学』（一七九七年）の「第一部　法論の形而上学的基礎論」においてである。

「法とは、或る人の意思が他人の意思と自由の普遍的法則に従って調和させられうるための諸条件の総体である」[*2]といわれるように、カントにおいて〈法〉はなにより〈自由〉の問題に関連づけて論じられる。個人の意思の〈自由〉とは、それが「感性的衝動による規定から独立であるということ」とともに、それが他人の意思によって何ごとかを強制されたり、また他人の意思の自由を損なったりすることなくそれと両立し、協調することが可能な状態を意味する。そして共同体のそのようなあり方を可能にする条件を究明するのが、ここでいう「法論」である。

カントはこの「法論」を私法論から始める。その第一章では、「外的な或るものを自分のものとしてもつ仕方について」(Von der Art, etwas Äußeres als das Seine zu haben) という問題から取りかかる。自由とは、人がおのれの存在のありようをみずから決めることができる、そのような「自分自身の主人」であるところに成り立つものだからである。だが、それ以上に重要なことは、所有権というものがたんに個人の自由な存在とその延長ともいえる財産の保全のためのみならず、最終的には社会の公民的体制の基盤をなすと考えたからであろう。[*3] このことはまた本書がこれまで展開してきた所有論のそのまっすぐな延長線上にある問題でもある。

さて、じぶんの存在とは区別される或るものを「じぶんのもの」とすること、つまり占有(Besitz/possessio) を問題とするにあたって、カントはまず「法的な私のもの」(das rechtlich Meine/meum iuris) を次のように定義している。すなわち、「或る他人が私の同意なく或るものを使用するならば、その使用が私を侵害することになるといった仕方で、私と結びついているようなその当のもの」であると。[*4] そしてそれに続けて、「外的な或るものが私のものでありうるのは、他人がその物件についてなす使用によって、私がたとえ物件を〔現実的に〕占有していなくても、なおかつ私が侵害されることがありうると考えることが許されるような場合だけであろう」と。

ここで、占有の概念は二重になっている。感性的占有と可想的占有(intelligibeler Besitz)、あるいは経験的占有と理性的占有というふうに、いろいろ言い換えられるが、要は或る対象を物理的に所持しているという意味での占有と、法的にわたしという主体に帰属しているという場合の「純粋に法的な占有」(ein bloß rechtlicher Besitz) との区別である。経験的占有ならまだしも、可想的占有（叡知的ともいわれる）となるときわめて観念的な術語のように感じられもするが、この区別が意味しているのはわたしたちが日々、ありふれたかたちで経験していることである。つまり、わたしたちが日常、「わたしのもの」と思い、また他人にもそう主張するものは、いま現在、所持（Inhabung/detentio）しているものに限ったものではなく、たとえば職場に置き忘れてきたもの、人に預けているもの、貸しているもの、さらには遠隔地にあってめったに行かないわたし名義の土地も、「わたしのもの」である。わたしが手許に持っていなくても、「わたしのもの」と主張する権利をみなに認められているという仕方で、「自分の支配力《ゲヴァルト》のもとにおいている」こと、それが可想的占有である。わたしが日常的に、「これはわたしのものです」「これの所有権はわたしにあります」というときには、この可想的占有のことをいっているのである。

では、このような「純粋に法的な」可想的占有という意味での《所有権》の主張、それはまた他人がわたしに無断で「わたしのもの」を使用したり保持したりすることの不当性をいうものであるが、この主張はいかにしてその妥当性ないしは正当性を得ているのだろうか。その消息についていわば集約的に述べているのが、以下に引く文章である。

純粋に法的な占有という概念は経験的な（空間・時間の諸条件に依存する）概念ではない。にもかかわらずそれは実践的実在性をもつ。これを言いかえれば、この概念は、右の諸条件に依存してのみ認識されるところの、経験の諸対象に適用されうるものでなくてはならない。——経験の諸対象をありうべき外的な私のもの・汝のものとして取り扱う際の、法概念の手続きは次のとおりである。もっぱら理性の中に存する法概念は、直接的に経験的客体や経験的占有の概念などに対して適用されることはできず、まず最初に占有一般の純粋悟性概念に適用されねばならない。こうして、占有の経験表象としての所持の代わりに、一切の空間・時間的条件を捨象した〈もつこと〉(Haben) の概念が考えられ、或る対象について、それが私の支配力のもとにある (in potestate mea positum esse) ことだけが考えられることになる。そしてその場合、外的なものという表現は、私の居るところとは異なる場所における現存とか、あるいは申込みを受けたときとは異なる時点における私の意思決定と受諾といったことを意味するのではなく、ただ単に、私から区別された対象を意味するだけである[*5]。

《所有権》(propriété/Eigentum) を論じようというときに、その議論はなぜ可想的占有の次元に照準を合わせねばならないのか。いいかえると、経験的な占有を規定し、かたちづくっているさまざまな条件をことごとく捨象して、その実質ではなく形式にのみかかわりゆくものとされながら、なぜそれにもかかわらず「実践的実在性」をもつのか。そのとき「私のもの」という宣言が他人の意思の制限や拘束をともなうのはどのような根拠によってか。さらにこの主体が「私のもの」として占有する対象が「私から区別された」対象であるにしても、それが物件である場合と他の人である場合とで占有の意味はどう異なるのか、異ならないのか。《所有権》論のそういった核心的な問題がここに一定程度、集約されている。それらの議論の組み立てを、以下、順を追って見てゆきたい。

「万人の結合した意志」

国家、あるいは社会の法秩序というものが基本的には〈社会契約〉にもとづくと想定するにしても、よくよく考えれば、おそらくはだれひとりとして実際にそうした契約を結んだおぼえはない。そういうものではない。〈社会契約〉は、ある時代、ある集団のなかで取り交わされる事実的・経験的な約束や同意ではない。ルソーの「一般意志」についてもそれはいわれたが、そのことはカントにあっては決定的に明確である。カントは社会の法秩序について論じるときも、《所有権》を成り立たしめている根拠を問題にするときも、感性的・経験的な条件を「消去」(Weglassung) ないしは「捨象」(Absehen) するよう、それこそ口癖のように求める。というのも、占有を「経験的概念に従ってでなく、ア・プリオリに占有の諸条件を含みうるような諸概念に従って考える」ことのなかにしか、占有することの妥当性の根拠はないと考えるからである。「私のもの」という宣言は他人の排除を必然的に含んでいる。「もし私が(言葉により、あるいは行ないによって)、外的な或るものが私のものであることを欲する旨を宣言するならば、その場合私は、あらゆる他人が私の意思の対象を断念するよう拘束されているのだと宣言することになる」[*6]。つまりそこでは、他の人たちはわたしの対象を使用したり保持したりすることを断念するよう拘束される。その場合に、偶然的に取得したままのもの、たんに物理的に所持しているにすぎないものは、いうまでもなく他の人による当該対象の所持や使用を控えさせるということの「拘束性」(Verbindlichkeit) をまさに偶然的にしかもたない。

それが彼の正当な「私のもの」であるのは、いいかえるとわたしによる占有が右のような拘束性をもちうるのは、たんなる経験的な占有を超えて、彼の意志が「ア・プリオリに結合した(すなわち、相互に実践的関係に入りうるすべての人びとの意思を結合することによる) 絶対的に命令的な意志の中に含まれているかぎり」においてのことである。いいかえると、彼による占有が万人に課しうるような拘束性をもつためには、「全般的」(allseitig) な意志、偶然にではなくア・プリオリに、したがって必然的に結合した、それゆえ立法的な意志」が必要とされる。[*7] 要するに、或る対象の所有を可能ならしめるのは、それを承認する「万人の意志」を前提にしてのことだというのである。

その意志、カントのいう「全般的な意志、偶然にではなくア・プリオリに、したがって必然的に結合した、それゆえ立法的な意志」(ein allseitiger, nicht zufällig, sondern *a priori*, mithin notwendig vereinigter und darum gesetz-gebender Wille) は、ルソーの場合であれば「一般意志」にあたるものである。そしてルソーにあっても、「一般意志」は個別の私的利害の総和としての全体意志ではなく、あくまで人民の共通利害にかかわるというところにポイントがあったことをつけ加えておこう。カントにおいても、所有する権利は、最終的には、所有する者の意志と対象との関係ではなく、人と人との関係のうちにその根拠をもつということである。

ここでいくばくか注意を要するのは、カントの記述において、「私のもの」が多くの場合「私のもの・汝のもの」と並記されていることである。ここには所有権の承認が人と人のあいだで相互的であるという含みがあるのだろう。或るものを「私のもの」として領有すること(Zueignung/appropriatio)が法的に可能であるためには、それを占有する意思が人びとのあいだでいわば客観的に承認されていることが必要である。そのことを念頭において、カントは「或る外的対象を自分のものとしてもつことが法的に可能であるべきだとすれば、主体には、自分とのあいだに当の客体をめぐって私のもの・汝のものに関する争いが生ずるあらゆる他人に対して、自分とともに一つの公民的体制(eine bürgerliche Verfassung)に入りこむよう強要する(nötigen)ことが許されなくてはならない」[*8]といっている(「ともに」の傍点は引用者による)。

ここで一点、つけ加えるならば、先に第17章においてわたしは、社会契約における(社会の)「自己自身との契約」と、個人的主体の透明で内密な自己関係とが、ルソーの議論では相互に鏡像的な関係にあると述べたが、それとおなじ鏡仕掛けの論理装置がここにも潜んでいるといえる。「公民的体制」とは、諸個人の普遍的合意という「理念」の下で諸個人がその内的構造をたがいに鏡像として映しあう、いってみれば分身たちの共同体のことなのである。

そして、くどいようだが、あえてここでもう一点言い添えておくと、人民のこうした普遍的な合意、つまり「万人の結合した意志」は、歴史的・経験的な次元で、一定の国民集団をさすものではない。その場合には、先の「強要」は文字どおり全人民への強制、つまりは恐怖政治を意味することになり、「政治的に危険ですらある」とは、オットフリート・ヘッフェの指摘である。[*9]《所有権》を根拠づける「万人の結合した意志」は、経験的な実在なのではなく、カントの語でいえばあくまで「純粋実践理性の理念」として要請されるものだということである。

物権モデル

件《くだん》の《所有権》であるが、propriété/property にあたるドイツ語の Eigentum については、狭義における「所有」の概念として、物権をめぐる所有の権利においてしか問題とされない。このことは、カントの《所有権》論の特徴を炙り出すおそらくは一つのとっかかりになる可能性がある。そういう指摘をするのは、『理性法思想の成立——カント法哲学とその周辺』(一九九八年)の三島淑臣《みしまよしおみ》だ。彼の見立てによれば、「外的対象一般の可想的占有の可能性を問うこの私法基礎論の段階で、カントが思考のモデルとしてもっぱら有体物をとりあげていること(それゆえ、狭義の所有権——物権の一つとしての——の客体を外的な〈私のもの〉のモデルとして思考していること)は、彼の私法論全体の特徴を理解する上で重要である。私法上の全権利の特徴を物権としての所有権に集約し、それとのアナロジーで他の権利を捉えてゆくこうしたカント私法論の思考傾向は、〔……〕近代的契約制度や婚姻=家族制度の理論的基礎づけに際して、様々の影を投げかけて来ることになるであろう」[*10]。

このことの意味を推し量るために、カントのいうところの「外的な或るものを自分のものとしてもつ仕方」の三つの区分をあらまし見ておこう。或る外的なものの「自分のもの」としての取得と保有のその態様という視点から、カントではまず、その実質(=客体)に即して、次の三つに区分される。すなわち①土地とか製作物とかいった有体的な物件（eine körperliche Sache)、②或る特定の行ない（売買、贈与、相続、労務など）の原因と考えられる債務者の意思、③家族や下僕などとの関係におけるその人たちの状態である。次にこれらを形式（取得の仕方）に即してみれば、(1)物権、(2)対人権、(3)物権的対人権（他の人格を物件として〔使用するのではないとしても〕占有する権利）となる。

これら三つの権利は、じつはいわゆる第一批判、『純粋理性批判』のカテゴリーと関連づけられ、それぞれに実体性、原因性、相互性のカテゴリーに対応するとされるのだが、このことはなかなかに問題含みであり、またその解釈をめぐっても概念設定の時代による制約など、いろいろ物議をかもしてもきた。

さて、狭義における「所有」概念としての Eigentum については、カントはそれを物権とし、「私がすべての他人とともに〔……〕総体的占有（Gesamtbesitz）をなしている或る物件を、私的に使用する権利（ein Recht des Privat-gebrauchs)」であるとしている。けれども「〔排他的に〕自分のもの」として人が占有できるものは、有体的な実体としての物件であるとははたして言い切れるのかは、大いに疑問である。じっさい近代的な意味での《所有権》が時代とともに、急速に非有体的な対象へと拡げられていったことを念頭におくなら、ここでとりわけ土地という不動産が物権の典型的な対象とされるのは、これを実体性のカテゴリーと対応づけたところに起因し、そこにカント所有論の問題性が孕まれるともいえるからである。[*11] あるいはまた、対人権が、売買・贈与・相続などの対象となる物件がすでにだれかのものであることを前提としているかぎりでは、物権の派生的な形式にすぎないと位置づけざるをえなくなる点もまた、この物権への実体性のカテゴリーの適用から帰結するものとも考えられる。*12

　こういう視線の偏りは、第三の、妻子、僕婢および一般に他の人格といった物権的様相における対人権、たとえば婚姻権、親権、家長権にも影を落としている。

　たとえば、婚姻は「性を異にする二人格の、彼らの性的特性を生涯にわたって相互的に占有するためになすところの結合」であるとの観点から、婚姻権を端的に「或る人間が他の人間の性殖器および性的能力についてなす相互的な使用」の権利とする議論をカントは展開するのであるが、その場合に二人格の一方は他方を物件とするのであるからたしかに「人間性の権利」に反するといえようが、しかし、「一方の人格が他方の人格によってさながら物件として取得されながら、前者は前者でまた逆に後者を同じように取得するという条件」の下にあるかぎりにおいて、妥当であるとされる。使用の関係の反転性と相互性がその根拠となるというのだ。

　あるいは、親権の場合。子どももまた両親の占有の対象、つまりは「わたし〔たち〕のもの」として両親の許に置かれ、また「監督と教化」(Handhabung und Bildung)というかたちでの強制を受けるのであるが、それは子どもが彼らの「産出物」(Erzeugnis)であり、そのかぎりで「保護と扶養」(Erhaltung und Versorgung)の義務が彼らに生じるからであると、カントはいう。そしてそれは、彼らが「或る人格を当人の同意なしにこの世におらしめ、専断的にこの世の中に持ち込んだ」がゆえに、両親は「子供らがこの世におかれたという状態に満足するように、両親の力の限りをつくすという拘束性も課せられる」のだと。

そして最後に、家長権をめぐって。これは主人という身分とそれに服従する者、つまり奉公人という身分との関係において成り立つもので、主人はさながら物件のように奉公人を占有するのであって、だからもし後者が逃亡すれば、前者はその一方的な意思によって後者を自身の支配力のもとへ連れ戻すことができるとされる。ただ、前者による後者の使用はけっしてたんなる「消耗」であってはならないのであって、その判定は主人のみならず奉公人にも許されており、かつ両者の契約も全生涯ではなく一定の期間内でなされるものであるとされる。

これらは現在の「人権」の視点からすれば奇矯なものと受けとめられるにちがいない。これにはじっさい現代のカント研究者からも、十八世紀の人、カントの社会意識の歴史的制約を指摘する声がしばしば聞こえる。[*13]ただ、カントは要所要所でこの点について断りを入れていることにも注意しておきたい。

たとえば婚姻権については、身体の相互的占有をめぐりその二人格のあいだの平等性や一夫一婦制の履行を、あるいは、賃約もしくは享楽のための一時的な使用、さらには相手の存在をその全一性において受けとめずに部分的に使用することの排除を求めているし、親権については、両親は子どもを自由処分可能な所有物とみなして「破壊したり偶然の成り行きのままに放置したり」はできないのであって、それは彼らが子どもらをいずれ公民となるものとしてこの世に持ち来たらしたからであるといい、さらに家長権については、奉公人も彼ら一人ひとりをとれば「彼ら自身の主」(sui iuris 自権者)なのであって、だから家長は奉公人たちを物件のように使用しながらも、けっして彼らの「所有者」(Eigentümer/dominus servi 奴隷所有者)としてふるまうことはできないという。要するにカントはここで、これら三つの「物権的対人権」は、伴侶であれ子弟であれ奉公人であれ、ひとはたしかに他の人を客体として「さながら物件として」(gleich als Sache) 占有するが、その場合、彼らを人格という自律的な一個人として使用するという、そういう権利としてあるのだとする。にもかかわらず、カントがここでそれらの占有を「物権的様相をもつ対人権」としてほとんど即物的に語りだすのは、ここでいう「法論」がわたしたちにとってあくまで外的な或るものの法的所有を問題とする箇所だからであり、人びとの行為の動機や行為に際しての内なる心術を問う場面ではないからであろう。他の人を人格として見て、手段としないというのは、法義務ではなく徳義務に属することなのである。

自己関係性

この点に関連して、カントはおなじ「法論」のなかでとても重要なことを述べている。

> 或る外的対象がその実体に関して誰か或る人の自分のものである場合、その対象はその人の所有物 (Eigentum/dominium) であり、この所有物に対しては、当該物件における一切の権利が内属する (ちょうど実体に対して偶有性がそうしているように) のであって、所有者 (Eigentümer/dominus) はそれだから、当該物件を任意に処分しうるのである (自分の物件を任意に処分する権利 ius disponendi de re sua)。しかし、ここからして、当然に次のことが帰

結する。すなわち、こうした〔所有権の〕対象はただ有体的物件（それに対して人は何らの拘束性も負うことがない）だけでしかありえず、したがって、人間たるものは自分みずからの主（sein eigener Herr/sui iuris 自権者）ではありえても、自分自身の所有者（Eigentümer von sich selbst/sui dominus すなわち、自分を任意に処分しうる者）ではありえず、まして他人の所有者ではありえないということ、これである。*14

ここでなされている「自分みずからの主」（自権者）と「自分自身の所有者」との区別を、わたしたちはどのように解釈したらいいのだろうか。文面からすればあきらかに《所有》(Eigentum) は、「わたし」がじぶんとは区別されたある客体を意のままにできること、つまりは（わたしによる）自由処分の可能性（Verfügbarkeit/disponibilité）というふうに理解され、そのような「所有」関係は自己自身とのあいだでは不可能とされている。その点で（本書の最初のほうですでに確認しておいたように）西欧近代のプロプリエテ（所有〔権〕）の概念をそのままトレースしている。そしてそのうえで、人は「自分自身の所有者」ではありえないとされている。つまり、「自分みずからの主」のなかでまさに「みずからの」(eigen) といわれる関係、自己との関係は、ふつう所有（Eigentum）といわれる関係――カントにおいてはそれは、あくまで排他的な契機をふくむ物権の関係であった――ではないということである。じぶん自身との関係がEigentum（所有）ではないかたちでeigen（固有）であり、さらにそういうかたちでじぶん自身の「主」であるとは、いったいどういうことであろうか。そしていまいちど確認しておくなら、ここでいわれる「自分みずからの主」(sein *eigener* Herr) はまさにルソーの son *propre* maître とうり二つの表現なのである。

むずかしい問題である。そしてこの問題はカントが「法論」の軸にこの《所有》の問題を据えたこととも深く関連する。なぜなら「法」は、人民の「統治」とともにその存在と行為の「自由」のためにあるからである。「自由」、とりわけ近代社会における「自由」は、エスポジトも指摘していたように、その本来の肯定的な含みから〝義務(munus)からの免除〟という意味へとしだいに変貌してゆき、たとえば非‐支配、非‐束縛、非‐共同体といった反照的というか「〜でない」という否定的な規定を内蔵するなかで、「自由」は主体がみずからを隔て、何ものかによる呪縛からみずからを解き放ちえている状態として思い描かれるようになる。そこでもし、自己が自己そのものの本質に属さないものによって規定されている状態から身をもぎはなしえていることを「自由」と呼ぶならば、「自由」は主体が自身のありようをみずから決めることができるという意味――自己決定、自己統治、自己処分が可能という意味――にほかならず、主体であることと「みずからの所有者」であることとはおなじであるはずである。そうすると、ふたたび「自分みずからの主」であるとは「自分自身の所有者」であることであるという、カントの先の引用とは逆の帰結へと舞い戻ることになる。

となると、右のカントの主張を矛盾なく理解しうるとしたら、こうした「自分みずからの主」としての自由な主体(person 人格)は、文字どおり、仮面をつけた役者(persona)として自己形成したものであるほかないのかもしれない。それは自己自身を所有する人格そのものが、その

《所有》という関係のなかで生成するという、つねにある種の仮構性——それは自己を演出しつつ統治するという政治性でもあるのだが——を帯びたプロセスのなかにあると考えざるをえないのではなかろうか。そしていまこの論点を提示するのは段取りとして尚早かもしれないが、（自己自身をふくめ）何ものかの所有者としての主体とは、当座それを預かることを期待（もしくは要求）されている者、すなわち「当主」であると考えることができるのではないかと、そこまで連想はふくらむ。

　この議論が尚早であるとしたら、それは、本書でたとえばヘーゲルの「譲渡可能性」の概念を手がかりに、自己の所有が自己の主体としての成立に関与しており、かつまたその自己も最終的には所有しきれないものであることを確認してきたとはいえ、しかしその「自己」という概念そのものは、さらに究明すべき余地を残したままだからである。

《所有〔権〕》は、これまで見てきたように、自己の内部で自己を隔てるというはたらきを担うとともに、主体の存在を保全するために他者の自由を制限するものとしてあった。しかし、この前半の自己疎隔化のはたらきにおける自己と、他者を排除するものとしての「他ならぬ」自己とは、同一のものではない。前者が非人称的な「自己関係性」（Selbstbezüglichkeit）における自己であるとすれば、後者は自他の相互排除的な力学的関係における自己——そのかぎりで他者一般ではなく、どの他者（つまり「だれ」）であるかが問題になる——である。それはまた「自己固有」というときの、autoとしての「自己」とpropre/eigenとしての「固有」との位相差をふくむといってもいい。そしてつまるところ、カントにおいては、徹底して論理的な自己準拠系として分析されるべき法の基礎づけの次元——カントは《所有〔権〕》という法制度の妥当性を純粋に理性的に根拠づけようとしている——と、社会での相互排除的なダイナミックスとしての他者との関係性の議論——カントは同時に、法規範としての《所有〔権〕》の歴史的生成という観点を排除しきれてはいない——とに、「自己」の概念が引き裂かれたままになっているともいえるのでないか。そのとき、前者は、他者が不在の「絶対的な自己内在性」という神話にもとづく〈法〉の〝超越論的演繹〟にかかわり、後者は、（カント自身は前者の議論にまぎれ込ませるだけで主題的には展開していないが）〈法〉の〝系譜学〟にかかわる。

形式主義

そして最後にもう一つ、カントの所有論の特質としてあげておかねばならないのが、その形式主義である。カントの『人倫の形而上学』の術語法により則していえば、カントにおいて「自由」は、消極的には「感性的衝動による規定から独立であるということ」を意味し、積極的には「自分自身だけで実践的でありうるという純粋理性の能力」を意味する。カントの「法論」は後者の径《みち》を歩み通そうとするものであったが、その議論はもっぱら〝形式的なもの〟のみにかかわるという限定をつねに帯びている。その断り書きを列挙すれば——

純粋理性は、意思の客体を捨象しつつ意思に適用されるものとして、原理の能力〔……〕であり、法則の実質を欠いているのだから、意思の格率が普遍的法則になりうるという形式そのもの以外の何ものをも、意思の最高の法則および規定根拠とすることはできない[15]

意思の実質、すなわち各人が彼の意思する客体によって〔到達しようと〕目論《もくろ》んでいる目的は、全く視野のうちに入ってこない。たとえば、或る人が自分の商売のために私から買う商品について、はたして彼がそれによって利益を得るかどうかは問題とならず、双方の意思が単に自由なものと見られるかぎりにおいて、相互の意思の関係の形式だけが問題となる[16]

純粋実践理性は意思行使の形式的法則以外の何ものもその基礎とすることなく、それゆえ、意思の実質をば、すなわち、それが意思の対象であるというまさにそのこと以外の一切の客体の性質をば捨象するものであるから[17]〔……〕

いまいちどいっておけば、だれも〈社会契約〉など結んだおぼえはない。そういうものではない。〈社会契約〉は「国家」成立の起源としてあるのではなく、あくまでそのプリンシプルを表わすものとしてである。カントにおいてそれは、〈法〉が成り立つための規準を示すものとして、あくまで「純粋実践理性のア・プリオリな理念」である。したがって、その契約はつまるところ、「自己自身との契約」というところに根拠が求められるのであって、もとはといえば他者との具体的な約束など必要のないものである。では、その妥当性の根拠はどこにあるのか。

そもそも〈法〉は、カントによれば、利害の調整という歴史的・事実的な要請によって構築されるものではなく、あたかも人民の合意にもとづいて形成されたかのごとくに措定されるものである。そのかぎりで一つの擬制であるといえる。しかもそれは、「法に服従せよ」という無条件の命令として人びとに課されるものである。エスポジトにならってこのことをいいかえれば、「無条件の命令としての法は、法に服従せよというかたちの責務以外に、いかなる内容も規定しない〔……〕。〔法は〕わたしたちがなすべきことについてはいっさい言及しないのである。むしろ法がわたしたちに告げるのは、この言われざること《ノン・デット》のうちにこそ法の強制的な命令が存在している、ということである」[*18]。要するにルソーの「一般意志」も、カントの「万人の結合した意志」も、あたかも、そしてひとえに、人民の共同の意志に由来するかのようにみえるところに核心があるというわけである。

この無条件性――カントの倫理学では「定言命法」(kategorischer Imperativ)のそのkategorisch にあたる――は、質料的なものの規定を受けることなく、純粋に、直接に自己を規定するものとして、形式的なものであらざるをえない。カントにおいて「法論」が「外的な或るもの」との関係から始められたのも、あくまでその実質ではなく形式的な位相で問うためであった。外的かつ形式的というのは、〈法〉のレヴェルでは、人びとの行為は、その動機の良し悪しではなく、それが合法かどうかで問われるということである。しかし、それを逆転していえば、法に適ってさえいれば、いかなる行為も許容されるということである。そのかぎりで、所有についてもまた、合法でさえあればいかなる所有も認められるということになる。そしてさらにそのかぎりで、《所有〔権〕《プロプリエテ》》は個々の具体的な所有のありようを批判的に吟味しうる概念ではなくなる。これもまた、先の「自己」の概念とともに、カントの所有論になかなかに困難な問題を突きつける。

20 制度から相互行為へ

「原理」と「歴史」

ある法／権利（Recht）をその歴史的な由来に沿ってではなく、あくまで原理的なレヴェルで、普遍的な根拠をもつものとして立証すること。この手続きをカントは、人間悟性の思考形式であるカテゴリーが経験の対象に対して客観的な妥当性をもつこと、いいかえるとそうしたカテゴリーが「経験の対象の可能性の条件」であることを立証する、かの『純粋理性批判』にみられた「純粋悟性概念の演繹」の手続きに準じて、「演繹」（Deduktion）と呼んでいる。とはいえここで「演繹」とは、この語がふつう意味するような推論過程における「帰納」とは逆ヴェクトルの「導出」（Ableitung）の操作のことではない。所有権のケースであれば、わたしがいま手にしていない道具や、住んでいない家や土地などが、現にそれは占有していないにもかかわらず「わたしのもの」（わたしに帰属するもの、わたしが所有権を有しているもの）としうるその正当性（Legitimität）の根拠を証示するその手続きが「演繹」と呼ばれる。というか、元はといえば話は逆で、カントの時代には「民事的係争の経過を記述し、どちらに正当性があるかを帰結した文書」が「演繹書」（Deduktionsschriften）と呼ばれており、[*1] 右のような、人の現実的な占有の有無にかかわらず何ものかをその人の所有〔物〕となすことの正当性を立証する手続き、つまりは「権利問題」をめぐって採られた法律上の手続きが「演繹」なのであった。

これをいいかえれば、法／権利の「正当化」には、事実的＝経験的なものから独立に（所有の由来という正当性をめぐるレトリカルな応酬ではなく）、ということはそういう偶然的な契機を含み入れることなしに「権利問題」（quid juris）として完遂できるか、という問題が懸かっていたということである。まさに理性の自律（Autonomie）という課題として、である。

ところで、こうした課題の遂行にあたっては、すでにわたしたちが確認したところでは次の二つの条件が満たされる必要があった（第14章「解離」参照）。「所有」という関係が成り立つには、まずは「所有する者」が他者に介入されることのない内的な自己関係を内蔵していることが、次にその「所有する者」による占有が正当な占有、つまりは「所有」として社会的に認定されていることが前提となる。要するに、一つは内部へと閉じようとする反省的な自己関係、いま一つは現実的な占有から独立な「所有」の社会的な合意もしくは承認、この二つが「所有」という関係の成立要件としてである。

しかし、この二つの要件が意味するところがカントでは十分に問い詰められていないようにおもわれる。前者については、すでに前章でも指摘したことだが、カントが「自分みずからの主」というところの、また所有権をいわば自己準拠的に根拠づけるという文脈でいうところの「自己」と、他者との相互排除的な関係の力学のなかで生成する「自己」との位相差、さらに端的にいいかえると、社会の一ユニットとしていわば構造的に措定される〈個人〉と、他者と拮抗しつつ人称的に生成する〈わたし〉との位相差が、どこまでも埋められないまま残る。

また社会的合意についても、それは他者たちとの共存不能ともいえる抜き差しならない関係のなかで、折衝や交渉、取引や妥協をとおして、それもしばしば血で血を洗うような確執を潜り抜けた果てにかろうじて得られる合意なのであって、けっして予定調和的な見通しを持ちつつ冷静な理性的判断によって得られるようなものではない。所有権をめぐって相手の殲滅をすらもくろむ熾烈な抗争の例は歴史を見ても果てしがない。もちろんカントがそれを知らなかったはずはないわけで、だからこそそこでいう「社会」についても、法／権利の正当化の文脈でいわれる「根源的共有態」と歴史的事実の文脈でいわれる「原始的共有態」との差異を強調し、後者は前者のように「原理に基礎をもつものではなく、単に歴史に基礎をもちうるにすぎない」(nicht [...] auf Prinzipien, sondern nur auf Geschichte gegründet werden kann) としたのであった。[*2] 原理的な議論と歴史的な説明とは、次元が違うというのである。原理的なものと歴史的なもの、理念的なものと現実的なもの、権利問題と事実問題。カントはこれらをいたるところで峻別する。そのうえで法／権利の根拠づけはあくまで前者の文脈における議論としてあり、そこへと歴史的な事象も収容されてゆく。

だがそもそも、その峻別は可能なのか。

一つめの要件についてはこんな問題があった。――法／権利の根拠づけにおいてその立論が自己準拠的なものとして成立するには、まさにそれが「自己関係性」というかたちで閉じている必要があるが、そのプロセスじたいが自他の相互排除的でかつ相補的でもある歴史的＝偶然的な関係を経由して集束してきたはずで、そのかぎりで「自己関係性」は直接性ではなくあくまでも媒介された関係である。

二つめの要件についていえば、それぞれの占有を正当な所有として承認しあうその「保証」は相互的であるというところにしか根拠がなく、それゆえにその「保証」をなしうるものも、「あらゆる他人を拘束するような意志、したがって集合的＝普遍的な（共同的な）、かつ権力的(macht-habend) な意志」しかありえないとカントは考えたのであった。そう、「あらゆる他人に対して、自分とともに一つの公民的体制 (eine bürgerliche Verfassung) に入りこむよう強要することが許されなくてはならない」と。[*3] 要するに、社会的な合意というのは、人びとが同一の語りの宇宙 (a universe of discourse) を共有しているところに成り立つ。つまり、「公民的体制」という、一定の同質性をそなえた共同体に入ることを前提としている。だから議論は、現実の共同体を理念的な共同体に、いわば暴力的に収容するというかたちにならざるをえない。そしてそのかぎりで、たがいに排除しあう自他のあいだの非両立的な関係は跨ぎ越されてしまうのである。カントのいう「公民的体制」はつきつめれば、たがいがたがいの複製であるような〈分身〉たちの共同体にほかならない。それは、容易には架橋しがたい異質な他者たちを一つの理念の下に参入させるべく強要する (nötigen)、そのような暴力性を内蔵している。

法／権利の根拠づけの手続きが、このようにもし自己完結的ではないとすれば――もっと端的にいうと、強圧的にしか自己完結的であることを擬装できないとすれば――、議論は「権利問題」やその論議としての「演繹」という地平に収容しえないことになる。「自己関係性」の破綻である。これをベルンハルト・ヴァルデンフェルスの言葉を借りていうなら、《超越論的内面性》(transzendentale Innerlichkeit) の不可能性がここに露呈していることになる。*4

しかし、そもそも《所有〔権〕《プロプリエテ》》の問題は純然たる「権利問題」といえるものなのか。権利問題と事実問題の分離、あるいは原理をめぐる正当化の議論と成立過程という周辺条件をめぐる記述的説明との峻別が、そもそも《所有》をめぐって可能であったのか。あるものの占有が、たんなる占有の事実としてあるのではなく、同時にある正当な根拠をもった権利としてあるというその《所有権》がすでに歴史的に媒介されたものであるなら、そのような正当性への問い、権利問題としての所有論の純化こそ、じつは最大の問題性ではないのか。法／権利の根拠づけという局面に所有論を収容もしくは還元してしまうこと、そういう「権利問題」の独立という仮象をこそまずは暴かねばならないのではないか。

レトリックの抗争

所有〔権〕論をめぐるこうした問題状況の意味するところを正確に見定めるために、これまでわたしたちがたどってきた議論の方向性をあらためて確認しておこう。

ロックの問題設定を起点とし、(時代は前後するが) レヴィナス、ヒューム、ヘーゲルらの《所有〔権〕》論のプランをそれぞれトレース紙に図示し、重ねるかのようにして、それらが共通して動いている問題圏とその問題構制の差異とを読み込むというのが、本書が最初にとりかかった課題だった。ヘーゲルによって切り出されクロソウスキーに引き継がれた論点をあきらかにした段階で、それは理念レヴェルでの議論としてはいったん収束を見た。その論点とは、人は所有者であることをやめるかぎりにおいて所有者であるという逆説であり、《所有》という概念には「放棄」ないしは「譲渡」の可能性があらかじめ本質的な契機として含まれているということであった。

そこで確認された「きわどい論点」は、約めれば以下のようなものであった（第11章「人格と身体の連帯性の破棄」参照）。

①《所有》にはその不可欠の前提として放棄＝譲渡の可能性が含まれていたが、そこから所有主体もまた代替可能であることが帰結する。

②《所有＝固有》はすでに非固有性という契機に蚕食されており、そのかぎりで「わたし」の存在もまた所有の論理に呑み込まれている。

③したがって、「わたし」の同一的存在とその固有性もまたレトリカルな仮構である。

それぞれを別の言葉でいいかえると、①では、「自己固有の身体」におけるこの「固有性の剝奪」（expropriation）ないしは「わたし」と身体との「連帯性」の破棄が問題化した。②では、制度的に「自己固有」とされる「わたしの身体」そのものがまぎれもないある他性を内蔵させていることが指摘された。③では、「わたしの身体」と言うときには、身体はすでに言語という「制度」によって横領＝占領されている事実が告げられていた。

さて、①②は本書のどの脈絡においてもつねに問題として浮上してくるものだが、③はむしろ本書での議論の転回点を画すものである。それは具体的には二つの論点として検討されることになった。

一つは、《所有》が演戯的な構造によって組み立てられ、また維持されるものだということである（これについては未だその一端でしかないが、第12章「演戯と所有」で問題を呈示した）。

いま一つは、一定社会において《所有権》として制度化されているものは、正当化という仕方で普遍的＝超歴史的に根拠づけられるような類のものではなく、むしろ錯綜したもろもろの歴史的制約ないしはコンテクストのなかで生成してきたものであって、そのかぎりで偶然的な契機を内含しており、けっしてア・プリオリに、論理的に必然的なかたちで立証されるものではないということである。

この第二の問題は、いうまでもなく、《所有》の問題は《所有》制度の地域的・歴史的な形態の分析と切り離して、《所有権》というあくまで法的な理念として独立に論じることができるか、という所有論の根幹にかかわる問題である。そしてこれをめぐっては、一方に《所有権》、なかでも近代の〈私的所有〉の権利を人の自由の普遍的基盤としていかに基礎づけ、正当化するかという議論の積み重ねがあり、もう一方に人民の意識のなかにこの〈私的所有〉の観念を強迫的なそれのように埋め込んでゆくために動員される一連のレトリック群があった（土屋恵一郎はこれを「レトリックの戦場」と呼んでいた）。そしてこれを探ることが、ヘーゲル／クロソウスキーの所有論解釈を経たうえで本論の次の課題になるのであった。ときに「透明」や「直接性」、「清潔」や「免疫」の観念であり、ときに自然の、そして自己の「主人」というメタファーであり、ときに「純粋」や「本来性」のイデオロギーであった。それは、「自己」という存在の〝壊れやすさ〟、あるいはそれとは逆の〝おぞましさ〟を前にして突発する自己同一的主体の痙攣と、それへの神経症的ともいえる被覆の措置との絶えざる抗争であったし、しかも主体自身にはそうと意識されないままに進行するプロセスなのであった。

　カントにこと寄せて、「哲学は、自らを最高の学問と定義して以来、修辞法（論争術）の技術から身を遠ざけようと努めてきた」[*5]とR・ブープナーはいうが、カントが所有論をめぐってひたすら「演繹」にこだわったのも、たしかに法／権利をめぐり自己準拠的な根拠づけの試みが残された一つの隘路であると思い定めていたからであろうし、それゆえにまた独断論や懐疑論、相対主義といった哲学の修辞的言説との抗争をそのモティーフの一つとしていたといえる。しかし、もしそういう哲学の理念そのものがまぎれもない別の一つの修辞であるとすればどうか。哲学と修辞との抗争はむしろ一つの修辞と別の修辞との抗争とみなされるべきではないのか。

　もちろんこれには、「所有権、婚姻といった権利概念ないし法カテゴリーが「純粋理性」の中にその可能根拠を見出すということと、それらの概念やカテゴリーが歴史的に生成したもの、可変的・相対的なものであることとの承認とは必ずしも矛盾するものではない」という解釈もありうる。「純粋理性」概念そのものもまた歴史的に生成してきたという解釈、つまりは人びとの現在の認識や判断をそれらに先立ちア・プリオリに制約している諸条件それじたいが歴史的に生成してきたものだという解釈である。*6 それは超時間的なア・プリオリではなく歴史的なア・プリオリ、先のヴァルデンフェルスの規定に沿っていいかえれば、「超越論的内面性」から「超越論的事実性」への視点の転換である。

以上のことはもちろん、法や道徳などの規範についてもいえることで、そうしたもろもろの規範もまた、錯綜した歴史的な脈絡《コンテクスト》のなかで生成する。つまり法や道徳がテクストであるとしたら、それをいわば内から縫う歴史的な脈絡は、共テクスト（co-text）としてともに構成的に連動するものなのである。

いうまでもなく、ア・プリオリであることと歴史的であることとは本来両立しえない。ア・プリオリであるというのはそれぞれの主体の経験に先立ってあるということであり、一方、歴史的であるということはさまざまの歴史的な与件や条件に巻き込まれ、それらによって限定されているということであるからだ。そのかぎりで歴史的なア・プリオリは、各主体のそのつどの経験をア・プリオリに条件づけているものが歴史的に生成してきたそれであって、だからそれを主体は反省的にみずからのうちに回収し、そこにおいて再認することが不可能なものである。いいかえると、歴史的なア・プリオリの存立は、個人的あるいは集合的な主体がその根底よりして徹底的に歴史的な存在であることを突きつけるものである。

リチャード・ローティは、右のブープナーとの「超越論的論証」をめぐる論争のなかで、「権利問題」といわれるものに潜むある決定的な「ドグマ」、つまりは命題の真理性を、実在を正確に写しているかに求めるような固定観念――カントの場合であれば、つねに客観的な妥当性を証示せよとの要求――からこそ下りねばならないといっている。「権利問題」という次元での論議がこのように「〔実在との〕対応」という概念にいわば寄生せざるをえないのは、それが「図式と内容の二元論の魔力」――したがってまた理性的／経験的、叡知的／現象的という二分法――に囚われているからであって、だからそこからどうしても実在論か観念論か、あるいは懐疑論、もしくは相対主義かといったような議論に行き着かざるをえない。それがカント的な「超越論的論証」が要請されざるをえない理由であるなら、理念的なレヴェルにみずからを閉じ込める「権利問題」への問いを放棄して、（ローティのいう）「歴史主義」、つまり「哲学の諸問題は歴史的・文化的に決定されるとする見方」に移行すればよい。そうすれば「自分たちの文化の「正統性」を決定する責任について悩むことが少なく」なるというわけだ。*7

これをこれまでのわたしたちの議論に引きつけていえば、「自己関係性」の透明さのなかでみずからの命題を根拠づけるという企図から下りよ、ということになるだろう。「権利問題」か「事実問題」か、根拠の必然性か生成の偶然性か、規範的な議論かコンテクストの記述か、といった二分法から離れる、したがってまた自己根拠づけという手続きを支える「自己性」「同一性」「内部性」といった観念を相対化するということである。これから離脱すること、そのことで思考の一貫性が破れることが、〈近代〉を生んだある文化においてすさまじく強迫的な脅威であろうとも。

〈法〉パラダイムの覇権？

こうした課題を別の角度から、「法のパラダイム」の覇権を破ることとして提示しているのが、文化人類学者・松村圭一郎《まつむらけいいちろう》の『所有と分配の人類学――エチオピア農村社会の土地と富をめぐる力学』（二〇〇八年）だ。松村はここで、わたしたちのいう《所有》の問題を権利の問題から、ひいては超越論的な「演繹」という問題設定から解除することの必要を、「「所有」を「権利」という法のパラダイムで語ることの限界」[*8]という視点から語りなおしている。松村がフィールド調査したエチオピアの農村社会での《所有》のありようについては、追ってその分析についていますこし立ち入って考察するつもりでいるが、ここでは従来の所有論一般に対する彼の批判的な問題意識についてのみまずは見ておきたい。

松村が文化人類学者として従来の所有論を「あまりに雑駁すぎる」として問題にするのは、それらの核にある一つの前提、つまり、人びとが「ある種の一元的な構造をもつ原則（慣習法や宗教的規律、国家の法）にもとづいて富の所有や分配を行なっている」という認識である。一つの社会はなにか一元的な「法」によって秩序づけられているのではなく、じっさいにはもろもろの契機や脈絡が絡まり、入り組み、もつれあう、それこそとても対等とはいえないような相互行為の力学としてある。そこでは「法」には収めきれないもろもろの権威が多元的に作用しているし、とりわけ所有という現象についていえば、土地の領有や借用や売却、物・人の譲渡や貸し借りの仕組みがあり、さらにそれらをめぐってさまざまの思惑がうごめき、またそれらの経済性への配慮も強くはたらく。

これら相互行為の力学を駆動させている枠組みは、「法」よりもはるかに微細に、そして強力に人びとの行動を制約しているのであって、所有が「所有権」の問題として法的に顕在化するのは、特定の限られた局面においてでしかない。いいかえると、富の所有や分配のあり方は、ある拘束力をもった行動の複数の枠組みを人びとがともに参照しつつ、交渉しあう、そういう相互行為をくり返すなかでかたちづくられてゆくものであって、したがって「法」という、国家が定立する一般的な規則以上に、ローカルな社会における民俗的な規範や慣習、さらには宗教的な規律といったさまざまな要素を考慮に入れる必要がある。より詳しくいえば、「それぞれの枠組みはつねに同じように並存しているわけではなく、対象となるモノの性質（コーヒーの土地／畑の土地／屋敷地）や当事者の社会関係（親族／よそ者／異民族）、それらが参照される場（年長者の調停／裁判所／道路沿いの土地／家族の住居空間）によって力をもったり、逆に失ったりする。むしろ、ある特定のコンテクストにおいて人びとに参照されつづけることで、その枠組みは拘束力を強めていく」のだという。[*9] いうまでもなくここでは、錯綜するコンテクストや枠組みのこうした相互的なやりとりから、そこにあらかじめはたらきだしていたコンテクストや枠組みそのものが別のかたちへとずらされ、転換されることも当然に起こる。

コンテクストがたんなる付帯条件であるにとどまらず、むしろ当該社会における所有形態の生成に構成的に関与していること、その生成にあっては先行する制度以上に人びとのあいだで交渉や折衝という仕方でやりとりされる相互の思惑と牽制と配慮とが重要な意味をもつということ、この二つが「法」という一元的な傘よりもはるかに複雑にはたらきだしていることを確認したうえで、松村はこう述べる――

> なぜこれほどまで「所有」を語るときに「法のパラダイム」や一元的な原理・原則が持ち出されて議論されてきたのだろうか。それは、あるひとつの「法」や「原則」の枠組みを自明のものとし、それに由来する「権利」を本質的な実体として語ることが、そのまま特定の「所有者」の正当化の語り口であったからだ。
> 〔……〕法とは、所与の存在として、われわれの上に鎮座してきたような代物ではない。多くの者に、あるいは力をもった者に主張の根拠として持ち出されつづけることで、そして、それが「そうあるべきもの」として受容されることで、はじめて「法」となる。[*10]

そして最後に松村は、権利としての「所有」は一つの虚構ではないかと問う。「私たちが暮らしている社会では、自分のものを自分だけで消費することを認める私的所有の原則が「あたりまえ」のことのように考えられている」、ただそれだけのことであろうし、詰まるところ、「「原則」のリアリティは、何らかの「力」によって支えられている」ということにすぎないのだと。[*11]
松村がいうところのこの何らかの「力」、それを糾すためには、これまでわたしたちが長く続けてきた《所有〔権〕《プロプリエテ》》の概念レヴェルでの検討からいったん距離を置き、《所有》の多文化的な生成とその変異について踏査する必要がある。いうまでもなくこれらを大規模に、かつ細部にまで立ち入って論ずることは、歴史家でもなければ人類学者でもないわたしの手には余る作業であって、以下ではそうした研究を吟味しつつそれらを現代の所有論へとつなげてゆきたいとおもう。

もう一つの反＝所有論

《所有〔権〕《プロプリエテ》》の概念の失効ということについては、かつてピエール＝ジョゼフ・プルードンが、それが概念としてそもそも不可能なのだと指摘していた。ここでプルードンの議論にあらためて遡及することは、せっかく歴史の布置のなかに《所有》についての議論を置きなおそうとしているこの段階で、議論をかえって混乱させるのではないかと危惧するむきもあろうかとおもわれる。議論が次の段階に移行する前にあえてここでプルードンにことよせて考察しておきたいのは、《所有〔権〕《プロプリエテ》》の概念の内的構造についてではない。そうではなくて《所有〔権〕《プロプリエテ》》の概念を歴史的な地平に移し置くにあたってとるべき入射角への示唆が含まれていること、そしてもう一点、所有することの意味、ないしは所有する者の権限と責任をめぐって、従来の所有論ではあまり着目されてこなかった観点が打ちだされているとおもわれるからである。しかしとにもかくにもその前に、ここでわたしたちがプルードンの《反＝所有》の思想における所有〔権〕《プロプリエテ》の概念についてはは詳論しない理由を述べておかねばならない。

無＝所有、非＝所有、共同＝所有といったぐあいに、反＝所有の思考にはいわば複数の入射角がある。こうした否定が所有《プロパティ》に対するものか占有《ポゼッション》や専有《アプロプリエイション》に対するものかで、あるいは所有一般に向けられたものか近代の私的所有、あるいは国家所有に向けられたものかでも、議論はずいぶん異なった様相になるはずだ。いずれにしてもその議論は権利問題の次元で展開される。プルードンのそれもいうまでもなく所有〔権〕《プロプリエテ》の概念の批判として展開されるのだが、それにあたって所有〔権〕《プロプリエテ》の規定そのものに概念としての問題性があるようにおもわれる。

プルードンは《所有》をめぐり、一八四〇年の『所有とは何か』でも一八四六年の『貧困の哲学』（正式なタイトルは『経済の矛盾の体系、あるいは、貧困の哲学』）でも、「所有、それは盗みだ！」（La propriété, c'est le vol!）という紋切り型の表現をくり返している。

所有〔権〕《プロプリエテ》について、プルードンは『所有とは何か』のなかでおおよそ二とおりの定義をしている。一つは、「他人の富、他人の勤労と労働の成果をほしいままに享受し処分する権利（le droit de jouir et de disposer à son gré du bien d'autrui, du fruit de l'industrie et du travail d'autrui）」[*12]というものである。あるいは「盗人」について、「自分のではない物を、何かの仕方で隠し、奪い取り、横領する人（un homme qui cache, emporte, distrait une chose qui ne lui appartient pas, de quelque manière que ce soit）」[*13]だともいわれる。いま一つは、「所有者が自己の署名で印しをつけた物について借取する不労収得（aubaine）の権利」[*14]というものである。あるいは「不労収得権、すなわち労働せずに所得をもたらす権力」[*15]だともいわれる。ちなみにここで「不労収得」とされているのは、小作料、賃貸料、地代、利子、儲け（利潤）などである。

プルードンによる所有〔権〕《プロプリエテ》の定義は、このように「他者のもの」を横領し、「わたしのもの」として濫用することと、みずからは働かずしてそれを詐取ないしは着服することという二つの契機からなる。そしてそれを理由として、所有〔権〕《プロプリエテ》を否定する。だが、「所有とは盗みだ」という先の規定をこれに重ねあわせたとき、問題が二重にぶれてしまう。つまり、問題が所有〔権〕の恣意的な濫用（abuser）や不労収得にあるのか、それとも所有〔権〕の存立そのものにあるのかが、さらには問題の根は最終的には排除を旨とする「私的所有」にこそあるのかが、不明のまま放置される。

　ところで、「盗み」とはそもそも、ある物がだれかのものであるという「所有」を前提としてはじめて成り立つ観念である。「所有」が「盗み」だというのは、「所有」がある物の不当な濫用であるということではなく、所有には正当も不当もないのであって、むしろ「所有」そのものが「盗み」なのだとプルードンは一方でいうのだが、もしそうだとすると「所有」という観念は空《から》の観念、余計《リダンダント》な観念だということになる。しかしプルードンはもう一方で、「所有」こそ自由の根拠であるかのように語るし、[*16] また所有を占有へと引き戻したあと、「所有」を本来あるべき正しい位置に置き戻すことが肝要であるかのように語りもする。[*17] そしてそのような曖昧さを引きずったまま、「所有が盗みである」なら、売却もまた「詐欺的転売および詐取」になり、そういうかたちで「社会は所有によって己れを食い尽す」[*18] とまでいうのである。ここで「所有」によって社会が「己れを食い尽す」（se dévorer）といわれるときに、その「所有」が所有権そのものを意味しているのか、所有権の濫用をいっているのか、あるいは私的所有という制度をいっているのかはやはり不確定なままである。

〈セリー〉と〈受託者〉

プルードンの議論がわたしたちにより多くの示唆を与えてくれるとすれば、それは「所有とは盗みである」というテーゼとは別に導入された二つの概念によってである。一つは、のちの『貧困の哲学』で提示された「系列」(série)の概念である。プルードンは所有〔権〕《プロプリエテ》について、それを単独の概念、あるいは単独の事象として論じることはできないという。「所有」という事象も、「所有権」という概念も、他のさまざまな事象や概念との、システマティックな関係の布置においてはじめてその象りを得るのであって、その布置をプルードンは「系列」《セリー》と呼ぶ。もろもろの要素の分類と組み合わせによる系統的な連関のなかで「所有」もまた概念として、事象として存立するとともに、(ちょうど松村が自他のあいだでのコンテクストの相互参照がコンテクストそのものの変様をうながすとしたのとおなじように)所有〔権〕《プロプリエテ》を存立させている歴史的な布置そのものをも変様させてゆく。そうした動態のなかで「所有」も捉えられねばならないというのである。[*19] プルードンは「所有」の行く末を思い描きつつ次のように述べている。

所有を完全に構成するためには、つまり、所有から排除性をなくし、所有に総合的な形態を与えるためには、所有の分析それだけでは不十分なのである。所有をそのひとつの特殊な段階としているような理念の秩序（l’ordre d’idées dont elle［=la propriété］n’était qu’un moment particulier）を発見しなければならなかった。つまり、系列を発見しなければならなかった。系列は所有を内部に含み、そして、系列の外部においては所有を理解することも、所有に手を出すことも不可能である。この条件が満たされないかぎり、所有は「現状」を維持し、事実として手出し不能、理念として理解不能のままにとどまる。また、この条件を満たさないまま「現状」に逆らおうとする改革はすべて、社会にとっては、親殺しとまでは言えないにせよ、やはり逆行にしかなりえなかった。[20]

それに続く箇所でも、さらに念を押すかのように次のように述べる。

> もうひとつべつの論理を構築しなければならない。［所有がその一項にすぎないような列（progression）］つまり、系列（série）を構築しなければならない。系列の外部では、所有はたんに孤立した事実、孤独な理念としてあらわれるにすぎず、つねに理解不能で不毛なままにとどまる。しかし、系列の内部で、所有はふたたび自分の場を取り戻し、したがってその本当の形を取り戻し、ひとつの調和した正しい全体の本質的な一部分となるであろう。そして、所有は否定的な性格を失い、平等性、相互性、責任および秩序といった肯定的な属性をふたたび取り戻すであろう。[21]

こうした「系列《セリー》」の考えは、その名を冠するか否かは別として、所有〔権〕《プロプリエテ》という概念を歴史の構図のなかにあらためて組み入れなおすというわたしたちの試みを後押ししてくれるものであろう。

プルードンの言説で注目しておきたいいま一つの概念は、「受託者」もしくは「用益権者」のそれである。ふたたび『所有とは何か』の議論に戻れば、プルードンはそこで人間の「才能」について、いかにそれが優れた天性であっても、社会から授かる教育と援助がなければ、あるいは数多くの先行者や手本がなければ開花することはなく、だから個人の「才能」も「蓄積された資本であり、それを受取る者はその受託者（dépositaire）たるにすぎない」と述べている。[*22] こうした視点はさらに「所有」一般へと拡張され、次のような論点となって現われる。

だが、かくも精密なこのイデオローグは、人間が自己の能力の所有者でさえないことに、どうして気づかなかったのか。人間は力や徳や才を有する。これらは、生き、知り、愛するために、自然によって人間に委ねられた（confiées）ものである。人間はそれらに絶対的な領有権を有するのではなく、用益権者（usufruitier）であるにすぎない。そして人間はこの用益権をただ自然の法則にしたがって用いることができるだけである。もしも人間が彼の才能の主権的な支配者（maître souverain）であるなら、飢えや寒気に苦しまなくてすむであろう。人間は限度なしに食べ、焰の中をも突進するであろう。人間は山をも持ちあげ、一分間に百リュー〔一リューは四キロ〕を歩き、治療せずにただ意志の力で病気を治し、不死になれたであろう。彼がこう言うとする、自分は物を作りたいと。すると彼の作った物は、彼の理想と均しく完全なものとなるであろう。彼がこう言うとする、自分は物を知りたいと。すると彼は知ることができるであろう。愛したいといえば、愛を享受するであろう。え、何だって！　人間は決して自分自身の主人（maître de lui-même）ではなく、自分のものではない物の主人（maître de ce qui n'est pas à lui）であるかも知れない！　自然の物を利用するとしよう、それはそうした条件でしか生きられないからである。しかしその物の所有者であるという主張は捨て、この名称はただ比喩として与えられるにすぎないことを覚えておくとよい。[*23]

人間は「じぶん自身の主」であるという、ルソーが、カントがいってきたことはただの比喩でしかないというプルードンの主張は、いまや、おなじくルソーやカントにおいて所有権の妥当性の根拠とされた「自己関係性」の破綻を確認したわたしたちの議論にとって決定的な意味をもつ。人びとが「じぶんの所有物《プロプリエテ》」だと思っているものは、じつはじぶんに委ねられたもの、託されたものなのであって、そのかぎりで個人はそれの「用益権者」（usufruitier）であっても「所有者」（propriétaire）ではないというわけである。しかも（ここが重要なのだが）「用益権者」は「自分に託されたものに責任がある（responsable de la chose qui lui est confiée）」といわれる。[*24]こうして、《所有〔権〕《プロプリエテ》》の概念の内実を構成していたあの、何ものかを意のままにできる（disposer de）という「自由処分権」（disponibilité/Verfügbarkeit）の概念もまた失効せざるをえないことが、ここに告知されているといえる。

《所有〔権〕《プロプリエテ》》の概念を、いまいちど歴史的な生成の過程に置き戻し、そしてそこでくり広げられる人びとの交渉や折衝、妥協や調停といったさまざまの偶然的契機の錯綜のなかにあらためて溶かし込みつつ考察すること。〈セリー〉と〈受託者〉という、プルードンが掲げた二つの概念は、わたしたちが次にたどるべき方向を明確に示している。

21 〈受託〉という考え方

〈受託〉という視点の導入

《所有》の問題を考えるときに、「所有とは盗みである」というテーゼ以上に重要な意味をもつとおもわれるプルードンの論点の一つに、所有とはじつは〈受託〉の関係であるとするものがあった。人があるものの「所有者」であるといわれるのは、あくまで比喩としてであって、そこでは人はじつは「受託者」（dépositaire）であるという、前章の最後のところで確認した指摘である。

人びとが「じぶんの所有物《プロプリエテ》」と称しているものは、じつはその人に託された（confié）ものであるということ。そうした感覚は、あるものを「じぶんのものとして専有する」（s'approprier）のではなく、まさに「預かっている」という感覚である。そして重要なことは、だからそこにはなにがしかの責任が伴うと、つまり「自分に託されたものに責任がある」[*1]（responsable de la chose qui lui est confiée）と、いわれていることである。

《所有》という関係がじっさいには〈受託〉の関係であるとすると、当然のこととして所有の主体も「受託者」というポジションに移行することになる。いまいちどプルードンの言葉を引くと、「人間は決して自分自身の主人（maître de lui-même）ではなく、自分のものではない物の主人（maître de ce qui n'est pas à lui）であるかも知れない」[*2]ということである。

では、〈受託〉というこの視点を所有〔権〕論のなかに導入することで、《所有》の問題はどのように再設定されることになるのだろうか。

「受託者」、つまり何ものかを預かっている者という表現でだれもがすぐに連想するのは、近世幕藩体制における藩の「当主」であるとか、代々続く商家の「当主」（旦那）、あるいは歌舞伎役者や噺家などの「当代」とかであろう。そしてその受託の際には、当該人物の名前も変更されるのがつねである。

藩主なら「〇〇侯」、当主ないしは当代なら「〇代目〇〇」というふうに、名跡もまた預かると考えるのである。預かるのは、「当番」として人びとから信任される人、いいかえると当座その機関あるいは団体の運営とその責任を引き受ける人であるが、そうした委託や寄託は、とりあえず、さしあたり、しばらく、当面というふうに、あくまで一過的なものである。一過的なものだが、「当主」や「当代」としての責任は強く問われ、場合によっては退任を迫られたり、追放されたりもする。

「当主」や「当代」としての義務や資格、その選任や引退の方式についてはそれぞれの共同体や団体ごとに複雑に規定されてきたものであって、いまここでその細部まで検証するわけにはいかないが、それこそさしあたってすぐにそこから導きだされる論点は二つある。一つは、あるものを所有していること、つまりはその所有権（propriété/Eigentum）をもっていることと、それを意のままにできること、つまりは自由処分権（disponibilité/Verfügbarkeit）があることとの等置がここでは妥当しないということである。いま一つは、所有する者よりも所有されるもののほうがより永続的に存立するということである。

一つめの問題――。所有する者と所有されるものとの関係が〈受託〉の関係であるとされることで最初に解除されるのは、所有権と自由処分権との等置である。〈受託〉というのは所有主体による支配や制御を否定するもの、それにおのずと制限をかけるものだからである。意のままにしてよいのではなく、してよいこと、しなければならないことと、してはならないことをつねに顧慮しつつ、その運用・使用を引き受けることだからである。これをいいかえると、もう一方の所有の対象とされるものも、第一義的には、支配や制御を受けるという、まさにそうした受動性において規定されるものではないということである。ところが、わたしたちがこれまで見てきたところでは、西洋近代の（法学ではなく）哲学的な所有論においては、その多くが所有権の根拠づけをめぐって、所有する者の存在もしくは活動のうちにその根拠を求めるというかたちで議論され、所有される対象の存在様相については立ち入った分析がなされてこなかった。すくなくとも所有史の調査・分析ではなく、所有権論の論理としては。ただしこの問題は、《所有〔権〕》とは何かという本論の課題にこれからもじかにかかわってゆくものなのでしばらく先に送り、二つめの問題を先に検討しておきたい。

所有されるものの永続性

〈受託〉という視点を導入することで浮上してくるいま一つの問題は、所有対象の永続性という問題である。それが浮上するのは、それの存続が所有関係よりも時間的に長いからである。あるものがわたしの所有物と認められたり認められなかったりするのは、それがわたしとの所有関係の前も後も存在するものだから、つまりわたしとの所有関係よりも時間的に長く存続するものだからである。あくまで相対的にでしかないが、より永続的に、である。

個体の存続はそれが属する共同体の存続にかかっている。そしてそれには生殖と出産による成員の途切れることのない誕生や、狩猟や農耕による食餌の確保と備蓄が不可欠なのだが、それらはさまざまの環境的条件のもとでなされるものであって、いったん確保したとしてもそれがいつまで続くか、つねに不確かである。そういう生の基盤の不安定を克服する試みの一つとして所有と貯蔵はある。食材をはじめとして、所有されるものは、その意味でつねに衰滅し消耗する可能性に晒されているのだが、それとおなじく、その所有と貯蔵によって支えられる所有主体のほうもつねに衰滅しつつあるものであることを忘れてはならない。そのことはすでにマルセルが指摘していた。その文章をいまいちど引けば――

持つということの中には、明らかに二重の永続性（permanence）がある。何者か（主体）

の永続性と、何か（対象）の永続性と。しかしこの永続性は、その本質からいって、失われるおそれにさらされている。それは欲されている、少なくとも願われている、しかしそれは手にはいらない。そしてこの（永続性を）おびやかしているものは、純然たる他者の手である。この他者は、世界自身であることもある。[*3]

《所有》の主体の永続性とその対象の永続性とが、ともにつねに「失われるおそれにさらされている」というのは、一つには、《所有》という関係が成立するためには所有する主体が時間の変化を貫いて同一的なものであることが不可欠であるのに、その条件がつねに脅かされているということであり、いま一つには、おなじく《所有》という関係が成り立つためには所有される対象がその関係を超えて存立しつづけることが条件となるのに、その存立もまたつねに衰滅の可能性に晒されているということである。そしてそのような衰滅の可能性に脅かされるただなかで、その関係を安定させるために措置されてきたのが《所有》という関係の社会的な設定なのである。そのために本書ではこれまで、その所有関係の一項である所有者ないしは所有主体の概念と連動するさまざまの概念契機について論究してきたのだが、〈受託〉の視点はここであらためて所有される対象のあり方をも同時に問うことを求めている。

そもそも所有する主体の態様が、個人、家族、団体、地域共同体、企業、国家など多様にあり、かつまた所有の方式も私有、共有《シェア》、公有、国有など多様であるように、所有される対象の側にもその各局面で、当該共同体の多様で多層的な事情が伏在しているはずである。先にちらっとふれたことだが、たとえば近代エチオピアの所有史と現状を分析した松村圭一郎が指摘していたことでいえば、「それぞれの枠組みはつねに同じように並存しているわけではなく、対象となるモノの性質（コーヒーの土地／畑の土地／屋敷地）や当事者の社会関係（親族／よそ者／異民族）、それらが参照される場（年長者の調停／裁判所／道路沿いの土地／家族の住居空間）によって力をもったり、逆に失ったりする。むしろ、ある特定のコンテクストにおいて人びとに参照されつづけることで、その枠組みは拘束力を強めていく」ということであった。[*4] こうした所有物や所有をめぐる調停のさまざまな態様がじっさいの所有関係をどのように規定しているのかという問題は、今しがた述べたように、所有の根拠を所有する主体の能力、もしくはその活動のうちに求める傾向が強い近代の哲学的な所有論のなかでは前面に出てくることがなかった。

そして第二次世界大戦後、一九五八年になってハンナ・アーレントがその所有される対象について、「財産」と「富」の区別という重要な視点を導入する。この区別の重要なポイントとなるのが、ほかならぬ「永続性」の問題であった。

「財産」と「富」の差違

戦中にドイツから米国に亡命したアーレントが彼の地で一九五八年、英語で出版した書物に『人間の条件』がある。そのなかでアーレントは件の「財産」もしくは「所有物」（property）と「富」（wealth）との違いについて述べているが、そこにキー概念として導入されたのがほかならぬ「永続性」の概念なのである。そこでまずその箇所を引いておく。

もともと「欠如している」privateという観念を含む「私的」"private"という用語が、意味をもつのは、公的領域のこの多数性にかんしてである。完全に私的な生活を送るということは、なによりもまず、真に人間的な生活に不可欠な物が「奪われている」deprivedということを意味する。すなわち、他人によって見られ聞かれることから生じるリアリティを奪われていること、物の共通世界の介在によって他人と結びつき分離されていることから生じる他人との「客観的」関係を奪われていること、さらに、生命そのものよりも永続的なものを達成する可能性を奪われていること、などを意味する。私生活に欠けているのは他人である。*5

最後にいわれているこの「生命そのものよりも永続的なもの」(something more permanent than life itself)こそ、ほんらいの「財産」(property)である。ところが近代、とりわけ産業革命以後の西洋社会において、この「財産」の位置を「富」が占めることになったと、アーレントはいう。

「財産」はもともと、「世界の特定の部分に自分の場所を占めること」(to have one's location in a particular part of the world)だけを意味していた。たんなる生命と生活の維持のためではなく、「人」として生きるためのその場所、今日でいう〝居場所〟をしかと有していることが、まさに私的な「財産《プロパティ》」を持つということであった。一方、私的な「富《ウエルス》」は、そうした「真に人間的な生活に不可欠なもの《エセンシャル》」ではなく、あくまで「生計の手段」でしかない。とはいえ「富」もまた別の意味で不可欠なものである。それなしでは各人の生命としての生が成り立たないからである。「富」を不可欠なものとする私的生活《プライヴァシー》は、各人の生命が必要とするものを確保し、享受し、消費する場所であり、また人びとが共通世界から避難するそのシェルターともいえるものである。そういう場所があるからこそ、各人は公的領域に加入することができる。私的生活は公的領域の別の側面、つまり「公的領域の暗い隠された側面」でもあるのだ。そういう意味で、「私的」という語が「財産」と結びつくときには、それは「欠如的」な意味をもたず、むしろ公的な領域との対立は失せていた。

しかるに、近代になって「財産」が「富」にすり替えられ、それにともない「無産」(propertylessness)が「貧困」と同一視されるようになって、事態は一変したとアーレントはいう。このすり替えとはどういう事態をいうのだろうか。それを明らかにするために、いまいちど「永続性」の概念にいったん戻る。『人間の条件』で、アーレントはこうも書いている——

> 公的領域を存続させ、それに伴って、世界を、人びとが結集し、互いに結びつく物の共同体に転形するためには、永続性がぜひとも必要である。世界の中に公的空間を作ることができるとしても、それを一世代で樹立することはできないし、ただ生存だけを目的として、それを計画することもできない。公的空間は、死すべき人間の一生を超えなくてはならないので

ある。[*6]

そうした状況があって、それでもなお個人を超えた公的空間が現われ、その「永続性」、その「客観的」なリアリティを成り立たせうるとすれば、それはそこに数かぎりないパースペクティヴと側面《アスペクト》が同時に現存しているからであると、アーレントは続ける。つまり、共通世界が立ち現われるのはなにか「共通の尺度や公分母」があるからではなく、人びとがある場に集いながら、それぞれがたがいに異なる場所からたがいを見聞きしているからだというのである。そして私的生活こそこの視点の多数性を裏付ける。そういう意味で、私的生活は公的な生活の基盤ともなるのである。

ところが、こうした「財産」があくまで「生計の手段」でしかない「富」に、しだいに取って代わられてゆく。「富」を生産する活動が市場交換をつうじて拡張されるのにともなって、「財産」の実質ともいうべき永続的な世界の一部分を踏み越えて、「富」しか持たない賃労働者へと変貌してゆく。こうして共同体は「社会」へと、「財産」の実質をなす地所＝不動産が動産へと転位してゆく。ここで勃興する「社会」なるものを、アーレントは次のように規定する。――「社会とは、ただ生命の維持のためにのみ存在する相互依存の事実が公的な重要性を帯び、ただ生存にのみ結びついた活動力が公的領域に現われるのを許されている形式にほかならない[*7]」と。

私的領域そのものが「社会」へと拡大してゆくこの過程は、ほんらいの私的領域が、ひいては世界の客観的なリアリティが崩れてゆく過程でもある。なぜか。「財産」に代わって「私的富」

が公的領域に加入する条件となり、そのために人びとの関心の対象が、「財産」から「富の増大と蓄積の過程そのもの」(the growth of wealth and the process of accumulation as such) に変位することで、「財産」を持たずに「富」しか持たない人だらけになり、そういうかたちで(共通なる)「世界」との接触から離脱してしまうからである。アーレントはいう――

個人の制限された生命ではなく社会全体の生命が蓄積過程の巨大な主体であると考えられてはじめて、この過程は、個人の寿命と個人が所有する財産によって押しつけられる制限から解放されて、完全に自由となり、全速力でその進路を進むことができる。*8

いうまでもなくここで「巨大な主体」が獲得する「自由」は、擬装された「自由」でしかない。人びとは「世界」から退引して、公的領域どころか私的領域も解体され、それぞれがまさに隔離された孤立状態に陥る。そしてそうした「孤独《ロンリネス》」がしかもたがいに置き換え可能(exchangeable)なものとして漂流している現代の「大衆社会」こそ、「生命そのものよりも永続的なもの」として「財産」に反旗を翻し、「富の増大と蓄積」とに走ったその後の社会過程の行き着いた先だった。アーレントはいう――

近代がこれほど熱烈に擁護したのは、実は財産(property)そのものではなく、いっそう多くの財産と専有(appropriation)を無制限に追求する権利にほかならなかった。共通世界の

「死んだ」永続性を代表するすべての機関にたいし、近代は、生命の名において、つまり社会の生命の名において、闘争した。*9

そうだとすると、逆に、「専有」に取って代わられる以前の「財産」にあっては、それはけっして利己的なものではなく、むしろ協同してそのような「永続性」の場所を立ち上げ、保つことがめざされていたということになる。このことが含意するところは小さくない。

プロパティの含意を膨らませる

これまでアーレントの議論に則してプロパティを「財産」と訳して、たんなる「富」や「専有〔物〕」と区別するなかで、所有の対象となるもののありようについて見てきたが、プロパティは所有される「財産」のみならず、「所有すること」、つまりは「所有」という関係そのものも意味する。そこでかの〈受託〉という概念をまさにその「所有」という関係のなかに挿し込むことで、その関係をそもそも所有の主体とその対象との関係として捉えていいのかがあらためて問題になってくる。

〈受託〉ということが成り立つのは、所有されるもの、つまりは財産が所有する個人の生の有限の時間を超えているからである。そこでいやでも比較の対象としたくなるのは、手仕事における道具との関係、あるいは表現における言語との関係である。

たとえば大工道具。先輩から譲り受けたものであれ、新調したものであれ、それらを何度もくり返し使うなかで、だれにも軽々しく触れてほしくないし、使ってもらいたくないものになってゆく。その意味では排他的ではある。けれども引退するころになると、たしかに癖はあるが、使い込んできたからこそ熟《こな》れたそれを、だれかに譲ることも考えるようになる。じぶんの身体の一部になっているそれを手放すのは寂しいものだが、だれかに大事に使ってもらえれば道具を死蔵するよりははるかにいいとも思う。わたしたちが先に、藩主を引き継ぐ、暖簾《のれん》を引き継ぐ、名を継ぐなどの例をあげて述べたのとほぼおなじことが、この道具の場合にもいえそうである。

あるいは言葉。言葉もまたわたしたちが考えだしたものではなく、先行する世代から贈られたものである。わたしたちがそれらを口にするなかでじぶんというものを象ってゆく。もちろん、言葉はそれじたいがだれかに用いられなければ存続もしえないが、しかし所有関係とおなじで、使う者よりも使われる言葉のほうがいのちは長い。つまり「永続性」がある。となると、それぞれ独自の流儀やスタイルで表現するわたしたち一人ひとりが言葉の「器」であるわけで、言葉はそういう一人ひとりの使用を機縁として、そうした場面を超えて存続するものであるといえよう。

そのとき、道具を大切にするのも、言葉を大切にするのも、それがじぶんのものだからではなく、まちがいなくみずからの身を養ってきたものだから、そしていずれ別のだれかが使うかもしれないからである。そしてそう考えるなら、プロパティとは、それぞれの人が事物とのあいだで紡いできた私秘的《プライヴェート》な関係を護るために、それぞれの人がとるべき公的《パブリック》な責任をさすともいえそうである。そしてさらにそう考えるなら、その先に、この〈受託〉の「適切さ」（propriety）こそ、property という概念の実質をなすものではないのかとさえ、先走って考えたくなる。そして先走りついでに、木庭《こば》顕《あきら》の『誰のために法は生まれた』のなかの言葉を借りて、「ある人がある物をとってもいい状態で保持している」[*10]ことと言いたくもなる。そしてこのことを藩に、暖簾に、名跡にことよせていえば、一つの共同体の命運を保つために、その成員がたがいにその負担を「持ち合う」、そうした協同の仕組みを担い、支える人が「当主」なのであって、したがって「預かる」のは「与《あずか》る」こと、まさに munus（義務）を分有することを意味しもするのではないかということである。じぶんのものとして権利主張をなす property ではなくて、いわば調整としての propriety であり、その際に自他の対立を共存として安定させるために自他のあいだで分有されるべき根拠として要請されたのが、「適正に彼のものである」（properly his）という意味での「所有権」（property）ではなかったのか、という想定である（ちなみにこの「プロプライエティ」の概念は、いうまでもなくアダム・スミスの著作『道徳感情論』［*The Theory of Moral Sentiments*］の冒頭で、第一部の表題「行為の適切さについて」［Of the Propriety of Action］として掲げられているものでもある）。

　しかし先を急いではいけない。いきなりそこへと話を持ってゆく前に検討しておかなければならない別の問題がある。「永続性」のもう一つの局面、つまり所有する主体における「永続性」という局面である。

所有の主体をめぐる観念のセリー

property の概念には、それと連動しているさまざまの概念契機が含まれていることはすでに幾度か述べてきた。なかでも所有主体については、その「主体性」の観念や「主人」のメタファーとともに、「同一性」や「統一性」、「内在性」や「直接性」、「私秘性」といった概念契機が、あるいはまた「タマ」や「清潔」（ないしは「穢れ」）といった観念が、いうなればレトリカルに接合されているさまを確認してきた。その場合に見逃してはならないのは、そのレトリカルな接合はたしかに「物語」としての一貫性を装わなければならないとしても、そこには「物語」へと回収できない偶然的なプロセスが組み込まれているということである。たとえば思想史を「思想連鎖」の現象として主題化することを提唱してきた山室信一《やまむろしんいち》は、アジアの思想史におけるそうした思想連鎖を分析した書物のなかで、「最初はバラバラで全く無関係に見える出来事や現象であっても、その基底や背後にあるものをたどっていくと、じつは互いに深く関連し繋がり合っていることがある」[*11]と述べている。そこで山室がとくに細かく目を配っているのは、たんなる「物語」的でレトリカルな連鎖の構造ではなく、むしろ情報の伝達や流通、さらには循環の具体的な仕組みであり、国境を挟んだ受容と反発の様相であり、さらには技術面（たとえば印刷）、制度面（たとえば留学やお雇い外国人教師の制度）や、運動面（たとえばインターナショナルな結社の形成）など、歴史的＝偶因的な側面である。そこで目論まれているのは、「ある時代、ある次元での思想・制度が時代を超え、社会を超えて伝わり、衝迫力をもって新たな思想や社会体制の変革を喚び起こす原因となり、いかに連動性をもって変化していったか」ということであって、[*12] わたしたちの主題である《所有》をめぐってもやはりおなじことがいえるであろう。

これまでの議論はあくまで《所有〔権〕》の理念をめぐってそれを主として西洋思想史のなかで検証してきたので、未だ山室のいう「思想連鎖」の分析には立ち入ってはいない。プルードンが「系列《セリー》」と名づけていたような、《所有〔権〕》という概念を成立させている諸概念の歴史的な布置――プルードンの言葉でいえば、「所有をそのひとつの特殊な段階としているような理念の秩序」――についても未だその戸口に立ったばかりである。

ただ、西洋近代の所有〔権〕論史を幾重にも重ね合わせるなかで、いくつかの「きわどい論点」が浮上してはきた（第11章参照）。いまいちど、それらを要約しておけば次の三つの論点である。

①《所有》にはその不可欠の前提として放棄＝譲渡の可能性が含まれていたが、そこから所有主体もまた代替可能であること

②《所有＝固有》はすでに非固有性という契機に蚕食されており、そのかぎりで「わたし」の存在もまた所有の論理に呑み込まれること

③「わたし」の同一的存在とその固有性もまた、レトリカルな仮構であること

これらは他のもろもろの概念やイメージを連動させつつ、《所有〔権〕》をレトリカルに構築す

るプロセスの破綻を感知させる論点である。このなかに本章で論じた〈受託〉の概念を挿し込み、「所有主体」の概念構制にうかがわれるこうしたきしみのその原因をつきつめてゆくなかで、次に、《所有〔権〕》へと収斂してくるように見えた諸概念のセリーが逆に瓦解するさまを目撃することにもなるだろう。そして瓦解したその欠片のあいだから、プロプリエテの概念が含蓄していた、別の、潜在的な意味も浮上してくることだろう。

22 〈共《コモン》〉の縮減

《所有》から〈受託〉への転位

《所有》という関係を〈受託〉の関係としてあらためて読みなおすことで、最初に解除されるのは《所有〔権〕》の概念と〈自由処分権《ディスポニビリテ》〉の概念との等置である。「所有者」は、あるものを預かる当座の主ということになって、それを前代から引き継ぎ、次代へと引き渡してゆくその途上にある者として、微妙に調整したり改善したりすることはあっても、当座という限られた時間のなかでおのれの利を図ってそれを意のままにすることはできない。なぜか。「当主」としてそれが適切でない (improper) から、慣わしに、あるいは約束に反するからである。

近代の法制度は、日本国憲法もふくめ、私有財産の保護を厚く謳っている。各個人または団体がその存続に不可欠な財をおのれ自身のものとして所有することを正当な権利として認め、それを他者が勝手に使用したり、毀損したり、破壊したりすることを厳しく禁じるものである。なんとなれば、個人または団体が自身に関することがらをみずからの意志によって決定し、また実行する自由は、その自由を行使するための基盤となるべき一定の財を必要とするからである。この意味で、《所有権》は、市民が国家や有力諸侯、富豪や大地主といった権力者に対抗して、じぶんたち市民の自己統治を原則とする新しい社会（共和制）を樹立するための根拠として、思想的にも制度的にも追求されてきたものである。

この《所有権》の思想には悪魔的なところがあって、その拡張に際限がない。生存に最低限必要な物資や家屋はいうにおよばず、家族や使用人、耕作地、さまざまの知的ないしは身体的能力やそれらによる製作物、さらには証券や遠隔の土地へと拡張してゆくだけでなく、たとえば臓器や肖像、知識・情報・芸術など、ほんらい所有になじまないようなものまで売買可能な「商品」として私有しようとする。現代では、地上にもはや「無主」のものは残されていないかのごとくである。

それだけではない。所有権は、私有のみならず共同所有、公有、国有など、それが適用されるさまざまの水準や領域があるが、それら従来は非私有とされたものも、現代では新自由主義的な政策をとる政府によって、どんどん「民営化」（privatization、つまり私有化）されつつある。

そうしたなかで《所有》を〈受託〉として読みかえるとすれば、《所有〔権〕》を核とした社会の風景に底知れぬ地殻変動を惹き起こさずにはおかないであろう。《所有》の問題を〈受託〉へと転位させることで、まずは所有権の概念のなかに埋め込まれていた〈自由処分権〉が解除されるからであり、そのことによって、何かがわたしのもの、すなわち所有物《プロパティ》であるからといって、それをわたしが意のままにしてよいわけではないことになる。つまりプロパティの概念に仕組まれた《所有》と《固有》の両義性もまた、所有対象との関係において解除されてしまうからである。

〈受託〉とは、じぶんたちの財を、みなの信託を得、みなを代表して管理・運営することである。そして（右で見たように）「当主」としてさしあたっての擬似「所有者」になるとしても、その所有に、かの（何がしかの対象を所有する者はそれを意のままにしてよいという）自由処分権が認められるわけではない。ここで「みな」というのは、一定のコミュニティのメンバーのことである。つまりあくまで「じぶんたち」であって、じぶんたちの存在を超えた「公」もしくは「官」ではない。そういう所有のかたちとしてまず思い浮かぶのは、「コモン」（共有）という関係の位相、つまり排他的にわたしのものであるわけではないが、だからといって他有ではなく、あくまでわたしもまた与《くみ》しているものという所有形態である。

「共有地《コモンズ》の悲劇」

〈受託〉という問題に関連づけてこの問題を考えようとするとき、まっさきに思い浮かぶのは宇沢弘文《うざわひろふみ》の「社会的共通資本」という考え方である。宇沢は「社会的共通資本」を、『一つの国ないし特定の地域に住むすべての人々が、ゆたかな経済生活を営み、すぐれた文化を展開し、人間的に魅力ある社会を持続的、安定的に維持することを可能にするような社会的装置」と定義する。端的にいえば、一定の社会体において、共通の財として、ルールに則って協同で管理・運営されるものである。具体的には、それは大きく次の三つの部門に分類される。

社会的共通資本は自然環境、社会的インフラストラクチャー、制度資本の三つの大きな範疇にわけて考えることができる。自然環境は、大気、水、森林、河川、湖沼、海洋、沿岸湿地帯、土壌などである。社会的インフラストラクチャーは、道路、交通機関、上下水道、電力・ガスなど、ふつう社会資本とよばれているものである。なお、社会資本というとき、その土木工学的側面が強調されすぎるので、ここではあえて、社会的インフラストラクチャーということにしたい。制度資本は、教育、医療、金融、司法、行政などの制度をひろい意味での資本と考えようとするものである。[*1]

人びとの生存を支えるこうした共通資本は、「国家の統治機構の一部として官僚的に管理されたり、また利潤追求の対象として市場的な条件によって左右されてはならない」ものである。ではその管理・運営はだれによってなされるのか。「それぞれの分野における職業的専門家によって、専門的知見にもとづき、職業的規律にしたがって管理、運営される」べきものだと、宇沢はいう。そしてそうした共通資本の管理は、たんなる「委託行為」を超え、「フィデュシアリー」(fiduciary)の原則にもとづいて、つまりは「信託」というかたちでなされるというのである。[*2]

宇沢がこのような「信託」という論点をここに持ちだす背景には、生物学者のガーレット・ハーディンが「共有地《コモンズ》の悲劇」と名づけた有名な思考モデルがある。以下ではまず、宇沢の要約するところに沿って、この「共有地の悲劇」の議論を見ておきたい。[*3]

共有地、たとえばだれもが利用できる牧草地では、牛飼いなら一頭でも多く放牧しようとする。彼だけではない。牛を増やすことで得られる利益が、牧草地の疲弊という被害を上回ると判断するかぎりは、だれもができるだけ多く草を食《は》ませる。そのように過剰利用されるなかで牧草地はやがて草を枯らし、再生能力も失われ、牧草地としては消滅する。そうして牛飼い全員が損失を被ることになる。共有地を利用する各人がそれぞれに合理的な行動をとっても、全体としてみれば不合理な結果を生みだしてしまうことになる。これがハーディンのいう「共有地の悲劇」である。

こうした共通資源の劣化ないしは枯渇を回避するために、伝統的な新古典派の経済学者たちが案出した解決策は、共有権を分割して私有化することで「費用と便益とをともに内部化すること」が可能となり、不確実性が減少する。そのことで有限な資源、希少な資源もより効率的に配分することが可能になるというものである。共有地の制度にあっては市場のメカニズムが十分に働かないところに問題があったというわけである。

しかし、と宇沢は疑問を投じる。新古典派の発想には、私有制にもとづく市場原理をここに導入するか、それとも国家権力による規制に期待するかという二者択一のかたちでしか問題が見られていないというのである。じっさい、ハーディンの問題提起以降に取り組まれた伝統的な共有地の管理形態をめぐる世界各地での調査研究によって、灌漑用水についても、沿岸漁業についても、さらには牧草地や森林についても、「共有地の悲劇」という思考モデルが実証的根拠を欠くことが明らかになった。問題はむしろこの思考モデルがあたかも自明のように前提にしているいくつかの事項にあると、宇沢はいう。

その第一は、「共有地は、だれでも自由に利用することができる」という前提であり、第二に、共有地を利用する人びとは「完全に利己的動機にもとづいて行動し、常に個別的な便益の最大を求め、社会的な行動規範ないしはコミュニティの規約には制約されない」という仮定であり、第三に「コモンズの希少資源は必ず過剰に利用され、枯渇してしまう」という前提条件である。これに対して実証研究が明らかにしたのは、たとえば共有地はだれもが無差別にアクセスできる「オープン・アクセス」ではなく、特定の時期に特定の集団にのみ認められる権利であるということであり、さらに、それに参加する人は個人の便益という利己的動機にもとづいて行動するのではなく、一定の行動規範ないしはコミュニティの規約に従っているということであった。灌漑用水や漁場、森林や牧草地、焼き畑農耕地、野生地、河川、海浜、さらにはもっと広く海洋、大気、地球環境……。どこをとっても、コモンズの組織や管理のあり方は、国家によって規制されたものではなく、その場所を共同利用する人びと、ないしはそのコミュニティから「信託」されたものである。共有地《コモンズ》はけっして無限定なものではなく、あくまで「特定の場所が確定され、対象となる資源が限定され、さらに、それを利用する人々の集団ないしはコミュニティが確定され、その利用にかんする規制が特定されているような一つの制度」だというのである。

〈公〉でも〈私〉でもなく

このような視点に立てば、さまざまな地域社会の所有形態を分析するときに、それをストレートな論理的関係として所有を見るだけではきわめて不十分なことが明らかになる。所有関係というのは、宇沢もいうように、「権利、義務、機能、負担にかんする輻輳した体系」として構築されており、市場原理か国家統制かという単純な二者択一の関係ではないのである。じっさいコモンズにおけるその〈共有〉のあり方についても、共有地の範囲や、利用権をめぐるメンバーシップの問題、共同利用のルールとそれを遵守し監視する体制の問題、ルール違反への懲罰や紛争解決の方法、さらにはルール変更への全員の参加など、さまざまの相互的な了解の上に〈共有〉も成り立つということである。[*4]

しかしここでいわれるような了解、さらにその背景にある利用者相互の「信頼」関係は、小規模な集落においてであれば可能であるが、資源が国境をも越えて広域的な公共性をもつ場合ははるかに困難になる。そこでは市場原理が、資源の独占を回避してきた各地域での社会的慣行を蹂《じゆう》躙《りん》してゆくばかりとなろうし、さらにはそれと対抗的に、国際団体もしくは諸国家の連携による介入ももちろん試みられはする。しかし《所有》の観点からすれば、私的所有の不可侵性を標榜する市場原理と、私的所有を制限し、「民」の自生的な活動を抑止する国家的統制のいずれもが、私有と公有のいわば中間にある〈共有《コモン》〉への志向を削ぎ、排除するようにしか機能してこなかったことに、ここで留意しておく必要がある。

宇沢が「社会的共通資本」の〈コモン〉というレヴェルでの管理・運営を「信託」というかたちで問題化しようとしたことを、別の角度からいっそう先鋭に主題化しているのがアントニオ・ネグリとマイケル・ハートである。彼らは「すべては市場によって決まる」とする新自由主義的な原理の「虚偽性」を暴くことに一貫して取り組む。彼らの問題意識はこうである――

［新自由主義体制がめざす］法的枠組みは公共財（たとえば水や空気や土地、そして医療や年金など、かつて福祉全盛期には国家が運営していたものを含む、生の管理に必要なあらゆるシステム）の民営化プロジェクトを支持し、さらに――おそらくこちらのほうがより重要なのだが――公共サービス（遠距離通信をはじめとするネットワーク産業、郵政事業、公共交通機関、エネルギー、教育など）の民営化を支持する。忘れてならないのは、こうした公共財やサービスはまさに国民国家が掌握する近代的主権の基盤だったということだ。これらの共通の財やサービスの民営化（privatization）に、旧来の〈私〉対〈公〉という対立の構図に陥らずに抵抗するにはどうしたらよいのだろうか？[*5]

同趣旨の、しかしさらに一歩踏み込んだ発言を、別の著作からも引いておく。

この数十年というもの、世界中の国々では新自由主義的政策をとる政府によって〈共《コモン》〉の民営化［＝私有化］が進んでおり、情報やアイディア、さらには動植物の種にいたる文化的生産物までもが私有財産となっている。私たちは多くの人びとと声をあわせ、そうした民営化［＝私有化］に反対する。だが標準的な見方によれば、私的なものに代わるのは唯一、公的なものだとされる。それは国家やその他の行政機関による管理運営と規制を意味しており、まるで〈共〉は不適切ないしはすでに絶滅したものとみなされている。[*6]

ネグリとハートは、新自由主義のいう「公共の利益」や「一般の利益」の概念を、「これらの財やサービスの管理運営への共同参加を可能にする枠組み」へと置き換えようとしている。いいかえると、「公共の利益」からふたたびそれの「私的管理」へと、あるいは行政をはじめとするオフィシャルな機関への（見かけ上の）委託へと、退行してしまうのではなく、それとは逆方向に、つまり（彼らの用語でいうところの）「多様な特異性にもとづく〈共〉の枠組み」へ向けて前進させようという。〈共〉《コモン》を圧迫し、削除しようとする〈私〉と〈公〉の二者択一に抵抗し、その外へと出ようというのである。

おもえば、近代市民革命以降の西欧社会において一貫して国家・政府の役割として求められてきたのは、私有財産の保護、とりわけ盗難や詐取、毀損といった危険からの保護であり、そしてその前提となる《所有権》の確立であった。しかしそれは、資本主義的な市場原理とあいまって、ほんらいは私的所有のなじまない領域にまで浸透し、過剰適用された。つまり「商品」という、売買や投機、譲渡やレンタルの対象となっていった。ひとは、生活物資はいうにおよばず、知識や資格、交際や快楽も「買う」ことができると確信するようになった。もはやこの世界には商品化できないもの、消費の対象とならないものはないかのように。いや、それどころではない。自身の「新しい」外見を、さらに遺伝子情報や臓器、場合によっては国籍さえ「買う」ことで、そうした「わたし」の属性も、あるいはその存在さえも、当然のように「わたし」の所有の対象リストに加わることになった。近代の市民的主体は「自己所有」、つまりは自己自身を意のままに「できる／してよい」という自己決定の可能性においてこそ、それぞれに「わたし」という主体でありうるという条件が、まるで市場で確定されたかのごとくであった。「理想のじぶん」だって買えるのだという、あまりに空疎な自己確認である。お金さえあればじぶんもあそこまで行けるのに、というふうに自己を感受してしまうほど〝軽い〟存在である。このように、所有の主体であることで一個の市民的主体となるというこの主体化の過程は、主体の内部がまるで鬆《す》のように空洞化してゆく過程でもあった。[*7]

主体における「自立」を主体による「自己所有」に見いだすこの過程は、いうまでもなく〈共〉《コモン》の痩せ細る過程でもあった。

近代の市民社会がその基礎単位として前提にしている「自立する個人」は、いうまでもなく他者に依存することのない存在ではない。生活に欠くことができない道具、たとえば金槌一つにしても鉄鉱石の採取から溶鉱、製鋼、圧延まで、気の遠くなるようなプロセスを経て製品加工されるわけであって、それを人は身一つでできるわけがない。どの生活必需品であっても人びとの分業が条件としてあり、その過程を持ち合い、分かち合うことで、一人ひとりの生活基盤は築かれる。その意味で、分業と相互扶助の仕組みなしには個人の自立した生活もおよそありえない。独力では小さな道具、あるいは作物一つ作りだせない、そんな微力なわたしたちにとって、自立とは、他者に依存しないことではなく、逆に他者の援助と支援をいつでも得られるような相互依存(interdependence)のネットワークを常日頃から準備しえているということにほかならない。そう考えると、強大な権力も富も武器も持たない民が、いわば素手と丸腰で貯え、伝承してきたのがまさにこの〈共《コモン》〉の力だということになる。

しかし、この〈共《コモン》〉の力の取り戻しは、世にいう「民営化」とは似て非なるものである。というのも、「民が営む」と書きこそすれ、実情は行政が担うべき公共サーヴィスを私企業に委せるということでしかないからである。通信から医療、教育から福祉まで「民営化」の声が喧《かまびす》しいが、そのほとんどは私営化か、もしくは私営化の仮面をつけた国家施策でしかない。民が災厄や圧政から身を護るには企業的な経営感覚も必要ではあろうが、それ以上に重要なのは国家の命令の外側で「丸腰なりの知恵」（藤原辰史《ふじはらたつし》）を蓄積してきた〈共《コモン》〉の自生的な力であろう。*8

私有化のパラドックス

〈共《コモン》〉という協同の仕組みは現代では、行政が提供する公共サーヴィスを市民が料金を払って利用する、消費するというかたちで、行政によって代行される。いいかえると〈共《コモン》〉の知恵と力は国家によって簒奪されている。一方、市民はその過程で利便性の見かけに引きずられ、そうしたサーヴィス消費を「権利」と取り違えてきた。そしてそのなかで所有への欲望を際限もなく亢進させた。物品や福祉の消費から記号の消費までふくめてである。都市住民はそうした行政サーヴィス、もしくは私企業に委託された公共サーヴィスのシステムにみずからをじかに接続し、それを享受するのであるから、そこでは〈共《コモン》〉という位相は跨ぎ越され、〈共《コモン》〉はひたすら減衰してゆくほかなくなった。

　そういうリスクを抱え込みながらも、人びとはしかし、そうしたサーヴィス消費を、おのれの意志や行動の決定において他人からの強制や拘束を受けないという「自由」の代償として受け入れていった。その結果起こったことは何か。あらためてハンナ・アーレントの言葉を借りていえば、それは「共通世界」（the common world）の衰亡である。「共通世界の終りは、それがただ一つの側面《アスペクト》のもとで見られ、たった一つの遠近法《パースペクティヴ》において現われるとき、やってくるのである」*9。世界は、単一の位相でしか見られなくなれば消失してしまうのだと、アーレントはいう。前章で、財産《プロパティ》の「永続性」との関連でいちど述べたことだが、世界がみなに共通であるという事態は、人びとがなにか「共通の尺度や公分母」を分かち持っているということではなく、むしろ人びとが個々に別の位置、別の視点に立ちながら、しかも「おなじ」世界を見ているという、そういう視点ないしは展望《パースペクティヴ》の多数性によって支えられているのであった。世界は、相互に隔離された〈私〉の視点や、社会の画一的な視点からしか見られなくなると、バラバラになって崩壊してしまうのだ。そうなると、各個人が他の人びととじかに相互に扶助しあう仕組みから退場し、個人としてじかに社会の公的サーヴィスの制度に繋がるようになるという右で見た事態も、そうした共通世界の消失、つまりは〈共〉《コモン》の欠落に典型的な事例に数え入れられることになる。

　わが国でもほんの二、三世代前までは、身体の異変への応急措置、出産の補助、介護や看取り（清拭《せいしき》）、祭事での饗応、基礎的な勉学の指導、地域のもめ事の調停、防火・防災や防犯の活動など、地域社会の成員として身につけておくべき最低限の技法もしくは作法を、個々の住民は前世代から学び、また次世代に伝えていた。だが、それらはやがて専門家集団が担う企業システムのなかに吸収され、再組織されて、個々の営みとしては免除されていった。人びとはそのことによって「個人的な自由」を安心して享受しうるような環境を得たと思ったが、そのことで各個人はいやがおうにも一律の同質なサーヴィスを受けるなかで、たがいに同型の均質的な存在へと整形されていった。こうした事態をまさに「孤独の大衆現象」(the mass phenomenon of loneliness)と呼んだのが、アーレントであった。「孤独」とは他者との関係の不在ということであるが、それがマッス(無差別の集合体)として現象しているというのである。まるで広大な砂漠の表面を舞う砂の一粒のように。アーレントの言葉を引くと——

大衆社会では、孤独は最も極端で、最も反人間的な形式をとっている。なぜ極端であるかといえば、大衆社会は、ただ公的領域ばかりでなく、私的領域をも破壊し、人びとから、世界における自分の場所ばかりでなく、私的な家庭まで奪っているからである。かつて、この家庭は、世界を防ぐ避難場所だと感じられたし、ともかく、世界から放り出された人たちでさえ、そこでは、炉辺の暖かさと家庭生活の限られたリアリティに慰められたのである。[*10]

だが、事態はそこにとどまらない。私的所有(private property)の原則にもとづく公的なものの民営化(privatization)は、それが徹底されてゆくと、やがて社会の基盤をなしてきた《所有権》の原則を逆に一つの桎梏とみなすようになる。下支えしてきたものが阻害要因へと裏返るのだ。

その大きなきっかけとなったのは、所有権の対象が土地や建造物、作物や獲物、機械や交通手段といった物質的＝有形的なものを超えて生じた、知識や情報、コミュニケーション・ネットワーク、遺伝子コードといった非物質的な財の所有権とその保護をめぐる一連の訴訟である。そこに出現したある逆説的な事態を、先のネグリとハートは「私有化のパラドックス」と呼び、おおよそ次のように論じる。

非物質的な財がしばしば多大なリスクを抱え込むのは、それが複製可能だからである。この複製可能性によって、テクスト、音響、映像などのコンテンツやシステム内のソフトウェアはつねに不法な複製の危険に晒される。じっさい、それらをめぐっては無断使用や剽窃《ひょうせつ》、海賊版の製作など、見知らぬ人による権利侵害がひきもきらずに生じてきたが、しかしそうした権利侵害以上に問題なのは、この複製可能性が「私的所有権」のその私的性格を破壊してしまうというところにある。そしてそのことによって、それらの財を財たらしめている希少性が損なわれてしまう。こうした事態を、「非物質的財産を価値あるものにしている複製可能性そのものが、まさにそれらの私的性格を脅かしている」というパラドックスとして、ネグリとハートは描きだす。[*11]

同様のパラドックスは、原油を分解するバクテリアやバイオ研究用の実験マウスの製造や、細胞株の作製・保管、種子や植物品種などの遺伝情報、遺伝子組み換え食品の技術、ローカルな地域で使用されている薬草を原料としたり、その地域で伝承されてきた伝統的知識を利用したりして創造された薬品・防虫剤など、いわゆる「バイオ所有権」をめぐっても見いだされる。

そこでは一方で、いわゆる南北関係における一種の搾取が生じている。具体的には――「植物品種の数に関していえばグローバルな北は貧しいが、品種の特許の大部分は北が所有している。これに対してグローバルな南は品種の数こそ豊かだが、特許の点ではきわめて貧しい。そればかりか、北が所有する特許の多くは、南に生育する植物の遺伝物質から引き出された情報にもとづいている。北の富は私有財産として利益を生むのに対し、南の富は人類共通の遺産とみなされているため、何の利益も生まない」[*12]という不均衡である。だがその一方で、このように自然資源が北の大企業によって私有化され、独占されると同時に、この知的＝私的所有権をしかと保護することでさまざまの創造性や革新が促進されるはずが、逆にこの私的所有権に阻まれて、さまざまな方面からのアイディアや情報へのアクセスが制限され、社会全体の生産性やイノヴェーションが阻害されてしまう。

つまりここに発生しているのは、「所有財産に対する権利や権原はそれを肯定するのと同じ論理によって骨抜きにされる」[*13]というパラドックスである。しかもこれは、西洋近代の所有〔権〕論の嚆矢となったあのジョン・ロックのいわゆる〈労働所有論〉をまっすぐになぞっているがゆえに発生したパラドックスなのである。右にあげたような非物質的な財の所有権は、そのような非物質的な生産をなした知的労働によって根拠づけられているのだが、そうした労働を担う者を特定できないのである。かのバイオ所有権にしても、そうした創意工夫をした当事者としては、北の科学者共同体、あるいは南の先住民共同体を、つまりは〈共《コモン》〉というかたちで協働する人たちをしか挙げられないのである。

しかし重要なのはそれだけではない。それ以上に重要なのは、このパラドックスが結果としてもう一つのいっそう核心的なパラドックスへとわたしたちを導いてゆくということである。そこに見られる労働が、もはや所有権者（バイオ所有権の場合なら企業経営者や投資家）の私的《プライヴェート》な所有権を根拠づけるような個人的な労働ではなく、あくまで人びととの協働として、〈共〉《コモン》の所有権を根拠づけるものになるということである。〈共〉《コモン》の所有権は個々の労働でその生産に参加した人をすべて合算したものではない。じっさい、近年の映画製作では、エンディングで延々とその名を連ねられる人たち（プロデューサー、監督、俳優、カメラ、音響、メーキャップ、そのほかにもスケジュール調整にあたる人、主題歌の作詞・作曲・編曲・演奏する人たち、歴史考証にあたる人、スタントマン、地元の協力者、そして機材を貸与した企業などなど）がそれこそ一つのチームとして作業にあたるが、それら画面に名前を記載された人びとすべてがもしもその作品と関連した知的所有権とそれにともなう所有権料を個々に請求すれば、その経費も膨大なものとなり、そもそも作品の製作じたいが不可能になる――これもまた別のパラドックスなのだが――。ロック的な所有権論は、逆説的にもこのように、私的な所有権を根拠づけるはずの論理が現実には私的な所有権を瓦解させるどころか、私的所有の権利が〈共〉《コモン》をその存立の条件とせざるをえないというかたちで、逆に〈共〉《コモン》の所有権のほうを支持することになる……。ネグリとハートはそのように考えた。

〈共〉《コモン》という位相

わたしたちは本章で、〈共〉《コモン》という奇矯な表現でもって議論を紡いできた。〈共〉《コモン》ということで、「共に」もしくは「共同で」という存在のありようを意味させてきた。英語でいえばin common（フランス語でならen commun）を含意させている。それなら、ちょうどコモンズを「共有地」と訳すように、in commonも〈共〉《コモン》などという奇矯な表記にせずに「共有」と名詞のかたちで概念化すればいいのではないか、という声もすぐそばから聞こえてきそうである。

しかし、in commonを「共有」と訳すことは避けたいとおもっている。理由はさしあたり二つある。

一つは、「共有」とすれば、たしかに「私有」との差異は明確であるが、いわゆる「民営化」(privatization＝私有化）とはどう違うのか、そのあたりが不明になってしまうし、他方で、「公共的所有」とすればその意味あいはかなり重なるが、その場合に「公共的所有」を約めて「公有」とすれば、こんどは「国有」が国家の所有であるように、「公有」も自治体の所有であるかのような制度的ニュアンスが加わり、これまたin commonのしなやかな響きが、意味が消えてしまうということである。

いま一つの理由は、in commonという人びとの存在の様相がはたして所有関係としてとらえうるものであるのか、現時点ではそれが問い詰められていないことである。それが所有として語りうるものなのか、それとも所有という地平を越えたところで考えるべきものなのか、それが未だ不明のままだからである。おなじ理由で、だから「公有」と区別して「分有」と表記することもまたためらわれる。「分有」はしばしば「シェア」の訳語としても用いられるが、in commonとこのshareとの意味の異同もまだこれから考えなければならない問題である。

さらにその一方で、in common を、「所有」の文脈から外して communal と解し、それを名詞化して「共同性」と日本語に置き換えることもできない。ゲゼルシャフト（共同社会）と対比される、成員がたがいに濃密に結合しているゲマインシャフト（共同体）をつい連想してしまうからである。〈共〉《コモン》という語の使用をめぐって最後にもう一つ、それに対置される語が何か、という問題もある。「ともに」「共同で」という語であれば、その反対語は「ひとりで」「単独で」ということになろうが、しかしこの「ひとりで」ないしは「単独で」は、「各自で」へと容易にスライドさせられるきらいがある。しかしここでいう「ひとりで」「単独で」は everyone（各自）ではけっしてない。だからまたたんなる「個人」でもない。

わたしたちはいま、《所有》という関係を〈受託〉という概念でとらえなおす可能性を問うている。〈受託〉という概念を持ち込むことで最初に要請されるのは、「所有」と「自由処分権」の等置の解除であったが、それと関連してもう一点、所有関係における所有主体は、所有「者」としての自己同一性ではなく、「だれ」、つまり特定のだれかに「だれ」として名指される「このわたし」というふうに、あくまで他者たちとの関係のなかで規定される存在だということである。その意味で、プロパティという概念が含意している「所有」と「固有」の二義性における後者、すなわち固有性は、けっして「各自性」ということに還元できないものである。「各自性」というのは、一般性に対置される個別性でしかない。それに対して、固有性には、「ほかでもないこのわたし」という、つまり代替不可能な存在という意味が込められている。

たとえば「わたしの身体」というときの「わたしの」という所有格の表現には、けっして一般的な所有の呼称ではなく、わたしにとって取り替えのきかない、わたしの存在の不可欠な契機をなすということがふくまれている。固有《プロパティ》はそういう意味での〈特異性＝単独性〉(singularity)という意味契機を本質的にふくむ。ヘーゲルが「わたしの身体」を譲渡可能なものであるとしながらも、その身体への攻撃をほかならぬ「わたし自身」への攻撃だとしたことの意味は重い。かくのごとく、わたしたちはそう容易くはプロプリエテの問題系から離脱することはできないのである。そのことをもふくめて、次章ではもう一歩踏み込んで〈共《コモン》〉と〈特異性〉との関係を考察したい。

23　共にあることと特異であること

〈個人〉という、法＝権利の主体

所有権を定義するのは〈法〉である。〈法〉という、いってみれば観念的な体系によってその内容は規定される。しかし《所有》という関係は、権利としてはそのように〈法〉によって規定されるとしても、その関係自体は〈法〉のみによってかたちづくられているのではない。対象となるモノの存在形態や価値、そのモノをめぐるさまざまの社会関係、さらにそれらを調整し、調停し、裁定するさまざまの慣習的な枠組みが、むしろ《所有》の内実をそのつどかたちづくってきた。社会はそもそもが〈法〉を基本の軸として形成されるものでもなければ、〈法〉によってその全体が覆われているわけでもない。

にもかかわらず、「法の下の平等」という言葉があるように、法＝権利（Recht）という次元では、あくまですべての人が対等の者として扱われる。法＝権利の主体、つまり「市民的個人」として、だれもがそこに数え入れられ、等しく処遇されるわけである。そのかぎりで法＝権利の主体は理念的に同型的なものでなければならない。

あるいは、こういう言い方もできようか。個人の所有権は社会の承認、つまりは社会の（理念上の）構成員すべての同意を条件として成り立つという契約論的発想に立てば、所有の関係は個別的（particular）な人格と社会一般との関係だということになる。あるいは、分割不可能な「一」としての個人（individual）と全体との関係であるともいえる。だが、近代の（個人的な）所有権の確立は、そこに個々人の〈生〉（生命と生活）とその安全が懸かっているがゆえに、たんに抽象的な権利ではなく、そのつど具体的なだれかの権利としてある。そうした主体一般の権利が同時に代わりのきかないだれかの権利としてあるからこそ、そこに、交換可能な「所有」権を意味すると同時に、代替不可能な単独で特異な存在のその「固有」性をも意味する property の概念が立ち上がったのである。いいかえると、主体とは何かを所有する者、ひいては自己を所有する者のことだとする思想が立ち上がった。

いずれにしても、《所有》という関係には、理念的な次元と事実的な次元とがあって、しかも（のちに見るように）その二つはディープに縺れあっている。

さて、所有権の主体たるかぎりでの諸個人は、〈社会〉という、法治を基本とする一つの全体をともに形成するかぎりにおいて、同型的でありながらも、それぞれに個別の存在でなければならないのは、それらがおなじ存在資格をもつ同型的な主体として〈社会〉の単位《ユニット》をなすはずのものだからである。ここで想定されている〈社会〉と〈個人〉の関係は、全体とその成員との関係であって、ラテン語でいうところの corpus（身体）と membrum（四肢、つまりは各部位）との関係になぞらえられて、全体の「一」が各個別の「一」（社会の構成単位としての、ならびにそれ自体が自己同一的な主体としての）との、たがいに映しあう鏡像的な関係をなしているのであった。そしてその両者を接合する媒体の役を担うのが、一方で社会的な財を意味しながら、それをじぶんのものとして所有する権利（所有権）をも意味する《プロパティ》の概念なのであった。

わたしたちはこれまで、そうした役を負わされたものとしての《プロパティ》〔所有／固有〕の概念的構造を精査してきたのであるが、近代的な《所有〔権〕》概念へと焼きなおされた《プロパティ》の概念をかたちづくるいくつかの主要な概念的諸契機、なかでも権利主体としての「所有者」の概念については、そのレトリカルな構造にさまざまの無理がかかっており、一方の「一」、つまり所有主体としての〈個〉の概念を構築するレトリックが、系として閉じうるものでないことを、これまでくり返し指摘してきた。

ここで所有主体の「一」という構造をめぐり問題化してきたいくつかの概念諸契機をポイントのみ簡略にふり返っておくと、社会を構成する単位《ユニット》（単一項）としての「個人」（individual）は、自己同一的なものとして統合された（united）主体、つまりはもはやそれ以上には分割できない（indivisible）存在としてある。それは、他のいかなるものにも媒介されない、自己自身との直接的な関係において在る。そのかぎりで、いわばおのれを一つの閉回路として保持しているものであって、そのことが「内部性」（immanence）として捉えなおされる。そしてそれにもとづいて、所有する個人的主体は、何よりも「自己の主人」として、自己の存在を専有／固有化する（appropriate）ものであるとされたのであった。近代的な《所有〔権〕》における絶対的な排他性（＝主体が意のままにできる「可処分権」）もそこから帰結するのであった。

これに対し、〈個人〉をかたちづくる概念諸契機のこうしたレトリカルな構造がいやでもさまざまの歪みや軋《きし》みを惹き起こさずにいないその理由について本書がこれまで摘出してきたのは、主要なものとしては以下のような論点であった。

①社会はその成員たちの約束や契約によって成り立つものではないこと、なぜなら他者と一定の約束や契約をするほどにわたしたちは自己自身の存在を制御しえているわけではないから。とりわけ、対象の所有を可能にしているもの（身体）こそじつは（おのれの意のままにならないという意味で）所有不可能なものだということ、そうした不随意性がそこにあること。**（随意性の批判）**

②《所有》はだれかが何かをわがものとする《アプロプリエイト》ことであるが、そうした主体はその同一性の根拠をおのれのうちに「所有」しているわけではないし、また反省や記憶のなかでそれを回収できるわけでもない。**（同一性の批判）**

③自己自身との関係は、言語や思考の範型など、歴史＝社会的なものに媒介されており、何にも媒介されない直接性においてあるのではないということ。いいかえると、個別主体は内面的に閉じえないものであり、それゆえにその所有をみずからの内で根拠づけることはできないということ。**（直接性と内在性の批判）**

④possession（占有）が同時に「憑依」することからもうかがえるように、《所有》には儀礼的・演戯的な特性があること。**（所有概念の観念性）**

そしてさらにいっそう重要なこととして、

⑤《所有》は「私の財は、これを譲渡することによってのみ、私にとって譲渡不可能なものであり続ける」（P・クロソウスキー）という逆説、おなじことを所有者に即していえば「私が他者と同一のある意志のうちで、所有者であることを止《や》めるかぎりにおいて、私は、他者の意志を締めだしつつ対自的に存在する所有者であり、またそうした所有者でありつづける」（ヘーゲル）という逆説を、構造的な基盤としていること。

「だれ」ということ

問題は、これらの過程で《所有》という関係がどのように変質していったかということにある。先に、法的な秩序としてある〈社会〉はいわば分身たちの共同体であって、そこでは全体としての社会の「一」の下、個々の主体の「一」がたがいに合わせ鏡のように映しあっているのを見たが、注目すべきはこの鏡像関係において、個々の主体の「一」がたがいを排除するような関係にあるということである。これは（本書第18章においてすでに簡略に予示しておいたように）個人が自由であることと、その個人があるものをみずからに排他的に帰属するものとして所有しているということとが同一の事態とみなされるということなのだが、そのことによって、他者はわたしのものである財産の所有に外的なものとなり、その他者とともになす何ものかの共有も、わたしの私的所有とは対立的な事態へと転化してしまう。それだけではない。個々のわたし（たち）の私的所有でないものについては、みなで分かち持つという意味で共有のものではなく、むしろだれのものでもない公有のものとして、行政機関にその管理・運営が委託されるようになる。《所有》が〈公〉と〈私〉へと二極分解するなかで、〈共〉の場所が消失してゆくのである。〈公〉と〈私〉への二極分解、それはつまり、（責任をともなう〈受託〉ではなく）たんなる委託（＝権利放棄）と、《所有》の私的所有への退縮とへの二極分解である。もっといえば、市民的自由の基盤としての《所有》がこのように私的所有へと退縮してゆくことで、《所有》というかたちで何かを共同で保持するためにそこに働きだしていた自生的な力が削がれていったということである。《所有》をめぐり排他的で共存不能なかたちで生じる衝突、ときに相互の破滅にいたるやもしれない対立をあらかじめ回避し、それらを相互依存（interdependence）の関係へと向けてたえず修復してゆく、そういう相互行為の衰弱である。

　要するに、ここでわたしたちは、法＝権利のシステムとしての《所有》の観念性の彼方に、共同体内部の葛藤を調停し、調整し、解消してゆく事実的で自生的なプロセスを再発掘することが求められているのである。《所有》の対象としての共有物《コモンズ》ではなく、《所有》における〈共に〉《イン・コモン》という契機をいまいちど前景へと引き戻すことが求められているのである。

　そうした〈共に〉に身を晒している一人ひとりはしかし、もはや相互に入れ替え可能な、同型的な〈個〉ではない。またその共同性は、法＝権利の主体としての individual で particular な存在たちの横並びの共同性ではない。では、そこに生成する共同性とは、何の、どういう共同性なのか。

《所有》という問題を、何ものかの帰属をめぐる自他の軋轢をいわば第三者として俯瞰的に調停する法＝権利の平面においてのみ主題化するのではなく、むしろそうした第三者の不在という、自他の抜き差しならぬむきだしの対峙のただなかから掘り起こすことが必要だとの認識を、わたしたちはすでに第9章「所有権とそのあらかじめの剝奪」において示した。シベリアの強制収容所で一つの食缶に流し込まれたわずかの粥やスープを二人の囚人が極限にまで精密に等分するという、石原吉郎が描いたあの緊迫した食事の場面を例としてである。それは食糧の分配だけでなく、睡眠という最低限の安息の時間においても、二人にあてがわれたたった一枚の毛布の共同使用をめぐって「はげしい神経の消耗」に曝されたのだった。二人のあいだでほとんど不可抗的に編みだされた「立法者のいない掟」というところから《所有》を論じるよう迫られたのであった。

このことは、自他の抜き差しならぬ対峙、つまりは絶対的な相互排除の状況から、三人の相互牽制へと拡大しても、基本的におなじである。そうした事例は、たとえばイタリアの作家、プリーモ・レーヴィが描く、アウシュヴィッツで囚人たちが曝された「渇き」において見られる。*1

一九四四年の夏、アウシュヴィッツは異様な暑さに襲われていた。恒常的な飢えにさらに猛烈な渇きが加わった。工事現場に飲める水はなく、洗面所の水ももはや出ず、もう夕方のスープ、朝方の代用コーヒーだけの水分ではとても凌げない日々が続いた。ある日、レーヴィは工事現場の壁に、親指二本ほどの太さの水道管が取り付けられているのを見つけ、固く締められた蛇口を石で何ミリかこじ開けた。水がほんの少しずつ滴《したた》り落ちてきたが、それを貯める容器もなく、とうとう地面に仰向けになって口を蛇口の下にあてがった。管に溜まっている水は、あってもせいぜい一リットル。一人ですぐに飲み尽くせる量だったが、日々ともに行動しているもっとも近しい友人にはこの秘密を明かし、二人で交互にちびちびと滴《しずく》を吸った。盟友との連帯といえば聞こえはいいかもしれないが、それは友人を裏切っていないことをみずからに証するかのような「拡大したエゴイズム」でしかなかった。だからその行為は二人のあいだの厳重な秘密であった。ところが二人の奇妙な行動を目撃しているもう一人の仲間がいた。解放後のベラルーシで、その仲間は言った。――「なぜ君たち二人だけで、僕はだめだったのか」。そう詰問した仲間が亡くなったあと、秘密を共有した友人と会えばかならずその痼《しこ》りが「明々白々」と首をもたげた。以後、じぶんたちはだれか別の人を犠牲に、それに取って代わって生きているという「恥辱」のなかでしか生き延びられなかったという。「最悪のものたちが、つまり最も適合したものたちが生き残った。最良のものたちはみな死んでしまった」との思いに蝕まれつつ。

　ここで「なぜ君たち二人だけで、僕はだめだったのか」と詰問された「わたし」は、一人の個人ではない。そう問い糾された「わたし」は、「だれ」として名ざされ、問い詰められる者、つまりは単独の存在である。ある一人ではなく、（他のだれでもない）この「わたし」である。この単独の存在は、他のだれかとじかに対峙し、関係していることからして、そのつど特異(singular)な存在であって、〈個人〉という、類型的で一般的な規定には還元しえないものである。そのつどの関係の場面において、「だれと」ということがつねに問題になるのである。[*2]

特異なものへの送り返し

では、その単独の「わたし」たちの共同性とはどういうものであろうか。ここでいうところの共同性は、自他のあいだを媒介する役を果たす何か共同的なものがまさに不在であるところに出現するはずのものである。このことをエマニュエル・レヴィナスの言葉を借りていえば、何かある共通のものに与ることによって可能になる共同性は、「媒介者の役割を果たす第三項の周囲に、必然的に生じる集団性」[*3]、つまりは「横並びの共同性」でしかないということである。単独《シンギュラー》=特異であるかぎりの自他の存在は、そのような同型性によって交換可能とされるものではない。レヴィナスによればこれが意味するのは、「ここで問題の〔私と他者との〕不等性は、私たちを数としてかぞえる第三者にはあらわれることがない。不等性が意味しているのは、私と〈他者〉とを包括しうる第三者が不在であるということにほかならない。〔……〕本源的な多数性が生起するのは多様な単独性に対してであって、その数に対して外的であり、そのため多様なものを数としてかぞえる一箇の存在に対してではない」[*4]ということである。不等性はあくまで「外的視点」の不可能性においてある。つまり、自他の同型性と共同性とをはじめから前提として議論するわけにはいかない。他者は「わたし」の写し絵として生成するとしても、その存在は当初からしてもう一人の「わたし」なのではない。そのような「わたし」は、一つの同化(=専有

appropriation）という操作のなかで措定されるものであって、そういう意味でその他者性は自己同一性の裏返しでしかない。

ここに要請されるのは、「分離」（séparation）という消去しえない隔絶に定位した思考なのであって、何かある共通性の内部へと複数の存在をあらかじめ回収してしまうような思考ではない。レヴィナスは、そうした共通性のなかで各人の存在を置き換え可能なものとみなす俯瞰的で中立的なまなざしを、「本源的な不敬」として厳しく斥ける。というのも、他者のそうした取り替え不可能な存在こそが、「多様なものを全体化する論理に対して、社会的な多様性が示す抵抗」[*5]として救済されるべきだと考えたからだ。ここでいう共同性、つまりそれぞれに単独で特異な存在の複数性は、いってみれば共通の分母をもたないもの、その意味で通約不可能なもの、あらかじめ何かとしてとりまとめえないものなのである。

そうだとすれば、ここに生成する複数性の経験は、逆説的なことながら、他者との共同の経験のなかにはありえないことになる。じっさい、他者とのコミュニケーションのなかで理解が進めば進むほど、たがいの違いを突きつけられる、つまりたがいの差異（＝それぞれの特異性）が際立ってくる。その意味で、コミュニケーションとは、それぞれが特異なものとしてある複数の存在が、たがいの存在をその特異性へと送り返しあうような出来事だといえなくもない。

となると、問題は、個人による私有でも社会による公有でもない、一定集団による共有という形態である。その〈共〉《コモン》のありようである。公有のものが社会そのものに帰属し、私有のものが（他の個人との関係を遮断したところに成立する）おのおのの「わたし」に帰属するとするならば

——private（私的）とはprivative（関係において欠如的）、つまり他者との関係から身を退き、自己に内在することである——、共有のものはいったいだれに帰属するのか、共有という関係のなかにある人びとのこの〈共《コモン》〉とはどういう事態をいうのかということである。

〈共に〉ということ——複数にして単独の……

人びとの〈共《コモン》〉というありようを考えるときに、（あえて生硬なままの表現を使うなら）「共」(common/commun）と「共に」（in common/en commun）のあいだのわずかな差異に強くこだわったのが、ジャン＝リュック・ナンシーである。なぜこの差異にこだわったかといえば、共同体もしくは社会のありようを考えるときに彼が何よりも遠ざけようとしたのが「内在主義」(immanentisme）の立場だったからである。「人間の人間に対する絶対的内在」、そして「共同体の共同体に対する絶対的内在」。つまり、自己の存在根拠をみずからの内部にもつという発想である。[*6]〈わたし〉の同一的な存在の根拠を、自己自身への関係の直接性（つまり、他の何ものにも媒介されないこと）に見いだす議論がそうだし、社会制度の成立根拠をその成員間の約束に求める社会契約論のスタンスが典型的にそうである。[*7]

家族から市民社会まで、人びとがともにそこに属している共同体というものは、土地であれ、言語であれ、習俗であれ、価値観であれ、何かにともに与っているということ、つまりは何かあるものを、だれもに共通のものとして分有しているということを、その成立の条件としていると、ふつう考えられる。共同体とはその意味で、比喩的にいえば一つの合体であり、個々人はその「合一体《コミュニオン》」の一つひとつの成員《メンバー》=器官として、たがいに〈分身〉の関係にあるかのようにイメージされてきた。

　こうした発想からする共同体論は、人びとがある一つのものを分有することで形成される communion（合一体）として共同体を捉える。〈共有〉ということがここではそのように何ものかの分有としてイメージされる。ナンシーの考えではしかし、共同体は、何か共通のものを分有する、あるいはそれにともに与るという、いわば「合一《コミュニオン》」のかたちで成り立つものではない。人が他の人とともに（avec ないしは en commun）というあり方で在るとき、それは何か共通のもの（le commun）が分かち持たれているということではない。そうではなくて、先に関係というものがあって、そういう関係の分割（partage）としてそれぞれの存在が「露呈」してくるのであり、現象として根源的なのは、諸主体の「合一」（communion）でも「共」（共通の存在としての l'être commun）でもなく、この「分割」そのものだと、ナンシーは考える。[*8] これはつまり、人びとの「ともに」（avec）というあり方は、個的な主体がたがいに傍らに（à côté）あることでも、たがいに横並びで（juxtaposé）あることでもなく、それぞれが特異なものとして複数で同時的に、そして等根源的（co-originaire/gleichursprünglich）に生成するという、そのような出来事である。そのような出来事が、「共」（commun）として「実詞的」にではなく、「共に」（en commun）として「副詞的」に起こっているというのである。[*9]

　ちなみにこの「副詞的」という点については、アントニオ・ネグリとマイケル・ハートが現代の社会情勢により接近するかたちで次のように述べている。――「〈共〉は伝統的概念としての共同体も公衆も意味しない。それはさまざまな特異性間のコミュニケーションにもとづき、協同的な社会的生産プロセスを通じて現れるものである。個が共同体の統一性のなかに溶解してしまうのに対し、特異性は〈共〉によって減じられることなく、〈共〉のなかで自由に自己を表現する」[*10]と。そしてそのうえで、法理論的には「「一般の利益」や「公共の利益」という概念を、これらの財やサーヴィスの管理運営への共同参加を可能にする枠組みと置き換えること」が要請されるという。

　異なるものたちの「合一」ではなく、「分割」こそが根源の出来事であり、この「分割」において「共に」（複数性）と「特異」（単独＝単数性）とが同時的に生まれるという、このナンシーの理解が、わたしたちの《所有＝固有》の問題系にも合流してくるのは、たとえば以下のように語られるときである。――「固有のものは共にしか回帰あるいは到来しない」(le propre ne revient ou ne vient qu'*avec*)[*11]と。あるいは、「「固有なもの」が本質をもたず、露呈されている」(le « propre » *est* sans essence, mais exposé)[*12]と。ナンシーの観点からすれば、固有《プロプル》なものはそのつど「分割」という関係の出来事として生成してくるのであって、自己同一的な存在としての「わたし」の属性や様態としてどこか実体的に存立するのではないのだ。それぞれが別の存在としてあるという個別性と、各人（each）としてあるという一般性との関係、つまりは個と全体との関係として想定されてきたものを、〈特異性〉（singularity）と〈共に〉（in common）の関係へといわば位相変換させることを、わたしたちはここで求められているのである。

そもそも「特異」であることと「共に」あることとは、一方の承認がかならず他方の否認になるという、同時には両立しがたい概念である。ヘーゲルはたしかに一方で、わたしの身体への攻撃はほかならぬこのわたしへの攻撃だというふうに、「わたし」はわたしの身体を、わたしの譲渡不可能な存在として「所有」していることを認めていたが、その一方で、「所有」にもっとも根本的な事態として、わたしは所有者であることを止《や》めるかぎりにおいて所有者であるという矛盾を、つまり、わたしの所有〔権・物〕は、それを譲渡することによってのみ、わたしにとって譲渡不可能なものとなるという逆説をその議論の軸に据えていた。ナンシーが「特異な存在は関係のうちにある」とするときも同様で、（わたしの身体をもふくめ）何かがわたしのものであるということ（mienneté）は、恒常的で同一的で自立的であるような何らかの基体としての「わたし」についていわれることではなく、あくまで他との関係のなかで「「そのつどただその時だけ」（chaque fois cette seule fois）の慎み深さにおいて」いわれることなのである。[13] そしてその自由も、「あらゆる障碍から離れて完全な独立のうちで発展する自己自身と自己の決断の主人である主体性の自律として提示されはしない」[14]のであって、わたしたちとしていえるのは、せいぜい、各自がそれぞれ「固有にもっている」（avoir en propre）ものは、各自が「共通にもっている」（avoir en commun）もの、つまりは「存在の分割／分有」（le partage de l'être）であるということくらいだ。そのうえでナンシーは断言する。――「合一も共同存在もない、あるのは共同での存在なのだ」（il n'y a pas la communion, il n'y a pas d'être commun, il y a l'être *en* commun）。[15]〈共《コモン》〉、すなわち共有のものではなく、あくまで〈共に〉というかたちであるものだというのである。

property から propriety へ

《所有〔権〕《プロパティ》》の概念とそれに立脚する諸制度が、現代社会において一つの桎梏へと転化しつつある一方で、一人ひとりの「わたし」（たち）がその生存と自由とを守るためにおなじ概念に拠らざるをえないということ。逆向きともいえるこの二つの事態への対処の仕方ははたして両立可能だろうか。もし《所有〔権〕》が従来のままであれば、この二つの事態への対応は逆ヴェクトルのものとなって衝突は避けられないだろう。

《所有》の関係を〈受託〉の関係へと転位させることでこの撞着を切り抜けようとするときには、所有権とそれと連動するいわゆる自由処分権とのあいだの等号の解除ということまでは論を進めえても、次にこの〈受託〉と右の〈共に〉とを繋いでゆく議論は、なかなかに一筋縄ではいかない問題を含んでいる。

一つは、〈受託〉がじぶんたちの財を、みなの信託を得、みなを代表して管理・運営することだとすれば、ここで当座の所有者として信任される者は、他のだれでもないこの人として、つまりそういう代替不可能な存在として呼びだされるのであるが、この人はあくまで当面、所有者の役を務めるだけである。そして役を務めるというのはいうまでもなく演じるということである。そうすると、他のだれでもないこの人が当座の所有者として選ばれたとして、この人は所有者としてはあくまでそれを役として演じているのであって、その存在が代わりのきかない特異なものとされているわけではないはずである。じっさいこの人への信任はその務めの評価しだいで、なんどき解除されるやもしれない。とすると、その存在に、およそ代替の不可能な、彼に固有のものを認めようとすれば、最終的にそれは〈受託〉へと転位された所有関係の外部で成り立つほかないということになる。だがほんとうにそうなのか。

いま一つの問題は、「みなの信任」というときの「みな」とはいったいだれかということである。（前章で確認したように）社会の全成員ということではない。あくまでなんらかの財を共有する人たちのことである。つまり、たがいに「それはあなたのものにしておいてよい」と認めあい、また成員のうちのだれかに「とりあえずはみなの代表としてじぶんたちの財を保全し、運用する役に就いてくれ」と委託するような集団である。

近代の市民的主体としての〈個〉が《プロパティ》（所有／固有）の概念によって構築されたのだとすれば、いまわたしたちが《所有》という関係をあらためて〈受託〉という観点から捉えなおすときに、〈共に〉という位相にあって、（所有者ならぬ）受託者に託されたモノや暖簾をまさに“properly his”として承認するその理由とはいったいどのようなものなのか。

こうしてわたしたちの議論は、《所有》の理念的な次元と事実的な次元の切り離しがたさという、本章の冒頭に示した問題に戻る。これについては法学者の川島武宜《かわしまたけよし》が『日本人の法意識』（一九六七年）において、法典の体系と国民の法意識ないしは意識下の法的感情とのあいだの「ずれ」の問題として主題化しており、少しくその議論を参照したい。川島はいう、関係する二人の人物、AとBとは法＝権利の平面ではあくまで平等の者として扱われるものの、その権利内容については、「その時その時の事実の状態が権利の規範的内容に影響を及ぼすのであり、したがって、そこでは事実と規範とは明確に分裂し対立してはおらず、事実と規範とは、はじめから妥協することが予定されており、言わば「なしくずし」に連続しているのである」[*16]と。たしかに、近代的な所有権は理念的・論理的に決定されていて、所有権者とされる人がその対象に対し、なにか具体的な支配を及ぼしているかどうかは関係がないといえるが、じっさいの所有関係においてはむしろ法のみならず、一つの土地や山林・河川をめぐってもいろいろに異なる掟やルールが重畳するかたちで設定されており——耕作地であれば、収益権、耕作権、可処分権、地代徴収権など——、法的正義がすべてを決するわけではない。それはむしろ、「人びとの細かな配慮や抜け目ない思惑が絡みあう場」[*17]なのである。そうしたもろもろのコンテクストの錯綜のなかで、所有関係もとらえないといけないのであって、そうした調停や妥協、あるいは協議について、川島はたとえば次のように述べる——

日本的な法意識からすれば〔……〕あらかじめ権利義務が固定的・確定的にきめられていて、当事者間に懇願したり、恩恵を与えたり、融通をきかせたりする余地がないことのほうが、不安なのである〔……〕。だから、契約に詳しい規定をおいたとしても、あまり意味はなく、したがって当事者もそれを注意して読んで深刻に考えたりはしない。むしろ問題が起こったときに「誠意をもって協議し」、円満な解決をして「争を水に流す」ほうが、はるかに重要である。この意味において、誠意協議条項は、わが国の契約のもっとも重要な核心であり、それゆえ、わが国では仲裁は行なわれず、いわんや裁判もこれに適せず、調停が愛好され、国家法上の制度として確定され、それが大いに利用されるに至っているのである。[*18]

陳情や嘆願、恩義や誠意、妥協や仲裁。「曲げてお願いする」、「ご迷惑はおかけしません」、「泣いてもらうほかない」……。ここには「調停的仲裁」という、それこそ特異な葛藤の解決法が陰で働きだしている。川島によれば、「調停」が、「紛争当事者以外の第三者が和解の条件（内容）を紛争当事者に示して、当事者の合意（和解）によって紛争を解決するように当事者にはたらきかけること」、つまりは「紛争当事者の合意によって紛争を解決すること（和解）を第三者が援助し促進すること」（最終決定権はあくまで当事者にある）を意味するのに対して、「仲裁」は、「紛争解決の手段として、紛争当事者以外の第三者たる私人（仲裁人）〔……〕が紛争に対し或る決定を下すこと」を意味する。そしてこの二つを厳密に区別しない「調停的仲裁」は「紛争当事者のどちらが「正しい」かを明らかにする」ことを目的とするのではなく、「「丸く納める」こと――紛争当事者のあいだに「仲のよい関係」（紛争という「角《かど》」がなくなった関係）をつくること――を目的としている」[*19]。要するにそれは、当事者たちより上位の身分の人に紛争を預ける（つまりは託する）合意なのである。そういう意味で、「調停制度は、紛争を権利義務の関係として処理しないようにすることを目的としている」[*20]と川島はいう。

《所有》の問題はそのすべてを理念的な次元に収束させることはできない。さまざまな思惑を秘しつつ交渉し、調整し、何らかの折りあいをつける、その着地点の一つとして《所有権《プロパティ》》があったとすれば、それを「権利」として理念的に根拠づけるだけでは十分とはいえない。言語についていえば、言語そのものという一つの普遍的構造があるのではなくて、もろもろのラング、もろもろのパロールや声があるように、《所有》においてもプロパティそのものが存立するというのではなく、プロパーなものにほぼ相当するようにおもわれるもろもろの制度的な、ひいてはもろもろの相互行為の、枠組みが見いだされるのみといえよう。そのかぎりで property（所有／固有）は実質的には propriety（「適切さ」という、アダム・スミスもまた『道徳感情論』の冒頭に据えた概念である）として理解されるべきものであって、しかもこの propriety は proprieties というふうに、複数形で語りだされるべきものだとおもわれる。property から propriety へ、専有（appropriation）から分割／分有（partage）へ。そこにはさまざまのローカルな知恵があるばかりで、appropriate されるべき普遍的根拠というものは存在しない。それよりも、そもそもがローカルな複数の異なる「適切さ《プロプライエティ》」を相互に突き合わせることが、《所有》関係についてのより「適切な」理解への道となる。

所有論は、これらの自生的な調整力を見逃してはならない。見くびってはいけない。所有がもしほんとうにすばらしい発明なのだとしたら、そこにこそその功績は埋まっているはずだ。〈共に〉の力が見出されるとしたら、まさにそこだ。

24〈場所〉と〈死〉と

ひとが「だれ」として在る場所

property〔所有権〕から propriety〔適切さ〕へ、そして、appropriation〔専有〕から〈共に〉《イン・コモン》へ。《所有》を〈受託〉として捉えなおすなかで掘り起こされたこの二つの論点は、人類史において、その生存を編んできた観念であり、慣わしであり、法でもありつづけてきた《所有》の帰趨を見定めるうえで、きわめて重要な意味をもつ。最後にこの二つの論点を掘り下げることで、《所有》をめぐる、それこそかぎりなく錯綜した議論の、第一段階ともいうべき本論のさしあたっての着地点をさぐりたいとおもう。

「財産」《プロパティ》と「富」《ウエルス》の区別——ドイツ語では所有＝財産（Eigentum）と占有物（Besitz）の区別にあたる——を説いたハンナ・アーレントの議論を再度、確認することからはじめる。（本書第21章「〈受託〉という考え方」においてすでに指摘したように）アーレントは「財産」が「富」に取って代わられるという事態を、西洋近代社会の形成を動機づけたもっとも基本的な現象の一つとみなした。財産《プロパティ》とはほんらい、人が「世界の特定の部分に自分の場所を占めること」（to have one's location in a particular part of the world）であった。[*1] それはすなわち、「政治体」という公的領域にそのメンバーとして属していることを意味した。しかし、十六世紀から十七世紀にかけて英国の農村部で進行し、のちの産業革命を準備することになったあの「囲い込み《エンクロージャー》」──「共通なものからの囲い込み」（enclosure from the common）──によって、以後、私有財産──ほんとうは private property というより private wealth というべきだが──は公共的なものへの対抗概念として理解されるようになった。私有財産権（property-rights）を、この世でもっとも私的に所有されている（つまり、私的なプロパティである）身体《パーソン》の労働力のうちに基礎づけようとするロック的な所有権の根拠づけも、こうした脈絡のなかで提唱されたわけである。このように財産の源泉が、労働力という、人間の内部に存在するものに求められ、財産権が個人的＝私的なものとして公的領域に対置されるようになるというのは、アーレントにいわせれば、「構造」としての財産（property）が「過程」としての専有（appropriation）に取って代わられたということである。いいかえると、財産権として追求されたのは、じつは財産そのものではなく、むしろ専有、つまりは「富の増大と蓄積の過程」を承認し、保護することへの要求であった。そこで求められたのは、個々人の「世界を専有する活動」（a world-appropriating activity）がまさに適正《プロパリー》に「私的なもの」として承認されることであった。[*2]

　さて、アーレントのいうように、プロパティが「世界の特定の部分に自分の場所を占めること」であるとすれば、その「場所」は、たんなる物件としての土地、（動産化した）商品としての土地ではありえない。それは、世界のなかでの位置取りとでもいうべきものであって、そこにひとがこの人という特異な存在として現われる場所のことであろう。それこそ本来、プロパティと呼んでしかるべきものである。

アーレントがここで導入するのは、ひとの「なに」と「だれ」の区別である。公的領域（the public realm）こそ、「人びとが、自分がだれ（who）として、リアルに、そして他のだれとも取り替えのきかない仕方でここに在るのかを示しうる唯一の場所」である。[*3] アーレントはこの領域を「現われの空間」（the space of appearance）と呼び、そこでは「その人が「なに」（"what"）であるか——その人が示したり隠したりできるその人の特質、天分、能力、欠陥」と対照的に、「その人が「だれ」（"who"）であるか」があらわになるという。[*4] ただし、アーレントがこれに続けて書いているように、重要なことは、この「だれ」は、人それぞれがじぶんの特質《クオリティーズ》を「所有し、意のままにする」のとおなじ仕方ではあらわにできないということ、もっといえば、「他人にはこれほどはっきりとまちがいなく現われるこの「だれ」が、本人の眼にはまったく隠されたままになっているということ」である。だからこそ複数の視点が交差する「現われの空間」のなかに身を置いていることが大きな意味をもつのである。

一人ひとりの「場所《ロケーション》」がそこにおいてはじめて成り立つようなこの「現われの空間」は、したがって土地という無記の空間ではない。ましてや取り換えや売り買いのできる商品ではありえない。だが、歴史はそれとは逆行した。「場所」であるはずのものがたんなる物件、ないしは商品としての「土地」に取って代わられることになった。その過程で消失したのが、ひとが他人によって「だれ」として見聞きされる、まさにその「他者」なのだと、アーレントはいう。そしてそこから失われたものを、畳みかけるように列挙する。[*5] つまり、そこで奪われている（deprived）のは、「真に人間的な生活に不可欠な物」であり、具体的には、「他人によって見られ聞かれることから生じるリアリティ」、「物の共通世界の介在によって他人と結びつき分離されていることから生じる他人との「客観的」関係」、「生命そのものよりも永続的なものを達成する可能性」であるとする。とどのつまり、「私生活に欠けている」（the privation of privacy）のは他者の存在だと。

土地が、家屋が、商品であること、なにより転売や投機の対象であること、あるいはすくなくともその可能性を前提に人が所有するものであること。現代社会ではこうしたことが自明になっているが、アーレントの指摘にあったように、それらは「財産」（＝所有物《プロパティ》）というよりもむしろ「富《ウエルス》」（＝占有物《ポゼッション》）とみなされるべきものである。だとすれば、土地や家屋というものも、身の置き所、ないしはいのちをつなぐ場所として、そしてときには生活のベースキャンプ、生存のための縄張り《テリトリー》として、あらためて捉えなおすことが必要になる。他者たちとともに生存をいとなむ場所として、である。

土地が動産ではなく、すくなくともそこに住まう人それぞれにとって代わりのきかない不動のものとしてあるのだとすれば、それは、ひとがそこで爪先だって生きるのではなく、とりあえずはゆっくりと腰を下ろせるからである。協同して生きるほかない人間にとって、それは、継がれてゆくべきいのちの培養地とでもいうべきものとして、たんなる土地ではなく、人びとのネットワークとしてあるのであって、だからそれはたえず一つの〈場〉として育まれ、維持され、保護されねばならないものである。それはたがいに「もたれあう」相互支援の場でありつつも、「胃にもたれる」という表現にもあるように、個々の成員にとっては鬱陶しいものでもある。相互の濃やかな配慮が行き交う場であるとともに、計算づくの狡猾ともいえる思惑が交錯する場でもある。「財産」を「富」に還元すれば、そういう錯綜したネットワークはぶつぶつに切断されて、その実質が見えなくなる。

〈定住〉という観点から

何かを所有しているという事態においては、所有される対象と所有する者とのいずれの側にも一定の永続性が前提されることを先にわたしたちは見た。一方、協同して生存をいとなむヒトにとって緊急ともいえる関心は、まずは身をフィジカルに養うものと身を休らえる場所、つまりは食糧とテリトリーの確保である。この二つの事態が帰趨するところを考えあわせようとするとき、最初に突き当たるのがヒトの定住という問題である。

二足歩行を始めた初期人類が出現したのは少なくとも四百万年前だといわれるが、以来ずっと遊動生活をしていた人類が、定住というかたちへとその生存戦略を大きく転換したのはごく近年のこと、およそ一万年前にすぎない。人類史上のそのような「革命」的ともいえる出来事を《所有》論という文脈につきあわせて考えようとするときに、数多《あまた》ある関連研究のなかでとりわけ大きな示唆を与えてくれるものとして、人類学者・西田正規《にしだまさき》の『人類史のなかの定住革命』がある。

その著作は、こんな言葉で始まる。――「不快なものには近寄らない、危険であれば逃げていく。この単純きわまる行動原理こそ、高い移動能力を発達させてきた動物の生きる基本戦略である」[*6]。

居心地のいい場所は生息する動物も増える。食糧が乏しくなり、排泄物も増える。場所をめぐる争いも絶えない。だから、集団を大きくせず、個体密度を一定以上に上げず、遊動域を防衛しながら移動をくり返すことで、汚物にまみれることなく、かつ環境の荒廃も防ぐ……。そんな遊動生活を人類は数百万年にわたって営んできた。だが、人類社会はある時点で、「逃げる社会から逃げない社会へ、あるいは、逃げられる社会から逃げられない社会へと、生き方の基本戦略を大きく変えた」[*7]と、西田はいう。

「逃げる」というのは、成員間の不和や葛藤、それにともなう緊張や衝突を避けるために、群れを離れるということ、関係を解消することである。その遊動生活は、離合集散をくり返しつつ、集団としてはフレクシブルに維持された。

この「逃げる」戦略についての議論がことのほか興味深いのは、成員のあいだののっぴきならない確執――わたしたちはその象徴ともいえる状況を、石原吉郎の描いたシベリアの強制収容所の捕囚たちによる極限的な均等配分の模索、プリーモ・レーヴィの描いたアウシュヴィッツの強制収容所における飲料水をめぐる凄まじいまでに精緻な相互牽制に見た――を、第三者による裁定というかたちで方《かた》を付けようとするのではなく、むしろ問題を解消するという仕方で処理しているからである。石原のいう「立法者のいない掟」に向けた一つの戦略を、《所有権》の設定という歴史的な事態に関連づけて考えてみようというのである。

そもそも人類は、その歴史のある段階で、なぜ遊動から定住へというふうにその生活の基本戦略をそっくり転換するにいたったのか。なぜそれまでの遊動生活のなかで培ったさまざまの能力や行動様式を、たとえ多くのリスクを抱え込むことになっても、あえて大々的に再編成する道を選んだのか。

西田は、初期人類の遊動生活は、基本的に「ゴミ、排泄物、不和、不安、不快、欠乏、病、寄生虫、退屈など悪しきものの一切から逃れ去り、それらの蓄積を防ぐ生活のシステム」[*8]を軸にしていたという。そしてその利点として主に以下の五点を挙げる。

(1)安全性の観点――風雨や洪水、寒冷や酷暑からの逃避。同一の場所に留まることによるゴミや排泄物の蓄積の回避。
(2)経済的な側面――飲料水・食材の確保、さらには協同狩猟、交易のため。
(3)社会的な側面――成員間の不和の解消、他集団との緊張の回避、ないしは情報交換のため。
(4)生理的な側面――肉体的・心理的な能力に適度の負荷をかけるため。
(5)観念的な側面――死者の出た場所、あるいは屍体からの逃避。災厄からの逃避。

要は、不快なものには近寄らない、危険であれば逃げていくということ、いいかえると、問題を昂じさせるのではなく、緊張を緩め、分散して、問題を解消するという戦略、これを第一のポリシーとしていたわけである。そしてそれは同時に、至近距離での共同生活のなかでいやがうえにも内圧を上げてゆく成員間の緊張や葛藤を、集団からの離散や脱落を許容することで解消するという、離合集散の組織原理でもあった。

それをしかしなぜ放棄し、いわゆる定住生活に乗り換えることにしたのか。そうした生存戦略の破綻をめぐり、西田はいくつかの複合的な理由を挙げている。たとえば、氷河期から後氷期にかけての気候変動（温暖化）のなかで温帯森林環境が拡大し、旧石器時代にみられた大型獣の狩猟に重点を置いた生活が大きな打撃を受けたこと。これと関連して、単位面積当たりの生産性と安定性が狩猟よりも優れる水産資源の利用（具体的には定置漁具を用いた漁撈活動）を開始したこと。中緯度地帯の森林環境では、木の実や種子、サケ、マスなど食糧はとくに秋に豊富にあり、越冬のためにそれらの大量貯蔵にとりかかったこと、などである。

いずれにせよ、遊動生活を放棄することで、「ゴミ、排泄物、不和、不安、不快、欠乏、病、寄生虫、退屈など悪しきものの一切から逃れ去り、それらの蓄積を防ぐ生活のシステム」から、「これら一切を自らの世界に抱える生活システム」へと移行した。定住することで、遊動生活がたくみに遠ざけ、解消した諸困難を、以下のごとくいやでも内に抱え込まざるをえなくなったのである。

境界の設定

その解決のために人類社会が講じた対策について、西田はこう述べている——

この生活を維持するには、ゴミ捨て場を定め、便所を作るなどして環境汚染を防止しなければならない。不和や葛藤、不安の蓄積を防ぎ、すみやかに解消するために社会規範や権威が要求され、あるいは不安や災いの原因を超自然的世界に投影し、それをコントロールし、納得するための儀式や呪術が用意される。離合集散するルーズであった社会は、地縁的な境界で区切られ、死体との共存は、死者の世界と生きている人間世界の空間的、観念的分割によって了解される。世界はさまざまに分割され、それがまた社会的緊張関係のより大きな単位となる。*9

ここには遊動から定住への移行のなかで人類社会が抱え込むことになったさまざまな課題が圧縮して語りだされている。なかでも遊動生活におけるような逃避もしくは回避というかたちで解決がもはや図れない事態への対策をどう講じたかが列挙されている。堆積するゴミや排泄物の廃棄の問題であり、成員の屍体の遺棄ないしは埋葬の問題であり、寄生虫や伝染病からの隔離の問題であり、最後に成員間のさまざまの確執や葛藤の除去である。いずれもたえず遊動する生活のなかではたやすく解消できた問題であるが、これらを内に抱え込むことになった定住社会では、移動という方法で解消できる問題を、おなじ場所での何らかの空間的分離によって解決するほかない。それは、不快なもの、忌まわしきもの、不気味なもの、あるいは事態からの人びとの隔離であり、棲み分けであり、つまりはそれらとの厳重な境界設定である。文字どおりの空間装置でいえば、ゴミ処理場や便所や墓地。それらが棲息地の外縁部に配置される。

措置がいっそう複雑なのは、社会的緊張の解消のほうである。集団での生活では成員間に確執や不和、葛藤といった緊張が生じ、蓄積し、さらに妬みや恨み、憎しみへと昂じてゆくものだが、それが集団を破滅させるような激しい衝突として暴発しないよう、人類はさまざまの予防措置を講じてきた。その一つは、そうした負の感情を昇華させたり、あるいは別の感情へと転換させたり、ときに一定方向に放流したりする仕組みであり、それが呪術や儀礼、祭祀や芸能として設定されてきた。いま一つは、成員の行動にさまざまの義務規定を設けるとともに、成員のあいだに対立や争いが生じたときには和解の条件を提示し、双方の主張を調停する。獲物や収穫の配分にあたっては成員たちが納得して受け入れるような原則を示す。そのために不可欠なものとして、一定の拘束力をもった「権威」の体系が設定された。

おそらく《所有》もこの社会的確執を解消する算段の一つとして設定されたとおもわれる。定住の開始とともに、その集住の場所は固定され、有限のものとなった。各人の生存をいとなむ場所や、資材、食材といった物品についてもそのあてがいの公平性ないしは妥当性をめぐり、各成員の意識はいやがおうにも研ぎ澄まされてくる。右の西田の文章にあったように、「世界はさまざまに分割され、それがまた社会的緊張関係のより大きな単位となる」。そうした緊張を一つの制度として安定させるために、成員がそれぞれに生存に不可欠な何ものかをじぶんのものとして安定的に所持し、それを他の成員たちからも適正《プロパー》なこととして承認されることが、（威圧的にか合意によってかの違いは措くとして）メンバーシップの要件とされる。そして《所有》のいわばこの淵源を、西田の定住革命論の文脈に重ねあわせれば、定住化した社会により組織だったかたちでみられる呪術や儀礼、祭礼や芸能といった「観念的」な装置は、《所有》の演戯性に対応するし（本書第12章「演戯と所有」参照）、また社会的確執の調停や解消の措置としての「権威」の君臨は、《所有》の掟や法に対応する。

そこまでは見やすいともいえるが、さらにわたしたちの注意を惹くのは、プロパティにあたるフランス語の「プロプリエテ」が有していたもう一つの意味契機、〈清潔〉にかかわることがらである。ゴミや排泄物や屍体を処理する場を、棲息地から遠ざけ、その外縁部に設置するという空間的措置のほうである。つまりは線引き、そうした汚いもの、忌まわしいもの、不気味なものからじぶんを隔離する境界線の設定である。ひとは排泄物や屍体をなぜ、汚れ、穢れたものとして、じぶんたちの棲息域から排除するのか。[*10] いいかえると、じぶんたちの生存を維持するために、〈清潔〉という観念を必要とするのか、という問題である。近代以降の人びとが汚れたもの、穢れたもの、忌まわしいものとしてそれとのフィジカルな接触を忌避してきたもの、排泄物をはじめとして身体から排出されたもの、剥落したもの、あるいは生命の消失した屍としての人体。さらにこれにくわえて貨幣、そうしたものが不可触《アンタッチャブル》のものとして、人びとの意識に強迫的に憑いてきた（possessed）、その理由もまた遡って《所有》の問題とリンクしてくる。

　ここからこっちはわたしの領分だ、これは集団のなかでのわたしの取り分であり、だからじぶん以外のだれも手を付けられないものだ、という境界の明示、侵犯の禁止。つまりは、じぶんが生き延びるためには欠かすことのできないものを、じぶんだけのものとして確保すること。こうした行為が《所有〔権〕《プロパティ》》という観念の発生と同期しているとおもわれる。そしてさらに、定住とともに生まれてきた、じぶんの領分のなかでは、あるいはじぶんの取り分に関しては、じぶんのものとしていわば排他的に意のままにしうる（disposable）という感受性が、自然を恵みとして受け取るというよりも、むしろ伐採し、土を掘り、水の流れを変えるといった、自然への操作的介入というマインドへと膨れ上がっていったとおもわれる。集住したその地で、農耕・栽培をはじめとする食糧の生産を開始し、生存の維持と拡張のために分業と交換を組織化し、町や都市を形成し、外界のみならずおのれのいのちの座としての身体の内部にまでもテクノロジカルな視線を貫通させていった。

〈死〉という後背

　所有という現象が、このように定住を基本とする、生存のもっとも基礎的な局面から立ち起こるのだとすれば、所有はいやでも〈死〉という問題に絡んでくる。生の存続は、死の先送りということにほかならないからである。わたしたちはすでに本書第14章「解離」において、「所有が秘め隠しているもの、それは死の恐怖だ」というジャック・アタリの文章を引き、さらにそれを、所有を「時間の函数」として捉える議論へとつないでいったのだが、所有をめぐりいまあらためて〈死〉という出来事との関連を正面から論じる必要が生まれている。アタリのこの文章をその前段を含めあらためて引くと——

> 数千年来衝突しつつ相ついで生じてきた所有概念のいずれの把握の背後にも、つねにある徴候、無視できない強迫観念が現存していたことが、ようやく顕わになったと思われる。所有が秘め隠しているもの、それは死の恐怖だ、と要約しておこう。[*11]

アタリが所有の歴史をめぐる浩瀚な書物——原題は *Au propre et au figuré*（本義でも転義でも）——の序論部で大上段からこのように述べるのは、所有論、とくに近代的なそれを俯瞰したとき、次のような課題が、所有論が現代担うべきものとして浮かび上がってくるからである。アタリによれば、十七世紀から十九世紀にかけて、何かを「持つ」（avoir）というこの始源的な欲望は、飢餓から、あるいは恐怖から、あるいは競い合い、あるいはモノの希少性、あるいは他人を支配したいという思いから生まれてきたと、縷々《るる》説明されてきた。そのうち十七、十八世紀は、モノの私的所有こそ「人間の自由と権利の開花」のために不可欠な条件と一般に考えられたが、十九世紀になると反対に、多くの論者は、私的所有こそ「自由」を破壊するものであり、ひいては私的所有じたいを自滅させると考えるようになった。しかし二十世紀に入って、所有をめぐる自由主義と社会主義の二つの対照的な制度のいずれもが「独裁や野蛮ときわめて親和的なことが、悲劇をつうじて検証された」とアタリはいう。そうした二大制度の逆説的な運命を「その場しのぎにとり繕う」かのように、米国の共同経営組合やソ連のソホーズ、イスラエルのキブツ、メキシコのエヒードなども実験的に試みられたが、従来の所有制度の代替物としては十分に機能するものではなかった。いいかえると、「資本主義ではモノすべてが貨幣価値に還元され、国家社会主義では人間がたんなる労働力に還元される事実をまえにして、憤激の念が消されてしまうわけではない。今日、桁はずれの富裕と貧困とが共存し、少数の人々が莫大な財産と領地を占有している一方で、何百万もの人々が毎年飢死している事実を、同様に忘却させてくれるわけでもない」という[12]。そしてそのうえで、「所有の背後に隠されているのは何か」、「種々の所有システムの成功と同時に醜怪さを説明してくれる隠された意義」は何かを、アタリは問う。「所有が秘め隠しているもの」についての先の文章はそこから書き出されたのであった。

　人びとがまずもって念願したのは、「存在し、存続し、死を遅らせること」であった。いいかえると、「自己の死に執行猶予をあたえること」であった。そういう生存の原型に《所有》はかかわっている。アタリはその意味で、所有とは「死を祓いのけるために生〔命〕を積み重ねること[13]」だと解し、だからこそ「財を生産する財」、つまりは「多産財」(biens fertiles) が所有意識の核心的な対象となってきたのだという。歴史的には、最初に〈女性〉が、次に〈土地〉、そして〈貨幣〉が爾余の所有の基盤となった[14]。(これに加え、現在では〈情報〉の所有がそうした基盤にあたるとアタリはいうのだが、〈情報〉の所有が現在、基盤的所有として機能していることが人間の未来にとって何を意味するかについては、あらためてのちにふれる。）

〈死〉と共同体

アーレントは公的領域のいわば生地になるような「〔自他に〕共通の世界」は、個人が誕生のときにそこに入るものであり、死のときにそこを去るものであって、過去に向けても未来に向けても個人の生涯を超えているものだといっていたが、*15 所有という問題に〈死〉がかかわってくるのは、そのように、所有の対象となるものが一定の永続性をもたねばならないからだけではない。より正確にいえば、ひとはじぶんでは生まれることも死ぬこともできないからである。

ひとはみずからの死を経験することはできない。たしかに死を決行することはできる。自殺である。しかしそれはじぶんを「殺す」ことであって、じぶんが「死ぬ」ことではない。死はその人がもはや経験の主体としては存在しなくなる出来事だからである。経験は死とともに不可能となる。その意味で、じぶんの死はつねにわたしの経験の彼岸にある。これを裏返していえば、死としてわたしが経験しうるのは、他者の死だけである。そのときわたしはだれかを失う。そういう他者の喪失としてのみ、ひとは死を経験する。そしてそのかぎりでは、「死ぬ」ではなく、「死なれる」ことが死の経験の原型であるといえよう。「死なれる」というのは、単純な受け身の表現ではない。「死ぬ」は現代の文法では自動詞とされ、そのかぎりで受動形をもちえないはずである。ところが日本語の「死ぬ」には受動態のかたちをした「死なれる」という表現が成り立つ。これは他者から何らかの作用や働きかけを受けるという意味での受動形なのではなくて、そういう働きかけを受ける主体の感情や意志をあらわす表現形式としてである。「試験のとき、監督の先生にずっとそばに居られて困った」と言うときの「居られる」もおなじである。「泣かれる」もそう。ひとは他人に泣かれて困るのである。そして「生まる」という自動詞。この受動形が「生まれる」である。このように、「生まれる」も「死なれる」も、じぶんの生／死がともにじぶんの意のままにならないこと、つまりはおのれの誕生と死との経験不可能性を端的に示す表現なのである。*[16]

西谷修《にしたにおさむ》は、J＝L・ナンシーの著作 *La communauté désœuvrée* の邦訳『無為の共同体』（西谷修・安原伸一朗《やすはらしんいちろう》訳）に付された論攷「〈分有〉、存在の複数性の思考――あとがきに代えて」のなかで、人間という存在の「有限性」は、時間・空間的なそれとともに、「人間が自己完結できないという内的な不可能性」をあらわしているとしている。「〈死〉は〈私〉のなしうる行為ではないし、〈私〉がわがものとしうる（我有化しうる）何ものかでもない」。そのかぎりで「私は死ぬことができない」。要するに、だれかの死はその人にとっての出来事ではなく、その人に訪れる共同の出来事なのであって、「〈死〉を「起こった」ものとして完了させるもの」、つまり他者の存在、「死ぬ人を看取る身近な他者の臨在」なしには起こりえない出来事なのである。死にゆく人の傍らにあって、〝あなたは死んだ〟と「完了形で」語るだれかがいなければ、そもそもの死の出来事は存在しなかったに等しい。このように、「〈死〉はひとりでは完結せず、すでに他者の存在を要請する出来事なのである。あるいは存在の複数性を前提とする出来事なのである*[17]」。

そう西谷は書く。あえてつけ加えるまでもなかろうが、ここでいわれる複数性は、世界のなかで、共に生起しているということではなく、世界の生起の構造そのものが複数的であるということ、いいかえれば、複数の特異性の共=生起としてあるということである。

こうした意味での人間存在の有限性は、その死という出来事においてもっとも顕わになる。その死においてすら共同的であるなら、「この人」という、まさに固有で特異な存在として在るということは、つねにあの〈共に《イン・コモン》〉という契機を根源的に含んでいることになる。死は共同的なものである。死はしかし、それだけではなく、〈自己〉という概念そのものにも内蔵されている。だからこそ《所有》の問題は《固有》の問題でもありつづけてきたのだ。

25 所有と固有、ふたたび

吝嗇と倹約

《所有》という感覚へと人類を強烈に動機づけたものとして、右に、わたしたちは「定住革命」と、それとともに内面化された〈死〉の恐怖とを取り上げた。

遊動生活から定住生活への切り換えによって人類は、ゴミや排泄物の廃棄とか、成員の屍体の遺棄ないし埋葬とか、寄生虫や伝染病からの隔離、そしてなによりも成員間の不和や確執の解消、他集団との緊張の回避といった、遊動することでおのずと解消していた数々の問題を内に抱え込むことになった。定住によって集団の規模もしだいに拡大し、そういう至近距離の共同生活のなかで、取りあい、奪いあいといったストレスフルな対立の場面も増え、そこでより有利な場所を占め、より多くを占有するという、予備的な防禦と駆け引きの体制が成員間で講じられるようになる。《所有》をめぐる約束や掟もまた、ある場所と物との関係を独占的に保持することの各成員からの要求を調停する算段として、こうした過程で成立したはずである。これがまず一点。

いま一つは、「所有が秘め隠しているもの、それは死の恐怖だ」という、ジャック・アタリが提示した視点、すなわち「死を遅らせる」算段としての《所有》の取り決めである。それは、人間という存在の有限性の観念ともつながるものであった。つまり、たんに時間的・空間的に限られたものであるという意味よりも、むしろその存在がおのれのうちで完結しえないという、そういう不可能性の視点である。そのかぎりで、所有が秘め隠しているとされる〈死〉は、じつはさまざまの対象を所有するとされるこの「わたし」の存立そのものにも内蔵されているものであった。その意味で、ほかならぬ個体の誕生と死こそ共同的な出来事としてあるのであった。

本書でもこれまで、propre という語が内包する、「所有」「固有」「清潔」といった一見異質とおもわれる複数の意味契機がどのような場面で重なりあったり、連動したりするのかについては、おりにふれて指摘してきた。それにさらに、《所有》という感覚を人類社会に植え付けたものとしての右の二つの論点が加わったところで、本書もまた、《所有》と《固有》という対立する意味が、なぜ propre という一語のなかに託されているのかという核心の問題にようやくふたたびたどり着いたようである。

次に、この二つの論点をさらに深掘りするために、別のいくつかの議論を補完的に導入したいのだが、まずは第二の論点から見てゆこう。

アタリとほぼ同い年のイタリアの哲学者・精神科医であるウンベルト・ガリンベルティが、その第二の論点、所有と〈死〉の恐怖との関連について、『七つの大罪と新しい悪徳』（二〇〇三年）のなかで次のように述べている——

吝嗇家は未来を恐れており、効力を発揮出来る形で現在所有出来るもの（例えば政治権力がそうだが、政治権力の未来はあてにならないものである）には見られない形の権力を選ぶことで、むしろより洗練された権力、現在において機能するのでなく未来においていつでも発揮することの出来る権力を選ぶことでこの未来から身を守るのである。

吝嗇家が享受するのはこの可能性であって、それを自分が死ぬ日まで引き延ばしていくのであるが、彼の死もまた絶望的なものである。というのもそこで彼が自分の金《かね》と死別を余儀なくされるからではなく、それを保証するために一生金《かね》を貯めて来たその未来との別離を余儀なくされるからである。つまり吝嗇家は死を恐れているのだ。人間には必ずついて回る、死すべきものという条件を受け入れないのである。*1

吝嗇家にとっては、金銭は何かを得るための手段ではなくて、むしろ目的そのものである。いいかえると、金銭が「権力の純粋な形」としてある。金《かね》があるとはつまり、買おうと思えば何でも買える力があるという可能性を手にしていることだと、ガリンベルティはいう。だが、金があることがそういう可能性をもつことであるとすれば、金を使えばその可能性もなくすということである。多くを所有するには貨幣が要るが、貨幣を使えば貨幣にともなう「力」も消えてしまう。つまり、貨幣はそれで何かを所有できるという可能性によってある種の力を持つのであって、使われるためではなく所有されるためにある。この「力」はつねに「潜在力のままで」あるほかなく、使用すれば元も子もなくなるのだ。だからいつまでも使えない。使えずに目減りする心配ばかりしているしかないのである。

ここにあるのは、浅ましいというよりも惨めなばかりの逆説だ。金は使われるまでは（つまり、使われないうちは）その所有者に「圧倒的な力を持った気にさせる」ものである。そのかぎりでその力はいつまでも潜在的なものであるほかない。使うというかたちで現実的に機能しはじめると、その力はたちまち消え失せる。だが、とガリンベルティはいう。「これでは人は生きていることにならない。まさに死を遠ざけようとする努力が、結果としては死を早め人生を始めから終わりまで死でいっぱいにすることになる」と。死を怖れて死を遠ざけるという算段は、死をさらに招きよせることにしかならないという逆説である。

人における〈死〉の恐怖はこのように可能性の喪失の恐怖にほかならず、それを封じ込める、あるいは消失させるための措置として《所有》という体制が案出されたということであろうが、ガリンベルティは、死を遠ざける措置が生を死で満たすことになるという逆説的な過程をたどるというところまでしか語っていない。しかし、死を遠ざける措置がそうだとしたら、《所有》もまたその逆説と無縁ではありえず、わたしたちとしてはそこにさらに踏み込まねばならない。

断っておけば、ガリンベルティはここで吝嗇《けち》を倹約と区別している。「何も捨てず、一本のマッチを二度使い、埋め尽くしたページの裏にも書きつけ、紐一本たりとも無駄使いせず、針を見失うたびに探して回り、必要もないのに有効期限の切れる薬を飲み、半分昼食を残すくらいなら腹が痛くなっても食べるような人々」*2をひとはけちだと言うが、かれらは吝嗇家なのではなく倹約家なのであって、それというのも、前者が金に換算した価値しか対象に認めていないのに対して、後者は換金性には釣り合わない物の物としての価値を考えているからだという。吝嗇家にとっての物とは、あくまで「所有されること」そのことのためにあるのだ。

ガリンベルティがこう説くときにも、留保が必要になる。吝嗇と倹約とは、はたして、その関心が向かうところが所有か使用か、いいかえると（貨幣に換算された）交換価値か使用価値か、というかたちで区別されるべきものなのか。いずれも、すでに価値あるものへの関係という点で底で通じた態度ではないのか。

いわゆる肛門性愛期と性格

定住の開始と〈死〉の恐怖、この二つが場所の占領、物の占有と備蓄ということを動機づけるとすれば、次にそのことが、占有と並ぶ《所有》のもう一つの契機、すなわち帰属（何ものかがわたしのものであること）へと関係づけられねばならない。それにとりかかるにあたって、吝嗇をめぐってもう一つ、参照しておくべき議論がある。吝嗇や倹約、貯めることや蓄えることをめぐる心性を考察するときに、かならずといっていいほど引照されるフロイトの精神分析学の議論である。この議論は「几帳面、倹約、強情」といった人の性格をいわゆる肛門性愛期と結びつけるものであるが、この期間を幼時におけるリビドーの発達段階においてどう位置づけるかについては、フロイト自身のみならず解釈者においてもさまざまの議論があり、ここでは《所有》の心性の生成に関するかぎりでの言及にとどめておく。

フロイトは一九〇八年に発表した論文「性格と肛門性愛」のなかで、いわゆる口唇期から性器期への移行の途上にある肛門性愛期における「器官の働き方」と「性格」形成との関連について、次のように指摘していた。「幼児期の大便失禁《インコンティネンティア・アルヴィー》を卒業するのに比較的長い時間を要した」人たちに顕著にうかがえるのは、かれらが「並はずれたまでの几帳面、倹約、強情といった三つの特性を、きまって三点セットにしてもっている」ということだというのである。そしてこれらの特性にはそれぞれ、それに近しい一群の性格特徴が含まれており、「「几帳面」は、身体的清潔さだけでなく、ちょっとした義務を遂行する際の誠実さ、ならびに篤実さといったことにも通じており、その反対はだらしなさ、なげやりということになるだろう。倹約は、度を増すと吝嗇ということにつながりうるし、強情は、反抗と踵を接していて、そこには怒りや復讐の傾向が結び付きやすい[*3]」としている。

その時期、かれらはどうも排便からなにか快を引きだそうとしているらしく、またひり出された糞便でいろんな悪戯《いたずら》もする。そこでは肛門部が「性源域」として優勢になっているとおもわれるが――この「性源域」として際立つものにはほかに性器、口、尿道などがある――しかしそれも子ども時代を過ぎると消える。フロイトは、そこからして「彼らの性格のうちにあの三つ揃いの特徴が恒常的に存在している事実が、この肛門性愛の消尽と何か関係しているのだろうと、推測したくもなる」という（子どもの強情さを挫き、従順にするために臀部を打擲《ちょうちゃく》するという仕置きも、おそらくはこのことに関係する）。満五歳から思春期の始めくらいのいわゆる「性的潜伏期」にこの肛門性愛が阻まれ、「昇華」される過程で、右の几帳面、倹約、強情の三点セットが交替に現われるというのだ。つまり、「清潔、几帳面、篤実さといった特性はどうも、不潔なもの、秩序を乱すもの、身体の一部でなくなったもの〔《不潔とはおのれの所を得ていないことだ》〕への興味に対する反動形成といった感が強い」[*4]と。

肛門性愛への反動形成としてその消尽とともに現われてくるこうした「並はずれたまでの几帳面、倹約、強情」とともに、フロイトがもう一点指摘するのは、金銭利害についてのコンプレクスと排便コンプレクスとの関連である。排便を押しとどめるというこの性癖は「神経症の素質のある者たちに非常に高い頻度で見られる便秘症の原因の一つ」であって、肛門領域が「口唇領域と同じようにその位置する場所によって、性欲をそれとは別の身体機能に依託させるのに適している」重要な領域であることは、「特別な糞尿嗜好的《スカトロギッシュ》な習慣や儀式あるいはそれに類するなにかをもたないような神経症者はほとんどいない」ことからもうかがえるとしている。[*5]

だが、この局面でいわば対照的に指摘される現象もある。肛門性愛の対象である大便と金銭との「贈り物」としての象徴的な等価性である。フロイトは、「いにしえの文化、神話、童話、迷信、無意識的思考、夢、そして神経症など、太古の思考法が支配的であったところ」ではつねに、糞便と金銭との密接なつながりが見いだせるという。[*6]いってみれば、価値あるものとクズとして捨て去られる無価値なものとの、正反対のものの一致である。

そのとき肛門性愛が重要な意味をもつのも、その充足が両義的なかたちをとるからだろう。大便をぎりぎりまで保持することと、それを一気に排出することとの二重の快感、それは排出を押しとどめる括約筋の収縮運動と、排出時に肛門や直腸粘膜の受ける強い刺激とが交錯するような器官構造に起因する。貯めることと出すこと、つまりは排出口をぎゅっと締めたり緩めたりする制御の能動性と大便がどどっと通過するときの快感の受動性とが、激しくせめぎあう場所としてそこはある。（エーリッヒ・フロムによると、このせめぎあいは、「いかなる反動形成も昇華も現われていない時には、彼［清潔好きの貯蓄的性格の人間］は過度に清潔にはならず、きたなくする傾向を持つ」というところにも見られる。[*7]）

そしてこのことは、定住を開始した人類が、その集団的生存の維持のために何を備蓄として貯蔵し、何を共同体の外へと放出し、遺棄したかという問題と、折り重なってくる。それは一つには、集団のメンバーシップをどういうかたちで編制するかという、集団としての閉鎖ないしは隔離の問題であり、いま一つには、（定住によって不可避となった）排泄物や廃棄物、屍体や腐敗物をいかにして外部に放出し、処分するかという問題である。

この二つの文脈を重ね合わせることで、まず浮かび上がってくるのは、わたしたちがこれまでpropre の第三の意味である〈清潔〉との関連でおりにふれて言及してきた、あの「汚穢」の理解を補強する新しい視点である。本書ではすでに第15、16章に《所有》と〈清潔〉との観念上のつながりをめぐって、たとえば《所有》についてはその糞尿的起源についてのミッシェル・セールの議論を参照したり、〈清潔〉をめぐってはクリステヴァの「おぞましさ《アブジェクト》」の考え方を下敷きに論じたりしたし、さらに直前では「定住革命」後の人類に迫られた屍体や汚物、排泄物の処分という問題も見たのだが、いまやそれらを一つながりに考察する地平が浮上してきたのである。

しかもここでもう一つ、金銭が加わって。

ちなみに糞便と屍体（もしくは墓）と金銭との観念的＝象徴的な結合については、フロムもつとに指摘するのであるが、その議論の特徴は、一つには、ここでいう「貯蓄的性格」について、フロイトのあげた「几帳面、倹約、強情」とともに、というかそれ以上に、「非合理的」なまでの時間厳守と「強迫的」といえる清潔好きを強調すること、いま一つは、肛門性愛と関連する「貯蓄的性格」を、フロイト以上に《所有》と関係づけて論じているということである。じっさい、「貯蓄的性格は自らを包囲された要塞のように体験する」としたうえで、「肛門愛＝貯蓄的性格は、世界との関係において安全だと感じる方法を一つしか持っていない。それは世界を所有し支配することによってである」という点を、これまた強調している。*8

問題はこれら一つながりの観念結合のその理由である。これについてはさしあたって、たとえば社会の象徴的秩序の存立を脅かすものとか、モノの同一性の秩序を侵犯するものとか、そうした秩序に包含もしくは編入できないものとかの抹消という、わたしたちが「汚穢」という観念の本質と見たものが思い浮かぶが、しかしそうした解釈に金銭はすぐにはうまく嵌め込めない。フロムもまたその点について、「安全」を確保するため、という以上に突っ込んだ見方は示していない。ここから遠望し、評価したいのは、肛門性愛期にうかがえる「貯める」ことへの執着を、「分ける」という方向へと転換させようと人類がくり返し試みてきたさまざまの実験なのだが、そこにいたる立論の用意はこの段階ではまだできていない。そこに到り着くにはもう一つ、別の視角からの議論が要る。そしてその視角をも、わたしたちはフロイトのここでの議論から取り出せる。

フロイトにおいて、そもそも主体である人格（＝性格）の形成は、なぜ、肛門性愛期の問題としてあらわになったのかという問いがそれである。というのも、肛門性愛期は性器期に先行する段階、所有主体である「わたし」（自我と呼ばれるもの）の形成に先立つ段階だからである。そのことが意味するところは大きい。これはわたしのものである、これはわたしの所有物である、つまりこれを所有するのはわたしであるというときのその「わたし」という存在は、所有する「人《パーソン》」〔人格〕とふつう考えられるが、フロイトの分析からは《所有》という現象はむしろそうした「人」に先行するような主体形成の段階ですでに起動していると考えられるからである。つまりは前人称的（prépersonnel）な次元に根を張る出来事として。

所有するのは「人」か？

あらためて《所有》のもっとも基本的な場面に戻る。

所有とは、だれかが何かをじぶんのものとして持つことというふうに想定されてきたが、そもそも「所有する」のはだれか？　所有するのは、「わたし」という、おのおのの個的主体という意味での「人《パーソン》」なのか？　「法人」もまた所有権を持つが、それはある種の団体に「人」の概念を拡張的に適用したものといってよいのか？

おなじように、所有されるのはそもそも何であるのか？　通常は「所有物」という言い方をするが、それは文字どおり、あれやこれやの「物」なのか？
ローマ人が法の次元で「物」（res）というときに念頭に置いていたのは、何かの「物質」ではなく、「法的事件で問われているもの」であったと指摘するのは、現代フランスの法制史家、ジャン＝ピエール・ボーである。彼はその著『盗まれた手の事件』（一九九三年）のなかで、ローマ人の慣行では「有形な物」をいうときは corpus という語が用いられたのに対し、res は、相続権や用益権、使用権、債権など、権利のかたちをとった「無形な物」をさしたという。*9（ドイツ語の Sache についてもおそらく同様のことがいえようが）res は物の帰属をめぐって係争中の案件、まさに「物件」にほかならなかった。

要するに、あるものを所有するというのは、それの所有権をもつということ、それも「〜の相におけるかぎりでの」特定の対象について所有権をもつということなのである。じっさい、あるものを所有するといっても、その存在の全体ではないし、またその全体を「わたし」が自由にできるというものでもない。その存在は最終的には「わたし」による所有の外にある。またわたしが日常使っているものや身につけているものがその典型であろうが、だれもが「わたしのもの」と認めてきたにしても、局面しだいでかんたんに「わたしだけのもの」でなくなるし、そもそもふだんはことさら「わたしのもの」と意識されてはいない。それがことさらに「わたしのもの」として浮上し、その権利根拠が厳しく問われるのは、自他のあいだに所有権をめぐる係争が起こるときである。そのときは、おなじものが、あらためてだれに否認されることもない「わたしのもの」となる。それはわたしがそれを物として持つからではなくて、まさにそれの所有権を持つからである。物を持つのではなく（それはたんなる所持にすぎない）、ある「物件」をじぶんのものとして持つのである。前者の「持つ」が何かある物を手中にしていることを意味するのに対して、おなじ持つでも後者の「持つ」は「じぶんのものとして持つ」こと、すなわち（帰属という意味での）所有である。所有をめぐる西欧社会の議論がつねに「占有」（possession）と「所有」（property）とを厳密に区別してきた理由はここにある。

これとおなじように、「人」もまた、衆人から認められた何らかの資格において、ものを所有するのではないか。わたしたちは（本書の第21章以降）《所有》を〈受託〉という地平で捉えなおす提案をしてきたが、そういう文脈でいいなおせば、（「わたし」という）「人」がいてその「わたし」に何ものかの所有が受託されるのではなく、だれかに受託されることでそのだれかが「人」となる、そういう擬制のもとで、「人」は所有する主体、つまりは「だれ」（＝人〈格〉）として構成されるというべきではないのか。もちろん、その「だれ」としての「わたし」は、競争や駆け引き、あるいは嫉妬が交錯するような場面では、「わたし」という強い人称性を帯びてこようが、しかしふだんの生活のなかではむしろ、表に出たり陰に引っ込んだりと、うっすらとした人称性において在りもしようし、さらに無名の存在として群衆のなかに紛れていることもある。そうしたなかで、ある物件が係争の種となったときには、あらためて所有者、つまりは当該物件の所有の権利を持つ者として、「わたし」という「人《パーソン》」が迫《せ》り出してくる。つまり（わたしのものとされている）何かある「物」との関係にしても、その所有権が係争の的になっていなければ、ひとはそれが「じぶんのもの」であっても、ことさらに他者による使用を拒んだりしないし、あえてみずからの「自由処分権」を口にすることもない。むしろそういう言動をはしたないとすらおもうことだろう。

　近代の市民的主体は、「所有者」として自己形成することでその存在を獲得すると考えられてきた。かれが何を所有しているかが、だれであるかというかれの存在の実質をなすとされた。そのとき「所有／固有」の二義を内包するpropertyの概念が、同一性、主体性、個人性（＝非分割性）、自律性、直接性（＝無媒介性）、内面性といった概念群と連動しつつ、自己決定と自己支配の主体像がレトリカルに構築されたのだった。まさに「所有〔権〕者」としてである。そのかぎりで、会社、組合、財団などの「法人」（a juridical person）も、法的に認められた「人〔格〕」として、いいかえると、権利の主体となることができる資格もしくは能力を社会的に認められたそういう擬似主体として、「人〔格〕」概念を想像的に拡張し、適用したものであるというのではなく、逆に、ここでいう所有主体とされる「人〔格〕」こそ、「法人」に準じた観念的で擬制的《フィクショナル》な存在であるとさえいえはしないだろうか。*10

人体の位置づけをめぐって

　そういうふうに考えてくると、ロックが所有権の成り立つ根拠として提示したもっとも基礎的な事実である、自己の身柄（＝身体）の所有という事態もいまいちど根本から吟味しなおす必要が出てくる。ロックはこう書いていた、——「人は誰でも、自分自身の身柄《パーソン》に対する固有権《プロパティ》〔所有権」をもつ」(every Man has a Property in his own Person)。ロックの「パーソン」概念は語の簡明さとは裏腹に、その内実はなかなかに捉えがたいもので、そもそもが日本語に訳出することが難しく、多くの邦訳では「身体」と訳されてきたが、一方でやはり人びとのあいだにあるひとりの「人」と解したくなる面もたしかにあって、本書ではそれをとりあえず「身柄」と訳したのだった。だが、それがもしたんなる物的身体(body)ではなくあくまで「人《パーソン》」であるのだとすれば、こんどはその「人《パーソン》」を所有する「人」とはいったいどういう主体なのかという難儀な問題にぶつかってしまう。

person がなぜ身体を意味するのか。なぜ現代風に my body といわなかったのか。一つ考えられることとして、「人」の存在から「物《ボディ》」としての存在を消去する必要があったということはありうる。それは身体を神聖化するためではなく、むしろ所有する者を主体として純化するために、である。

しかしロックのいうように、わたしの身体は何よりもまずは body ではなく person であるにしても、マルセルが口を酸っぱくしてまで述べていたように、「私の身体、それは私が自分と同一視するけれども、なお私からのがれ去る第一の対象、対象の典型である」[*11]といわざるをえない。みずからの身体が思いどおりにならないこと、それは、病人も、老体も、障害をもつ人も、スポーツ選手も、ひとしく日々痛感していることである。そのかぎりでひとの身体には、消去することのできない不透明な存在がともなう。人はその身体を所有しえないし、また所有しきれもしないのである。いまいちどマルセルの言葉を思い起こせば、人は「持つ」こと、所有することを可能にしているみずからの身体を、よりにもよってみずからの意のままになしえない。わたし（たち）はみずからの存在の根源をわたしのものとして所有することができない。このことがじつは、人がおのれの存在を、property（所有／固有）というかたちで、そしてかつ自己同一的なものとして閉じることを不可能にしているのである。さらに突っ込んでいえば、これは自己所有の否定、つまりは人が自己自身を所有できないということでもある。誕生と生育の過程、死とそこへといたる介護の過程はいうにおよばず、人はその生涯をつうじてみずから生を所有することはできないのだ。人のいのちには限りがあるということではなくて、人の生は本質的に、その人のうちで完結しえないものであるということ。これが人の有限性ということである。

このように「わたし」の存在が「わたしのもの」でないこと、「わたし」の存在が「わたし」をはみ出ていること、つまり「わたし」ではないもののうちに根を張っていること。こうしたことへの根源的不安が、みずからの存在をプロパティとしてみずからの制御下に置き、そうして自己をいわば内的に完結した系として閉じることの要請へと、人を駆り立てたのであろう。この過程で人はおそらく、「自分の肉体に対する所有権を個人に認めることが、肉体的侵害に対するもっとも有効な保護である」と考えるようになったとは、先のボーの見立てである。[*12]

ボーのこの議論がトリッキーにみえるのは、ロック的な所有の論理をいわば逆手に取って、人の身体こそ「物」そのものにほかならず、そういう視点に立ってはじめて身体に特有の地位を認めることができると考えるからである。ボーからすれば、ロックのように身体をbodyではなくpersonととらえ、しかもそれを「わたし」のpropertyと規定することで、「人〔格〕」と「身体」とを同体とみなす視点に立てば、たとえば事故等で人体から切り離されたその一部は「無主物」、つまりはだれのものでもないものとならざるをえない。ボーのこの議論、一見きわめて特殊な事例を引いて論じているようではあるが、輸血や臓器移植、人工授精、さらには人工補綴や障害者が使う補助用具など、現代の生命テクノロジーからすればけっして例外的なことがらではない。人の身体を「物」とみなすことによってこそ身体の特異な存在が保護されるというのである。

ボーはフランスの民法典一一二八条「契約の対象になる物は、取引される物だけである」を引いて、これこそ「人体に関する法をつくるにあたって、「物」のカテゴリーに分類したうえでの保護と尊重を人体に認めるための土台になる条文である」としている。[*13] 人体をこのように位置づけるのは、人体を他の物品と並ぶ一つの「物」として、それらと同列に見るからではない。逆である。人体を「「取引されない物」の典型」として、いわばそれに「神聖さ」を回復するためである。ボーは、ロックをはじめとする西欧近代の所有論が人体を「身体」という単独の形象としてその議論に引き入れてきたことを糾す。人体を単独で法のうちに引き入れることは、身体を（空気や水、食糧から人工補綴まで）その環境から切り離すこと、身体がまぎれもない一つの「物」として他の「物」との関係のなかにあることを捨象してしまうことだというのである。人の身体を純然たる「物」とみなすことでそれを保護しようとする議論は、それこそ所有主義の極みのようにもみえそうだが、ボーはこの論法をきわめて限定的に使うべきものと考えており、じっさい身体を「物」のカテゴリーに入れることに意味があるとしたら、「死体の法的地位を明確にするとか、肉体の一部の所有権を譲渡するとかの場合」に限られるとしている。ボー自身、「肉体に対して人が権利を有するのは、それが「物」だからであり、権利が制限されるのは、この「物」が神聖だからであった」と断言している。[*14]

わたしは、身体の固有性がボーのいうような「神聖さ」にあるとは考えず、むしろその「特異性」にあると考えるので、彼のこうした論旨に全面的に同調するものではないのだが、「物」としての身体の他の「物」との関係のありようが人の生存にとってきわめて重大であると考えるので、こうした関係を（所有する者としての）「人」と（所有される対象としての）「物」との関係に置き換える近代所有論の構えには、ボーとおなじく、同調できない。

生存の最低限の保障

ボーの議論でもう一点、ひじょうにそそられるのは、《非所有》の考え方への評価である。中世のフランチェスコ修道会といえば、何ものも所有しない《非所有》の生活態度で知られる。ボーはフランチェスコ修道会のこの信念を、生存に最低限必要なもののみを使用すると主張するが、それを所有権と並ぶ「使用権」として捉える市民法的な発想は拒んだと解する。つまり、「自分たちの生存に必要なものが物権の枠のなか（所有権と、その分枝である用益権、使用権、その他）に入ることを拒むことにより、彼らは、生命に不可欠なものを他の「物」と同じように扱い、それが奪われても目をつむっている法体系を否定しようとした」というのである。こうした見解の背後にあるのは、一つは、生存を維持するために最低限必要なものを手に入れる権利は「所有権」の制定を俟つまでもなくあるということであり、いま一つは、生存は人体とその周囲にある他の「物」との関係のなかにこそあるということである。その意味で、意外におもわれるかもしれないが、「フランチェスコ修道士は、無意識にではあろうが、私的所有権のもっとも熱心な――よく考えてみると、もっとも説得力ある――擁護者であった」という。*15

人は生きる権利をもつ。そのために、何かに脅かされることなく、まわりの世界とのかかわりのなかで安らいでいられること、そのように身を置いていられるシェルターのようなものが、最低限必要である。それを保障するはずの、近代的な所有制度を導き入れたものは、皮肉にも、産業革命の前提となる「囲い込み《エンクロージャー》」、つまりは労働者の、土地からの切り離しであった。生産手段を持たぬ者は、土地との呪術的ともいえる一体性を奪われ、みずから所有するものとしては労働力だけになって、まさにその存在の乏しさのなかに投げ入れられたのであった。なじんだ環境からの人民のこうした追放、そしてその存在の労働力への切り詰めは、近代所有論にみられる人体の所有対象としての位置づけと連動してきたとおもわれる。しかし人の身体は単独に存在するものではなく、その周囲世界に浸され、または他の身体との厚い交流のなかにある。他の「物」、他の身体とのそういう関係を捨象した身体は観念的である。

「人〔格〕《パーソン》」は人びととの相互的な関係のなかで生成するものだから共同的なのではなくて、その誕生から死まで、つねに他者たちとの支えあいのなかでかたちづくられるという意味で共同的である。共同的というのは、自他が共通の枠組み（frame of reference）のなかでそれぞれが別の

「人」として共‐発生（syngenèse）してくることと言い換えてもよい。「人」はそういう意味で共同的なのであるが、「個」としてのその存在はそのつど特異的である。そのつど別の特異的な存在と接し、交わるとともに、さまざまの葛藤や軋轢のなかで翻弄される。人は関係に先立って自己同一的な存在としてあるのではなくて、そのつど雑多な局面での自他の遭遇と葛藤との渦中で、その「人」としてのなりも形を得てくるからである。とすれば、《所有〔権〕》もまた、「人〔格〕」とその対象、「人〔格〕」とその身体との関係という図式のなかで、さまざまの偶然的な条件を捨象してではなく、かつまた一般的な規則としてでもなく、むしろそのつどの他者との関係のありように「相応しく」調停され、（条件ともども）取り決められてきたはずである。だからこそ、人類史のなかでこれまで案出されてきた無数の《所有》のかたち、約束と取り決めのかたちの背後ではたらいてきた叡知をこそ、丹念に見てゆく必要があるとおもわれる。

屍体と糞便と金銭のあいだにみられる観念の象徴的結合もまた、おそらくはそうした叡知、というか共同幻想の一つとみなすことができるだろう。屍体は有限的な人の生の究極の形態として、糞便は人の存在のフィジカルな最終条件として、そして金銭は交換不可能な実存の特異性を侵すものとして、それぞれに人の生存の極限的な条件がかかった形象として、忌避というかたちでつねに表象されつづけてきたものなのだろう。

26 危うい防具

所有権を所有する?

人は生き存えようとして、その生存に必要不可欠なものの争奪や略奪にさらされる。そうした人類の「血糊で足が滑る」（大庭《おおば》健《たけし》）熾烈な争闘の歴史のなかで、生存の最低限の保障を維持するためにこそ《所有権》なるものが案出された、はずである。しかしそのときに護られるべき生存の最低限とはいったい何を意味するのか。生存の不可欠の条件として、生存を維持するに不可欠な物を、場所を、保持することが保障されるということか。おそらくそうではあるまい。それらを欠くことはもちろんできないにしても、またそれらを欠くことがどれほど悲惨なかたちをとって人を最期へと追い込むにしても、そこに生存のすべてが懸かっているわけではない。アーレントはいっていた、《所有〔権〕》はもともと、人が「世界の特定の部分に自分の場所を占めること」であったと。ここで世界とは自然的世界のことではなく、むしろ世間——市民たちの「社会」的共同体——というべきものであろう。じっさい、生存が断ち切られるような恐怖においても、みながおなじ厳しい条件の下で飢餓の恐怖に怯え、苦しむことと、弱肉強食の下で他人に踏み倒され、のけ者にされつつ「わたし」一人のこととしてこの恐怖に襲われることとは、まったく別である。人はみずからが生存の危機にさらされているその渦中でも、というかその渦中でこそ、おのれの生存を護るために別の人を生存の危機へと追い込むことを辞さない。戦争はつねに日常のなかでその日常を蝕むことから開始される。

それに抗う算段の一つとして、こんどは「多産財」(biens fertiles)の獲得と所有をめぐる争いが始まる。人の生存の基盤を再生産しつづける装置として、である。アタリによれば、所有の歴史とは、「財を生産する財」、つまり「多産財」の所有の歴史にほかならない。*1 まずは食料自体となる動物を繁殖させるための動物や、次世代を産む女性といった生命体の取得、そして食糧、衣類、住居、武器、戦車などを供給してくれる土地の取得とその備蓄(保存・貯蔵・防禦)に精力が向けられた。金銭の貯蓄より先に生命の貯蓄があった。*2 次いで金銭が、産業革命とともに資本が、そして第三次産業へと移行する過程で知識や技術が、アイディアやテクストが、記号(商標)や情報がそれぞれの時代の多産財として起動してゆく。

現代の多産財との関連でアタリがとりわけ注目するのは、現代の所有概念において重要な役を演じることになる十九世紀の三つの発明である。蓄音機と写真の発明、そして生物学の発見だ。*3 これらが出現して以後、文化芸術の所有権(楽曲における楽譜使用権=著作権、再生の権利)と、イメージの所有権(複製・掲載)と、生物体の所有権(酵母、血清、ワクチンの生産特許)が、飛躍的に拡大した。それは、複製技術のみならずテープ/ビデオレコーダー、カセット、ディスクなどの周辺機器といった対象の拡張であり、映画はさらに複雑で、出資者、製作スタッフ(プロデューサー、監督、カメラマン、録音技師、俳優、編集・広報スタッフ、さらに放映権、放送権をめぐる報酬の配分問題）といった所有権者の急拡大と特許（ソフトウェアの「工業所有」）化の推進であり、さらには人工的に作製された生物種の急増であった。

「所有史」という観点からアタリがとりわけて注目するのは、この最後の、人工的に作製された生物種の急増であり、特許の対象としてのそれらの登録であった。具体的には、まず単細胞有機体が、続いて、自然に存在しない（人間以外の）多細胞生体が特許取得可能になった。豚などの胚《はい》にさまざまな遺伝子を注入して作製したトランスジェニック動物も、その大量複製が可能になった。ヒトについていえば、遺伝子治療や、代理母、体外受精、胚冷凍、卵母細胞贈与など、出産プロセスへの操作的な介入が急速に進みつつある。まさに遺伝子という生命の原基（＝胚）のレヴェルからの、身体・生体の改造が試みられるなかで、（まぎれもない一つの特異ないのちを生きているその）「人《パーソン》」としての固有性《プロパティ》すらも存立が怪しくなる、そのような事態も目の前にある。それはいうまでもなく《所有〔権〕＝固有性》(propriété) の失効である。アタリもいうように、「今日も、明日も真に擁護すべき唯一の所有」としては、「他と異なることの自由」(La liberté d'être différent) の所有を夢見ることしか残されていないかのごとくである。[4]

あらためて思い起こせば、アタリの『所有の歴史』の原題は *Au propre et au figuré*〔本義でも転義でも〕であった。本義（本来の意味）というのは「死への恐怖」（その実は「食人」）であり、転義（比喩的な意味）というのは「競合」、つまりヒトのより根源的な特性《プロパティ》の「最初の文明化形態」である。[5]いいかえると、所有権における本義、つまり人がじぶんに固有のものとおもっているものそのものがまさしく一つの転義、つまりはイメージでしかないということなのだ。[*6] この著作を翻訳した山内昶《やまうちひさし》が「訳記」で述べている。――「私的所有（propriété privée）の歴史（histoire）とは究極のところ人間の固有性（propriété）の剝奪（privation）の物語（histoire）ではなかったのか[*7]」と。アタリが所有の歴史として描きだしたのは、まさに「死の恐怖」に始まり、ヒトの固有性そのものの消失にいたる、死から死への大きく湾曲した軌道であった。

これをわたしたちは、恐るべき逸脱の歴史とでもいえばいいのだろうか。しかし右で見たように、《所有権》は生命体の捕食から始まった争闘の歴史のいってみれば治療薬として案出された一つの法であり、制度であったはずだ。とすればそれは徒《いたず》らとしか言うほかない逸脱なのではなく、どこかにヒトとしての必然を修正する機会を与えるはずのものではないのか。わたしたちは所有の歴史を否定して、非所有、反所有の径《みち》を歩みなおすべきなのか。

こうした事態をこれほど性急にではなく、《所有》が内蔵する逆説中の逆説として提示するのは、『負債論』（二〇一一年）のデヴィッド・グレーバーである。近代の所有権なるものは、通例、"I have a property" といわれるように、「わたし」という個人が所有できるものだとされる。ここでは、この所有権の所有こそ人の「自由」の基礎をなすものだとされている。自由であるとは、「財産を所有する権利」を持つということ、つまりは所有権それ自体が「財産の一形態」であるということなのだ。グレーバーはここに、「所有は権利とされるだけにとどまらず、権利それ自体が所有の一形式とみなされる[*8]」という、《所有》をめぐる逆説中の逆説を見てとった。ということは、近代の所有権論は、諸個人の「自由」や「権利」もまた財産（＝所有物）の一つであって、それ自体が「売却され、交換《スワップ》され、貸付され、さもなければ譲渡される」ものだと考えたことになる。[*9]さらにわたしたちの労働もまた、賃労働としては、実質的には、奴隷制が「自由の売却」であったように、「自由の貸与」（renting）にほかならないと。

所有権それ自体が財産の一つであるということ、所有の一形態であるということ。これはつまり、個人の存在の「自由」の基底そのものが所有関係としてあるということである。そしてこのことはまぎれもなく、わたしたちの自己自身との関係としての〈自己所有〉が、主人と奴隷の関係として設定されているということである。グレーバーはいう。「わたしたちがわたしたち自身を所有しているということは、奇妙なことに、わたしたち自身に主人と奴隷の役割を同時に割り当てることとなのだ。「われわれ」は（財産に対して絶対的権能《パワー》を行使する）所有者であると同時に（絶対的権能の対象である）所有される事物でもある」[*10]と。この主人と奴隷の関係が近代哲学のなかでは精神と身体との関係として表象されてきたのはいうまでもない。じぶん自身の所有者でありかつ主宰者としての「自己」、西欧の近代哲学が独立の個人として自己を表象しうるその根拠は、こうした概念的な道具立てにおいてのみありえた。

《所有》の権利がそれ自体として《所有》の一形式であるという、メビウスの環のような自己循環。これはやがて（ヘーゲルが洞察したように）所有される物が所有する者を所有し返すという事態へと反転し、ついにはニーチェのいうような「所有が所有する」という閉回路へと嵌まってゆく。ニーチェはこう書きつけていた――

所有が所有する。——或る程度までなら、所有は人間を独立的にし、いっそう自由にする。もう一段進むと——所有が主人になって、所有者が奴隷になる。彼はかかる奴隷として、所有のために己れの時間を、己れの省察を犠牲にしなければならない。そして以後は、自分が交際に拘束され、場所に釘づけにされ、国家に同化されてしまったように感じる、——それも、すべてはおそらく彼のいちばん内面的な、またいちばん本質的な欲求に反して。*11

「所有が所有する」(Der Besitz besitzt) というこの反転と循環は、それにしても、所有権がそれを譲渡することによってはじめて譲渡不能なものとして可能になるという、ヘーゲルが析出したあの逆説とおなじく、《所有》にはじめから内蔵された構造なのか。主体としての人の存在が所有関係として再編成されることで主体自身が(「所有が所有する」という)自己疎外 (alienation) の状況に嵌まり込むというのは、《所有》関係がたどる必然的な過程なのか。

〈もつ〉ということ——「有《も》つ」と「保《も》つ」

この問題を掘り下げるには、本書の第1章でいわば序奏のようにして述べた「有」をめぐる議論にあらためて繋げる必要がある。なぜか。

わたしが何かを所有しているという関係は、わたしという同一的な主体が、何かある対象をじぶんのものとして、つまりその有りようをみずから決することのできるものとして保有していることというふうに、通常は思念されるのであるが、しかし、このわたしと特定の対象との関係を《所有》の関係として規定し、下支えしているものは、けっして「わたし」という主体なのではないということ。このことをわたしたちはさまざまな視点から浮き彫りにしてきた。《所有》という関係は、所有する主体と所有される客体との恒常的な関係ではないこと、いいかえると、所有する者《もの》としての「わたし」と所有される物《もの》としての対象との関係は、「わたし」と当該対象との閉じた関係としてあるのではなく、つねに社会的な承認や受託という契機を内蔵することではじめて《所有》へと構造化されていること、つまり《所有》関係の形式である所有者／所有物はそれぞれに独立の二項ではなく、「わたし」はつねにある対象の所有権をめぐる係争に曝され、いつ破棄されるやもしれないし、当該の対象もまたどのような意味で、どこまで所有権の対象であるのかも「わたし」の意志によっては決しえないということ、それゆえにまた、ある物について所有権をもつことはかならずしも所有する者がそれを意のままにしうる権利（＝自由処分権《ディスポニビリテ》）を意味するものではないということ――極端なことをいえば、「これはわたしのものだ」という言明からはかならずしもつねに「だからそれをどう処理しようとわたしの勝手だ」という言明が続くのではなく、「だからみなに分け与えることができる（あるいは、分け与えなければならない）」という言明が続きもするというところまで想像を拡げる必要があること――、しかしその一方でまた、この《所有》の（権利というよりも）契機なくしては人の生存、ひいては「わたし」の存在も成り立たないこと……。以上のようなことを視野に入れたうえで、わたしたちの生存もしくは《存在》に《所有》という契機があらためてどのようなかたちで組み込まれているのかを考える必要がある。

本書がその冒頭で、「ある」と「もつ」という二語をめぐるエミール・バンヴェニストと和辻哲郎の論攷を手がかりに、とりあえず議論の起点として確認しておいたのは、《存在》と《所有》との対置ではなく、むしろそれらの相互共軛《きょうやく》的な関係であった。その言語史上の曲折についてはここではくり返すことはしないが、議論のコアは次の点にあった。

日本語で「金を持つ」ことを「金が有る」とも言うように、《所有》は、だれかが何ものかを（じぶんのものとして）「持つ」ことと、何ものかが（じぶんのものとして）だれかに「帰属する」ことというふうに、二様に言い表わすことができる。フランス語でも avoir（何かを持つ）と être à（だれかに帰属している）というふうに「もつ」と「ある」の二様の動詞で表現しうる。その場合に、avoir は他動詞として用いられているようにみえるが、「腹がすいている」（avoir faim）、「頭痛がする」（avoir mal à la tête）などの表現がそうであるように、じつは「状態動詞」としてはたらくものである。つまり avoir（わたしは…をもっている）は、本来は mihi est（「わたしには…がある」）と言うべきところを変則的に言い換えたものにすぎないと、バンヴェニストはいう。同様に、ラテン語でも habeo に対して mihi est（「わたしには…がある」）が「規準的」表現としてあって、たとえば habeo aliquid（「わたしは何かをもつ」）は mihi est aliquid（「わたしには何かがある」）の二次的な変形にすぎないとする。こうしたバンヴェニストの考察を参照するなかで、わたしたちがとくに関心をそそられたのは次の二点であった。

一つは、主辞・目的辞のとり方からすると、ラテン語 est mihi は、フランス語の être à ではなくむしろ j'ai に対応するという、いってみればたすき掛けの関係にあるのだが、これは近代語としての être à が、元来は状態動詞としてあった habeo の意味含蓄から離れて、他動詞的な能動性をより濃くしたからだと解釈され、《所有》が主体と対象との関係として思想的に規定されてゆく過程と相即しているとおもわれることである。*12

これと連関していま一つ着目しておくべき点は、ラテン語のこの habeo に主語として ego（わたし）が据えられても、それは「一つの過程の動作主」としてではなく、「一つの状態の在り場所」としてであったということである。

以上の二点は、近代的な《所有〔権〕《プロプリエテ》》概念の抜本的な捉えなおしをわたしたちに予感させるものであったが、もう一つ、和辻哲郎による「有」の言語的解釈もまた《所有》という概念自体の捉えなおしをおなじように強く促すものであった。

和辻の議論は、そもそも存在賓辞《ひんじ》「がある」であると同時に繫辞《コプラ》「である」でもあるドイツ語の Sein やフランス語の être を「存在」と訳すのはあまりにも無謀だという批判から始まる。存在賓辞（「がある」）としての Sein/être には、訳語として現代では「存在」がふつうあてられるが、「存じております」という表現にもあるように、「存」とはそもそも何ものかを心に「保持する」ことを意味する。「存」は「忘失」に対する「把持」であり、「亡失」に対する「生存」でもあって、その意味で「存」はいつ「忘」や「亡」に転じるやもしれない生成的な性格のものであると、和辻はいう。一方、「在」は、「在宅」「在郷」「在世」といった表現にみられるように、

「ある場所」、それも特定の「社会的な場所」にいることを意味する。つまり「在」は「去」に対置されている。*[13]

存在賓辞としてのSein/êtreにはもう一つ、漢語の「有」があてられもしてきた。「有」は「有《あ》る」であるとともに「有《も》つ」でもある。これを和辻は、「有意」「有志」「有罪」「有利」「有徳」などの用法にふれながら、「がある」ことの根底には「人間が有つ」ということがあると解釈した。*[14] これは何かが「有る」という事態は基本的に何かを「保持する」はたらきを基盤として成り立つということである。和辻は、そういうかたちで「存在」と「所有」の共軛的な関係を浮かび上がらせたのだった。

以上のような議論にここでさらにつけ加えたいのは、「有《も》つ」が「保《も》つ」でもあるということである。これを『岩波古語辞典 補訂版』（一九九〇年）より引けば、「持ち」とは「対象の本質や姿・形などをそのまま変えずに生かして、自分の手の中にあらせる意」とある。「持ち」は、「友をもつ」「所帯をもつ」「もって生まれた性格」「話しあいをもつ」「費用は（わたしが）もつ」と言われるがごとく、他動詞的には、所持ないしは保持することを意味する。他方、自動詞的には、「明日までもつ」「なんとか体《からだ》がもつ」「尾張名古屋は城でもつ」「座がもたない」という表現にみられるように、存在が保たれること、同一の状態を守りつづけることを意味する。たとえば「身を持《じ》す」とか「身持ちがいい」といわれるときの「持」がそうである。ちなみに類義語の「取り」（「舵《かじ》取り」、「音頭《おんど》取り」など）は、「積極的に対象に働きかけて、対象を自分のものにし、自由にする意」とあるから、この「取り」こそ現代的な意味での（つまり、わがものにするという意味での）「所有」に近いといえる。しかし、《所有》はもともと、一定期間ひとがものを持つ状態が継続することを条件として生まれた観念であったはずで、わたしたちが《所有》を〈受託〉として捉えかえそうとしたのも、〝それをもたせられる人がそれをもつべき（＝所有すべき）〟というのが《所有》の原則だと考えるからである。ちなみにラテン語の「持つ」（habeo）は se habeo と再帰動詞のかたちをとると「ある状態である」「ある状態にある」を意味する。この se habeo も直訳すれば「じぶんを持つ」、つまりは「身を持する」となる。

ここから見えてくるのは、人として存在することが（「身を持する」という意味での）「所有」を本質的に内蔵して成り立っているということである。和辻流の言い方をすれば、「存」「在」がともに「有つ」を含むということである。とどのつまり、「所有」が「存在」を支えているのである。だがそのとき、「有つ」は《所有権》といわれるときの「所有」ではない。そのかぎりで、西欧近代の所有論で、しかもその自己批判の文脈においてでさえしばしば強調されてきた「存在」と「所有」とのコントラスティヴな対置は、《所有》を論じる回路を少なからず狭めてきたといわざるをえない。

〈適切さ〉ということ――「持つ」と「手放す」

いまいちど言う。「所有」が「存在」を支えるというときの「所有」は、あるモノが「だれのものか」というモノの帰属をめぐってその権利をたがいに主張しあう近代的な《所有権《プロパティ》》の「所有」ではない。「持つ」「有つ」「保つ」……と意味の含みを拡げるこの「もつ」はどういうかたちで「存在」を支えているのか。いや、こういう問い方は正確ではないだろう。「存・在」こそ（和辻にいわせれば）「忘失・亡失」に抗ういとなみ、すなわち「把持」であり、「有」こそ何かの「失」を回避するかたちで「有つ」（＝保たせる）ことであったのだから、「存在」も「有」もこの三重の「もつ」をその存立の核としているのである。

そして、《所有》を〈受託〉として捉えかえすべきだというわたしたちの議論が引き継いでゆかねばならないのも、まさにこの論点なのである。《所有》を〈受託〉へと読み換えてゆくことの意味はおそらく、次の二点に集約できるとおもう。

一つは、《所有》といういとなみが最終的に帰着すべきところは、主体による「これはわたしのものだ」という「私的所有」の権利要求ではなく、むしろ状況にとって何がもっとも適切な配置かということ、つまりは「所有＝固有権」(property) ではなく「適切さ」(propriety) だということである。

いま一つは、《所有》において最後に問題となるのは、その権利の由来するところというよりもむしろ、当該のモノもしくは事態をこれからどう維持し、またその可能性をどう生成させてゆくかということである。《所有》は権利である以前に、まずは義務もしくは責任としてあること、いいかえると、それは「帰属」の問題というよりもむしろ「帰責」の問題だということである。

順に見ていきたい。

《所有権》はそもそも何を護ろうとして設定されているのか。

食料や水源や土地といった生存の基盤から家族・同胞といった共同体の成員まで、その存続を護ることは、ヒトがその集団としての存亡をかけた条件である。そしてそのための資源が稀少であることから、太古より集団のあいだで、それこそ血を血で洗うような熾烈な争闘がくり返されてきた。それを調停する第三者が存在しないところでは、争闘は一方が他方を制圧もしくは殲滅するまで続く。アタリが「死の恐怖」とともに始まるとした《所有》の血なまぐさい歴史は、敵からの強奪であれ、奴隷からの収奪であれ、臣民からの接収であれ、労働者からの搾取であれ、つねに同時に略奪の歴史としてあった。争闘に終止符を打つのはいつも威力・勢力という〈力〉であった。その〈力〉は集団と集団のあいだでのみならず、集団の内部でも慈悲なく行使された。そうした集団がはるか後になって〈社会〉として編みなおされ、さらに集団間においても〈社会〉が設定されてゆく過程で、それと連動して案出されたのが《所有権》、それも私的な所有権の観念であった。それは人びとがたがいに最低限の生きる装備を保障するべく編みだした共存の知恵であった。この権利はたしかにまずはある物件をおのれのものとして保持する権利を意味したとはいえ、それが護るのは当該の「物」ではなく、まさにその「人」であった。《所有権》はその人の所有〔権・物〕《プロパティ》を護るものとして設定された。だから、「人は所有権をもつ」といわれてきたのである。そして現代ではこの《所有権》が本来それが適合しないような場面にまで拡張され、さらにいわば免疫異常に陥ったかのごとくに所有者なる「人」の生存そのものを攻撃するような様相を各所で呈している。《所有》の過剰というより、《所有〔権〕》という観念の過剰である。

この《所有権》の観念は、いずれの者があるモノを所持すべきかを裁定するにあたってのいわば論拠として持ちだされるものであるが、しかし（これまでわたしたちが議論してきたように）この《所有権》を〈受託〉として捉えなおすとすれば、《所有権》は〃それをもたせられる人がそれをもつべき（＝所有すべき）〃という思想とみなすことができよう。それはだれに預けるべきものか、つまりは当該対象との関係やその配分の適切なあり方（propriety）を判断するようすがとして、である。そしてそのとき、そうした信託を受けるものが、はたしてつねに「私的所有」というときの私秘的《プライヴェート》な個人であるのかという問題もここにあらためて浮上してくる。

そもそも、何かを「もつ」（持つ・有つ・保つ）ことと何かが「じぶんのもの」としてあること（帰属）とは同一のことではない。ということはわたしが「もつ」ものはただちに「じぶんのもの」であるわけではないということである。これは西欧の所有論者が「占有《ポゼッション》」と「所有《プロパティ》」とを区別してきたことに対応するといえなくもないが、それは不正確だ。「もつ」（持つ・有つ・保つ）の対象は「占有」におけるような、所持すべき、あるいは蓄えるべき特定の対象《モノ》ではなく、その有りよう、とくに他の物、他の人との関係の様相をも含めていわれることである。「もつ」の対象は、孤立的なモノではないし、特定の人に匿《かく》し持たれるものではないし、だれかが貯め込むものでもない。モノはそれよりもむしろ、他者に分け与えたり、共有したり、譲り渡したりというぐあいに、人のあいだを巡るものである。そういう視点からあらためて《所有》という関係を考えなおそうと提案する論攷がある。文化人類学者・小川さやかの「手放すことで自己を打ち立てる——タンザニアのインフォーマル経済における所有・贈与・人格」（二〇二三年）である。

何かを「持つ」ことと「手放す」こととを対立するものとしてしか見ない考え方、つまり「所有」を「帰属」と同一視する考え方が普通だと人は言うが、ほんとうは逆で、「所有」と他者への「分配」もしくは「贈与」とがそこでは対立するものではないような社会が現にあって、それらを対立的に見る考え方のほうが限定的であると、小川はいう。

タンザニアの人たちがモノを分けたり、譲ったりするさまを観察していて、まず気づくのは、「所有者にとっての財が「100％私のもの」である期間は短く、多くの財は誰かへと所有権が移動しているプロセスの途上にある」[*15]ことだと小川はいう。かれらはたしかにあるモノをいったんは自己の所有としても、他の人からそれを分けたり譲ったり共有したりするよう要請されたときに断りきれず、そのモノを手放す。それはかれらが財の蓄積にさほど信用を置いていないからである。それらをわがものとして秘匿し、貯蔵することよりも、むしろ別のモノに投資し、新たなビジネスを開始することのほうに重きを置いているというのである。

政府であれ、銀行であれ、企業であれ、仲間であれ、一つのところに信用を置きすぎるべきではないと語る彼らは、当然「自分にも信用を置きすぎるべきではない」と捉えており、ゆえに所有物のすべてを自身で管理経営せず、管業権や経営権を他者に移譲することを、自身の負担を分散する、自身が上手くできないときに助けてもらう「保険」だとみなしているのである。／そして、このようないざというとき、互いに互いが保険になるという「助けあい」の認識さえ共有されていれば、実際のところ、財の分散において「所有権」を保持しておく必要はない。むしろ、財を積極的に贈与・譲渡してしまったほうが良い場合もある。[*16]

モノやカネを貯め込むよりも、人と人との信用のほうが頼りになるというわけだ。モノを財として備蓄しておくよりも、それを動かすことで他の人たちとの信頼関係を維持するほうがかれらには重要なのである。「富を独り占めして孤独になるくらいなら、たとえ零細商人のままでも、「君だから安くしておくよ」「君からはお代なんてもらえない」「ただ君が生きていてさえくれればそれでいい」とあちこちで感謝されながら生きるほうがずっといい」[*17]というわけだ。まさに持ちつ持たれつの関係である。

この背景にあるのは、小川がいうところの「モノの社会的履歴」である。モノは所有されることによって「わたし」との排他的に閉じた関係に入るわけではない。そもそもが「わたし」の所有しているものは「わたし」が意のままに処分したり操作したりできる対象ではないし、またそれは他の人のあいだを巡ってきたものとしてそういう「履歴」を切除されたたんなる物件なのでもない。それどころか（もうわたしたち現代人はすっかり忘れ果てているらしいのだが）、所有する「者」とその対象となる「物」とはともに「もの」として分かちがたく浸透しあっているのであって、しかもその「者」がたがいに干渉もしくは扶助しあい、またその「物」が人から人へと環流するものとしてさまざまの人たちの存在を刻み込んでいるかぎり、そこには「社会的履歴」が沈澱している。人が日常的に使用しているもの、とりわけ道具はその典型であって、道具には前に使っていた人のクセが残っているし、そうした使い込みの歴史に対して、それを処分するときには供養もする。それらは自然への人びとのリスペクトを湛《たた》えてもいるのだ。そういうものの総体が、個々の《所有》の関係には現前している。*18

このようにモノの所有と交換を、そしてその「社会的履歴」を考えると、《所有》はたんに「わたし」とモノとの（「固有」もしくは「帰属」という意味での）プロパティという権利関係ではなくて、むしろ、リスクの分散と相互扶助の可能性を担保する一定の「社会的調整」の行為として捉えねばならないことになろう。そう、プロパティではなくてプロプライエティの問題として、である。《所有》という関係は、人とモノ、ひいては人と人との持ちつ持たれつの関係のネットワークのなかに組み込まれてある。その関係の有りようの良さについてこそ、プロプライエティは謂われるべきであろう。《所有》という関係は、単独の私的主体とその対象との関係ではなく、ある場、ある環境のなかでの人とモノとの関係、つまりモノを媒介とした人と人の関係であり、またそのモノとそれが置かれた他のモノとの配置関係でもある。そのことをもふくめて《所有》の「機能」(function)は、文字どおり「函数」的関係と解されるべきなのである。そのような複合的な関係を「適切に《プロパリー》」担い、案配し、維持しうる者として他の人たちの信任を得てはじめて、そのモノはproperly his（当然にかれのもの）とされる。その意味で、《所有〔権〕》(property)とは関係の適切さ(propriety)のことなのである。

そうだとすれば、わたしたちのいう〈受託〉としての《所有》も、そうした関係がだれかに預けられることとして、たんに私的な権利なのではなくて、各自が負うべき公的な責任の一つという意味を帯びることになる。そしてそのただなかに、あの、〃それをもたせられる人がそれをもつべき(=所有すべき)〟という論点が据えられる。わたしたちのいう第二の論点である。

〈帰属〉から〈帰責〉へ

「権利」としての所有から「責任」としての所有へと視座を移そうというときに、もう一つ参照しておきたい議論がある。「市」ならびに「質」という事象から日本の中世の《所有》観念について考察した勝俣鎮夫《かつまたしずお》の論攷「売買・質入れと所有観念」(一九八六年)である。《所有》の問題をめぐって、勝俣もまた「ある人が所有している物、とくに長い間身につけている物は、その所有者の「たましい」を含み込んだかたちで存在するという強い観念」に着目しつつ考察を進める。

勝俣は、私的所有(「有主」)は無縁・無主・無所有の原理に媒介されて発展したという網野善彦《あみのよしひこ》の『無縁・公界・楽』(一九七八年)における議論をふまえて、所有者とその「たましい」を浸透させた所有物とのあいだの呪術的な関係を断ち切る「浄め」の場として、中世の市はあったという。つまり市ではさまざまな物がやりとりされるが、とりわけ持ち主の判らないものはどんな「たましい」がそこに臨在するか不明であるという危険があるためいったんその所有性が解除されねばならない。市はまさに神仏の力によって「物の位相が変えられる場」として設定されたというのである。——「市という空間における、神仏の力による物の位相の自由な転換の論理は、市場に入った物は神仏の界に入った神物・仏物となるという観念が、その基底に存在していたことによるといえる。たとえ盗品であっても市に持っていくことにより、それが一時的に神物・仏物になりそれがその人の所有と一時的に切れた状態の、たんなる物自体として自由に交換できたのである」[*19]。そこで売買される物はまずは神仏へと供物《くもつ》として差し出された物なのであって、そうした「神との交換の観念が通常の人と人との交換に先行して存在していた」と勝俣はいう。対等な立場での交易や金融は、こうした「浄め」、つまりは「たましい」の切り離しによって可能とされたのであって、物品だけでなく屋敷や田畑にもそれを拓いた者の血と汗が浸み込んでおり、それゆえに「敷金」をはじめ、さまざまの解除措置が講じられた。それがのちの近代的な土地所有、すなわち土地の物件化を準備することになったというのである。

社会の辺縁で開かれるこうした市とは別に、人びとが日常的に所有を一時失効させる措置として「質入れ／質流れ」がある。この「質」の考察から勝俣が引きだした最終的な論点は次のようなものであった──

担保としての質は、他者に引渡された状態にあるとはいえその所有権は本主にあるのは当然であるといえるが、中世の人々は、それを自分のものであると主張するためには、自分のものという意識を継続する行為──利息を払いつづけるとか、請戻し請求をするとかの行為──が必要であると考えていたのである。そして、それが本主権ののこる「質」としての状態を保つ要件と考えていたのであり、この自分の物に対する自分の物であるという働きかけをしないものは、質流れとして、売却と同じく所有権が移転すると認識されていたのである。私は、おそらく、ものの所有意識とは、本来この質観念に見られるような人と物との関係そのものであったと考えるのである。[20]

市も質も、いずれもモノには所有者の「たましい」が浸み込んでいるという観念を前提にしたうえでの対応であるが、注意しなければならないのはここにみられる議論のねじれである。市において売買される物品からの「たましい」の解除が近代的な商品交換を準備したのに対し、質入れした者のそれが本来じぶんの物であるという「働きかけ」のほうはむしろ近代的な交換における所有者とその対象との分離という「私的所有」の観念を否定するものだからである。

ここでいう「働きかけ」は、「存在」を支えるのが「有つ」であるという、先のわたしたちの主張をあらためて再認するものであるが、とはいえ、この「働きかけ」はボタンを一つ掛け違えるとたんなる「私的所有」の権利要求へと反転してしまう。これは「自己決定」の自由と「自己所有」の自由との微妙な差異にかかわることである。「自己決定」の自由は、じぶんの生のありようが社会によって他律的に決定されることへの抵抗として個々人によって主張されるのに対し、「自己所有」の自由は、じぶんの生に固有の領域を排他的に維持し、管轄することを権利として主張するものである。政治哲学者の齋藤純一《さいとうじゅんいち》によればしかし、抵抗の拠り所としての「自己決定」の主張は、もともと「「正常」とされる社会規範の圧力のもとで、他者による強制や生の侵害に曝されやすい立場におかれてきた人びと（およびその周囲にいる人びと）」によって提起されてきたものであるが、そういう主張の背後にある権力関係を外して、一般的な社会規範として主張されると、とたんに後者の「自己所有」の主張に接近する。それというのも、「自己決定」も「自己所有」もともに排他性という概念契機を共有しているからである。だから「自己決定」の観念を擁護しようとするなら、まずはその観念がどういう意味で生の自律ということと結び付くかを明確にしておかねばならないと、齋藤はいう[*21]。「自己決定」とか「自律」とかの観念はつねにある限定された脈絡で用いられるべきであって、個人の「存在」全体を表わす語としては不適切なものである。これが不適切である理由は二つあって、一つは（いま述べたように）自律という意味での「自己決定」はそれが主張される文脈を取り違えるとそのまま近代の排他的な私的所有の権利にスライドしてしまうからであり、いま一つは、人は自己決定するにも、じぶんが何を望んでいるのかさえ不明だからである。自己決定するにはわたしたちには見えないものが多すぎるのであって、じぶんについてさえ実のところ責任を取りきれないからである。人はじぶんでじぶんのことが決めきれない、そういう不完全な存在だからである。

　以上のことは、個人の生涯についてだけでなく、人びとの生活の基盤となるような社会的な装置についてもいえる。

　たとえば金融機関がその一つである。これはほぼ四半世紀前に《所有》について頭を突き合わせて議論した大庭健の主張したところであるが、個人の預金（貯蓄）を産業の維持・育成へと媒介すべき金融機関も、その預かり金を自己財産と勘違いしているうち、その反対物、つまりは公共的な使命を外れた収益最優先の機関へと成り下がってゆく。たとえば土地という物件を例にあげれば、それがどのように利用され、またわたしたちの社会環境をどのように形成ないしは破壊してゆくのかについては二の次、三の次とし、土地さえあれば融資するというような営業構造の歪《ひず》みである。[*22] 金融機関の公共的な責任は、「預金保護だけでなく、個人の決定権を代理執行し、産業の維持・育成を担う」ことにあり、その意味では個人の出資もその用益をめぐっておのれの決定権を委任する行為であって、たんなる私事ではない。金融機関は個々人からのこうした〈受託〉の構造を歪ませるなかで、本来の使命とは逆に、「没公共的な私有の強化、公共的な行為領域の希薄化」を推進することになったのである。

個々の「人」ではなく企業のような「法人」の場合、〈受託〉という概念は別の危うさを孕む。これは日本における株式の主たる所有者が企業であることとも関係するとおもわれるのだが、そのことで企業への受託は社員や利害関係者にとっては自身の権利の放棄を意味してしまうからである。「社畜」とよばれるような就労形態や、企業資産の増大にもかかわらず給与が据え置かれる構造とか、法人税の切り下げと消費税等の切り上げといった状況がそれである。

〈受託〉とはそもそも何かを預かり、その保管や処理、運用を委されることである。そして何よりも「わたし」というもろもろの行為をなす者は、人びとの社会生活のある局面を一つずつ委託されるなかで、それこそ責任を負うことのできる一主体として自己形成してゆく。つまり、ひとはあくまでそのつど共同生活上のある役割《ペルソナ》を預かることで「わたし」という一つの人称的位格《ペルソナ》を得る（贈られる?）のであって、はじめからそうした主体であるから「だれ」という名をもった人になるのではない。じっさいわたしの考え、わたしの言葉一つとっても、それはすでにどこかからの引用であって、わたしがゼロから創出したものではない。だからロック的な論理においてさえわたしのものではない（だから知的所有権におけるオーサーシップにも、しばしばその過剰適用を戒めなければならない場面が出てくる）。

では、こうした〈受託〉のなかで人はどのような責任を引き受けるべく期待あるいは要請されるのか。わたしたちの所有論はこうして最終的に〈帰属〉の問題圏から〈帰責〉のそれへと移行してゆく。

手放す自由、分ける責任

責任（responsibility）ということを考えるときに、その語の由来からしても、だれに、あるいは何に、応える《リスポンド》のかという問題が核にあるのは見やすいところである。だれにであれ、何にであれ、「責任をとる」とか「責任を追及する」とかいえば、ただちに人は過去に起こったこと、なされたことが問題になっているように考えがちであるが、責任はしかしこれから起こりうることについても問われうる。《所有》を「権利」の問題と考え、その正当性の根拠を過去の事象（たとえばそこにつぎ込んだ過去の労働、あるいは由緒、相続など）に遡行して求める議論に対して、《所有》はむしろ未来に向けた責任というヴェクトルにおいて問われるべきだ、とする議論を最近読んだ。文化人類学者・中空萌《なかぞらもえ》の『知的所有権の人類学——現代インドの生物資源をめぐる科学と在来知』（二〇一九年）である。

「知的所有権とは一時的に関係性を切断し、知識とは何か、所有者とは誰かを決定する装置である。しかし（知的）所有の「過去の労働に対する権利」としてだけでなく「未来へ向けた責任と義務」としての側面にも等しく光を当てるならば、それは関係性を切断するだけでなく創造を促す装置にもなりうるはずだ」と、中空はいう。[*23] 現代の知的所有権の問題を権利という法的視角からではなく、知的所有権という〝北〟の発想がローカルな知を培ってきた社会のなかに持ち込まれたときにどういう事態が起こるかを問題にするのだ。

伝統医療の知恵と生物資源をめぐる知識は、現代では〝北〟の製薬関連企業や研究機関が開発と商業利用のためにアプローチするようになっているが、その際、知識の供給源である〝南〟の人びとの利益には還元されずにいわば搾取状態にある。そこで対抗的に起こってきたのが、「知的所有権」という元々は搾取する側が主張していた枠組みに依拠して後者の利益を保護する活動である。中空によれば、「知的所有権」というのは元来、「特定の主体に本源的に備わる権利ではなく、科学とは別の商業的基準＝利用可能性によって、一時的に「知識」とは何かを決定し、また誰が（発明の経済的恩恵を受ける）所有者として含まれ、誰が排除されるかを決定するもの」[*24]である。一方、その「知識」がじっさいにだれかのものになる過程は、経済のみにかぎられない複合的な文脈のなかで進行するのであって、「知的所有権」という法的な文脈から一意的に決定されるものではない。だからこうした在来知を搾取するメカニズムへの対抗措置のなかで、ほんとうはそもそも「知識」や「主体」についての新しい理解が生まれてゆくはずで、この「知的所有権」一つとっても、たとえば生命情報は所有可能かというような「権利」の問題に矮小化されるなかで取りこぼされてしまう《所有》のあり方に眼を向けることになるはずであるが、じっさいには事態はそうかんたんに改善されはしない。というのも、「知的所有権」を逆手に取った在来知の保護は、まさにその所有の「権利」の発想が住民たちのあいだに浸透してゆくと、そこにふくまれる「これはわたしたちがその労働をとおして生みだしたものだ」という排他的思考が他のさまざまな資源にも向けられるようになって、ほんらいはそれをきっかけに創出されるかもしれない経済的＝文化的価値の潜在的な可能性まで摘み取られてしまいかねないからである。

　こうした事態を前にして中空が訴えるのは、知識の《所有》を、すでに生み出された知識の権利という以上に、「価値を生み出し続ける継続的な責任」としてとらえることである。知識の《所有》を（西欧近代のいわゆる労働所有論がそうであったように）過去の労働に対する『権利』としてとらえる――それはじぶんたちが培い、過去から受け継いできた知識に対する報酬を受けることへの要求でもある――ことからさらに一歩踏みだして、そうした発想が取りこぼしてきた《所有》の別の可能的なかたち、いいかえると、排他的私有ではないその「生成的で創造的なプロセス」を想像することである。[*25]（知的所有権にかぎらず）《所有》を「権利」としてだけでなく、未来世代に向けての「義務と責任」として考えること、そういうかたちで《所有》の概念を「未来へ拓く」ことを提案するのである。[*26]

「所有論」と題した本書をどのような問題地平へと開きつつ終えるか考えるにあたり、わたしはこれを、示唆するところの多い提案として受けとめている。《所有》を「権利」の地平でのみとらえないこと、そして《所有》の概念を未来を拓くものとして編みなおすこと。この一つの視点が本書にとって意味するところを最後に見ておきたい。《所有》を「権利」の問題と見ないということ、つまり法的な次元でのみ論じることはしないということ、これをわたしたちなりに表現しなおせば、《所有》を、何かがだれかのものであることとしてではなく、だれかのものになることとしてとらえるということであろう。そのことはつねに自他のあいだで係争の的になる物件の所有をめぐってというよりも、さらに各人にとってのっぴきならない自身の身体、ならびにじぶんを養ってきた知識や能力についてより際立ったかたちで問われるべきことである。

身体はだれのものか？　知識はだれのものか？　そのように問うときはすでに、所有する者と所有される物との分離を前提にしているような物言いになっているが、たとえばある物を道具として使う場合を例にとれば、乳児の物を摑むという能力は、乳児が物を使う前に（たとえば縫いぐるみを摑んだり、哺乳瓶をじぶんの手で動かす以前に）すでにその身体に備わっているものではない。乳児はそれらを何度も摑もうとくり返すなかで物を摑む能力を手に入れるのだし、一方、物についても、その過程で人が摑もうが摑むまいがそれとは独立に存在するものとしての了解ができてゆく。つまり所有する主体と所有される対象との分離はそうした人と物との相互生成的な関係のプロセスのなかで成立してゆくのである。*27「もの」から独立に所有する主体としての「わたし」がいるわけではない、「人」も「物」も相互にかかわるなかで主体に、そして対象になってゆく。それを所有者／所有物にするのは《所有》の発想である。《所有する／所有される》という関係もそういう主体と対象の相互生成的なプロセスを前提にしている。所有する「者」も所有される「物」もまた、こうした過程のなかでそのつどある存立を得るということである。そして「所有権」の概念がその関係に適用されることで、その関係は「わたし」に閉じたもの、排他的なものとなってゆく。《所有》の関係も「権利」の関係とされることで、「所有権」の前提である希少性を盾に、排他性をさらに私的利益への主張へと誘導してしまう。これは「わたし」の労働の結果としてここにあるのだから、その経済的恩恵を受けるのはもっぱら「わたし」であるべきだという他者排除の論理へと屈折し、持つ者と持たざる者との関係を断ち切ってしまう。というより、そうした《所有》関係の社会的・文化的な脈絡そのものが切断されてしまう。

身体の存在そのものにも同様のことが起こるのであって、人は身体を拘束されたり、一定の身体活動を強制されたり、暴力をふるわれたり、ときに陵辱されたりしたときに、だれにも譲ることのできない自己のこの身体の「所有権」を盾に、抗議したり、訴訟を起こしたりすることができる。しかしこの概念の防具も、それを過剰適用すれば逆に、「この身体はわたしのものだから、それをどう扱うかはわたしの自由だ」というふうに、自身の身体的な存在を排他的な私秘性のほうに約めてしまうことになる。また拷問にさらされるという極限的な場面で、〃この身体は所詮はわたしの所有物でしかないから、おまえの好き勝手にすればよい、それで所有者としてのわたしの存在が破壊されるわけではない〃というふうに、「所有権」の概念を盾におのれの主体的存在を護るというケースもありえよう。しかしその場合、主体としてのかぎりにおける「わたし」は身体のない主体であって、世界を感受しつつ生きる「わたし」ではない。「わたし」という存在の毀損や破壊を迫られる場面でのぎりぎりの自己救済の試みではあっても、しかしそれは緊急避難というべきものであって、自己を私的なものへと閉じるかぎりで、この「所有権」という防具にはやはりどこまでも危うさがつきまとう。

ここではもはや仔細に論じることはしないが、知識の所有についてもおなじことがいえるのであって、「わたし」だけの所有物としてなにかオリジナルな知識などというものは存在しない。個人の知識も、言語そのものとおなじく、幼い頃からその人に社会から供与され、また植え付けられてきたものであり、いわば「引用の織物」とでもいうべきものであって、わたしの所有を超えたものである。「わたし」はせいぜい、それを使う「器」というべきものであって、剽窃や盗用の問題も一義的には決定できないようなむずかしさがある。

そして最後に（中空による）第二の提案、《所有》の概念を未来へ拓くものとして編みなおすということである。

未来の世代に向けての「義務と責任」というにしても、未来の世代はしかし未だ存在しないものである。未来の世代はそのかぎりで約束も契約もしようがない存在である。つまりその「義務と責任」は、いずれかならずわたしたちの後を生きることになるはずの人たちに向けての「義務と責任」であり、現時点では不在の、仮想の人たちからの信任ないしは負託に応えるというかたちで果たされるものである。ここで示される「義務と責任」はそのかぎりで《所有》を「未来へ拓く」、一つの贈与として取り組まれるべきものであろう。というのもそれは、「これはわたしのものだ、だからそれをどう扱おうとわたしの自由である」という主張から、「これはわたしのものだ、だからそれはみなに分け与えることができる」という逆の発想へと人を動機づけるものだからだ。それはつまり、「秘匿し、護る」自由ではなく、「手放す」「分ける」ことの自由に、《所有》のほんらいの意味を見いだしてゆくという志なのである。「手放す」用意、「分ける」用意があるというのは、戴いたもの、授かったもの、借りたものは、与えてくれた人、授けてくれた人、貸してくれた人に返すのではなく、それが必要なのに足りない別の人に贈ることで返す、あるいは回すこととしてあるもので、それをシステムとして内蔵する社会を次の世代のためにあらかじめ形作っておくことが、現世代の究極の「義務と責任」なのであろう。*28

西欧近代の哲学者らによる《所有》の基礎づけの試みから始め、譲渡の可能性が譲渡不可能なものを生みだすというヘーゲルの議論を経て、手放す自由、分ける責任というところまできた。そこで少なくともあきらかにできたのは、《所有権《プロパティ》》が市民一人ひとりの自由を擁護し、防禦する最終的な概念として機能しつつも、しかしその概念を過剰適用すれば逆にそうした個人の自由を損ない、破壊しもするということ、そのかぎりで《所有権》はわたしたちにとって危うい防具だということである。だからこそそれはその適用の文脈を綿密に選り分けていかねばならない。《所有》をめぐる調停と約束は、場面場面でそのつど関係者によってさまざまな思いの不一致や軋轢を潜り抜けて探られるものであるがゆえに、一般的なルールや法規範のかたちでではなく、そのつどのそこにはたらきだす叡知として辛抱強く待つべきものなのであろう。《所有》は、（本書の冒頭で予感されたように）井上陽水の歌詞の翻訳がちょっとした表現の差異でその意味の大きな落差につながったのとおなじく、ちょっとした解釈の逸脱によってまったく異なる二つの径に別れてしまう、まこと危うい防具なのである。

註

1

＊1　ロバート・キャンベル『井上陽水英訳詞集』（講談社、二〇一九年）四八頁以下。

＊2　川本隆史「自己所有権とエンタイトルメント――私的所有権の光と影」（日本法哲学会編「法哲学年報1991」所収、有斐閣、一九九二年）八二頁。

＊3　Alphonse de Waelhens, *La philosophie et les expériences naturelles*, Phaenomenologica vol. 9 (M.Nijhoff), 1961, p.125.

＊4　ジャック・アタリは、Jacques Attali, *Au propre et au figuré - Une histoire de la propriété*, Librairie Arthème Fayard, 1988, p.11f.〔ジャック・アタリ『所有の歴史――本義にも転義にも』（山内昶訳、法政大学出版局、一九九四年）六頁〕においてその理由の一端を次のように述べている。

　二〇世紀になると、こうした主題について書かれることは、きわめて少なくなってきた。おそらくそれは、以前の諸世紀に提案された、自由主義と社会主義という、二つの根本的な所有制度がいずれも――ぎりぎりのところでいえば――独裁や野蛮ときわめて親和的なことが、悲劇をつうじて検証されたからだろう。おそらくはまた、現代の多様な所有形態――アメリカの共同経営組合からソ連のソホーズ、イスラエルのキブツからメキシコのエヒードにいたるまで――と、その耐えがたいほどひどく短命なことを無視して人々がその場しのぎにとり繕うさまざまな試みとが、体系的思考を萎えさせてしまったからでもあろう。

　とはいえ、だからといって、資本主義ではモノすべてが貨幣価値に還元され、国家社会主義では人間がたんなる労働力に還元される事実をまえにして、憤激の念が消されてしまうわけではない。今日、桁はずれの富裕と貧困とが共存し、少数の人々が莫大な財産と領地を占有している一方で、何百万もの人々が毎年飢死している事実を、同様に忘却させてくれるわけでもないのである。

＊5　たとえばカール・ポランニーが、Karl Polanyi, "Aristotle Discovers the Economy", 1957.

〔カール・ポランニー「アリストテレスによる経済の発見」（玉野井芳郎・平野健一郎編訳、『経済の文明史』第三部第八章、ちくま学芸文庫、二〇〇三年）二七八頁以下〕で指摘するのもそうした視角の一つである。

一定の物を処分する権利としての「所有権」の概念は、われわれにはなじみの深い概念であるが、原始的状態には適用できないもう一つの概念である。つまり、表面的な財産目録など役に立たないのである。ここでは同一物に対して何人もの人々のさまざまな権利が存在する。権利がこのように分断されているので、所有権の側面からみた場合の物の統一性は破壊されている。占有の移動の指示対象物となるのは、たとえば一つの土地といった完結した物ではなく、その個別的使用権だけとなるのが通例である。かくして、物に対する所有権の効力が所有権の概念から欠落するのである。

＊6　Gabriel Marcel, *Être et Avoir*, Éditions Montaigne, 1935.〔ガブリエル・マルセル『存在と所有・現存と不滅』（渡辺秀・広瀬京一郎訳、西谷啓治・小島威彦・渡辺一夫監修《マルセル著作集》第二巻所収、春秋社、一九七一年）〕

＊7　山内得立『實存と所有』（岩波書店、一九五三年）

＊8　Erich Fromm, *To Have or to Be?*, Harper & Row, 1976.〔エーリッヒ・フロム『生きるということ』（佐野哲郎訳、紀伊國屋書店、一九七七年）〕

＊9　Émile Benveniste, *Problèmes de Linguistique Générale*, Gallimard, 1966, Ⅳ-13.〔エミール・バンヴェニスト『一般言語学の諸問題』（河村正夫ほか訳、みすず書房、一九八三年）一八四頁以下〕

＊10　〔同書、一八四頁以下〕

＊11　〔同書、一八五頁〕

＊12　ここでpossessionが「所有／憑依」の二義をもつということ、しかもその場合に、状態動詞と他動詞というふうにその機能の水準にずれがあるとはいえ、posséderという同一の語において「はたらきかける／はたらきかけられる」というふうに機能のヴェクトルを反転させているということの意味を問わねばならず、さらにそこから《所有》という事態が内蔵する〈反転可能性〉という契機の分析へと問題はつながってゆくはずなのだが、それについては議論がもうすこし進んだところで論じようとおもう。

＊13　和辻哲郎『倫理学』（岩波文庫、二〇〇七年、初版一九三七年）序論第一節、三六頁参照。

＊14　ハイデガーの一九二七年の講義『現象学の根本問題』（Martin Heidegger, *Die Grundprobleme der Phänomenologie*）の§11や一九五三年初版の『形而上学入門』（*Einführung in die Metaphysik*）Ⅳ－3などで、このことが指摘されている。

＊15　以下の議論については、和辻哲郎『人間の学としての倫理学』（岩波書店、一九三四年）第一章四・五節を参照されたい。

2

＊1　この問題については、たとえば砂原庸介『新築がお好きですか？』（ミネルヴァ書房、二〇一八年）第四章・第五章に要を得た論述がある。

＊2　Pierre-Joseph Proudhon, *Qu'est-ce que la propriété? ou Recherches sur le principe du droit et du gouvernement*, 1840（Le Livre de Poche, Librairie Générale Française, 2009).〔ピエール＝ジョゼフ・プルードン『所有とは何か』（長谷川進訳、《アナキズム叢書》『プルードンⅢ』所収、三一書房、一九七一年）〕第二章での引用による。ただし、本書での引用に際して訳文を一部変えている。

＊3　Gabriel Marcel, *Être et Avoir*, Éditions Montaigne, 1935, pp.119-120.〔ガブリエル・マルセル『存在と所有・現存と不滅』（渡辺秀・広瀬京一郎訳、西谷啓治・小島威彦・渡辺一夫監修《マルセル著作集》第二巻所収、春秋社、一九七一年）八〇頁〕。ただし、引用は私訳である。

＊4　G.W.F.Hegel, *Grundlinien der Philosophie des Rechts*, 1821, §90.〔ヘーゲル『法の哲学』（藤野渉・赤澤正敏訳、《世界の名著》35『ヘーゲル』所収、中央公論社、一九六七年）第九〇節〕

＊5　John Locke, *Two Treatises of Government*, 1690, Second Treatise, chap.5, §44.〔ジョン・ロック『完訳　統治二論』（加藤節訳、岩波文庫、二〇一〇年）後篇「政治的統治について」第五章第四四節、三四五頁〕

＊6　*ibid*., chap.6. §57.〔同書、後篇第六章第五七節、三五九頁〕

＊7　以下の論点については、かつて『人称と行為』（昭和堂、一九九五年）第一部Ｉ「〈喪身〉と〈変身〉――無名性の二つの位相」で提示したことがある。

＊8　Michel Foucault, *Surveiller et punir*, Gallimard, 1975, pp.195-196.〔ミシェル・フーコー

『監獄の誕生』（田村俶訳、新潮社、一九七七年）一九六頁〕引用にあたっては一部、ルビをふっている。

＊9 Theodor W. Adorno, *Jargon der Eigentlichkeit: Zur deutschen Ideologie*, Suhrkamp Verlag, 1964.〔テオドール・W・アドルノ『本来性という隠語』（笠原賢介訳、未來社、一九九二年）〕このハイデガー批判の著の副題は「ドイツ的なイデオロギーについて」というものである。

＊10 Paul Ricœur, “Evénement et sens dans le discours”, 1971.〔ポール・リクール「言述における出来事と意味」（久米博・清水誠・久重忠夫編訳、『解釈の革新』所収、白水社、一九七八年）六三頁〕

3

＊1 C.B.Macpherson, *The Political Theory of Possessive Individualism*, Clarendon Press, 1962, p.194.〔C・B・マクファーソン『所有的個人主義の政治理論』（藤野渉・将積茂・瀬沼長一郎訳、合同出版、一九八〇年）二二二頁〕

＊2 加藤節『ジョン・ロック――神と人間との間』（岩波新書、二〇一八年）vii頁以下参照。

＊3 G.W.F.Hegel, *Grundlinien der Philosophie des Rechts*, Werke in zwanzig Bänden (Suhrkamp,1986), Bd.7, S.26.〔ヘーゲル『法の哲学』（藤野渉・赤澤正敏訳、《世界の名著》35『ヘーゲル』所収、中央公論社、一九六七年）一七一頁〕

＊4 John Locke, *Two Treatises of Government*, 1690, Second Treatise, chap.5, §27.〔ジョン・ロック『完訳 統治二論』（加藤節訳、岩波文庫、二〇一〇年）後篇「政治的統治について」第五章第二七節、三二六頁〕

＊5 *ibid.*, chap.5, §44.〔同書、後篇第五章第四四節、三四五頁〕

＊6 *ibid.*, chap.5, §31.〔同書、後篇第五章第三一節、三三〇頁〕

＊7 *ibid.*, chap.6, §57.〔同書、後篇第六章第五七節、三五九頁〕

＊8 property は邦訳では「固有権」と訳されている。＊2で挙げた著作からしても、訳者が考え抜いたうえでの訳語選択だと考えられるが、property という語の多義性について前章で指摘しておいたところからも、本書では「所有権」に代表させて表示し、場合によっては文脈に従い「所有」「所有権」「所有物」「財産」と訳し分けることにし、かつ必要に応じて「プロパティ」とルビをふりもしたい。また Person

についてもおなじように一応「身柄」と訳しているが、「人物」「人格」「身体」という含意が強いところではそれぞれに「パーソン」とルビをふっておく。さらに、possessionは基本的には「占有物」、場合によっては「所持」「財産」と、appropriationは「専有」と訳しておく。このように邦訳を引きつつも、その一部の訳語を変更したり、言葉を補ったりしているところがあることをあらかじめお断りしておく。また、この書物からの引用において、［　］内の記述ならびに（　）内の原語は引用者によるものである。

＊9　cf. C.B.Macpherson, "Locke on Capitalist Appropriation", *Western Political Quarterly*, Vol.4, no.4, Dec. 1951. (in Richard Ashcraft (ed.), *John Locke: Critical Assessments*, vol.III, Routledge, 1991, p.268 f.)

4

＊1　John Locke, *Two Treatises of Government*, 1690, Second Treatise, chap.5, §27.〔ジョン・ロック『完訳　統治二論』（加藤節訳、岩波文庫、二〇一〇年）後篇「政治的統治について」三二六頁〕

＊2　*ibid.*, chap.5, §28.〔同書、三二六頁以下〕

＊3　ただ、右の引用に続く箇所で、「私の馬が食《は》む草、私の家僕が刈った芝」が当然のように所有物に数え入れられていることには反論がありえよう。ここで「家僕」の労働の産物をじぶんの所有物とするのは、「不労」の所有であるがゆえに第二七節での主張に反するのではないかと。じっさいロック自身、「すべての人間は二重の権利をもって生まれてくる。第一は、自分の身柄に対する自由の権利であって、他の人間はこれに対するいかなる権力をももたず、それを自由に処理する権利は彼自身のうちにある。第二は……」（第一九〇節）と明確に述べているわけで、「家僕」の労働を搾取することは認められないようにおもわれるからである。これについては、ここでいう「家僕」とはどういう階層に属する者であるかという歴史的な問題や、（のちにカントの私法論でも問題になる）家族が奉公人を所有する権利（家長権）の問題とも連関させて論じるべきであろうが、これはのちに主題としたい〈事物の所有でなく〉〈他者の所有〉という論点にもかかわることであり、いまは措く。

　ちなみに当該のロックの文章はこうである。――「こうして、私が他人と共同の権利をもっている場所で、私の馬が食《は》む草、私の家僕が刈った芝、私が掘りだした鉱石は、他人の割り当てや同意なしに、私の所有物（Property）となる。それらを共有状態から取り去る（remove）私自身の労働が、それらに対する私の所有権（Property）を定める（fix）のである。」（第二八節）

＊4　*ibid.*, chap.2, §4.〔同書、二九六頁以下〕

＊5　Robert Nozick, *Anarchy, State, and Utopia*, Blackwell, 1974.〔ロバート・ノージック『アナーキー・国家・ユートピア』（嶋津格訳、木鐸社、一九八九年／新版一九九二年）二九二頁以下参照〕

＊6　ちなみに、ノージックのこの理屈をルソーの所有論に向けてみると、「ある土地に囲いをして「これはおれのものだ」と言うことを思いつき、人々がそれを信ずるほど単純なのを見いだした最初の人間が、政治社会の真の創立者であった」という文言もまた、そのとき囲いのどちら側が「おれのもの」になるのか――縄を張られたその極小の土地のほうか、それともその反対側の地球規模の広大な土地か――はにわかには判じがたい。（Jean-Jacques Rousseau, *Le discours sur l'origine et les fondements de l'inégalité parmi les hommes*, 1755.）〔ジャン＝ジャック・ルソー『人間不平等起原論』（小林善彦訳、《世界の名著》30『ルソー』所収、中央公論社、一九六六年）一五二頁参照〕

＊7　下川潔『ジョン・ロックの自由主義政治哲学』（名古屋大学出版会、二〇〇〇年）一六九頁以下参照。

＊8　David Hume, *A Treatise of Human Nature* (ed. by L.A. Selby-Bigge), p.505 f.〔デイヴィッド・ヒューム『人間本性論』第三巻「道徳について」（伊勢俊彦・石川徹・中釜浩一訳、法政大学出版局、二〇一二年）六〇頁〕ただしここに引いた訳文は＊7の下川のものである。

＊9　Locke, *op.cit.*, chap. 5, §34.〔ロック、前掲書、三三二頁〕

＊10　*ibid.*, chap. 5, §26.〔同書、三二五頁〕

＊11　*ibid.*, chap.2, §4.〔同書、二九六頁〕前章でロックの問題提示の骨格を端的に示す第四の文章として引いた「自由」の規定（第五七節）もここで参照願いたい。

＊12　Leo Strauss, *Natural Right and History*, University of Chicago Press, 1953, p.245.〔レオ・シュトラウス『自然権と歴史』（塚崎智・石崎嘉彦訳、昭和堂、一九八八年）二五六頁〕

＊13　*ibid.*, p.246.〔同書、二五七頁〕

＊14　C.B.Macpherson, *The Political Theory of Possessive Individualism*, Clarendon Press, 1962, p.221.〔C・B・マクファーソン『所有的個人主義の

政治理論』（藤野渉・将積茂・瀬沼長一郎訳、合同出版、一九八〇年）二四八頁〕

＊15　田中正司『ジョン・ロック研究』（未來社、一九七五年）一八三頁。田中自身は、これまでのロックの所有権＝財産権論の解釈がロックの〈労働所有論〉のもつ「近代性」ないしはその「収奪性」を十分明確にしえなかった理由として、従来のロック解釈がロックの〈労働所有論〉のもつ「構造の二重性」をうまく析出できなかったことを挙げている。そしてその二重性を次のように列挙している（同書、一九二頁・注）。

(1)使用・消費の権利としての伝統的な財産観念から出発しながら、実際には譲渡交換しうるものとしての財産観念を提出している事実。

(2)万人＝共有者の公式から出発しながら、実際には「資本家的労働」のみを正当化している点。

(3)所有権に対して自然法制限を課しながら、実際にはいわゆる自然状態における貨幣使用の同意を根拠として、その制限を解除している点。

(4)一方では労働による所有の共産主義を主張しながら、他方では、同意による不平等を是認している点。

(5)一方では財産の自然権の観念を強調しながら、他方では所有権の国家規制を説いている事実。

＊16　Locke, *op.cit.*, chap. 4, §23.〔ロック、前掲書、三二一頁〕

＊17　*ibid.*, chap. 4, §24.〔同書、三二三頁〕

＊18　Emmanuel Lévinas, *Totalité et Infini: essai sur l'extériorité*, Phaenomenologica 8, Martinus Nijhoff, 1961, Section II.〔エマニュエル・レヴィナス『全体性と無限（上）』（熊野純彦訳、岩波文庫、二〇〇五年）第二部〕

5

＊1　John Locke, *Two Treatises of Government*, 1690, Second Treatise, chap.5, §27.〔ジョン・ロック『完訳　統治二論』（加藤節訳、岩波文庫、二〇一〇年）後篇「政治的統治について」三二六頁〕

＊2　cf. John Locke, *A Letter Concerning Toleration*, ed. by James H. Tully, Hackett Publishing Co, 1983, p.23 f.〔ジョン・ロック「寛容についての書簡」（生松敬三訳、《世界の名著》27『ロック　ヒューム』所収、中央公論社、一九六八年）二五一頁〕

＊3　一ノ瀬正樹はその著『人格知識論の生成――ジョン・ロックの瞬間』（東京大学出版会、一九九七年）第七章で、過去の諸解釈を「功績論法」、「労苦に訴える理解」、「製作品モデル」、「執事職モデル」などに整理して、それぞれに入念な検証と批評をおこなっている。

＊4　同書、二二八頁。一ノ瀬は、そもそもロックの所有権論は「労働と所有権を分離したうえで、労働によって所有権を正当化するというような議論では全然なく、労働を完遂することがすなわち所有権の確立であるとする、労働と所有権を重ね合わせる議論である」という視点に立つ（同書、二六一頁）。

＊5　以下、Emmanuel Lévinas, *Totalité et Infini: essai sur l'extériorité*, Phaenomenologica 8, Martinus Nijhoff, 1961.〔エマニュエル・レヴィナス『全体性と無限（上）』（熊野純彦訳、岩波文庫、二〇〇五年）〕からの引用に際しては、このような立論上の事情から、邦訳において「所有」とされている語が possession である場合はすべて「占有」と訳させていただいた。

＊6　*ibid.*, p.82.〔同書、二一一頁〕

＊7　*ibid.*, p.104.〔同書、二五八頁〕

＊8　*ibid.*, p.111.〔同書、二七四頁〕

＊9　*ibid.*, p.138.〔同書、三三五頁〕

＊10　*ibid.*, p.87.〔同書、二二〇頁〕

＊11　*ibid.*, p.134.〔同書、三二五頁以下〕

＊12　*ibid.*, p.135 f.〔同書、三二六頁以下〕

なお、ここでいわれる享受における占有と羃化された占有との相違は、ガブリエル・マルセルが「〈もつ〉の現象学素描」と題した講演（一九三三年）のなかで指摘した〈もつ〉の二つのかたち、「占有としての〈もつ〉」と「包含としての〈もつ〉」との区別にほぼ相当するとおもわれる。マルセルによると、「占有としての〈もつ〉」（avoir-possession）は、ある主体が何かを自由に処理可能なものとしてじぶんのものとすることであるが、その場合にわたしが占有するものはあくまでわたしの外部にあって、わたしの存在にとっては偶然的である。それに対して、「包含としての〈もつ〉」（avoir-implication）は、占有されるものがわたしにたえず巻きつき、わたしを侵食し、そうしてわたし自身に「占有」という水準そのものを超出させてしまうような、そういう逆説的ともいえる〈もつ〉のあり方である。ただし、マルセルでは「包含としての〈もつ〉」は「占有としての〈もつ〉」の先行形態というよりも、むしろより高次化されたものとしてイメージされている。そのことも本書でのちに「所有の彼方」というものを考えるうえで示唆するものは多いとおもわれる（Gabriel Marcel, *Être et Avoir*, Éditions Montaigne, 1935, p.229 f.）〔ガブリエル・マルセル『存在と所有・現存と不滅』（渡辺秀・広瀬京一郎訳、西谷啓治・小島威彦・渡辺一夫監修《マルセル著作集》第二巻所収、春秋社、一九七一年）一七一頁以下参照〕。ちなみにその一九三〇年代、レヴィナスはマルセルが主宰する金曜夜のセミナーに足繁く通っていたらしい（Salomon Malka, *Emmanuel Lévinas, La vie et la trace*, JC Lattès, 2002.）〔サロモン・マルカ『評伝レヴィナス　生と痕跡』（斎藤慶典・渡名喜庸哲・小手川正二郎訳、慶應義塾大学出版会、二〇一六年）一九九頁参照〕

＊13　Lévinas, *op.cit.*, p.132.〔レヴィナス、前掲書、三二〇頁〕

＊14　*ibid.*, p.138.〔同書、三二九頁〕

＊15　*ibid.*, p.83.〔同書、二一三頁〕

6

＊1　Douglas C. Long, “The philosophical concept of a human body”, *Philosophical Review*, Vol. LXXIII, 1964, p.324.〔ダグラス・C・ロング「人間身体の哲学的概念」（伊藤公一訳、「エピステーメー」一九七七年十二月号、朝日出版社）七一頁〕

＊2　cf. P. F. Strawson, *Individuals*, UP, 1959, p.102.〔P・F・ストローソン『個体と主語』（中村秀吉訳、みすず書房、一九七八年）一二四頁参照〕

＊3　Emmanuel Lévinas, *Totalité et Infini, : essai sur l’extériorité*, Phaenomenologica 8, Martinus Nijhoff, 1961, p.138.〔エマニュエル・レヴィナス『全体性と無限（上）』（熊野純彦訳、岩波文庫、二〇〇五年）三二九頁〕

＊4　*ibid.*, p.121.〔同書、二九六頁〕

＊5　*ibid.*, p.137.〔同書、三三二頁以下〕

＊6　*ibid.*, p.165.〔同書、三六〇頁〕

＊7　*ibid.*, p.138.〔同書、三三五頁〕

＊8　Gabriel Marcel, *Être et Avoir*, Éditions Montaigne, 1935, pp.119-120.〔ガブリエル・マルセル『存在と所有・現存と不滅』（渡辺秀・広瀬京一郎訳、西谷啓治・小島威彦・渡辺一夫監修《マルセル著作集》第二巻所収、春秋社、一九七一年）八〇頁〕ただし、引用は私訳である。

＊9　「捉えなおし」（reprendre/reprise）は、意味の生成を「変換」の過程として捉えるメルロ＝ポンティの初期以来の重要な概念でもある。またレヴィナスが

ここでいう「反転」は、メルロ＝ポンティが「身体の反省能」として、触れる手と触れられる手の反転を例に述べていたことでもある。両手を触れあわせるとき、右手で左手に触れていると、ある瞬間に関係が反転して、その右手が左手に触れられていると感じることがある。身体がそれ自身に再帰的にかかわるという反省性である。これが「わたしの身体」にそなわる〈両義性〉を多重的に駆動してきたといえる。そしてその反省性はそのまま身体外のものとの関係にも見いだされるのであって、物に触れるときにも、わたしたちは物に触れられることなしに触れることはできない。身体の〈両義性〉が同時に、身体の身体それ自身に対する反省でもあるとすれば、「世界」は身体を「生地」として生成するのだということになる。

この点について、メルロ＝ポンティはレヴィナスのこの主張に驚くほどに近い文章を残している。少し長いが引いておく（ここでのレヴィナスの議論を敷衍しているかにおもえる箇所には傍点を打っておいた）。

> もちろん、知覚するのは徹頭徹尾私の身体だというわけではない。私はただ、身体が私の知覚を妨げることができるし、身体の許可なしでは私は知覚することができない、ということを知っているにすぎない。知覚がやってくるや、身体は知覚の前から消え失せるし、知覚が、知覚しつつある身体を捉えることは決してないのだ。仮に私の左手が右手に触れ、そしてふと、触わりつつある左手の作業を右手で捉えようとしたとしても、身体の身体自身に対するこの反省は、きまって最後には失敗する。私が右手で左手を感ずるやいなや、それに比例して、私は左手で右手に触わることを止めてしまうからである。それにしても、この最後の挫折は、触わりつつある自分に触れることができるのだという私の予感から、一切の真理性を奪い去るわけではない。私の身体が知覚するのではなく、身体は、いわばそれを通して顕わになる知覚の周囲に組み立てられているようなものだからである。身体は、その内部の手筈〔arrangement＝配置〕をすべて整え、その感覚－運動的諸回路や、運動を統御したりやり直したりするさまざまの帰路を通して、いわば自己知覚に備えるのである——身体が知覚するのは決して身体自身ではないし、身体を知覚するのも身体自身ではないにしても。身体の科学〔……〕より以前に、知覚の母岩としての私の肉についての経験が、知覚の出生地はどこでもいいわけではなく、それは身体とい

う隠れ家から出現するのだということを私に教えてくれたのである。(Maurice Merleau-Ponty, *Le visible et l'invisible*, Gallimard, 1964, p.24 f.)〔モーリス・メルロ＝ポンティ『見えるものと見えないもの』(滝浦静雄・木田元訳、みすず書房、一九八九年)一九頁以下〕

＊10　Lévinas, *op.cit.*, p.139.〔レヴィナス、前掲書、三三六頁以下〕

＊11　*ibid.*, p.140.〔同書、三三八頁〕

＊12　*ibid.*, p.124.〔同書、三〇三頁〕

＊13　Judith Lewis Herman, *Trauma and Recovery*, Basic Books, 1992.〔ジュディス・L・ハーマン『心的外傷と回復』(中井久夫訳、みすず書房、一九九六年)四七頁〕

＊14　〔同書、五二頁〕

＊15　〔同書、六九頁以下〕

＊16　〔同書、四八頁〕

7

＊1　David Hume, *A Treatise of Human Nature*, 1739-40, Book III, 'Of Morals', p.505 f.〔デイヴィッド・ヒューム『人間本性論』第三巻「道徳について」(伊勢俊彦・石川徹・中釜浩一訳、法政大学出版局、二〇一二年)六〇頁〕ヒュームの著作からの引用にあたっても、これまでの議論との整合性を保つために一部〈所有〉関連の訳語を変更したり、ルビをふったりしているところがあることをお断りしておく。

＊2　*ibid.*, p.487.〔同書、四二頁〕

＊3　*ibid.*, p.488.〔同書、同頁〕

＊4　*ibid.*, p.490.〔同書、四五頁〕

＊5　*ibid.*, p.495.〔同書、四九頁以下〕

＊6　*ibid.*, p.491 f.〔同書、四五頁〕

＊7　*ibid.*, p.492.〔同書、四六頁以下〕

ここではレヴィナスの占有論のところでふれたあの両義性の「反省能」、つまりは両義性そのものの自己更新のプロセスを思い出さずにいられない。

＊8　*ibid.*, p.514.〔同書、七一頁以下〕

＊9　John Rawls, *Lectures on the History of Political Philosophy*, Belknap Press of Harvard University Press, 2007, p. 187.〔ジョン・ロールズ『ロールズ政治哲学史講義Ⅰ』(齋藤純一ほか訳、岩波現代文庫、二〇二〇年)三八〇頁以下〕

＊10　Hume, *op.cit.*, p.508.〔ヒューム、前掲書、六四頁〕

＊11　D. Hume, *A Treatise of Human Nature*, 1739-40, Book II, 'Of the Passions', p. 187.〔デイヴィッド・ヒューム『人間本性論』第二巻「情念について」（石川徹・中釜浩一・伊勢俊彦訳、法政大学出版局、二〇一一年）四四頁〕

＊12　Thorstein B. Veblen, *The Theory of the Leisure Class: An Economic Study in the Evolution of Institutions*, Macmillan Co, 1889.〔ソースティン・ヴェブレン『有閑階級の理論』（高哲男訳、ちくま学芸文庫、一九九八年）三七頁〕

＊13　D. Hume, *Enquiries concerning the Human Understanding and concerning the Principles of Morals*, Reprinted from the 1777 edition and edited by L.A.Selby-Bigge, p. 314.〔デイヴィッド・ヒューム『道徳原理の研究』（松村文二郎・弘瀬潔訳、春秋社、一九四九年）二一九頁〕

8

＊1　David Hume, *A Treatise of Human Nature*, 1739-40, Book III, 'Of Morals', p.484.〔デイヴィッド・ヒューム『人間本性論』第三巻「道徳について」（伊勢俊彦・石川徹・中釜浩一訳、法政大学出版局、二〇一一年）三九頁〕

＊2　*ibid.*, p.491.〔同書、四六頁〕

＊3　*ibid.*, p.492.〔同書、四六頁以下〕

＊4　cf. *ibid.*, p.490.〔同書、四四頁以下参照〕

＊5　桜井徹「ヒュームにおけるコンヴェンションの観念」（『一橋研究』第一三巻第二号、一橋研究編集委員会、一九八八年）二八頁以下参照。

＊6　Hume, *op.cit.*, p.502.〔ヒューム、前掲書、五六頁〕ここで注意をしておきたいのは、「各人が各人にもっともふさわしく、各人が用いるのに適したもの」（what is most suitable to him, and proper for his use）を占有できればそのほうがよいとされている点である。ここでの proper は suitable の言い換えとしていわれているのだから、property のそれではなく、むしろ propriety のそれだといえるが、property の意味をむしろ逆に propriety のほうから問いなおすという、のちの議論のために記憶にとどめておきたい。

＊7　*ibid.*, p.503.〔同書、五七頁〕

＊8　*ibid.*, p.502.〔同書、五六頁〕

＊9　これがロックへの正当な批判かといえば、一定の留保が必要である。というのも、一ノ瀬正樹もいうように、ロックの所有権論では「財が人格を構成する

要素」だというところに議論のコアがあって、ロックのいう「労働」は「身体を動かす活動という以上の内実を本来的に持つ」からだ。一ノ瀬は、その内実こそあの「但し書き」に反映されているものであるとし、こう述べる。「そもそも労働それ自体が、他者の所有権の侵害とならないよう努力探究することであって、そうした意味で他者の概念を本来的かつ第一義的に含意する」。かの但し書きにおいてロックは「労働から所有権に至る過程において三人称的な他者が決定的な契機としてかかわっていなければならない」という論点を明示しているのであり、労働をつうじての所有権の確立もじつは他者の「暗黙の同意」(tacit consent)にもとづくものであって、けっして一人称的に完結するものとは考えられていないと。〔一ノ瀬正樹『人格知識論の生成――ジョン・ロックの瞬間』(東京大学出版会、一九九七年)二四八頁以下参照〕

＊10　cf. Hume, *op.cit.*, p.487. 〔ヒューム、前掲書、四二二頁参照〕

＊11　*ibid.*, p.491. 〔同書、四五頁〕

＊12　D. Hume, *A Treatise of Human Nature*, 1739-40, Book I, 'Of the Understanding', p.261. 〔ディヴィッド・ヒューム『人間本性論』第一巻「知性について」(木曾好能訳、法政大学出版局、一九九五年)二九六頁〕

＊13　長井真理『内省の構造――精神病理学的考察』(岩波書店、一九九一年)六四－六五頁。

＊14　D. Hume, *A Treatise of Human Nature*, 1739-40, Book II, 'Of the Passions', p.309. 〔ディヴィッド・ヒューム『人間本性論』第二巻「情念について」(石川徹・中釜浩一・伊勢俊彦訳、法政大学出版局、二〇一一年)四四頁〕

＊15　*ibid.*, p.291. 〔同書、二三頁〕

＊16　*ibid.*, p.372. 〔同書、一一四頁以下〕

＊17　*ibid.*, p.375. 〔同書、一一八頁〕

＊18　*ibid.*, p.375 f. 〔同書、同頁〕

＊19　*ibid.*, p.377. 〔同書、一二〇頁〕

＊20　*ibid.*, p.377 f. 〔同書、同頁〕

＊21　D. Hume, *A Treatise of Human Nature*, 1739-40, Book III, 'Of Morals', p.494. 〔ディヴィッド・ヒューム『人間本性論』第三巻「道徳について」、四八頁〕

＊22　ドゥルーズは「ヒュームは心理学者である前にモラリストであり社会学者である」とし、『人間本性論』が解き明かそうとしたのも「精神が触発される二つの形式は本質的に情念的なものおよび社会的なものだということ」だと、一九五三年にすでに述べていた

(Gilles Deleuze, *Empirisme et subjectivité*, 1953, p.1.)〔ジル・ドゥルーズ『ヒュームあるいは人間的自然――経験論と主体性』（木田元・財津理訳、朝日出版社、一九八〇年）一〇頁〕。そしてその十年後、森口美都男がそれとは別の見地から同様の解釈を提示した〔論文「イギリス経験論――ロックとヒュームの知識批判」（『講座哲学大系』第二巻所収、人文書院、一九六三年）〕。

＊23　Max Scheler, *Vom Umsturz der Werte*, Gesammelte Werke, Band 3, Francke Verlag, 1972, S.47.〔マックス・シェーラー『価値の転倒（上）』（林田新二・新畑耕作訳、《シェーラー著作集》4、白水社、一九七七年）六九頁〕

＊24　Friedrich Nietzsche, *Zur Genealogie der Moral*（*Werke in Drei Bänden*, hrsg. von Karl Schlechta, II 1966）, S.782.〔フリードリヒ・ニーチェ『道徳の系譜』（秋山英夫・浅井真男訳、《ニーチェ全集》第Ⅱ期第三巻、白水社、一九八三年）四一頁〕引用に際しては、シェーラーによる引用に合わせ、表現を一部変えている。

＊25　Scheler, *op.cit.*, S.47.〔シェーラー、前掲書、六八頁〕

＊26　D. Hume, *A Treatise of Human Nature*, 1739-40, Book III, ‘Of Morals’, p.581 f.〔デイヴィッド・ヒューム『人間本性論』第三巻「道徳について」一四三頁〕

＊27　Emmanuel Lévinas, *Totalité et Infini, : essai sur l’extériorité*, Phaenomenologica 8, Martinus Nijhoff, 1961, p.274.〔エマニュエル・レヴィナス『全体性と無限（下）』（熊野純彦訳、岩波文庫、二〇〇六年）二五二頁〕

9

＊1　石原吉郎「ある〈共生〉の経験から」（『望郷と海』所収、みすず書房、二〇一二年）一二頁以下。なお同書の初刊は一九七二年、筑摩書房から。一九九〇年にちくま文庫、一九九七年にちくま学芸文庫からも刊行されている。

＊2　同書、一六頁。

＊3　David Hume, *A Treatise of Human Nature*, 1739-40, Book II, ‘Of the Passions’, p.375.〔デイヴィッド・ヒューム『人間本性論』第二巻「情念について」（石川徹・中釜浩一・伊勢俊彦訳、法政大学出版局、二〇一一年）一一八頁〕

＊4　石原、前掲書、一四頁。

*5 Gabriel Marcel, *Homo Viator*, Éditions Montaigne, 1944, p.15 f. 〔ガブリエル・マルセル『旅する人間』（山崎庸一郎ほか訳、西谷啓治・小島威彦・渡辺一夫監修《マルセル著作集》第四巻所収、春秋社、一九六八年）一五頁以下〕
*6 *ibid.*, p.18. 〔同書、一八頁以下〕
*7 *ibid.*, p.23. 〔同書、二三頁〕
*8 Alphonse de Waelhens, *La philosophie et les expériences naturelles*, Phaenomenologica vol.9 (M.Nijhoff), 1961, p.108.
*9 Jacques Derrida, *La voix et le phénomène*, 1967, p.106. 〔ジャック・デリダ『声と現象』（高橋允昭訳、理想社、一九七〇年）一七九頁以下〕
*10 *ibid.*, p.108. 〔同書、一八二頁〕

10

*1 G.W.F. Hegel, *Grundlinien der Philosophie des Rechts*, Werke in zwanzig Bänden (Suhrkamp, 1986), Bd. 7. 〔ヘーゲル『法の哲学』（藤野渉・赤澤正敏訳、《世界の名著》35『ヘーゲル』所収、中央公論社、一九六七年）〕訳文の引用にあたっては、本書の文脈との整合性から、訳語や訳文の一部を変更しているところがある。
*2 cf. *ibid.*, §5. 〔同書、一九四頁参照〕
*3 *ibid.*, §57. 〔同書、二五三頁〕
*4 *ibid.*, §48. 〔同書、二四三頁〕
*5 *ibid.*, §48. 〔同書、二四四頁〕
*6 *ibid.*, §70. 〔同書、二七二頁〕
*7 cf. *ibid.*, §43. 〔同書、二三八頁参照〕
*8 cf. *ibid.*, §23. 〔同書、二一五頁参照〕
*9 ここまでの主張はなにもヘーゲルに特有のものではなく、ロックその人もまた〈自由〉について次のように記していた——
「自由（liberty）とは、ある人がそれに服する法の許す範囲内で、自分の身柄（person）、活動（actions）、占有物（possessions）、そしてその全所有権（property）を自らが好むままに処分（dispose）し、処理し、しかも、その際に、他人の恣意的な意志に服従することなく、自分自身の意志に自由に（freely）従うことにあるのである」。(John Locke, *Two Treatises of Government*, 1690, Second Treatise, chap.6, §57.)〔ジョン・ロック『完訳　統治二論』（加藤節訳、岩波文庫、二〇一〇年）後篇「政治的統治について」第六章第五七節、三五九頁〕
*10 身体じたいが「つくりあげ」られたものだとい

う議論で連想するのは、マルクスが「労働」というものを社会形成の核のみならず、人という感性的存在の核と見たこと、そして五感の形成を「世界史の労作」ととらえたことである。「五感の形成はいままでの全世界史の一つの労作である」（Die Bildung der 5 Sinne ist eine Arbeit der ganzen bisherigen Weltgeschichte）。cf. Karl Marx, *Ökonomisch-philosophische Manuskripte*, Drittes Manuskript.〔カール・マルクス『経済学・哲学草稿』（城塚登・田中吉六訳、岩波文庫、一九六四年）一四〇頁参照〕

＊11　Hegel, *op.cit.*, §72.〔ヘーゲル、前掲書、二七四頁以下〕

＊12　*ibid.*, §73.〔同書、二七五頁〕

11

＊1　John Locke, *An Essay concerning Human Understanding* (Complete and Unabridged, collated and annotated by Alexander Campbell Fraser), Dover, 1959, Vol.I, book II, chap. XXVII, p.459.〔ジョン・ロック『人間知性論（二）』（大槻春彦訳、岩波文庫、一九七四年）三一三頁〕

＊2　Pierre Klossowski, *La Ressemblance*, Éditions Ryôan-ji, 1984.〔ピエール・クロソフスキー『ルサンブランス』（清水正・豊崎光一訳、ペヨトル工房、一九九二年）二八頁〕別の箇所では、「オクターヴ（『歓待の掟』の主人公である初老の神学教授）は、その放棄し得ない財をその都度放棄することによってのみ、これを享受する」とも述べられる〔同書、一七頁〕。

＊3　Pierre Klossowski, *Sade mon prochain, précédé de Le philosophe scélérat*, Éditions de Seuil, 1967, p.46 f.〔ピエール・クロソウスキー『わが隣人サド』（豊崎光一訳、晶文社、一九六九年）四八頁以下〕なお、たとえば「私」を「わたし」へとひらき、corps の訳語を「肉体」ではなく「身体」とするなど、これまでの行論との関係上、勝手ながら訳文を少し変えさせていただいているところがある。

＊4　この点にふれてジル・ドゥルーズはこう記している。――「身体において取消されるものは何であろうか。クロソウスキーは、身体の統体性《アンテグリテ》と答える。また、そのことで人格同一性はいわば中断され蒸発するとも答える」。Gilles Deleuze, *Logique du sens*, Les Éditions de Minuit, 1969, p.338.〔ジル・ドゥルーズ『意味の論理学　下』（小泉義之訳、河出文庫、二〇〇七年）二〇五頁〕

＊5　Alain Arnaud, *Pierre Klossowski*, Éditions de

Seuil, 1990, p.128.〔アラン・アルノー『ピエール・クロソウスキー』（野村英夫・杉原整訳、国文社、一九九八年）一七三頁〕

＊6　大森晋輔『ピエール・クロソウスキー――伝達のドラマトゥルギー』（左右社、二〇一四年）三八三頁以下。

＊7　John Stuart Mill, *On Liberty*, Penguin Classics, 1982, p.69.〔J・S・ミル『自由論』（塩尻公明・木村健康訳、岩波文庫、一九七一年）一二五頁〕

＊8　Pierre Klossowski, *Un si funeste désir*, Gallimard, 1963.〔ピエール・クロソウスキー『かくも不吉な欲望』（小島俊明訳、現代思潮社、一九六九年）二九一頁〕

12

＊1　福田恆存は「演技」ではなく「演戯」と書く。その理由として、演戯は技術でなく、意思して操られること、フィクションをフィクションとして意識していること、つまりは陶酔しながら醒めているという条件が外せないことを挙げている。『藝術とは何か』（初刊：要書房、一九五〇年。参照頁は一九七七年刊行の中公文庫版による）五〇、六一、一〇〇頁参照。

＊2　同書、二一頁。

＊3　同書、五〇頁。

＊4　興味深いことに同様の指摘が、福田から半世紀余りを経て現代イタリアの思想家、エスポジトにも見られる。――「俳優とはある他人の行為や言葉を代理する者のことであり、そしてこの他人がその行為や言葉の著者である。この区分が政治理論の地平に移されると、リヴァイアサン国家こそがこのうえない俳優となる」（Roberto Esposito, *Terza persona: Politica della vita e filosofia dell'impersonale*, Einaudi, 2007.）〔ロベルト・エスポジト『三人称の哲学――生の政治と非人称の思想』（岡田温司監訳、講談社選書メチエ、二〇一一年）一三六頁〕

＊5　ちなみに、戸井田が右の著作を発表した翌一九六四年には、当時の西ドイツでテオドール・アドルノの『本来性という隠語』（*Jargon der Eigentlichkeit*）――この本来性（Eigentlichkeit）は、ドイツ語では所有（Eigentum）や固有（Eigenheit）と語源的には同根である――が公刊されている。またフランスでは一九六二年にクロード・レヴィ＝ストロースの固有名論を含む『野生の思考』（*La pensée sauvage*）が、さらにその五年後にはそれに批判的に言及したジャック・デリダの『グラマトロジーについて』（*De la grammatologie*）が出ている。日本では小苅米の『憑依と仮面』が刊行されたその翌年の一九七三年に、こんどは坂部恵が「固有なるものの神話」という副題をもつ論文（『仮面の解釈学』に収められた論文「固有名詞と仮面のあいだ」）を発表している。レヴィ＝ストロースの固有名論とデリダによるその批判への言及を含むこの論攷も、《所有》を主題とするものではないが、戸井田－小苅米の議論の系譜に連ねても牽強付会とはならないだろう。脈絡は異なるが、英米圏では、固有名論をふくむ『名指しと必然性』（*Naming and Necessity*）を、ソール・クリプキがやはり一九七二年に刊行している。所有／固有をめぐる議論の世界的な同時性にはいまさらながらに驚かざるをえない。

＊6　柳田國男『食物と心臓』（初刊：創元社、一九四〇年）、《柳田國男全集》17（ちくま文庫、一九九〇年）三二五頁。

＊7　戸井田道三『演技――生活のなかの表現行為』（初刊：紀伊國屋新書、一九六三年）、《戸井田道三の本》3『みぶり』（筑摩書房、一九九三年）八五頁。

＊8　同書、九一頁。

＊9　同書、七七頁。

＊10　同書、九二頁。

＊11　小苅米晛『憑依と仮面――劇的想像力の世界』（せりか書房、一九七二年）二二九頁。

＊12　この点について、小苅米は「憑依と所有」と題した章の末尾に次のように書きつけた。――「所有関係が演技にささえられている事実と、憑依が演技の本質的な機能に繋っているという事実は、われわれの演劇的方法にとって示唆的である。憑依によって所有関係として温存される日常生活の桎梏を破壊すること、それが新しい演劇の誕生をうながすものであることは、われわれの演技術の体系が喪失したなにかを回復するうえで、もういっぺん考えなおしてみるべきことであろう」（同書、一三二頁）

＊13　坂部恵『仮面の解釈学』（東京大学出版会、一九七六年）八九、九五頁参照。

13

＊1　長井真理『内省の構造――精神病理学的考察』（岩波書店、一九九一年）

＊2　木村敏は長井の『内省の構造』に寄せた解説と追悼の文章「長井真理――その人と仕事」のなかで、「私の知るかぎり、カプグラ症候群における同一性の障害を「所有」の観点から論じた議論はこれまでなかったのではないかと思う」と記している。同書、二

三七頁。
＊3　同書、六六頁。
＊4　同書、二〇頁以下参照。
＊5　この症例をめぐって、長井はここからさらに現象学的な「意味志向」論に依拠しつつ、ここで言葉にされる前に「ぬける」とされているもの、それは「言葉へと至る以前の意味を志向する動き」だとし、この意味への萌芽的志向のほうへと視点を向けてゆくのだが、議論が別の象限へと移るので、ここでは詳述しない。
＊6　同書、六六頁以下参照。
＊7　新宮一成「所有の病理」（京都大学大学院人間・環境学研究科紀要「人間存在論」第三号、一九九七年）二九二頁。
＊8　長井、前掲書、七三頁。
＊9　cf. Clifford Geertz, "Anti Anti-Relativism", *American Anthropologist*, Vol.86, No.2, 1984, pp.269-270.〔クリフォード・ギアツ「反＝反相対主義」（小泉潤二編訳、『解釈人類学と反＝反相対主義』所収、みすず書房、二〇〇二年）七七頁参照〕
＊10　自然／不自然をめぐって、長井真理は別の患者（男性・四十二歳）の興味深い例を引いている。友人と会ったときなど、彼は「気軽に野球の話など出す人のように」ふるまおうとするのだが、「実際には、あいさつしたっきりであと何も喋れなくなってしまう」と訴える。そして面接時には次のようにふるまいもすると言う。身につまされるような挿話なので、あえてここに引いておく――

「彼はまた、しばしば筆者との面接時に、話すことをあらかじめ書いてくる。それも内容だけのメモではなく、実際に語る言葉通りに、冗談までも書いたノートをたずさえてやってきて、読みあげるのである。芝居ならともかく、台本のある冗談を聞かされたとき、こちらは「不自然」な感じを受けることはいうまでもないだろう。つまり、彼は「気軽に野球の話が出せたり冗談を言ったりする人物」という役割をあらかじめ演出するのであるが、皮肉なことに彼が苦労して人為的につくりだした「自然さ」はもはや「自然」ではない。この、自己統制の加えられた自己表出のもつ「不自然さ」は彼自身にも感じとられていて、そのためますます彼は「自然さ」をつくりだそうとして、自己統制としての「同時的内省」を強化するという悪循環に陥ることになる」（長井、前掲書、九一頁）

14

＊1　Jacques Attali, *Au propre et au figuré - Une*

histoire de la propriété, Librairie Arthème Fayard, 1988, p.12.〔ジャック・アタリ『所有の歴史——本義にも転義にも』（山内昶訳、法政大学出版局、一九九四年）六頁〕

＊2　*ibid.*, p.13.〔同書、七頁以下〕

＊3　主体が保持しようとする同一的存在を特徴づけるものとしてここに挙げたstabilitéもpermanenceも、persister dans son être（あるいはpersister dans sa manière d'être）も、『習慣論』でフェリックス・ラヴェッソンが用いている言葉である。Félix Ravaisson, *De l'habitude*, Nouvelle édition précédée d'une introduction par Jean Baruzi, 1927; PUF, 1999, p.3.〔ラヴェッソン『習慣論』（野田又夫訳、岩波文庫、一九三八年）九頁参照〕。以下、引用にあたっては新字・現代仮名づかいに改めている。

　ちなみに、最後の« persister dans son être »という表現は遡ってスピノザの『エチカ』（*Ethica*, 1677.）第三部定理八における「コナトゥス」の定義「どのようなものでも、それ自身の主体のうちにとどまるかぎり、自己の存在に固執しようと努力する」のなかの"in suo esse perseverare"を承けるものであろう。

＊4　Gabriel Marcel, *Être et Avoir*, Éditions Montaigne, 1935, p.236.〔ガブリエル・マルセル『存在と所有・現存と不滅』（渡辺秀・広瀬京一郎訳、西谷啓治・小島威彦・渡辺一夫監修《マルセル著作集》第二巻所収、春秋社、一九七一年）一七六頁〕

＊5　*ibid.*, p.236 f.〔同書、一七六頁〕

＊6　Gabriel Marcel, *Homo Viator*, Éditions Montaigne, 1944, p.115 f.〔ガブリエル・マルセル『旅する人間』（山崎庸一郎ほか訳、西谷啓治・小島威彦・渡辺一夫監修《マルセル著作集》第四巻所収、春秋社、一九六八年）一五頁以下〕

＊7　*ibid.*〔同頁〕

＊8　Marcel, *Être et Avoir*, p.119 f.〔マルセル『存在と所有・現存と不滅』八〇頁〕ただし、引用は私訳である。

＊9　Ravaisson, *op.cit.*, p.8 f.〔ラヴェッソン、前掲書、一五頁〕

＊10　*ibid.*, p.32.〔同書、四四頁〕

＊11　*ibid.*, p.39.〔同書、五〇頁〕

＊12　*ibid.*, p.59.〔同書、七四頁〕

＊13　のちにメルロ＝ポンティもその知覚分析のなかで、「どのようにして所作の音楽的意味が或る一つの局所において炸裂し、ついにオルガン奏者はすっかり音楽に身をまかせて、その音楽を実現しに来る音管やペダルとまさに一体となるにいたるのか——それを知

るところにこそ、習慣の全問題がある」と書くことになる。Maurice Merleau-Ponty, *Phénoménologie de la perception*, Editions Gallimard, 1945, p.170.〔M・メルロー＝ポンティ『知覚の現象学 1』（竹内芳郎・小木貞孝訳、みすず書房、一九六七年）二四四頁以下〕

＊14　Ravaisson, *op.cit.*, p.8 f.〔ラヴェッソン、前掲書、一五頁〕

＊15　David Hume, *A Treatise of Human Nature*, 1739-40, Book I, 'Of the Understanding', p.261.〔デイヴィッド・ヒューム『人間本性論』第一巻「知性について」（木曾好能訳、法政大学出版局、一九九五年）二九六頁〕

＊16　Frank W. Putnam, *Dissociation in Children and Adolescents: A Developmental Perspective*, The Guilford Press, 1997.〔フランク・W・パトナム『解離——若年期における病理と治療』（中井久夫訳、みすず書房、二〇〇一年）二一頁〕

＊17　〔同書、二五頁〕

＊18　DBSモデルについては、同書、第八章を参照されたい。

＊19　cf. Attali, *op.cit.*, p.14.〔アタリ、前掲書、八頁参照〕

＊20　cf. *ibid.*, p.14.〔同書、八頁以下参照〕

＊21　Rüdiger Bubner, *Handlung, Sprache und Vernunft: Grundbegriffe praktischer Philosophie*, Suhrkamp, 1976, S.280 f.

＊22　*ibid.*, S.276.

15

＊1　Julia Csergo, *Liberté, égalité, propreté: La morale de l'hygiène au XIXe siècle*, Albin Michel, 1988.〔ジュリア・クセルゴン『自由・平等・清潔』（鹿島茂訳、河出書房新社、一九九二年）九頁〕

＊2　〔同書、二三四頁以下ならびに二七一頁以下参照〕

＊3　〔同書、二九一頁以下〕

＊4　Mary Douglas, *Purity and Danger: An Analysis of Concepts of Pollution and Taboo*, Routledge, 1966.〔メアリ・ダグラス『汚穢と禁忌』（塚本利明訳、ちくま学芸文庫、二〇〇九年）七頁〕

＊5　〔同書、三三頁〕

＊6　〔同書、一〇三頁〕

＊7　〔同書、一〇三頁以下参照〕

＊8　〔同書、一一二頁〕

＊9　このあたりの叙述については〔同書、二八二頁以下〕を参照されたい。
＊10　〔同書、二六九頁、二七一頁参照〕
＊11　〔同書、三六〇頁、三六三頁ならびに一二二頁参照〕
＊12　Edmund R. Leach, "Anthropological Aspects of Language: Animal Categories and Verbal Abuse", in Eric H. Lenneberg ed., *New Directions in the Study of Language*, The Massachusetts Institute of Technology, 1964.〔エドマンド・リーチ「言語の人類学的側面——動物のカテゴリと侮蔑語について」（諏訪部仁訳、『現代思想』一九七六年三月号、青土社）六八頁〕
＊13　Jean-Jacques Rousseau, *Le discours sur l'origine et les fondements de l'inégalité parmi les hommes*, 1755, Seconde partie.（*Du Contrat social et autres oeuvres politiques*, Classiques Garnier, 1975, p.66）〔ジャン＝ジャック・ルソー『人間不平等起原論』（小林善彦訳、《世界の名著》30『ルソー』所収、中央公論社、一九六六年）一五二頁〕
＊14　Michel Serres, *Le parasite*, Éditions Grasset et Fasquelle, 1980.〔ミッシェル・セール『パラジット——寄食者の論理』（及川馥・米山親能訳、法政大学出版局、一九八七年）二二四頁〕
＊15　〔同書、二二四頁以下〕
＊16　〔同書、二三三頁〕
＊17　〔同書、二三四頁〕
＊18　Julia Kristeva, *Pouvoirs de l'horreur*, Éditions du Seuil, 1980, p.12.〔ジュリア・クリステヴァ『恐怖の権力——〈アブジェクシオン〉試論』（枝川昌雄訳、法政大学出版局、一九八四年）七頁〕
＊19　*ibid.*, p.80.〔同書、九六頁以下〕
＊20　cf. *ibid.*, p.81.〔同書、九七頁以下参照〕
＊21　*ibid.*, p.84.〔同書、一〇一頁〕
＊22　*ibid.*, p.85.〔同書、一〇二頁〕

16

＊1　Julia Kristeva, *Pouvoirs de l'horreur*, Éditions du Seuil, 1980, p.10.〔ジュリア・クリステヴァ『恐怖の権力——〈アブジェクシオン〉試論』（枝川昌雄訳、法政大学出版局、一九八四年）五頁〕
＊2　Mary Douglas, *Purity and Danger: An Analysis of Concepts of Pollution and Taboo*, Routledge, 1966.〔メアリ・ダグラス『汚穢と禁忌』（塚本利明訳、ちくま学芸文庫、二〇〇九年）一〇三

頁〕

＊3　Kristeva, *op.cit.*, p.84.〔クリステヴァ、前掲書、一〇〇－一〇一頁〕

＊4　*ibid.*, p.12.〔同書、七頁〕

＊5　*ibid.*, p.10.〔同書、四頁〕

＊6　*ibid.*, p.9.〔同書、三頁〕

＊7　*ibid.*, p.12.〔同書、八頁〕

＊8　*ibid.*, p.127.〔同書、一五一頁〕なお、原語間の呼応を明確にするため、一部、訳語を変えさせていただいている。

＊9　*ibid.*, p.80.〔同書、九五頁〕

＊10　*ibid.*, p.13.〔同書、九頁〕

＊11　*ibid.*, p.12.〔同書、八頁〕

＊12　Jacques Derrida, *L'écriture et la différence*, Éditions du Seuil, 1967, p.272.〔ジャック・デリダ『エクリチュールと差異〈新訳〉』（合田正人・谷口博史訳、法政大学出版局、二〇一三年）三六八頁〕

＊13　Jacques Derrida, *De la grammatologie*, Les éditions de Minuit, 1967, p.164 f.〔ジャック・デリダ『根源の彼方に――グラマトロジーについて（上）』（足立和浩訳、現代思潮社、一九七二年）二二七頁〕

＊14　cf. Theodor W. Adorno, *Jargon der Eigentlichkeit: Zur deutschen Ideologie*, Suhrkamp Verlag, 1964［頁は edition suhrkamp 91 に拠った］, S.74.〔テオドール・W・アドルノ『本来性という隠語――ドイツ的なイデオロギーについて』（笠原賢介訳、未來社、一九九二年）一〇四頁参照〕

＊15　*ibid.*, S.18.〔同書、二五頁〕

＊16　*ibid.*, S.65.〔同書、九一頁〕

＊17　*ibid.*, S.102.〔同書、一四五頁〕

＊18　*ibid.*, S.114 f.〔同書、一六三頁以下〕

＊19　*ibid.*, S.107.〔同書、一五二頁〕

17

＊1　Jean-Jacques Rousseau, *Le Discours sur l'origine et les fondements de l'inégalité parmi les hommes*, 1755, p.66.［頁付けは *Du Contrat social et autres œuvres politiques*, Classiques Garnier, Garnier Frères, 1975. による］〔ジャン＝ジャック・ルソー『人間不平等起原論』（本田喜代治・平岡昇訳、岩波文庫、一九七二年［改訳］）八五頁〕

＊2　Jean-Jacques Rousseau, *Économie politique*, 1755.〔ジャン＝ジャック・ルソー『政治経済論』（河野健二訳、岩波文庫、一九五一年）五三頁〕

＊3　Jean-Jacques Rousseau, *Du Contrat Social ou*

Principes du droit politique, 1762, p.247.〔頁付けは *Du Contrat social et autres œuvres politiques*, Classiques Garnier, Garnier Frères, 1975. による〕〔ジャン＝ジャック・ルソー『社会契約論』（桑原武夫・前川貞次郎訳、岩波文庫、一九五四年）三六頁〕

＊4　*ibid.*, p.236.〔同書、一六頁〕

＊5　*ibid.*, p.243.〔同書、二九頁〕

＊6　ここで「身体」（personne）は、J・ロックの場合とおなじく、「人となり」、つまりは「身柄」というほどの意味であろう。

＊7　Rousseau, *Du Contrat Social ou Principes du droit politique*, p.239.〔ルソー『社会契約論』二二頁〕

＊8　*ibid.*, p.249.〔同書、四〇頁〕この引用のなかにある一節、「占有者（possesseurs）は公共財産の保管者（dépositaires du bien public）と見なされ」という叙述は、所有者とは、当座さしあたってその運用に与る「当主」のようなものではないかという、先にわたしたちが指摘した論点につなげるときわめて興味深いものなのだが、議論の組み立てからして、それについてはもう少し先で立ち入って論じる。

＊9　これについてはルソー自身も次のように述べている――「人々は正義と自由を、法にのみ負っている。全員の意志 volonté de tous のこの有益な機構こそが、人間のあいだの自然的平等を権利として再建する。この天上の声こそが、各〻の市民に公けの理性の掟てを指し示し、市民が自己固有の判断による格律にしたがって行動し、そして自己矛盾を来たさないように教える」〔ルソー『政治経済論』二〇頁〕

＊10　Rousseau, *Du Contrat Social ou Principes du droit politique*, p.255.〔ルソー『社会契約論』五二頁〕

＊11　*ibid.*, p.254.〔同書、五〇頁〕

＊12　*ibid.*, p.273.〔同書、八四頁〕

＊13　Ernst Cassirer, "Das Problem Jean-Jacques Rousseau", *Archiv für Geschichte der Philosophie*, Vol. XLI, 1932.〔エルンスト・カッシーラー『ジャン＝ジャック・ルソー問題』（生松敬三訳、みすず書房、一九七四年）二八頁以下〕

＊14　〔同書、四五頁〕

＊15　市野川容孝『社会』（シリーズ《思考のフロンティア》、岩波書店、二〇〇六年）一一五頁。

＊16　Rousseau, *Du Contrat Social ou Principes du droit politique*, p.302.〔ルソー『社会契約論』一三三頁〕

＊17　〔カッシーラー、前掲書、四四頁以下〕

＊18　Rousseau, *Du Contrat Social ou Principes du*

droit politique, p.254. 〔ルソー『社会契約論』五〇頁〕

＊19 市野川、前掲書、九八頁。

＊20 Rousseau, *Du Contrat Social ou Principes du droit politique*, p.249. 〔ルソー『社会契約論』四一頁〕

＊21 Jean-Jacques Rousseau, *Les Confessions*, Livre VII. 〔ジャン＝ジャック・ルソー『告白（中）』（桑原武夫訳、岩波文庫、一九六五年）一二頁以下〕なお一ヵ所、正確を期すため、ぎこちなくても原文にいっそう近づけて訳しなおしたところがある。

＊22 *ibid.*, Livre I. 〔ルソー『告白（上）』（桑原武夫訳、岩波文庫、一九六五年）一〇頁以下〕

＊23 Rousseau, *Le Discours sur l'origine et les fondements de l'inégalité parmi les hommes*, p.118. 〔ルソー『人間不平等起原論』一八一頁〕

＊24 Jean-Jacques Rousseau, *Émile ou de l'éducation*, 1762. 〔ジャン＝ジャック・ルソー『エミール（中）』（今野一雄訳、岩波文庫、一九六三年）五七頁〕なお、自他の「比較」についてはすでに（ヒュームの所有論の検討をした）第8章「〈自〉と〈他〉の力学」と第9章「所有権とそのあらかじめの剝奪」でもふれている。

＊25 市野川、前掲書、一一七頁。

＊26 Rousseau, *Du Contrat Social ou Principes du droit politique*, p.245. 〔ルソー『社会契約論』三三頁〕

＊27 Rousseau, *Le Discours sur l'origine et les fondements de l'inégalité parmi les hommes*, p.66. 〔ルソー『人間不平等起原論』八五頁〕

＊28 Jean-Jacques Rousseau, *Discours sur les sciences et les arts*, 1750. 〔ジャン＝ジャック・ルソー『学問芸術論』（前川貞次郎訳、岩波文庫、一九六八年）一四一頁〕

＊29 Louis Althusser, *Cours sur Rousseau*, Le Temps des Cerises, 2012. 〔ルイ・アルチュセール「ルソー講義」（市田良彦・王寺賢太訳、『政治と歴史——エコール・ノルマル講義１９５５—１９７２』所収、平凡社、二〇一五年）四六七頁〕

＊30 Rousseau, *Du Contrat Social ou Principes du droit politique*, p.249. 〔ルソー『社会契約論』四一頁〕

＊31 *ibid.*, p.244. 〔同書、二八頁以下〕

＊32 *ibid.* 〔同頁〕

＊33 「「〈社会契約〉」について」は、その著 Louis Althusser, *Solitude de Machiavel*, PUF, 1998. 〔ルイ・アルチュセール『マキャヴェリの孤独』（福井和美訳、藤原書店、二〇〇一年）〕に収録されている。

〔同書、九九頁参照〕

＊34 〔同書、一〇一頁以下参照〕

＊35 〔同書、四五二頁の編者注参照〕

＊36 〔同書、一〇六頁〕

＊37 〔アルチュセール『政治と歴史――エコール・ノルマル講義１９５５―１９７２』四六五頁以下参照〕

＊38 〔同書、四八八頁以下〕

＊39 perfectibilitéはルソーによる新造語といわれるが、その歴史的経緯については、ルソー『人間不平等起原論』（岩波文庫版、二二八頁）に付せられた訳注を参照されたい。

＊40 Rousseau, *Le Discours sur l'origine et les fondements de l'inégalité parmi les hommes*, p.58. 〔ルソー『人間不平等起原論』七一頁〕

＊41 *ibid.*, p.60. 〔同書、七四頁〕

＊42 Jean Starobinski, *Jean-Jacques Rousseau: La transparence et l'obstacle*, Editions Gallimard, 1971. 〔ジャン・スタロバンスキー『J・J・ルソー　透明と障害』（松本勤訳、思索社、一九七三年）六二頁〕

＊43 Rousseau, *Le Discours sur l'origine et les fondements de l'inégalité parmi les hommes*, p.48. 〔ルソー『人間不平等起原論』五三頁〕

18

＊44 〔アルチュセール『政治と歴史――エコール・ノルマル講義１９５５―１９７２』四八九頁参照〕

＊45 《所有権》がこのように「社会の基礎」としてあることを、『社会契約論』へと到る途上の著述、たとえば『政治経済論』でも、ルソーははっきりと述べていた――「所有権が市民のあらゆる権利のうちで最も神聖なものであり、ある点では、自由それ自体よりも重要であることは確かである。というのはそれは生命の維持に最も密接な関係をもっているからであり、また財産は人身以上に容易に奪われるし、護ることが困難であるため、容易に奪われるものほど一そう尊ばねばならないからであり、最後に所有こそは市民社会の真の基礎であり、また市民間の約束の真の保証人であるからである」(Rousseau, *Économie politique.* 〔ルソー『政治経済論』四二頁〕。ちなみに『エミール』でも「子どもにあたえなければならない最初の観念は、自由の観念よりもむしろ所有の観念である」とされている (Rousseau, *Émile ou de l'éducation.*) 〔ルソー『エミール（上）』（今野一雄訳、岩波文庫、一九六二年）一四二頁参照〕。

＊1　John Locke, *Two Treatises of Government*, 1690, chap.15, §172, p.383.〔ジョン・ロック『完訳統治二論』（加藤節訳、岩波文庫、二〇一〇年）後篇「政治的統治について」五〇三頁〕

＊2　René Descartes, *Discours de la méthode*, 1637, p.634.［頁付けは *Œuvres philosophiques*, Tome I (1618-1637), Édition de F. Alquié, Classiques Garnier, Garnier Frères, 1963. による］〔デカルト『方法序説』（野田又夫訳、《世界の名著》22『デカルト』所収、中央公論社、一九六七年）二一〇頁〕

＊3　Roberto Esposito, *Termini della politica, Comunità, Immunità, Biopolitica*, Mimesis, 2008.〔ロベルト・エスポジト『近代政治の脱構築――共同体・免疫・生政治』（岡田温司訳、講談社、二〇〇九年）〕

＊4　〔同書、一三二頁〕

＊5　〔同書、一三八頁以下参照〕

＊6　〔同書、一五四頁〕

＊7　〔同書、一四五頁〕

＊8　〔同書、四一頁〕

＊9　詳しくは、鷲田清一『時代のきしみ――〈わたし〉と国家のあいだ』（TBSブリタニカ、二〇〇二年）Ⅲ「〈純粋〉というレトリック」、ならびに鷲田清一『思考のエシックス――反・方法主義論』（ナカニシヤ出版、二〇〇七年）第2章「方法の臨界――《純粋》というトポスの不可能性とハイブリッドな思考の可能性」を参照いただければさいわいである。この二篇を草するにあたっては、土屋恵一郎の論文「二〇世紀＝「純粋」願望の時代――同時代的精神と法理論」〔一九七七年発表。のちに土屋恵一郎『社会のレトリック――法のドラマトゥルギー』（新曜社、一九八五年）に収録された〕から多くを教わった。

＊10　土屋恵一郎『社会のレトリック――法のドラマトゥルギー』所収。

＊11　同書、五〇頁以下。

19

＊1　Immanuel Kant, *Kritik der praktischen Vernunft*, Die philosophische Bibliothek, Bd.38, Hrsg. von Karl Vorländer, 9. Aufl. Felix Meiner, 1929, S.186.〔イマヌエル・カント『実践理性批判』（熊野純彦訳、作品社、二〇一三年）三五三頁〕なお引用文中、イタリックにした部分は引用者による。

＊2　Immanuel Kant, *Metaphysik der Sitten*, Die philosophische Bibliothek, Bd.42, Hrsg. von Karl

Vorländer, 4. Aufl., Felix Meiner, 1922, S.34 f.〔イマヌエル・カント『人倫の形而上学』（第一部「法論の形而上学的基礎論」加藤新平・三島淑臣訳、第二部「徳論の形而上学的基礎論」森口美都男・佐藤全弘訳、《世界の名著》32『カント』所収、中央公論社、一九七二年）三五四頁〕

*3 cf. Howard Williams, *Kant's Political Philosophy*, Basil Blackwell, 1983, p.79.

*4 Kant, *Metaphysik der Sitten*, S.51.〔カント『人倫の形而上学』、三七〇頁〕

*5 *ibid.*, S.61.〔同書、三七九頁以下〕

*6 *ibid.*, S.64.〔同書、三八二頁〕

*7 *ibid.*, S.75.〔同書、三九一頁以下〕

*8 *ibid.*, S.65.〔同書、三八三頁〕

*9 Otfried Höffe, *Immanuel Kant*, Oscar Beck, 1983.〔オットフリート・ヘッフェ『イマヌエル・カント』（薮木栄夫訳、法政大学出版局、一九九一年）二四五頁〕

*10 三島淑臣『理性法思想の成立――カント法哲学とその周辺』（成文堂、一九九八年）一三二頁。

*11 同書、一四〇頁。

*12 〔ヘッフェ、前掲書、一三七頁〕

*13 その一人であるヘッフェは、「所有権の国家的基盤による保全の過重視、男性の優位、雇用労働者の差別、去勢の弁護」や「婚姻法と家族法の取り扱い、積極的抵抗権（革命権）の拒否あるいは死刑の弁護」などにたしかに疑念が残ると指摘している〔同書、二二二頁〕。

*14 Kant, *Metaphysik der Sitten*, S.83.〔カント『人倫の形而上学』三九九頁以下〕

*15 *ibid.*, S.14 f.〔同書、三三五頁〕

*16 *ibid.*, S.34.〔同書、三五四頁〕

*17 *ibid.*, S.52.〔同書、三七一頁〕

*18 Roberto Esposito, *Termini della politica, Comunità, Immunità, Biopolitica*, Mimesis, 2008.〔ロベルト・エスポジト『近代政治の脱構築――共同体・免疫・生政治』（岡田温司訳、講談社、二〇〇九年）四七頁〕

20

*1 石川文康『カント 第三の思考――法廷モデルと無限判断』（名古屋大学出版会、一九九六年）一九一頁。

*2 Immanuel Kant, *Metaphysik der Sitten*, Die philosophische Bibliothek, Bd.42, Hrsg. von Karl

Vorländer, 4. Aufl., Felix Meiner, 1922, S.68.〔イマヌエル・カント『人倫の形而上学』（第一部「法論の形而上学的基礎論」加藤新平・三島淑臣訳、第二部「徳論の形而上学的基礎論」森口美都男・佐藤全弘訳、《世界の名著》32『カント』所収、中央公論社、一九七二年）三八六頁〕

＊3　*ibid.*, S.65.〔同書、三八三頁〕

＊4　Bernhard Waldenfels, *Der Spielraum des Verhaltens*, Suhrkamp Taschenbuch Wissenschaft, 1980, S.63.

＊5　Rüdiger Bubner, "Selbstbezüglichkeit als Struktur transzendentaler Argumente".〔リューディガー・ブープナー「超越論的論証の構造としての自己関係性」（大橋容一郎訳、竹市明弘編『超越論哲学と分析哲学——ドイツ哲学と英米哲学の対決と対話』所収、産業図書、一九九二年）八四頁〕

＊6　三島淑臣『理性法思想の成立——カント法哲学とその周辺』（成文堂、一九九八年）一九一頁。

＊7　Richard Rorty, "Transcendental Arguments, Self-Reference and Pragmatism".〔リチャード・ローティ「超越論的論証・自己関係・プラグマティズム」（冨田恭彦・望月俊孝訳、竹市明弘編『超越論哲学と分析哲学——ドイツ哲学と英米哲学の対決と対話』所収、産業図書、一九九二年）六一頁以下参照〕

＊8　松村圭一郎『所有と分配の人類学——エチオピア農村社会の土地と富をめぐる力学』（世界思想社、二〇〇八年）一五頁。

＊9　同書、二六一頁。

＊10　同書、二七三頁。

＊11　同書、二七六頁。

＊12　Pierre-Joseph Proudhon, *Qu'est-ce que la propriété? ou Recherches sur le principe du droit et du gouvernement*, 1840 (Le Livre de Poche, Librairie Générale Française, 2009), p.303.〔ピエール＝ジョゼフ・プルードン『所有とは何か』（長谷川進訳、《アナキズム叢書》『プルードンIII』所収、三一書房、一九七一年）一八八頁〕

＊13　*ibid.*, p.411.〔同書、二七七頁〕

＊14　*ibid.*, p.287.〔同書、一七五頁〕

＊15　*ibid.*, p.290.〔同書、一七七頁〕

＊16　*ibid.*, p.265 f.〔同書、一五六頁以下〕

＊17　Pierre-Joseph Proudhon, *Système des contradictions économiques, ou Philosophie de la misère*, 1846.〔ピエール＝ジョゼフ・プルードン『貧困の哲学（下）』（斉藤悦則訳、平凡社、二〇一四年）二七九頁〕

＊18　Proudhon, *Qu'est-ce que la propriété?*, p. 320.〔プルードン『所有とは何か』二〇二頁〕
　ちなみにこれとの連関で、プルードンは驚くべきことに、ヘーゲル／クロソウスキーのあの逆説的な口吻をそのままなぞるかのように、次のように書きつけている。——「所有を享受するには、所有を破棄しなければならない。本当に所有者であるためには、所有者であることを止めなくてはならない（pour être effectivement propriétaire, il faut cesser d'être propriétaire）」（*ibid.*, p.350.〔同書、二二七頁〕）

＊19　プルードンの〈セリー〉概念については、金山準『プルードン——反「絶対」の探求』（岩波書店、二〇二二年）第二章「セリーと均衡」がより詳細に論じている。

＊20　〔プルードン『貧困の哲学（下）』二七八頁〕

＊21　〔同書、二七九頁〕なお、［　］内の文章は、引用にあたって省略した箇所を私訳で要約したものである。

＊22　Proudhon, *Qu'est-ce que la propriété?*, p. 337.〔プルードン『所有とは何か』二二六頁〕

＊23　*ibid.*, p.186 f.〔同書、八九頁〕引用にあたっては、本書の表現と整合性をもたせるために、訳文ならびに訳語を一部、直訳風に変えている。

＊24　*ibid.*, p.210.〔同書、一〇九頁〕

21

＊1　Pierre-Joseph Proudhon, *Qu'est-ce que la propriété? ou Recherches sur le principe du droit et du gouvernement*, 1840（Le Livre de Poche, Librairie Générale Française, 2009）, p.210.〔ピエール＝ジョゼフ・プルードン『所有とは何か』（長谷川進訳、《アナキズム叢書》『プルードンⅢ』所収、三一書房、一九七一年）一〇九頁〕

＊2　*ibid.*, p.187.〔同書、八九頁〕

＊3　Gabriel Marcel, *Être et Avoir*, Éditions Montaigne, 1935, p.236.〔ガブリエル・マルセル『存在と所有・現存と不滅』（渡辺秀・広瀬京一郎訳、西谷啓治・小島威彦・渡辺一夫監修《マルセル著作集》第二巻所収、春秋社、一九七一年）一七六頁〕

＊4　松村圭一郎『所有と分配の人類学——エチオピア農村社会の土地と富をめぐる力学』（世界思想社、二〇〇八年）二六一頁。

＊5　Hannah Arendt, *The Human Condition*, The University of Chicago Press, 1958, p.58.〔ハンナ・アレント『人間の条件』（志水速雄訳、ちくま学芸文庫、

一九九四年）八七頁以下〕

＊6 *ibid.*, p.55.〔同書、八二頁〕

＊7 *ibid.*, p.46.〔同書、七一頁〕

＊8 *ibid.*, p.116.〔同書、一七四頁〕

＊9 *ibid.*, p.110.〔同書、一六七頁以下〕

　思い起こせば、わたしたちが本書の出発点に選んだロックの所有論は、「財産」が未だ「富」に転化する前の「プロパティの保全」と、勤労と貨幣をバネにした「プロパティの貯蔵と拡大」という二つの対照的なプロセスの、まさにその分水嶺に位置していたといえよう。

＊10 木庭顕『誰のために法は生まれた』（朝日出版社、二〇一八年）一二一頁。

＊11 山室信一『アジアの思想史脈——空間思想学の試み』（人文書院、二〇一七年）三五四頁。

＊12 山室信一『思想課題としてのアジア——基軸・連鎖・投企』（岩波書店、二〇〇一年）一三頁以下参照。

22

＊1 宇沢弘文『社会的共通資本』（岩波新書、二〇〇〇年）五頁。

＊2 同書、一二三頁。

＊3 同書、七八頁以下参照。

＊4 佐野八重「コモンズの悲劇と資源の共有——ローカルルールと資源の持続性」（総合地球環境学研究所編『地球環境学事典』所収、弘文堂、二〇一〇年）三一五頁参照。

＊5 Michael Hardt & Antonio Negri, *Multitude: War and Democracy in the Age of Empire*, Penguin Press, 2004.〔アントニオ・ネグリ／マイケル・ハート『マルチチュード——〈帝国〉時代の戦争と民主主義（下）』（幾島幸子訳、水嶋一憲・市田良彦監修、日本放送出版協会、二〇〇五年）三九頁〕

＊6 Michael Hardt & Antonio Negri, *Commonwealth*, Harvard University Press, 2009.〔アントニオ・ネグリ／マイケル・ハート『コモンウェルス——〈帝国〉を超える革命論（上）』（水嶋一憲監訳／幾島幸子・古賀祥子訳、NHK出版、二〇一二年）一五頁〕

＊7 こうした事態をめぐり、かつて小林康夫は次のように述べていた。——「われわれは存在の絶対的な拘束性を逃れ、それを所有の自由によって補償しようという欲望をもっている。われわれは、場合によっては、所有によって出自を補い、国籍を買い、自然が与

えたものとは異なる性すら取得することもできる。存在はますます、耐エガタイホド軽クなり、〈在る〉はますます〈持つ〉によって侵食されている」と。〔小林康夫「ブリコラージュ的自由――〈所有〉から〈創造〉へ」(『現代思想』一九九四年四月号、青土社)二五四頁〕

＊8　農業史家の藤原辰史は、そうした〈共〉の知恵の一つとしての農村共同体における入会地の制度について、次のように述べている。――「そこ［入会地］にある木、枯れ木、落枝、下草、きのこ、小動物、山菜。コンフリクトもある。盗みもある。過剰伐採もある。それでも、なんらかの災害や経済変動に襲われたときの危険と比べれば、入会地がないほうの危険が高い」〔藤原辰史「シェアの痛みから考える」(『ちゃぶ台』第9号、ミシマ社、二〇二二年)一七八頁〕

＊9　Hannah Arendt, *The Human Condition*, The University of Chicago Press, 1958, p.58.〔ハンナ・アレント『人間の条件』(志水速雄訳、ちくま学芸文庫、一九九四年)八七頁〕

＊10　*ibid.*, p.59.〔同書、八八頁〕

＊11　Hardt & Negri, *Multitude: War and Democracy in the Age of Empire*.〔ネグリ／ハート『マルチチュード――〈帝国〉時代の戦争と民主主義(上)』(幾島幸子訳、水嶋一憲・市田良彦監修、日本放送出版協会、二〇〇五年)二九二頁参照〕

＊12　〔同書、二九六頁〕

＊13　〔同書、三〇二頁〕

23

＊1　Primo Levi, *I sommersi e i salvati*, Giulio Einaudi Editore S.p.A., 1986.〔プリーモ・レーヴィ『溺れるものと救われるもの』(竹山博英訳、朝日文庫、二〇一九年)九九頁以下参照〕

＊2　単独性の概念と個別性ならびに特殊性の概念との差異については、柄谷行人の論攷「単独性と個別性について」(『言葉と悲劇』所収、第三文明社、一九八九年)、「個体の地位」(『ヒューモアとしての唯物論』所収、筑摩書房、一九九三年)が明快に論じている。

＊3　Emmanuel Lévinas, *Le temps et l'autre*, fata morgana, 1979, p.88.〔エマニュエル・レヴィナス『時間と他者』(原田佳彦訳、法政大学出版局、一九八六年)九七頁〕

＊4　Emmanuel Lévinas, *Totalité et Infini: essai sur l'extériorité*, Phaenomenologica 8, Martinus Nijhoff, 1961, p.229.〔エマニュエル・レヴィナス『全

体性と無限（下）』（熊野純彦訳、岩波文庫、二〇〇六年）一五八頁以下〕

＊5　*ibid.*, p.268.〔同書、二三八頁〕

＊6　cf. Jean-Luc Nancy, *La communauté désœuvrée*, Christian Bourgois Éditeur, 1999, p.14.〔ジャン＝リュック・ナンシー『無為の共同体——哲学を問い直す分有の思考』（西谷修・安原伸一朗訳、以文社、二〇〇一年）七頁参照〕

＊7　この二つが相互に補完的な関係にあることは、わたしたちもまたくり返し確認してきた。たとえば第17章では、社会契約における「自己自身との契約」と、個人的主体の自己自身に対する（まさに内在的な）関係の透明性との照応として。

＊8　Nancy, *op.cit.*, p.208.〔ナンシー、前掲書、一六三頁〕

＊9　cf. Jean-Luc Nancy, *Être singulier pluriel*, Éditions Galilée, 1996, p.82.〔ジャン＝リュック・ナンシー『複数にして単数の存在』（加藤恵介訳、松籟社、二〇〇五年）一二六頁参照〕

＊10　Michael Hardt & Antonio Negri, *Multitude: War and Democracy in the Age of Empire*, Penguin Press, 2004.〔アントニオ・ネグリ／マイケル・ハート『マルチチュード——〈帝国〉時代の戦争と民主主義（下）』（幾島幸子訳、水嶋一憲・市田良彦監修、日本放送出版協会、二〇〇五年）三八頁〕

＊11　Nancy, *Être singulier pluriel*, p.86 f.〔ナンシー『複数にして単数の存在』一三四頁〕

＊12　Nancy, *La communauté désœuvrée*, p.224.〔ナンシー『無為の共同体』一七五頁〕

＊13　Jean-Luc Nancy, *L'expérience de la liberté*, Éditions Galilée, 1988, p.92.〔ジャン＝リュック・ナンシー『自由の経験』（澤田直訳、未來社、二〇〇〇年）一一九頁〕

＊14　*ibid.*, p.91.〔同書、一一七頁〕

＊15　Nancy, *La communauté désœuvrée*, p.208.〔ナンシー『無為の共同体』一六三頁〕

＊16　川島武宜『日本人の法意識』（岩波新書、一九六七年）八五頁。二四頁も参照。

＊17　松村圭一郎『所有と分配の人類学——エチオピア農村社会の土地と富をめぐる力学』（世界思想社、二〇〇八年）一五頁。

＊18　川島、前掲書、一一七頁。

＊19　同書、一六〇頁以下。

＊20　同書、一六七頁。

24

＊1　Hannah Arendt, *The Human Condition*, The University of Chicago Press, 1958, p.61.〔ハンナ・アレント『人間の条件』（志水速雄訳、ちくま学芸文庫、一九九四年）九一頁〕

＊2　cf. *ibid.*, p.111.〔同書、一六八頁参照〕

＊3　cf. *ibid.*, p.41.〔同書、六五頁参照〕（ただしここは私訳）。

＊4　cf. *ibid.*, p.179.〔同書、二九一頁以下参照〕

＊5　cf. *ibid.*, p.58.〔同書、八七頁参照〕

＊6　西田正規『人類史のなかの定住革命』（講談社学術文庫、二〇〇七年）一二頁。

＊7　同書、一三頁。

＊8　同書、六六頁。

＊9　同書、六七頁。

＊10　逃げることがなぜ裏切りや恥、つまりは「負のモラル」になるのかという問題関心から、西田の定住革命論に着目する民俗学者の赤坂憲雄は、定住が〈死〉への感受性にもたらした変化について、次のように述べている――「おそらく遊動民は死者を怖れません。丁重に埋葬してから、そこを離れ、やがて忘却するのです。死者が生者のもとに還ってくる、それを迎える祭祀が、盆行事のようなかたちでおこなわれるのは、定住以後のことです。〔……〕死のケガレが過剰に忌まれ、共同墓地が環濠集落から遠く隔てられるようになるのは、弥生時代になってからのことなのです。ケガレの禁忌は、稲作農耕社会の成立とともに生まれたのかもしれません」〔赤坂憲雄『災間に生かされて』（亜紀書房、二〇二三年）二一六頁〕

＊11　Jacques Attali, *Au propre et au figuré - Une histoire de la propriété*, Librairie Arthème Fayard, 1988, p.12.〔ジャック・アタリ『所有の歴史――本義にも転義にも』（山内昶訳、法政大学出版局、一九九四年）六頁〕

＊12　*ibid.*, p.12.〔同書、六頁〕

＊13　*ibid.*, p.17.〔同書、一二頁〕

＊14　cf. *ibid.*, p.15 f.〔同書、九頁以下参照〕

＊15　Arendt, *op.cit.*, p.55.〔アレント、前掲書、八二頁〕

＊16　鷲田清一『死なないでいる理由』（角川ソフィア文庫、二〇〇八年）所収の論攷「生まれること、死なれること」、ならびに鷲田清一『〈ひと〉の現象学』（筑摩書房、二〇一三年）第10章「死――自然と非自然、あるいは死の人称」を参照されたい。

＊17　Jean-Luc Nancy, *La communauté désœuvrée*, Christian Bourgois Éditeur, 1999.〔ジャン＝リュック・ナンシー『無為の共同体——哲学を問い直す分有の思考』（西谷修・安原伸一朗訳、以文社、二〇〇一年）二八五頁〕

25

＊1　Umberto Galimberti, *I vizi capitali e i nuovi vizi*, Feltrinelli, 2003.〔ウンベルト・ガリンベルティ『七つの大罪と新しい悪徳』（多木陽介訳、青土社、二〇〇四年）七一頁〕
＊2　〔同書、七〇頁〕
＊3　"Charakter und Analerotik", 1908, in: Sigmund Freud, *Gesammelte Werke*, VII, Werke aus den Jahren 1906-1909, S. Fischer, 1993.〔ジークムント・フロイト「性格と肛門性愛」（道籏泰三訳、『フロイト全集』第九巻所収、岩波書店、二〇〇七年）二七九—二八〇頁〕
＊4　〔同書、二八二頁〕「おのれの所を得ていない」とはまさに場違いのことで、メアリー・ダグラスもまたそれを「汚穢」の定義としていた。
＊5　"Drei Abhandlungen zur Sexualtheorie", 1905, in: Sigmund Freud, *Gesammelte Werke*, V, Werke aus den Jahren 1904-1905, S. Fischer, 1991.〔ジークムント・フロイト「性理論のための三篇」（渡邉俊之訳、『フロイト全集』第六巻所収、岩波書店、二〇〇九年）二四〇頁参照〕
＊6　〔フロイト「性格と肛門性愛」、二八四頁参照〕この点について、フロイトは別の論文 "Aus der Geschichte einer infantilen Neurose", 1918［執筆は一九一四年］, in: Sigmund Freud, *Gesammelte Werke*, XII, Werke aus den Jahren 1917-1920, S. Fischer, 1986.〔ジークムント・フロイト「ある幼児期神経症の病歴より〔狼男〕」（須藤訓任訳、『フロイト全集』第一四巻所収、岩波書店、二〇一〇年）八五頁〕ではこう述べている——

> 糞は子供からの最初のプレゼント、最初の情愛の供物であり、自分の身体の一部である。それを放出するのも、ひとえに自分の愛する人のためである。三歳半のときの女家庭教師に対するように、反抗のために利用するのは、このより早期のプレゼントの意味の消極的ヴァージョンにすぎない。押し込み強盗が犯行現場に残す《糞塚》は二つのことを意味するように思われる。嘲笑と、退行的

に表現された陳謝である。より高次の段階に到達したときにはいつも、前段階は消極的な貶められた意味で利用に供されることになる。抑圧は対立した逆の意味で表現されるのだ。

大便を「贈り物」とするこの解釈については、"Über Triebumsetzungen, insbesondere der Analerotik", 1917, in: Sigmund Freud, *Gesammelte Werke*, X, Werke aus den Jahren 1913-1917, S. Fischer, 1991.〔ジークムント・フロイト「欲動変転、特に肛門性愛の欲動変転について」（本間直樹訳、『フロイト全集』第一四巻所収、岩波書店、二〇一〇年）三四〇頁〕や、〔フロイト「性理論のための三篇」二三九頁〕でも論じられる。

＊7　Erich Fromm, *The Anatomy of Human Destructiveness*, Holt, Reinhart and Winston, 1973.〔エーリッヒ・フロム『破壊』（作田啓一・佐野哲郎訳、紀伊國屋書店、一九七五年）四七〇頁参照〕

＊8　こうしたフロムの主張については、右の『破壊』のほかに、以下の著述も参照されたい。Erich Fromm, *To Have or to Be?*, Harper & Row, 1976.〔エーリッヒ・フロム『生きるということ』（佐野哲郎訳、紀伊國屋書店、一九七七年）第四章以下〕、ならびにErich Fromm, *The Art of Being*, edited by Rainer Funk, 1989.〔エーリッヒ・フロム『よりよく生きるということ』（小此木啓吾監訳・堀江宗正訳、第三文明社、二〇〇〇年）第十五章以下〕。

＊9　Jean-Pierre Baud, *L'affaire de la main volée: Une histoire juridique du corps*, Éditions du Seuil, 1993.〔ジャン＝ピエール・ボー『盗まれた手の事件——肉体の法制史』（野上博義訳、法政大学出版局、二〇〇四年）一〇一頁以下参照〕

＊10　近代の「所有主体」としての「人格」は、スコラ神学の三位一体論の枠組みのなかで理解された「ペルソナ」の概念が「心理的人格」へと〃世俗化〃されたものにほかならず、そのことにともない、みずからを超えるものに対してみずからを開き、受け容れるという人間理性の最高の能力も、自由意志の能力によってみずからの行為を支配する「自己所有」の主体というあり方にとって代わられたと、中世哲学研究者の稲垣良典はいう。非分割（indivisio）や数的な「一」性ということでは「人格」の真の価値は汲みつくせないと。〔『人格《ペルソナ》の哲学』（講談社学術文庫、二〇二二年）第二章参照〕

＊11　Gabriel Marcel, *Être et Avoir*, Éditions Montaigne, 1935, p.237.〔ガブリエル・マルセル『存

在と所有・現存と不滅』（渡辺秀・広瀬京一郎訳、西谷啓治・小島威彦・渡辺一夫監修《マルセル著作集》第二巻所収、春秋社、一九七一年）一七六頁〕
＊12 〔ボー、前掲書、八頁参照〕
＊13 〔同書、二七〇頁以下参照〕
＊14 〔同書、二七七頁〕
＊15 〔同書、一五七頁〕

26

＊1 cf. Jacques Attali, *Au propre et au figuré – Une histoire de la propriété*, Librairie Arthème Fayard, 1988, p.15 f.〔ジャック・アタリ『所有の歴史――本義にも転義にも』（山内昶訳、法政大学出版局、一九九四年）九頁以下参照〕
＊2 cf. *ibid.*, p.34.〔同書、二八頁参照〕
＊3 cf. *ibid.*, p.371 f.〔同書、三八五頁以下参照〕
＊4 cf. *ibid.*, p.509.〔同書、五二六頁参照〕
＊5 cf. *ibid.*, p.26.〔同書、二〇頁参照〕
＊6 cf. *ibid.*, p.510.〔同書、五二六頁参照〕
＊7 〔同書、五二九頁〕
＊8 David Graeber, *Debt: The First 5,000 Years*, Melville House Publishing, 2011.〔デヴィッド・グレーバー『負債論――貨幣と暴力の５０００年』（酒井隆史監訳／高祖岩三郎・佐々木夏子訳、以文社、二〇一六年）三〇九頁〕
＊9 〔同書、三一〇頁以下参照〕
＊10 〔同書、三一一頁〕
＊11 Friedrich Nietzsche, *Menschliches, Allzumenschliches*, Werke I（herausgegeben von Karl Schlechta）, Ullstein Materialien, 1969, S.848.〔フリードリッヒ・ニーチェ『人間的、あまりに人間的 II』（中島義生訳、《ニーチェ全集》6、ちくま学芸文庫、一九九四年）二一三頁〕
＊12 Émile Benveniste, *Problèmes de Linguistique Générale*, Gallimard, 1966, IV-13.〔エミール・バンヴェニスト『一般言語学の諸問題』（河村正夫ほか訳、みすず書房、一九八三年）一八四頁以下〕
＊13 和辻哲郎『人間の学としての倫理学』（岩波書店、一九三四年）第一章四・五節参照。
＊14 同書、三五頁参照。
＊15 小川さやか「手放すことで自己を打ち立てる――タンザニアのインフォーマル経済における所有・贈与・人格」（岸政彦・梶谷懐編著『所有とは何か――ヒト・社会・資本主義の根源』所収、中公選書、二〇二三年）一〇九頁。

＊16　同書、一二二頁。
＊17　同書、一四一頁。
＊18　田中久文は論攷「無所有の系譜――日本における所有観の歴史」のなかで、日本社会には「身体や人間の労働を自立的にみることなく、それを宇宙や天地全体の働きの中で捉えようとする考え方が伝統的に強くあった」とし、その一例として、貝原益軒の『養生訓』から次のような文章を引いている。――「人の身は父母を本とし、天地を初とす。天地父母のめぐみをうけて生れ、又養はれたるわが身なれば、わが私の物にあらず」〔大庭健・鷲田清一編『所有のエチカ』（叢書《倫理学のフロンティア》Ⅲ、ナカニシヤ出版、二〇〇〇年）二二八頁以下参照〕
＊19　勝俣鎮夫「売買・質入れと所有観念」（朝尾直弘ほか編『負担と贈与』所収、《日本の社会史》第四巻、岩波書店、一九八六年）一八九頁。
＊20　同書、二〇七頁。
＊21　齋藤純一「集団と所有――生の所有から生の保障へ」（大庭・鷲田編『所有のエチカ』）一三四頁以下参照。
＊22　大庭健「所有という問い――私のものは私の勝手…？」（大庭・鷲田編『所有のエチカ』）六二頁参照。
＊23　中空萌『知的所有権の人類学――現代インドの生物資源をめぐる科学と在来知』（世界思想社、二〇一九年）二三六頁。
＊24　同書、二二三頁。
＊25　そういう文脈で、中空はまさに近代の所有論の出発点としてのジョン・ロックの議論を、ありえた別の議論の方向を示唆するものとして解釈する。ロックはその『統治二論』(John Locke, *Two Treatises of Government*, 1690.)〔『完訳　統治二論』（加藤節訳、岩波文庫、二〇一〇年）後篇「政治的統治について」〕の第五章の各所で、所有者がある物をおのれの所有物としてよいのは、それをその人が利用しうるかぎりの量で、しかもそれを腐敗させたり無駄に消滅させたりしないかぎりのことであって、いったん獲得すれば放置しておくのでなく保持されねばならないと述べている。つまり、それらが、人が所有している間に適切に使用されることなく朽ち果ててしまったとすれば、あるいは消費される前に腐敗させてしまったら、それは自然法に反するというのである。中空はそれらの記述を重視し、「ロックにとっての所有権とは、過去に資源に対して付加した価値に対する権利というだけではなく、価値を生み出し続ける、未来へ向けた継続的な責任と義務でもある」という（中空、前掲書、

二三二頁)。
＊26　同書、二三四頁以下参照。
＊27　鷲田清一『つかふ――使用論ノート』(小学館、二〇二一年)Ⅰ-2を参照されたい。
＊28　Nathalie Sarthou-Lajus, *Éloge de la dette*, P.U.F., 2012.〔ナタリー・サルトゥー＝ラジュ『借りの哲学』(小林重裕訳、太田出版、二〇一四年)〕も参照されたい。

あとがき

もっとも渇望されているものが、じつはもっともそこから逃げだしたいものだということはある。悲喜劇とまではいわないにしても、個人の、そして共同体の、そうした徒《いたず》らで、血なまぐさくもあるあがきの一つが《所有》というものではないか。そんな発想にとりつかれたのは、一九八九年から三年間、ほぼ毎月開かれた《トランスモダンの作法》を主題とする研究会（代表は今村仁司さん）のさなかのことだった。以後、この問題がわたしの仕事の核となるはずであったが、阪神・淡路大震災があり、この惨事と無縁ではないのだが、所属する大学の講座（哲学科の「倫理学」講座）を「臨床哲学」へと改編する事業と、じぶんでは「哲学のフィールドワーク」と位置づけていた社会活動にかかりきりになり、さらに思いがけず、大学という場所での「一組織人」としての「多難」な業務にかなり長期間にわたって従事することになり、そのうえ体調も崩してしまい、一日の時間のマネジメントも自由にならない生活に入ることになった。つまり《所有》論はつねに頭のなかにあったとはいえ、その作業は三十年近く、棚上げしたままだった。

ほんとうの仕事というのは、生活者としての二十四時間の活動のあと二十五時間目をつくれるかどうかにかかっているという、ある評論家のことばを胸に刻んできたつもりだが、わたしにはその二十五時間目がついにつくれなかった。二〇一九年に「組織人」としての最後の務めを終え、二十四時間内にもすこしは隙間ができた。あまりに長い休止期間だったが、そうして棚から手許にその課題を下ろした。

とはいえ、「これはだれのもの？」という問いの根元《ねもと》をさぐる作業を再開しても、その問いのあさましさ、卑しさ、空しさ、要は、世界が、自他の勾配というかたちで人称がせめぎあう磁圏としてあることがなんとも疎ましく、回を重ねるごとに気分は塞いでいったところがある。関係の上下、所有するものの多寡、資源の配分、つまりは取り分、持ち分に強迫的なまでに精緻にこだわる人の性《さが》、隣国への侵攻、内乱、差別、ヘイト、貧困、そして企業間の食いあいといった支配と簒奪の歴史。パスカルのことばを借りていえば、〈わたし〉も共同体も「厭わしい」(haïssable) ものだということをいよいよ思い知らされることになっていた。

まるで闇へと落ち込んでゆくような思いが続くなか、山際の向こうに一つの光のかげが見えた。それはいってみれば山の反対側からのそのそと歩み来る集団だった。《所有》をめぐり、わたしのように「所有〔権〕」という概念の構造分析ではなく、世界のさまざまな共同社会のなかでいってみれば「相互行為」として編まれ、調整されてきたその習いを丹念に、そしておどろくほど仔細に踏査してきた人たちである。本論も大詰めになったところでかれらの仕事と出会い、わたしはようやく《所有》というこの問いの荷をいったん下ろしてよいような気になった。概念の検証だけでもまだまだ果たしえていないところが少なからずあるものの、概念をまるで下手《へた》な葬送曲のように奏でるだけだったわたしの仕事もここでいちど締めてよい、と思い定めたしだいである。

ほぼ三十年にわたる休止の期間、じつはずっとこの仕事を待ってくださる人がいた。一年の準備期間を置き二〇二〇年三月号から文芸誌『群像』で「所有について」という標題で連載を始めるにあたり、完結までずっと伴走してくださった講談社編集部の横山建城さんである。最初にお声かけいただいてからほぼ三十年間、会うたびに「所有論」を口にされた。眉間に皺寄せてではなく、にこっと頬をゆるめて。「聴く」「待つ」「つくる」といった人のいとなみや、芸術と社会の関係、さらにはケア論やオノマトペ論など、《所有》とはおよそかけ離れてみえる主題に没頭しだしても、そのほとんどが《所有》という問題の核とつながっていることをすでに見抜いているかのように。それに政治思想・法制史に強いお方で、立ち話のあいだにもいろんなヒントをもらった。

連載に際しては、校正や資料の再確認など校閲の担当の方々にもひとかたならぬお世話になった。典拠の不正確な引用や、作文上の思い違いも正してくださった。毎回、意表をつくようなイラストレーションで鈍重な文章の連なりに軽やかなリズムをつけてくださったカワグチタクヤさん、そして本としての仕上げに、非対称、破形、不定形など「完《まった》からざるもの」（柳宗悦）というわたし好みの衣をデザインしてくださった装幀家の水戸部功さんにも、心よりお礼申し上げたい。

二〇二四年一月　京都

鷲田清一

【初出】
『群像』二〇二〇年三月号～二〇二三年十一月号に「所有について」として連載
（全二十七回）。
＊二〇二一年一月号～二〇二二年二月号・十月号、二〇二三年二月号・四月号・七月号を除く。
単行本化にあたって、加筆・修正しました。
日本音楽著作権協会（出）許諾第二三一〇一二〇－三〇一号

著者：鷲田清一（わしだ・きよかず）
1949年京都生まれ。哲学者。京都大学大学院文学研究科博士課程単位取得。大阪大学文学部教授などを経て、大阪大学総長（2007〜2011年）。京都市立芸術大学理事長・学長（2015〜2019年）。現在はせんだいメディアテーク館長、サントリー文化財団副理事長。医療や介護、教育の現場などに哲学の思考をつなぐ臨床哲学を提唱・探求する。朝日新聞1面に「折々のことば」を連載。『モードの迷宮』（ちくま学芸文庫、サントリー学芸賞）、『「聴く」ことの力――臨床哲学試論』（ちくま学芸文庫、桑原武夫学芸賞）、『「ぐずぐず」の理由』（角川選書、読売文学賞）など著書多数。

所有論《しょゆうろん》

2024年1月30日　第1刷発行
2024年5月10日　第3刷発行

著　者　鷲田清一《わしだきよかず》
発行者　森田浩章
発行所　株式会社講談社
〒112-8001　東京都文京区音羽2-12-21
電話　出版 03-5395-3504
販売 03-5395-5817
業務 03-5395-3615

印刷所　TOPPAN株式会社
製本所　株式会社若林製本工場

KODANSHA

ISBN978-4-06-534272-5

N.D.C.110　570p　20cm

出版と権力

講談社と野間家の一一〇年

魚住　昭　著

日本の出版。

その草創期にも転換期にも、彼らが関わってきた……。


「これを読めば大学に行かなくても偉くなれる！」

臆面もなく立身出世を説き、一代にして「雑誌王」に成り上がった初代清治。勃興する帝国日本の大衆の心を鷲づかみにした印刷物は、やがて軍部との抜き差しならぬ関係のなかで変貌していく……。一方、四代省一は敗戦後、総合出版社への転換をなしとげ、国民教育と出版による世界平和の夢を追いつづける。

未公開資料を駆使し、近代出版百五十年を彩る多彩な人物群像のなかに野間家の人びとを位置づけた大河ノンフィクション！

定価：二八五〇円（税込）
※定価は変更することがあります

日蓮主義とはなんだったのか

近代日本の思想水脈

大谷栄一　著

テロリズムから東亜連盟論、仏教社会主義まで。

近代日本において日蓮の思想はなぜ多くの人びとの心をとらえたのか？

高山樗牛、宮沢賢治らの心をとらえ、石原莞爾や血盟団の行動をうながした日蓮主義とはいかなるものだったのか？　帝国日本の勃興期に「一切に亘る指導原理」を提示し、国家と社会と宗教のあるべき姿（仏教的政教一致）を鼓吹した二大イデオローグ＝田中智学と本多日生の思想と軌跡をたどり、それに続いた者たちが構想し、この地上に実現しようと奮闘したさまざまな夢＝仏国土の姿を検証する。

定価：四〇七〇円（税込）
※定価は変更することがあります

最終列車

コロナ禍は、
鉄道という交通手段の本質をあぶり出した！

四季の車窓から日本近代百五十年の歴史と先人に思いを馳せる「鉄学者」は、
マスクをし、スマホを握りしめる乗客とともに、
傷みきった社会で公共性は再建できるのかを問う。
愛と哀しみのレールエッセイ。

原　武史　著

定価：一九八〇円（税込）
※定価は変更することがあります

だんまり、つぶやき、語らい

じぶんをひらくことば

鷲田清一　著

二〇二〇年十月十五日、
コロナ禍のなか愛知県立一宮高等学校でおこなわれた講演の記録。

ことばって面倒くさいじゃないですか。／じゃないですかって、挙手をみるかぎり、みなさんのほとんどがそう思っていないようですから、ちょっと困るところではありますが（笑）、ぼくは、ことばってすごく面倒なものだと思ってきたんです。／というのは、たいていの場合、ことばのほうが過剰か過少であり、ピタリ、ズバリはまずない（本文より）。
碩学のあたたかい語りかけと生徒たちの真摯な応答に、読者はいつしかわが身をふりかえることだろう。

定価：一一〇〇円（税込）
※定価は変更することがあります